Il volume è stato realizzato con il contributo di:

Istituto per l'Oriente C.A. Nallino (IPOCAN) - *www.ipocan.it*

ISTITUTO PER L'ORIENTE
C.A. NALLINO

Progetto MUR quinquennale "Storia, lingue e culture dei paesi asiatici e africani: ricerca scientifica, promozione e diffusione"
(CUP B85F21002660001)

e concorre ai risultati del

Progetto di Ricerca Nazionale (PRIN 2017) "Migrazioni internazionali, stato, sovranità, diritti umani: questioni giuridiche aperte".
Unità di ricerca del Dipartimento di Scienze Politiche dell'Università degli Studi della Campania "Luigi Vanvitelli"

L'IMPATTO DELLE MIGRAZIONI SUL DIRITTO
prospettive internazionali e comparate

L'IMPACT DES MIGRATIONS SUR LE DROIT
perspectives internationales et comparées

a cura di / *sous la direction de*

Hynd Ayoubi Idrissi, Ida Caracciolo,
Azzedine Ghoufrane, Gian Maria Piccinelli

L'Harmattan Italia
via Degli Artisti 15
10124 Torino

L'Harmattan
5-7 rue de l'École Polytechnique
75005 Paris

www.editions-harmattan.fr / harmattan.italia@gmail.com

ISBN (Italia) 978-88-7892-496-3 / ISBN (France) 978-2-336-50809-2

INDICE - *SOMMAIRE*

SECONDA PARTE.
Migrazioni e ambiente: l'urgenza di soluzioni giuridiche sostenibili e armonizzate

DEUXIÈME SECTION.
Migrations et environnement : l'urgence de solutions juridiques durables et harmonisées

TERZA PARTE.
Migrazioni e diritto: giurisdizioni a confronto

TROISIÈME SECTION.
Migrations et droit : juridictions en comparaison

QUARTA PARTE.
Culture giuridiche e identità in dialogo: migrazioni e diritti umani

QUATRIÈME SECTION.
Cultures juridiques et identités en dialogue : migrations et droits humains

PREFAZIONE DEI CURATORI

Il presente volume nasce da una pluriennale collaborazione tra il Dipartimento di Scienze Politiche dell'Università degli Studi della Campania "Luigi Vanvitelli" e la Faculté des Sciences Juridiques, Économiques et Sociales, Souissi, dell'Université "Mohammed V" di Rabat. Nel corso di questa collaborazione sono stati analizzati temi giuridici e sono stati organizzati convegni che hanno posto al centro il Mediterraneo in una prospettiva di comparazione giuridica con una particolare attenzione all'apporto dell'Italia e del Marocco alla costruzione di un contesto di pace, sicurezza e benessere.

In tale ambito si è tenuto a Caserta, il 13 e 14 novembre 2023, un Colloquio internazionale sul tema delle migrazioni*, nato dall'esigenza di osservare e analizzare come il diritto attinente alle migrazioni evolva, a livello nazionale, sovranazionale e internazionale, nella realizzazione di una *governance* della mobilità umana nella regione mediterranea. Si è anche riflettuto su quella continua ricerca di equilibrio tra esigenze di sicurezza degli Stati e rispetto della dignità umana che ha come conseguenza una produzione continua di riforme che, tra aperture e chiusure, determinano una sorta di "fisarmonica legislativa" che non favorisce la chiarezza e la certezza del diritto.

La pubblicazione del presente volume prende spunto da quel Colloquio internazionale di cui ha mantenuto la struttura in quattro parti dedicate al rapporto tra le migrazioni e, rispettivamente, il diritto internazionale e nazionale (con grande attenzione al diritto dell'Unione Europea); all'ambiente e ai cambiamenti climatici; al ruolo del giudice e alla cooperazione tra giurisdizioni e, infine, al dialogo tra culture giuridiche. Il volume, tuttavia, non si limita alla mera collazione degli atti del Colloquio in quanto si è voluta lasciare agli Autori la possibilità di sviluppare ulteriormente le riflessioni espresse durante l'incontro a Caserta in considerazione dell'evoluzione continua che caratterizza le norme, quale che sia la loro natura, che attengono alle migrazioni.

Il quadro complessivo che emerge dai contributi è che le migrazioni rappresentano, oggi, un forte stimolo allo sviluppo del diritto in un'ottica non di chiusura, ma di regolamentazione della circolazione e dell'integrazione dei migranti.

Quanto al rapporto tra migrazioni e diritti internazionale e nazionali, occorre osservare che il giurista non si occupa di flussi migratori, ma di migranti. Per il giurista la dimensione umana è al centro del fenomeno migratorio e della sua regolamentazione. "*Omne ius hominum causa constitutum est*", scriveva Ermogeniano: tutto il diritto è stato creato in funzione dell'uomo. Ne discende che il migrante deve essere considerato, innanzitutto, con riferimento alla sua condizione di vulnerabilità e a tutti i diversi livelli di questa condizione. I migranti (e a maggior ragione i rifugiati) sono soggetti vulnerabili, ma tra di essi vi sono soggetti più vulnerabili, come le donne, i minori, i malati, le persone con disabilità fisica e con disabilità mentale. Pertanto, lo status individuale richiama l'applicazione di una determinata regolamentazione giuridica finalizzata a tutelare il soggetto. Nello stesso tempo, ogni regola deve avere come fine il pieno rispetto della dignità umana, concetto evanescente, ma all'interno del quale si perdono i confini delle condizioni individuali per recuperare appieno l'universalità del significato di essere umano, sia esso uomo o donna, migrante, regolare o irregolare, rifugiato, cittadino o residente.

Sul piano del diritto internazionale, il quale oramai ha elaborato una tutela forte con riferimento alla categoria dei rifugiati, emerge una notevole debolezza nella tutela della persona migrante, cioè di colui che volontariamente si sposta per ragioni prevalentemente di carattere economico, al fine di migliorare le proprie condizioni di vita in un altro Stato. Sotto il profilo giuridico, la definizione di migrante è vaga e non condivisa. Gli accordi sui diritti dei migranti sono numerosi, ma sono stati ratificati da pochi Stati e, se anche ratificati, la loro attuazione è problematica ed estremamente frammentata. Le Nazioni Unite cercano di tenere insieme e di migliorare il quadro normativo internazionale, come con il Patto sulle migrazioni che costituisce, però, uno strumento non vincolante.

D'altro canto, lo Stato rimane l'ente sovrano che, nell'esercizio della sua potestà di imperio, decide l'ingresso sul proprio territorio – o, nel caso, l'allontanamento – di quanti intendono entrare sotto la sua sovranità ovvero transitarvi. La sovranità si declina anche come sicurezza nazionale, protezione della comunità umana stanziata in quell'ambito territoriale. Vi sono così due opposte esigenze che si scontrano: l'impulso del migrante a entrare comunque utilizzando anche metodi illeciti e l'impulso dello Stato alla tutela della sua sovranità. Nello scontro prevale l'esigenza di tutela dello Stato. Se si confrontano i due Protocolli di Palermo del 2000 – il Protocollo sulla tratta degli esseri umani e il Protocollo sul traffico di migranti via terra, mare e aria – emerge che lo standard di tutela è completamente diverso. Nel secondo Protocollo, il migrante clandestino oggetto di contrabbando riceve una tutela molto più debole perché egli concorre all'obiettivo illecito di entrare nello Stato straniero senza i necessari documenti.

Quanto all'impatto dei cambiamenti climatici sulle migrazioni, è oramai condiviso che l'alterazione dell'ambiente naturale, come conseguenza delle attività umane (l'Antropocene), ha inevitabilmente effetto su individui e su gruppi di individui. L'innalzamento del livello dei mari potrà provocare la scomparsa della terra ferma e la salinizzazione delle falde acquifere, mentre altrove l'aumento delle temperature e le prolungate siccità determineranno l'avanzamento della desertificazione. Si tratta di cambiamenti che avranno conseguenze imprevedibili sulla vita umana e delle specie animali terrestri e marine, determinando nuovi movimenti migratori per sfuggire agli effetti devastanti del cambiamento climatico.

Al riguardo, sia per il diritto internazionale, sia per i diritti interni, appare centrale individuare forme di tutela per le persone costrette ad abbandonare i propri territori verso mete che consentano loro una vita dignitosa. Al riguardo, vi è nel dibattito giuridico una tendenza che vorrebbe un ampliamento del concetto di rifugiato con l'estensione della medesima tutela anche alla categoria di coloro che sono costretti a spostarsi oltre frontiera a causa del cambiamento climatico. Se, però, si considera il rifugiato come una persona che si trova in una situazione individuale di vulnerabilità estrema collegata a situazioni particolari in un determinato contesto, l'estensione ai migranti climatici dello status di protezione di cui godono i rifugiati porta con sé il rischio di rendere sempre meno efficace la tutela giuridica offerta dall'asilo extraterritoriale. La prospettiva in cui porsi, invece, è la creazione di norme che affrontino nuove realtà migratorie, non tanto sul fronte della tutela minima della dignità umana – che è ricompresa anche nel diritto consuetudinario internazionale – quanto elevando lo standard di tutela. Debolezze e vulnerabilità diverse richiedono norme e tutele diversificate.

Quanto al ruolo del giudice e delle giurisdizioni in rapporto alla migrazione, si ritiene che la giurisprudenza, nell'applicazione di norme che si dimostrano rapidamente mutevoli nei contesti nazionali e spesso non adeguate in quello internazionale, ha il compito di sviluppare interpretazioni e applicazioni che rafforzino la protezione dei migranti e dei loro diritti. Ed in effetti va riconosciuto che le giurisdizioni nazionali e internazionali hanno contribuito a colmare le lacune del diritto migratorio, a ridurre il rischio associato all'adozione di normative nazionali incompatibili con i diritti fondamentali delle persone e a cogliere gli aspetti umanitari del fenomeno. Il ruolo della giurisprudenza in questo contesto è insostituibile e rappresenta il vero motore di sviluppo del diritto applicabile ai migranti. Inoltre, il dialogo tra accademici e giudici delle due sponde del Mediterraneo – che si è cercato di realizzare in questo volume – ha permesso di allargare le riflessioni all'interazione tra diritto e migrazione, proprio facendo tesoro delle diverse angolazioni da cui la giurisprudenza osserva il tema, a seconda della competenza che le è affidata.

Quanto al dialogo tra culture giuridiche, è innegabile che il Mediterraneo è una cartina al tornasole della relazione tra le diversità e le identità culturali che lo popolano. I diritti umani sono al cuore di questo incontro-scontro e chiamano in causa l'universalità e l'indivisibilità del loro riconoscimento. Il processo di conciliazione tra identità differenti è certamente lento e richiede che il diritto abbia la capacità, a volte profetica, di saper prevenire gli inevitabili conflitti. Ecco, di nuovo, il nocciolo duro di ogni regola giuridica, nazionale e internazionale, che è la dignità umana, parametro ultimo e non formale di misurazione della giuridicità di una norma. La comparazione giuridica diviene lo strumento capace di comprendere i processi in atto sotto il profilo operazionale. È necessario, infatti, aprire la riflessione giuridica al di là degli schemi tecnici in cui il diritto spesso – e anche necessariamente – si rinchiude. Le complesse società multiculturali risentono della pressione del fenomeno migratorio e impongono di comprendere le sue cause, di analizzare le conflittualità sociali che ne discendono e di riflettere sulle soluzioni possibili ai molteplici problemi che insorgono nei contesti di destinazione. Serve a questo scopo, innanzitutto, un approccio interdisciplinare capace di superare gli stessi confini del diritto nazionale o internazionale e che sappia mettere a disposizione dei legislatori, come dei giudici, strumenti normativi idonei.

In tale contesto è innegabile che il giudice abbia un ruolo chiave nella soluzione delle complesse questioni giuridiche tipiche di società strutturalmente multiculturali. Si comprende l'importanza, quindi, di considerare le questioni connesse alla giurisdizione anche con riferimento alla compresenza di culture diverse all'interno di un territorio.

Le considerazioni che precedono permettono di comprendere lo spirito che ha guidato la stesura del presente volume e quanto intensa sia stata la cooperazione tra giuristi, accademici e magistrati, italiani e marocchini, in una prospettiva che si auspica funzionale al miglioramento del contesto critico del Mediterraneo di oggi. Da qui la consapevolezza che la scelta degli strumenti di *governance* dei flussi migratori e dei processi di integrazione debba essere condivisa a livello sovranazionale e internazionale. Si tratta di un processo, certamente di lungo periodo, al quale si auspica che questo volume possa positivamente contribuire.

***

La pubblicazione del presente volume e l'organizzazione del Colloquio internazionale che lo ha preceduto sullo stesso tema sono stati possibili grazie al continuo sostegno dell'Istituto per l'Oriente "Carlo Alfonso Nallino" di Roma.

Un particolare ringraziamento alla dott.ssa Anna Marotta e al dott. Francesco Gaudiosi per la preziosa e puntuale collaborazione nella revisione e l'edizione del testo.

Note

* Il Colloquio è stato organizzato nell'ambito del Progetto di Ricerca Nazionale (PRIN 2017) "Migrazioni internazionali, stato, sovranità, diritti umani: questioni giuridiche aperte" e nell'ambito dei Colloqui italo-marocchini di diritto comparato. Ha inoltre ricevuto il sostegno finanziario del progetto «Storia, lingue e culture dei paesi asiatici e africani: ricerca scientifica, promozione e diffusione» finanziato dal Ministero italiano dell'Università e della Ricerca.

PRÉFACE DES DIRECTEURS DE LA PUBLICATION

Le présent volume est le fruit d'une collaboration de plusieurs années entre le Département des Sciences Politiques de l'Université de la Campanie "Luigi Vanvitelli" et la Faculté des Sciences Juridiques, Économiques et Sociales, Souissi, de l'Université "Mohammed V" de Rabat. Au cours de cette collaboration, des thèmes juridiques ont été analysés et des colloques ont été organisés, plaçant la Méditerranée au centre de la comparaison juridique avec une attention particulière quant à la contribution de l'Italie et du Maroc à la construction d'un contexte de paix, de sécurité et de bien-être.

Dans ce cadre, un Colloque international sur le thème des migrations s'est tenu à Caserte les 13 et 14 novembre 2023*, né de la nécessité d'observer et d'analyser comment le droit des migrations évolue, au niveau national, international et supranational, dans la mise en œuvre d'une gouvernance de la mobilité humaine dans la région méditerranéenne. Ce Colloque a également été l'occasion de réfléchir à cette recherche constante d'équilibre entre les exigences de sécurité des États et le respect de la dignité humaine, qui se traduit par une production continue de réformes oscillantes entre ouverture et fermeture, générant une sorte d'« accordéon législatif » qui ne favorise pas la clarté et la sécurité juridique.

La publication de ce volume s'inspire de ce Colloque international, en conservant la structure des travaux, déclinée en quatre parties consacrées au rapport entre migrations et respectivement : droit international et national (avec une attention particulière au droit de l'Union Européenne) ; environnement et changement climatique ; rôle du juge et coopération entre juridictions et enfin dialogue entre cultures juridiques. Cependant, le volume ne se limite pas à une simple compilation des actes du Colloque, car on a souhaité de laisser aux auteurs la possibilité de développer davantage les réflexions exprimées lors de la rencontre de Caserte, en tenant compte de l'évolution continue des normes, quelle que soit leur nature, relatives aux migrations.

Le cadre général qui émerge des contributions montre que les migrations représentent aujourd'hui un fort stimulant pour le développement du droit, non dans une perspective de fermeture, mais de régulation du phénomène et d'intégration des migrants.

En ce qui concerne la relation entre migrations et droits international et nationaux, il convient d'observer que le juriste ne traite pas de flux migratoires, mais bien des migrants. Pour le juriste, la dimension humaine est au cœur du phénomène migratoire et de sa régulation. "*Omne ius hominum causa constitutum est*", écrivait le jurisconsulte romain Hermogène : tout le droit est créé pour l'homme. Il en résulte que le migrant doit être considéré, avant tout, sous l'angle de sa condition de vulnérabilité et des divers niveaux de cette dernière. Les migrants (et à plus forte raison les réfugiés) sont des sujets vulnérables, mais parmi eux certains le sont encore plus, tels que les femmes, les enfants, les malades, les personnes en situation de handicaps physiques et mentaux. Par conséquent, le statut individuel appelle l'application d'une réglementation juridique spécifique visant à protéger la personne. En même temps, chaque règle doit avoir pour objectif le respect plein et entier de la dignité humaine, un concept évanescent, au sein duquel se dissolvent les frontières des conditions individuelles pour retrouver l'universalité de la notion d'être humain, qu'il soit homme ou femme, migrant régulier ou irrégulier, réfugié, citoyen ou résident.

Sur le plan du droit international, qui a désormais développé une protection solide pour les réfugiés, on observe une grande faiblesse dans la protection de la personne migrante, c'est-à-dire de celui qui se déplace volontairement pour des raisons principalement économiques, dans le but d'améliorer ses conditions de vie dans un autre État. D'un point de vue juridique, la définition de migrant est vague et non partagée. Les accords relatifs aux droits des migrants sont nombreux, mais ils ont été ratifiés par peu d'États, et même lorsqu'ils le sont, leur mise en œuvre reste problématique et extrêmement fragmentée. Les Nations Unies s'efforcent de renforcer et d'améliorer le cadre normatif international, notamment avec le Pacte sur les migrations, qui constitue toutefois un instrument non contraignant.

D'autre part, l'État reste l'entité souveraine qui, dans l'exercice de son pouvoir d'imperium, décide de l'entrée sur son territoire – ou, le cas échéant, de l'éloignement – de ceux qui souhaitent passer sous sa souveraineté ou y transiter. La souveraineté se décline également en tant que sécurité nationale, protection de la communauté humaine résidante dans ce cadre territorial. Ainsi se confrontent deux exigences opposées : l'impulsion du migrant d'entrer quels que soient les moyens utilisés, parfois illicites, et l'impulsion de l'État de protéger sa souveraineté.

Dans cette confrontation, c'est l'exigence de protection de l'État qui prévaut. En comparant les deux Protocoles de Palerme de 2000 – le Protocole contre la traite des êtres humains et le Protocole contre le trafic illicite de migrants par voie terrestre, maritime et aérienne – on observe que le niveau de protection est radicalement différent. Dans le second Protocole, le migrant clandestin objet de trafic reçoit une protection beaucoup plus faible, car il participe à l'objectif illicite d'entrer dans l'État étranger sans les documents requis.

En ce qui concerne l'impact des changements climatiques sur les migrations, il est désormais admis que l'altération de l'environnement naturel, conséquence des activités humaines (l'Anthropocène), affecte inévitablement des individus et des groupes. L'élévation du niveau de la mer pourrait entraîner la disparition de terres et la salinisation des nappes phréatiques, tandis qu'ailleurs, l'augmentation des températures et les sécheresses prolongées favoriseront l'avancée de la désertification. Ces changements auront des conséquences imprévisibles sur la vie humaine et les espèces animales terrestres et marines, entraînant de nouveaux mouvements migratoires pour échapper aux effets dévastateurs du changement climatique.

À cet égard, tant en droit international qu'en droits internes, il semble essentiel de définir des formes de protection pour les personnes contraintes de quitter leurs terres vers des lieux leur permettant une vie digne. À ce sujet, une tendance dans le débat juridique propose d'élargir le concept de réfugié en étendant la même protection à ceux contraints de se déplacer au-delà des frontières en raison du changement climatique. Cependant, si l'on considère le réfugié comme une personne en situation individuelle de vulnérabilité extrême liée à des circonstances spécifiques dans un contexte donné, l'extension aux migrants climatiques du statut de protection dont bénéficient les réfugiés comporte le risque de diminuer l'efficacité de la protection juridique offerte par l'asile extraterritorial. La perspective à privilégier consiste plutôt à créer des normes traitant des nouvelles réalités migratoires, non pas uniquement sous l'angle de la protection minimale de la dignité humaine – qui est également incluse dans le droit international coutumier – mais en élevant le niveau de protection. Des faiblesses et des vulnérabilités diverses nécessitent des normes et des protections adaptées.

Quant au rôle du juge et des juridictions en rapport avec la migration, il est considéré que la jurisprudence, en appliquant des normes qui évoluent rapidement dans les contextes nationaux et souvent sont inadéquates avec le cadre international, a pour mission de développer des interprétations et des applications renforçant la protection des migrants et de leurs droits. En effet, il convient de reconnaître que les juridictions nationales et internationales ont contribué à combler les lacunes du droit migratoire, à réduire les risques associés à l'adoption de législations nationales incompatibles avec les droits fondamentaux des personnes et à saisir les aspects humanitaires du phénomène migratoire. Le rôle de la jurisprudence dans ce contexte est irremplaçable et représente le véritable moteur de l'évolution du droit applicable aux migrants.

De plus, le dialogue entre universitaires et juges des deux rives de la Méditerranée – que l'on a cherché à mettre en œuvre dans cet ouvrage – a permis d'élargir la réflexion sur l'interaction entre droit et migration, en tirant parti des différentes perspectives à partir desquelles la jurisprudence aborde ce thème, en fonction des compétences qui lui sont confiées.

Quant au dialogue entre cultures juridiques, il est indéniable que la Méditerranée constitue un laboratoire révélateur des relations entre les diversités et les identités culturelles qui l'habitent. Les droits de l'homme sont au cœur de cette rencontre-confrontation et interrogent l'universalité et l'indivisibilité de leur reconnaissance. Le processus de conciliation entre identités distinctes est assurément lent et exige que le droit possède la capacité, parfois prophétique, d'anticiper les conflits inévitables. Ici encore se trouve le noyau dur de toute règle juridique, nationale ou internationale, qui est la dignité humaine, dernier et véritable paramètre d'évaluation de la légitimité d'une norme. La comparaison juridique devient alors l'outil permettant de comprendre les processus en cours sous un angle opérationnel. Il est nécessaire, en effet, d'ouvrir la réflexion juridique au-delà des cadres techniques dans lesquels le droit, souvent – et de manière nécessaire – se confine. Les sociétés multiculturelles complexes subissent la pression du phénomène migratoire et imposent une compréhension de ses causes, une analyse des conflits sociaux qui en découlent et une réflexion sur les solutions possibles aux multiples problématiques qui surviennent dans les contextes d'accueil. À cette fin, il est d'abord nécessaire d'adopter une approche interdisciplinaire, capable de dépasser les frontières du droit national ou international et de mettre à la disposition des législateurs, comme des juges, des instruments normatifs adaptés.

Dans ce contexte, il est indéniable que le juge joue un rôle clé dans la résolution des questions juridiques complexes propres aux sociétés structurellement multiculturelles. D'où l'importance de considérer les questions de compétence juridictionnelle en lien avec la coexistence de cultures diverses au sein d'un même territoire.

Les considérations précédentes permettent de comprendre l'esprit ayant guidé la rédaction du présent ouvrage et l'intensité de la coopération entre juristes, universitaires et magistrats, italiens et marocains, dans une perspective que l'on espère favorable à l'amélioration du contexte critique de la Méditerranée d'aujourd'hui. D'où la conscience que le choix des instruments de gouvernance des flux migratoires et des processus d'intégration doit être partagé à un niveau supranational et international. Il s'agit d'un processus certes de longue durée auquel cet ouvrage souhaite pouvoir apporter une contribution positive.

***

La publication de ce volume et l'organisation du Colloque international qui l'a précédé sur le même thème ont été rendues possibles grâce au soutien constant de l'Institut pour l'Orient « Carlo Alfonso Nallino » de Rome.

Un remerciement particulier à Mme Anna Marotta et à M. Francesco Gaudiosi pour leur précieuse et ponctuelle collaboration dans la révision et l'édition du texte.

Notes

* Le Colloque a été organisé dans le cadre du Projet de Recherche Nationale (PRIN 2017) « Migrations internationales, état, souveraineté, droits humains : questions juridiques ouvertes » et dans le cadre des Colloques italo-marocains de droit comparé. Il a également reçu le soutien financier du projet « Histoire, langues et cultures des pays asiatiques et africains : recherche scientifique, promotion et diffusion » financé par le Ministère italien de l'Université et de la Recherche.

INTRODUZIONE / INTRODUCTION

La tutela dei migranti tra diritto internazionale e interessi statali

Giuseppe Nesi
(Commissione ONU del Diritto Internazionale - Università di Trento)

Sommario: 1. Premessa e introduzione. – 2. Il processo di sviluppo del sistema internazionale di tutela dei diritti dei migranti e il suo contributo all'evoluzione della tutela internazionale dei diritti umani. – 2.1 L'impatto delle migrazioni sulla tutela internazionale dei diritti umani. – 3. La tutela dei "migranti ambientali": lacune e opportunità mancate. – 4. Passi recenti e prospettive di riforma. – 5. Considerazioni conclusive.

1. Premessa e introduzione

Ormai da anni gli interessi dell'opinione pubblica e degli studiosi di vari settori e diverse parti del mondo convergono sul tema dell'impatto delle migrazioni sul diritto.

In questo ambito emergono tensioni, anche di natura politica, tra gli Stati, tutti in qualche modo e a vario titolo interessati dal fenomeno migratorio. È importante sottolineare che in materia di migrazioni sia le norme di diritto internazionale sulla tutela dei diritti fondamentali dei migranti sia il rispetto delle prerogative delle sovranità statali rivestono un ruolo cruciale. In questo contesto, è essenziale prestare attenzione all'adozione di misure volte a proteggere la sicurezza nazionale, quali la prevenzione e la repressione dei fenomeni criminali legati ai flussi migratori - come la tratta e il traffico di esseri umani, nonché i rischi connessi al terrorismo internazionale. Tuttavia, tali misure non devono mai compromettere i diritti dei migranti o contravvenire a principi costituzionali fondamentali quali l'eguaglianza, il trattamento degli stranieri e l'accesso alla giustizia.

Si osserva un crescente sforzo degli Stati, talvolta confuso e assai spesso non coordinato, di trovare soluzioni originali alle questioni poste dalle migrazioni verificando l'eventuale esistenza di spazio per riforme che colmino gli eventuali vuoti nella tutela dei diritti individuali, pur preservando le prerogative statali. Tuttavia, spesso le proposte avanzate non tengono in debita considerazione né la tutela dei diritti fondamentali, né gli assetti costituzionali. Un esempio è il Protocollo Italia-Albania concluso alla fine del 2023, che solleva dubbi, in particolare in relazione all'esercizio del diritto di difesa e allo svolgimento all'estero di procedure che dovrebbero avvenire nel territorio nazionale per ragioni di opportunità e di convenienza, non solo economica (De Leo, 2023; Spagnolo, 2023; Tammone, 2023).

In queste brevi riflessioni mi concentrerò su tre aspetti: 1) il contributo dato dal diritto delle migrazioni e dal diritto dei rifugiati all'evoluzione della tutela internazionale dei diritti umani; 2) la posizione del diritto internazionale rispetto alle esigenze di tutela di nuove figure di migranti come i cosiddetti migranti climatici; 3) gli esiti dei più recenti tentativi di "sistemare", da un punto di vista giuridico e a livello universale, la materia delle migrazioni. Concluderò con alcune riflessioni sui rapporti tra tutela dei diritti dei migranti e prerogative statali.

2. Il processo di sviluppo del sistema internazionale di tutela dei diritti dei migranti e il suo contributo all'evoluzione della tutela internazionale dei diritti umani

Per una comprensione chiara del tema, è essenziale ricordare che, sin dalle origini del moderno sistema internazionale di garanzia dei diritti individuali, i cosiddetti "diritti di movimento" sono stati considerati fondamentali per il pieno sviluppo della persona in condizioni normali. Nonostante la Dichiarazione universale dei diritti dell'uomo riconosca il diritto di ogni individuo di lasciare qualsiasi Stato, incluso il proprio, l'estensione di questa protezione ai migranti ha richiesto tempo e non è mai stata completamente realizzata. Molti autori descrivono questo diritto come 'incompleto' o 'asimmetrico' per l'assenza di un corrispondente diritto d'ingresso in un Paese straniero (McAdam, 2011, p. 2; Chetail, 2019, p. 91), benché a livello internazionale siano ben sette le convenzioni multilaterali direttamente riguardanti il fenomeno migratorio.

Di tanti strumenti multilaterali ricordo qui soltanto la Convenzione di Ginevra del 1951 sullo status dei rifugiati, che ovviamente riguarda in maniera molto generale il fenomeno migratorio dal momento che verte sulla necessità di garantire protezione internazionale agli stranieri che temono persecuzioni nel proprio paese d'origine. Se la Convenzione di Ginevra del 1951 ha rappresentato un indubbio passo avanti nella definizione di un codice dei diritti dei rifugiati, essa non ha sempre garantito efficacemente tutti i migranti a causa dei criteri restrittivi per l'ottenimento dello *status* di rifugiato ma anche perché non prevede un diritto esplicito a ottenere tale *status*. Com'è noto, la Convenzione pone l'obbligo a carico degli Stati parte di valutare singolarmente la posizione di ciascun richiedente asilo, e di riconoscere tale *status* a chi lo richieda, a condizione che ricorrano determinate condizioni. Ma la sua enfasi sulla persecuzione esclude dalla protezione una varietà di fattori migratori, tra cui le ragioni economiche, che rappresentano una delle cause principali delle migrazioni odierne.

Tuttavia, sebbene la Convenzione del 1951 non protegga tutti i tipi di migranti, introduce il fondamentale principio del *non-refoulement*, che vieta l'espulsione di rifugiati e richiedenti asilo verso territori dove la loro vita o libertà sarebbero minacciate. E questo risultato è di straordinaria rilevanza proprio perché costituisce un *acquis* che si è consolidato nel tempo, anche grazie al contributo della prassi interstatale e della giurisprudenza internazionale.

2.1. L'impatto delle migrazioni sulla tutela internazionale dei diritti umani

Per quanto concerne la protezione dei diritti dei migranti, a partire dagli anni '60, in seguito all'adozione del Patto internazionale sui diritti civili e politici e di quello sui diritti economici, sociali e culturali, la protezione internazionale dei diritti umani diventa vincolante. I Patti obbligano gli Stati a garantire i diritti di *tutte le persone* sotto la loro giurisdizione, includendo *tutti i migranti*, anche quelli irregolari. Il principio del *non-refoulement* si rafforza, acquisendo un carattere universale, adeguato a proteggere tutti gli esseri umani, indipendentemente dalla loro eleggibilità alla protezione della Convenzione di Ginevra. Questo evidenzia come le migrazioni abbiano notevolmente influenzato la tutela internazionale dei diritti umani, spostando l'equilibrio dalla tutela della sovranità territoriale degli Stati alla protezione degli individui.

Tuttavia, la reciproca influenza tra diverse branche del diritto non si è estesa ad altri ambiti al di fuori della tutela dei diritti umani. Questo è evidente nella difficoltà della Convenzione di Ginevra di adeguarsi all'evoluzione dei processi migratori, in particolare nella tutela di coloro che sono costretti a lasciare il proprio Paese a causa del deterioramento ambientale.

3. La tutela dei "migranti ambientali": lacune e opportunità mancate

È ampiamente riconosciuto che la crisi climatica rappresenti una delle maggiori preoccupazioni per la comunità internazionale. Il cambiamento climatico è infatti una delle cause principali dei flussi migratori contemporanei. Tuttavia, l'ordinamento giuridico internazionale non ha ancora adeguatamente risposto alle esigenze di coloro la cui vita è resa insostenibile dai radicali cambiamenti ambientali. Nei prossimi mesi ci aspettiamo di ricevere nuovi spunti da vari pareri consultivi che saranno emessi da diverse istanze internazionali quali la Corte internazionale di Giustizia, il Tribunale internazionale del diritto del mare e la Corte interamericana dei diritti dell'uomo (Savaresi, 2023). Così come interessanti elementi stanno emergendo dai lavori della Commissione del diritto internazionale sull'innalzamento del livello dei mari, e in particolare dai lavori del gruppo di studio in materia di tutela dei diritti umani delle popolazioni colpite dal fenomeno, così come dai lavori del Comitato dell'International Law Association su tale tema, avviati fin dal 2012 e che stanno per concludersi con l'adozione di un rapporto in occasione della riunione biennale di Atene, nel giugno del 2024.

Al momento, è importante sottolineare l'inesattezza, da un punto di vista giuridico, dell'uso del termine "rifugiati climatici". I cambiamenti climatici producono effetti indiscriminati e rappresentano una minaccia globale; pertanto, non rientrano nella categoria della persecuzione. Sulla questione dell'impatto dei cambiamenti climatici sui diritti dei migranti si è pronunciato recentemente il Comitato dei diritti umani nel caso *Tetiota c. Nuova Zelanda* (Maneggia, 2020, p. 635 ss.; Mussi, 2020, p. 827 ss.; Sommario, 2021, p. 51 ss.). In questo caso, nonostante il riconoscimento di un rischio per la vita del ricorrente a causa degli effetti del cambiamento climatico a Kiribati, il Comitato non ha ritenuto il rischio sufficientemente imminente da giustificare l'applicazione del principio del *non-refoulement* come parte del diritto internazionale dei diritti umani.

Da ciò si deduce che il regime internazionale di tutela ambientale e climatica non ha ancora esercitato un'influenza concreta sulla tutela internazionale dei migranti. Tuttavia, non si può negare l'esistenza di presupposti per ulteriori progressi nella tutela internazionale dei migranti (S. Villani, 2021, p. 1 ss.), come dimostrato da alcune sentenze recenti della Corte europea dei diritti dell'uomo (V. il caso *Sufi e Elmi c. Regno Unito).*

4. Passi recenti e prospettive di riforma

Questi sviluppi indicano la possibilità di progredire nella tutela dei migranti, non solo attraverso l'interpretazione del materiale normativo esistente, ma anche mediante l'esplorazione di nuovi strumenti giuridici. Un esempio è il *Global Compact on Migration*, che, pur non essendo vincolante, può contribuire a modellare le norme esistenti in risposta alla realtà contemporanea dei flussi migratori. Il *Global Compact on Migration* da parte dell'Assemblea generale delle Nazioni Unite, in quanto risoluzione dell'Assemblea generale, rientra nella categoria della *soft law*, dimostrando sia il potenziale sia i limiti di tali strumenti nel promuovere la cooperazione intergovernativa e la governance globale. Pur riflettendo la riluttanza degli Stati a impegnarsi in obblighi convenzionali, il *Global Compact* fornisce un quadro di riferimento condiviso per coordinare le future azioni riguardanti le sfide e le opportunità delle migrazioni. Tale approccio, che riflette una visione comune tra gli Stati, è indubbiamente positivo. Come osservato da uno dei maggiori specialisti di migrazioni, in un mondo polarizzato come il nostro, l'alternativa non è tra un accordo vincolante o non vincolante, ma tra un accordo non vincolante e l'assenza di qualsiasi accordo (Chetail, 2020, p. 267).

5. Considerazioni conclusive

Per un effettivo sviluppo del diritto internazionale mirato a una maggiore tutela dei migranti nel contesto attuale, è essenziale adottare un approccio globale. Limitarsi a considerare le esigenze di una specifica categoria di Stati, ad esempio gli Stati europei, porta a una visione parziale del fenomeno. È noto, peraltro, che anche tra gli Stati europei non esiste un consenso unanime sul tema migratorio, come dimostrato dalle difficoltà nel superare il sistema di Dublino e dalle posizioni radicali di alcuni Stati membri dell'Unione Europea.

Gli Stati devono decidere autonomamente le proprie politiche, tenendo però in considerazione sia il quadro normativo internazionale sia i principi costituzionali pertinenti. Inoltre, è fondamentale gestire i fenomeni migratori in modo completo, considerando sia la fase di partenza sia quella di arrivo dei migranti, nonché le varie fasi intermedie. Questo richiede una cooperazione efficace tra gli Stati, basata sulla comprensione delle condizioni che spingono le persone a migrare e delle esigenze dei Paesi di transito. Alcuni Stati di accoglienza, inclusa l'Italia, hanno già intrapreso questa direzione, stipulando accordi con i Paesi di origine e di transito per prevenire migrazioni irregolari.

Una gestione equilibrata della migrazione richiede un'attenzione sia ai diritti dei migranti sia alle esigenze sovrane degli Stati. Solo attraverso un approccio olistico è possibile regolare in modo equo la questione migratoria. È compito non solo di chi formula le leggi, ma anche di chi le applica, considerare le diverse tendenze giuridiche regionali, evitando di limitarsi a un'analisi influenzata da orientamenti statali unilaterali, spesso dominati da preoccupazioni di sicurezza.

Bibliografia

Celoria, E. & De Leo, A. (2024). Il Protocollo Italia-Albania e il diritto dell'Unione Europea: una relazione complicata. *Diritto, Immigrazione e Cittadinanza*, 1, p. 1 ss.

Chetail, V. (2019). *International Migration Law*. Oxford University Press.

Chetail, V. (2020). The Global Compact for Safe, Orderly and Regular Migration: a kaleidoscope of international law. *International Journal of Law in Context*, 16, p. 253 ss.

De Leo, A. (2023). *On the Incompatibility of the Italy-Albania Protocol with EU Asylum Law*. https://www.sidiblog.org/2023/11/15/on-the-incompatibility-of-the-italy-albania-protocol-with-eu-asylum-law/.

Maneggia, A. (2020). Non-refoulement of Climate Change Migrants: Individual Human Rights Protection or 'Responsibility to Protect'? The Teitiota Case Before the Human Rights Committee. *Diritti umani e diritto internazionale*, 14, p. 635 ss.

McAdam, J. (2011). An Intellectual History of Freedom of Movement in International Law: The Right to Leave as a Personal Liberty. *Melbourne Journal of International Law*, 12, p. 1 ss.;

Mussi, F. (2020). Cambiamento climatico, migrazioni e diritto alla vita: le considerazioni del Comitato dei diritti umani delle Nazioni Unite nel caso Teitiota c. Nuova Zelanda. *Rivista di diritto internazionale*, 3, p. 827 ss.

Mussi, F. (2024), The Recent Italian Response to Migration: Everything Must Change So That Everything Can Stay the Same?. *Italian Yearbook of International Law*, 33, pp. 377-394.

Piccinelli, G.M. (2022). Il ruolo del Marocco nella cooperazione euro-africana ed euro-mediterranea in materia migratoria. In I. Caracciolo, G. Cellamare, A. Di Stasi e P. Gargiulo (a cura di). *Migrazioni internazionali. Questioni giuridiche aperte*, Editoriale Scientifica, p. 141 ss.

Savaresi, A. (2023) (ed.) Simposio "Advisory Opinions on Climate Change: Leading from the Bench?". https://www.qil-qdi.org/category/zoom-in/advisory-opinions-on-climate-change-leading-from-the-bench/.

Sommario, E. (2021). When Climate Change and Human Rights Meet: A Brief Comment on the UN Human Rights Committee's Teitiota Decision. *Questions of International Law*, 77, p. 51 ss.

Spagnolo, A. (2023). Sull'illegittimità del Protocollo Italia-Albania in materia migratoria. https://www.sidiblog.org/2023/11/09/sullillegittimita-del-protocollo-italia-albania-in-materia-migratoria/.

Tammone, F. (2023). Brevi considerazioni a margine del protocollo d'intesa tra Italia e Albania in materia di migrazione. *Osservatorio sulle fonti*, 2, p. 239 ss.

Terranova, G. (2024). Dal Marocco al Global South: come cambia la geografia della popolazione. https://www.adimblog.com/2024/04/30/dal-marocco-al-global-south-come-cambia-la-geografia-della-popolazione/.

Villani, S. (2021). Reflections on human rights law as suitable instrument of complementary protection applicable to environmental migration. *Diritto, Immigrazione e Cittadinanza*, 3, p. 1 ss.

Résumé

L'article aborde trois aspects fondamentaux dans le cadre du droit international en lien avec les migrations. Tout d'abord, il met en lumière la contribution essentielle apportée par le droit des migrations et le droit des réfugiés à l'évolution de la protection internationale des droits humains. En effet, ces branches du droit international ont joué un rôle crucial dans l'élaboration de normes et de mécanismes visant à garantir les droits fondamentaux des individus en situation de déplacement forcé ou volontaire, contribuant ainsi à l'universalisation des droits de l'homme et à leur application dans des contextes de grande vulnérabilité.

La deuxième partie de l'article concerne la position du droit international face aux nouvelles exigences de protection imposées par l'apparition de nouveaux types de migrants, notamment les « migrants climatiques ». Ces derniers, contraints de quitter leur pays d'origine en raison des effets dévastateurs du changement climatique, posent des défis juridiques inédits. Le droit international doit s'adapter pour offrir une protection adéquate à ces individus, dont le statut juridique reste ambigu et insuffisamment reconnu.

Le troisième point traite des résultats des tentatives récentes visant à « systématiser », du point de vue juridique à l'échelle universelle, la question des migrations. Il s'agit de comprendre les progrès et les limites des initiatives internationales destinées à créer un cadre cohérent et intégré pour la gestion des migrations, en prenant en compte les droits des migrants tout en respectant les prérogatives des États.

Enfin, des considérations brèves mais essentielles sont formulées sur l'équilibre délicat entre la protection des droits des migrants et les prérogatives des États souverains, notamment en matière de contrôle des frontières et de régulation des flux migratoires. Ce rapport entre les droits individuels et les intérêts étatiques demeure un sujet central et souvent controversé dans les débats internationaux.

PRIMA PARTE.
Migrazioni e riforme: prospettive dal diritto internazionale e dai diritti nazionali

PREMIÈRE SECTION.
Migrations et réformes : perspectives du droit international et des droits nationaux

Droits des enfants migrants au regard des législations migratoires européennes

Hynd Ayoubi Idrissi
(Comité ONU des Droits de l'Enfant - Université de Rabat "Mohammed V")

1. Introduction

Les droits des enfants migrants à la lumière des législations migratoires européennes est un thème qui a suscité l'intérêt des chercheurs, des intervenants de tous bord aussi bien dans le monde politique, que juridique et judiciaire. Cet intérêt demeure d'actualité sur les plans nationaux, régionaux et internationaux.

La permanence de cet intérêt répond à nombre de préoccupations majeures et de défis, quant aux engagements internationaux des États en matière de droits de l'Homme en général et de droits de l'enfant en particulier et quant aux pratiques diverses et disparates portant sur la mise en œuvre des droits des enfants migrants.

De quel enfant s'agit-il ? Dans ce qui suivra, l'enfant s'entend de toute personne âgée de moins de 18 ans, sauf si la majorité est atteinte avant cet âge en vertu de sa législation nationale, conformément à l'article premier de la Convention relative aux droits de l'enfant. Dans un premier temps, l'attention portera sur les droits des enfants migrants (par. 2) pour se pencher sur leur effectivité dans le cadre de certaines politiques migratoires européennes, à titre d'exemple (par. 3).

2. Droits des enfants migrants

Un enfant migrant est avant tout un enfant qui doit jouir de l'ensemble de droits garantis par les traités internationaux en la matière et auxquels les États sont parties.

Si le droit international a prévu un cadre légal pour reconnaitre, promouvoir et protéger les droits de l'enfant, c'est en raison de l'extrême vulnérabilité de ce dernier. Vulnérabilité qui certes, est tempérée par l'avancement dans l'âge, mais qui demeure un facteur important à considérer.

L'enfant migrant peut faire face à de multiples vulnérabilités intersectionnelles, en raison de son statut de migrant ; de statut d'irrégularité ou non quant à la migration ; de sa situation de santé (en situation de handicap) ; de son genre ; du parcours migratoire plus ou moins traumatisant ; des causes migratoires (les conflits armés, les instabilités politiques, les changements climatiques), etc. Autant de situations se traduisant par la singularité de chaque enfant migrant.

Les enfants migrants sont loin d'être un groupe homogène, les causes migratoires sont diverses, il peut s'agir d'une migration régulière ordonnée pour la recherche de meilleures opportunités d'éducation et de vie (une migration volontaire) ; il peut s'agir d'une migration irrégulière où l'enfant peut être accompagné par sa famille ou des personnes responsables de lui ou non accompagné pour échapper à une situation présentant un danger (une migration contrainte ou forcée).

De la diversité de causes, l'on peut se retrouver devant une typologie appelant des mesures spécifiques dans chaque situation, à savoir l'enfant migrant ; l'enfant demandeur d'asile et l'enfant réfugié. Dans ce qui suivra, le concept utilisé serait celui de l'enfant migrant en spécifiant le statut migratoire chaque fois que cela s'avère nécessaire.

Mais au-delà de toutes les spécificités susmentionnées, les enfants migrants sont avant tout des enfants, titulaires de droits subjectifs au même titre que les enfants non migrants.

En dépit des efforts déployés par différentes organisations internationales et autres parties prenantes, la collecte de données concernant les enfants migrants constitue encore un réel défi et entrave l'élaboration et la mise en œuvre de politiques et d'actions en faveur de cette catégorie. Toutefois, le recoupement de différentes sources statistiques onusiennes atteste de la hausse de la migration des enfants toutes catégories confondues.

Selon l'UNICEF, l'on compte environ 50 millions d'enfants dans le monde qui ont quitté leurs foyers en raison des violences, des conflits, de l'insécurité et de la pauvreté, dont la moitié sont des filles.

Selon le Département des affaires économiques (DAES) relevant de l'ONU, le nombre de personnes de moins de 19 ans vivant dans un pays autre que celui de leur naissance est passé de 29 millions en 1990 à 40,9 millions en 2020. En 2020, les enfants migrants (âgés de 19 ans et moins) représentaient au totale 14,6% du totale de la population migrante et 1,6% parmi les enfants dans le monde.

Selon les estimations du l'UNICEF portant sur les moins de 18 ans, le nombre d'enfants migrants est resté stable autour de 24 millions entre 1990 et 2000 et a régulièrement augmenté pour atteindre 27 millions en 2010 et 33 millions en 2019. En 2019, les enfants migrants représentaient 12% de la population migrante totale.

Le nombre d'enfants migrants non accompagnés d'un tuteur a enregistré une constante évolution vers la hausse. En 2015-2016, l'on estime à cinq fois plus d'enfants migrants non accompagnés qu'en 2010-2011.

Au niveau régional, selon Eurostat, le nombre d'enfants non accompagnés parmi les demandeurs d'asile en Europe a augmenté en passant de 10 610 en 2010 à 95 205 en 2015, pour retomber ensuite à 17 890 en 2019. En 2015, sur l'ensemble des personnes arrivées en Italie après avoir traversé la Méditerranée, 8% étaient des enfants non accompagnés et en 2016, ils étaient 14%. De même, près de 90% des enfants qui ont traversé au péril de leur vie la Méditerranée en 2016 n'étaient pas accompagnés. Entre 2014 et 2020, l'on dénombre environ 2300 enfants ayant perdu la vie ou disparus au cours de leur périple migratoire.

Après ce survol qui informe, même imparfaitement, de l'ampleur de la migration des enfants, l'on se pose des questions légitimes quant aux droits reconnus à des derniers par le droit international des droits de l'homme ? Pour y répondre, il faut distinguer entre la nature et la portée des textes qui ont consacré les droits de l'enfant.

2.1. L'évolution du droit international des droits de l'enfant

La reconnaissance des droits de l'enfant a été d'abord l'œuvre d'un droit à caractère purement déclaratoire avant de l'être par un droit contraignant, ce qui est le cas de la plupart des droits spécifiques aussi bien catégoriels que thématiques.

Les premiers textes spécifiques aux droits de l'enfant ont été adoptés à la suite des horreurs vécues par l'humanité après les deux guerres mondiales. La Déclaration de Genève de 1924 est le premier texte ayant attiré l'attention sur la nécessité de garantir une protection à l'enfance sans aucune forme de discrimination, dans les cinq principes que constitue ce texte court mais important, adopté par la Société Des Nations (SDN).

La Déclaration des droits de l'enfant du 20 novembre 1959 a été adoptée dans le cadre de l'ONU, autour de 10 principes, soulignant que l'humanité doit donner le meilleur d'elle-même à l'enfance.

La Déclaration universelle des Droits de l'Homme adoptée le 10 décembre 1948 constituant un idéal commun à atteindre par tous les peuples et toutes les nations, s'adressant directement aux individus et rappelant les droits qui leur sont inhérents en vertu de leur nature humaine, rappelle que la maternité et l'enfance ont droit à une aide et à une assistance spéciales et que tous les enfants jouissent de la même protection sociale, qu'ils soient nés dans le mariage ou en dehors du mariage, posant ainsi les jalons d'une égale protection de l'enfance.

En dépit de l'importance de ces déclarations, elles restent dépourvues de force juridique ne produisant pas de droits en faveur des individus ou d'obligations à la charge des États. Toutefois, elles ont une valeur morale irréfutable, notamment la Déclaration universelle des Droits de l'Homme, intégrée dans nombre de constitutions nationales et considérée par une bonne partie de la doctrine comme faisant partie du droit international coutumier.

L'évolution de la nature des textes reconnaissant et protégeant les droits de l'enfant s'est accompagnée par une évolution terminologique qui ouvre la voie à une nouvelle philosophie des droits de l'enfant.

En effet, les textes fondateurs des droits de l'enfant portaient sur le droit de "l'enfance" qui est une période de vie de l'enfant et qui diffère d'un État à un autre et non des droits de "l'enfant" qui est une personne à part entière, titulaire de droits.

En dépit de l'intérêt de ces dispositions, aussi bien le Pacte international relatif aux droits civils et politiques que le Pacte international relatif aux droits économiques, sociaux et culturels, restent emprunts de la conception de l'enfant objet de droits.

Le changement philosophique des droits de l'enfant, à partir de 1989, a ouvert une nouvelle aire des droits de l'enfant titulaire de droits désormais consacrés par les traités des droits de l'homme adoptés après cette date ainsi que par d'autres mécanismes universels ou régionales de protection et de promotion des droits de l'homme.

2.2. Les droits des enfants migrants dans la Convention relative aux droits de l'enfant et la doctrine du Comité des droits de l'enfant

La Convention relative aux droits de l'enfant (CDE) a eu le mérite de définir l'enfant en le considérant comme tel tant qu'il n'a pas atteint l'âge de 18 ans. Les États parties à la CDE ont l'obligation de garantir les droits reconnus dans ce traité à tout enfant relevant de leur juridiction sans aucune forme de discrimination.

Les droits substantiels reconnus au titre de la CDE à tout enfant peuvent être regroupés en catégories de droits qui portent sur :

- Les droits et libertés civils : le droit à l'identité (l'enregistrement des naissances, le nom et la nationalité) ; la préservation de l'identité ; la liberté d'expression, de pensée, de conscience et de religion ; la liberté d'association et de rassemblement pacifique ; la protection de la vie privée et de l'image et le droit d'accès à une information adéquate.
- Le droit à un environnement familial et, le cas échéant, à des structures de substitution (adoption y compris internationale, *kafala*, institutions mais comme une solution ultime pour la période la plus courte), en étant protégé des départs et des non retours illicites.
- Le droit d'être protégé contre toutes les formes de violences, à savoir : la torture, les traitements cruels, inhumains et dégradants ; les châtiments corporels ; la négligence et les abus ; l'exploitation sexuelle ; les pratiques préjudiciables (ex : les mariages précoces, les mutilations génitales féminines), la prise en charge et la réhabilitation physique et psychologique pour les enfants victimes.
- Le droit à la santé.
- Le droit à l'éducation, aux loisirs et aux activités cultuelles.
- Le droit des enfants en situation de handicap.
- Les mesures spéciales de protection concernent les enfants migrants, demandeurs d'asile et réfugiés ; les enfants appartenant à des minorités ; la protection contre l'exploitation économique et sexuelle, la traite et les droits des enfants en contact ou en conflit avec la loi.

L'ensemble des droits susmentionnés, qui ne font pas l'objet de réserves, doit être garanti à tout enfant relevant de la juridiction de l'État partie, et ce conformément aux principes régissant la Convention et ses protocoles facultatifs à savoir : la non-discrimination; l'intérêt supérieur de l'enfant qui doit constituer une considération primordiale dans toutes les décisions le concernant; le droit à la vie, à la survie et au développement et le droit de l'enfant doué de discernement d'exprimer librement son opinion sur toutes question l'intéressant et la prise en considération de cette dernière, eu égard à son âge et à son degré de maturité. À noter que ce dernier droit est celui qui a vraiment traduit le passage de l'enfant "objet" de droits à l'enfant "sujet" de droits.

La CDE est un instrument dynamique dont l'interprétation et la mise en œuvre doivent répondre à la finalité voulue par le législateur international en matière de respect, de protection et de mise en œuvre des droits de l'enfant qui sont évolutifs.

En vue de répondre à ce caractère évolutif et aux défis que posent la consécration et l'effectivité de certains droits ou les droits de certaines catégories présentant d'importantes vulnérabilités, le Comité des droits de l'enfant a développé une riche doctrine par le biais de ses observations générales.

C'est ainsi qu'en 2017, le Comité des droits de l'enfant a adopté conjointement avec le Comité des travailleurs migrants et membres de leurs familles les observations générales 22 et 23 portant sur "les obligations des États en matière de droits de l'homme des enfants dans le contexte des migrations internationales dans les pays d'origine, de transit, de destination et de retour", et "sur les droits de l'enfant dans le contexte de migration : les principes généraux".

Ces deux observations générales sont intéressantes à plus d'un titre, surtout lorsqu'on sait que la Convention pour la protection des droits de tous les travailleurs migrants et des membres de leurs familles n'est ratifiée par aucun État Européen, et ce en dépit des recommandations réitérées à chaque examen périodique universel devant le Conseil des droits de l'homme. L'on avance pour expliquer la non ratification ou adhésion des États européens et principalement ceux de l'Union Européenne, telle la France lors du dernier examen périodique universel en mars 2023 que "les dispositions de la convention relèvent pour partie de la compétence de l'Union Européenne et que les États membres ne sont plus en droit d'y adhérer unilatéralement ", et à ce titre aucun État membre de l'Union Européenne n'a signé cette convention.

Les Observations générales 22 et 23 constituent désormais une référence dans les décisions des juridictions régionales, telles que CEDH, la CJUE et du Conseil de l'Europe dans le cadre des questions portant sur les droits des enfants migrants.

Les principales questions ayant requis l'attention des deux Comités ont trait à la détermination de l'âge ; le droit à la liberté et à la sûreté de la personne ; le droit d'accès à la justice ; le droit à une identité et à une nationalité le préservant du risque d'apatridie ; le droit à la protection de la vie familiale en mettant fin aux séparations des enfants et de leurs familles, les atteintes arbitraires à la vie de famille et en facilitant la réunification familiale ; la protection contre toutes les formes de violence et de mauvais traitements, y compris l'exploitation, le travail des enfants et l'enlèvement, la vente ou la traite d'enfants ; le droit à la santé ; le droit à un niveau de vie suffisant ; le droit à l'éducation et à la formation professionnelle.

Sur le plan normatif, l'on se rend aisément compte qu'il existe un important dispositif onusien relatif aux droits des enfants migrants, complété par d'autres mécanismes de protection et de promotion des droits de l'homme, notamment dans le cadre du Conseil des droits de l'homme par le biais de l'examen périodique universel ou des différentes procédures spéciales, notamment le rapporteur spécial des droits de l'homme des personnes migrantes.

Mais quid de la pratique des États parties et de l'alignement de leurs politiques migratoires sur leurs obligations au titre de la CDE et d'autres traités contraignants ? L'attention portera sur certains États européens, considérés à titre d'exemple.

3. Effectivité des droits des enfants migrants dans les politiques migratoires de certains États européens

En dépit des efforts réalisés par les États parties pour se doter de législations migratoires ou amender les législations existantes en vue d'une meilleure application de la Convention des droits de l'enfant et de ses protocoles facultatifs, les enfants migrants accompagnés ou non accompagnés continuent de susciter de nombreuses préoccupations. En effet, la détermination de l'âge demeure réduite aux examens osseux, en lieu et place d'une évaluation globale. De même, l'évaluation de l'intérêt supérieur de l'enfant migrant ne répond pas aux critères requis pour une évaluation personnalisée, au cas par cas, collégiale, effectuée par des instances indépendantes, dans la mesure où cette évaluation est souvent l'œuvre d'une personne relevant des services migratoires.

La détention des enfants en raison de leur statut migratoire ou de celui de leurs parents persiste, compromettant les droits de l'enfant à la vie, à la survie et au développement et affectant le droit de l'enfant à ce que son intérêt supérieur soit une considération primordiale. La détection des enfants victimes de traite ou d'enfants impliqués directement ou indirectement dans les conflits armés souffre d'une insuffisante formation des agents des services migratoires.

Enfin, les décisions de refoulement ou d'extradition des enfants accompagnés ou non accompagnés se font quelque fois sans évaluer l'impact dommageable et irréparable de cette décision sur les enfants, telles les décisions extradant des familles avec enfants risquant d'être victimes de mutilations génitales féminines ou de discriminations systématiques ou de violences, etc.

3.1. Préoccupations du Comité des droits de l'enfant

Le Comité des droits de l'enfant, à l'occasion de l'examen des rapports initiaux et périodiques des États parties a exprimé à différentes reprises des préoccupations ayant trait aux atteintes susmentionnées et a formulé des recommandations dans ce sens.

C'est ainsi que lors de l'examen du rapport périodique de l'Espagne, le Comité était très préoccupé par les conditions d'accueil et d'hébergement dans les centres de rétention temporaires surpeuplés pour étrangers, le déni de la liberté de mouvement pour poursuivre leur voyage dans l'État partie et les retards des transferts depuis Ceuta et Melilla vers la métropole "Espagne" pour les enfants demandeurs d'asile et leurs familles.

Le Comité a également exprimé ses préoccupations quant à l'absence de mécanismes de plainte accessibles aux enfants en cas d'allégations de violations de leurs droits dans les centres de protection et par la séparation des enfants voyageant avec des membres de leur famille autres que leurs parents à la frontière, notamment dans la ville de Melilla.

La situation des enfants migrants non accompagnés a également constitué une des priorités du Comité qui s'est dit vivement préoccupé par le fait qu'en vertu de la législation espagnole, le procureur général est habilité à entreprendre des procédures de détermination de l'âge des enfants étrangers non accompagnés, et ce, par le recours à des méthodes intrusives de détermination de l'âge, même dans les cas où les documents d'identité semblent authentiques, en dépit et de plusieurs décisions de la Cour suprême portant sur cette pratique.

De même, le Comité a également relevé que : a) les enfants non accompagnés exclus du système de protection de l'enfance en raison d'une évaluation de leur âge, peuvent être victimes de traite ; b) les normes de protection inadéquates et inégales des enfants non accompagnés dans les communautés autonomes, y compris les cas d'absence ou de retard d'assistance juridique, ou de fourniture d'informations inappropriées aux enfants ; c) les niveaux élevés de violence, le caractère inadéquat du traitement et de la protection assurés par les professionnels dans les centres d'accueil pour enfants, notamment les allégations de prostitution de filles et l'accès insuffisant à l'éducation et aux activités de loisirs régulières, et l'absence de mécanisme de plainte ; d) la pratique du refoulement automatique des enfants en quête de protection internationale dans les villes de Ceuta et Melilla, sans les garanties nécessaires, etc.

Dans le cas de la Belgique, le Comité s'est félicité par les mesures prises pour faire face aux arrivées d'enfants non accompagnés, en particulier de la procédure visant à mettre en place une « solution durable » qui respecte l'intérêt supérieur de l'enfant non accompagné, qu'il ait ou non fait une demande d'asile, et de l'extension de la tutelle aux enfants non accompagnés originaires de l'Espace économique européen.

Toutefois, le Comité était préoccupé par les informations selon lesquelles : a) l'examen en trois phases utilisé pour déterminer l'âge des enfants non accompagnés est intrusif et peu fiable, et la procédure de recours n'est pas efficace ; b) un certain nombre d'enfants non accompagnés et séparés ont fait l'objet de différentes formes de mauvais traitements, notamment des violences physiques commises par les agents de la police locale, une détention illégale de plus de vingt-quatre heures et l'absence d'orientation systématique vers le service de tutelle et les autres autorités de protection de l'enfance, alors même que ces enfants ne connaissent ni leurs droits ni les mécanismes de plainte existants ; c) le nombre de disparitions d'enfants non accompagnés qui transitent par la Belgique est élevé ; d) les enfants non accompagnés sont logés dans des centres accueillant des demandeurs d'asile adultes, tandis que les enfants en transit n'ont pas accès à un hébergement.

3.2. Les droits des enfants migrants à la lumière des décisions du Comité en tant que mécanisme de recours

En vertu du troisième protocole facultatif à la CDE, le Comité a adopté nombre de décisions portant sur les droits des enfants en situation de migration, qu'il s'agisse d'enfants accompagnés ou non accompagnés. La plupart de ces vues portaient sur les refoulements ou les extraditions des enfants, dans le cadre du règlement Dublin III et d'accords de réadmission entre États européens.

Le Comité a conclu à l'existence de violations des droits de l'enfant, tels que garantis par la convention. Ces violations portaient notamment sur l'évaluation inadéquate du principe de l'intérêt supérieur de l'enfant considéré d'une manière autonome ou conjointement avec d'autres droits, notamment le droit de l'enfant à la participation, dans la mesure où l'opinion de l'enfant sur la décision prise n'est pas sollicitée, car l'État partie considère qu'il n'est pas tenu de demander l'avis de l'enfant, ou que les juridictions ont suffisamment considéré l'intérêt supérieur de l'enfant. La privation de liberté d'un enfant migrant, même accompagné, est considérée une violation des droits par le Comité.

Le Comité a également conclu à l'existence de violations dans le cas de décisions de refoulement ou d'extradition d'enfants accompagnés de leurs familles, vers des États considérés « sûrs », sur la base des informations de leurs autorités consulaires ou diplomatiques, alors que la situation réelle au niveau du pays de retour présente des risques de subir des préjudices irréparables (risque de mutilations génitales féminines, de violences, de menaces à la vie et à l'intégrité).

L'atteinte au droit de garder contact avec ses deux parents et le droit à un environnement familial ont également constitué des violations relevées par le Comité des droits de l'enfant.

Bibliographie

Comité des droits de l'enfant, Comité des droits des travailleurs migrants et des membres de leur famille (2017a), *Observation Générale n° 22 sur "les droits de l'enfant dans le contexte de migration : les principes généraux"*. https://documents.un.org/doc/undoc/gen/g17/343/60/pdf/g1734360.pdf.

Comité des droits de l'enfant, Comité des droits des travailleurs migrants et des membres de leur famille (2017b), *Observation Générale n° 23 sur "les obligations des États en matière de droits de l'homme des enfants dans le contexte des migrations internationales dans les pays d'origine, de transit, de destination et de retour"*. https://digitallibrary.un.org/record/1323015/files/CMW_C_GC_4%26CRC_C_GC_23-FR.pdf.

Comité des droits de l'enfant, Espagne (2018), *5&6èmes rapports périodiques, Observations et recommandations*, https://documents.un.org/doc/undoc/gen/g17/053/73/pdf/g1705373.pdf.

Comité des droits de l'enfant, (2019), *Observations finales concernant le rapport de la Belgique valant cinquièmes et sixièmes rapports périodiques.* https://documents.un.org/doc/undoc/gen/g19/055/88/pdf/g1905588.pdf.

ONU (1948), *Déclaration universelle des droits de l'homme.*

ONU (1966a), *Pacte international relatif aux droits civils et politiques.*

ONU (1966b), *Pacte international relatif aux droits économiques, sociaux et culturels.*

ONU (1989), *Convention relative aux droits de l'enfant.*

ONU (2000a), *Protocole facultatif additionnel à la convention relative aux droits de l'enfant relatif aux "enfants dans les conflits armés".*

ONU (2000b), *Protocole facultatif additionnel à la convention relative aux droits de l'enfant relatif à "la vente d'enfant, la prostitution des enfants et la pornographie mettant en scène les enfants ».*

Organisation Internationale pour les Migrations (2020), *Statistiques.*

SDN (1924) Déclaration des Droits de l'enfant.

UNICEF (2017), *Statistiques.*

Union Européenne (2020) Agence Européenne de la Statistique (Eurostat).

Abstract

Se 196 Stati hanno ratificato la Convenzione sui diritti dell'infanzia, adottata dall'Assemblea Generale delle Nazioni Unite il 20 novembre 1989, tuttavia nessuno Stato europeo è parte della Convenzione sui diritti dei lavoratori migranti e dei membri delle loro famiglie, adottata nel 1990.

Secondo il diritto internazionale, i diritti dei bambini migranti sono regolati dai principi di non discriminazione; dalla salvaguardia dell'interesse superiore del bambino; dal diritto del bambino di esprimere liberamente la propria opinione su tutte le questioni che lo riguardano e dalla tutela del suo diritto alla vita, alla sopravvivenza e allo sviluppo.

Questi principi devono trascendere le obbligazioni degli Stati parti nel loro riconoscimento, protezione e attuazione dei diritti dei bambini migranti, indipendentemente dallo status migratorio del bambino o dei suoi genitori.

Tuttavia, nonostante gli sforzi compiuti per armonizzare le loro legislazioni con la convenzione sui diritti dell'infanzia e i suoi protocolli facoltativi, le legislazioni migratorie di molti Stati europei, a causa dell'impatto dei regolamenti comunitari in materia, non garantiscono sempre l'effettività dei diritti dei bambini migranti e possono dare luogo a diverse violazioni dei loro diritti.

Pertanto, l'attenzione si concentrerà inizialmente sui diritti dei bambini migranti e sulle misure di protezione specifica di cui devono beneficiare e, successivamente, sulle principali violazioni dei diritti dei bambini migranti in Europa. Queste violazioni saranno esaminate alla luce delle raccomandazioni e delle osservazioni del Comitato dei diritti dell'infanzia; delle raccomandazioni delle procedure speciali e dell'esame periodico universale nonché delle decisioni del Comitato dei diritti dell'infanzia come meccanismo di ricorso, in virtù del suo terzo protocollo facoltativo che istituisce una procedura di comunicazione individuale.

L'evoluzione normativa in Italia in tema di gestione delle migrazioni via mare. Quale rilievo agli impegni internazionali dello Stato?

Giuseppe Cataldi
(Università di Napoli "L'Orientale")

Sommario: 1. Introduzione. Premessa sul linguaggio ed *excursus* sulle iniziative di gestione degli arrivi via mare prima del 2023. – 2. Gli sviluppi più recenti: a) il cd. "decreto Piantedosi". – 3. *Segue*: b) il d.lgs. 10 marzo 2023, n. 20, convertito in legge 5 maggio 2023, n. 50 (cd. "decreto Cutro"). – 4. *Segue*: c) il "Protocollo tra il Governo della Repubblica italiana e il Consiglio dei ministri della Repubblica di Albania per il rafforzamento della collaborazione in materia migratoria". – 5. Conclusioni

1. Introduzione. Premessa sul linguaggio ed excursus sulle iniziative di gestione degli arrivi via mare prima del 2023

Innanzitutto, una premessa di tipo "semantico". Le parole sono pietre, e in una materia così delicata come la gestione delle migrazioni la scelta dei termini è già una scelta politica. La stagione della politica migratoria nazionale che si è aperta nel 2023, pur non molto dissimile dalle precedenti come si vedrà, si connota tuttavia per dei segnali chiari. Espressioni come "carico residuale", "sbarchi selettivi", riferite a persone in difficoltà, delle quali si è fatto ripetutamente uso, non sembrano casuali, ma volute da chi governa questi fenomeni. Sia consentito raccomandare *pro futuro* un significativo cambio di approccio con un'analisi di coscienza, e assunzione di responsabilità conseguente, prima di tutto con riferimento alla terminologia (sul punto si rinvia più ampiamente alle osservazioni di Serra, 2023)

A tal proposito, non dissimile nel tentativo di indurre una percezione e una connotazione specifica del fenomeno, appare il tenore complessivo del cd. "decreto Piantedosi" (decreto legge 2 gennaio 2023 n. 1, si veda *infra* nonché, *amplius*, Cataldi, 2022), sul quale ci soffermeremo, che tende a spostare la qualificazione dell'oggetto della regolamentazione normativa da "ricerca e soccorso in mare" a "trasporto di migranti". Ciò al fine, da un lato, di privare della qualifica di naufraghi (o semplicemente di persone in stato di pericolo) coloro che sono imbarcati su navi che li hanno soccorsi, e, dall'altro, di attribuire automaticamente e senza riscontri la patente di facilitatori dell'immigrazione (clandestina o meno) a coloro che tali persone soccorrono. Già il titolo: "disposizioni urgenti per la gestione dei flussi migratori" è fuorviante, giacché il decreto si occupa principalmente e sostanzialmente delle attività di soccorso in mare delle Organizzazioni non governative (ONG). In merito al significato intrinseco del provvedimento normativo in esame, al di là della specifica disciplina posta dalle sue disposizioni, è stato in proposito autorevolmente osservato che "una legge può indirizzare la condotta di coloro cui si rivolge e chiaramente indicare la volontà del legislatore. È la sua funzione. Oppure può coprire di parole, da cui magari non si può dissentire, una volontà non detta, fatta filtrare come un messaggio per chi deve intendere. Una volontà che emerge poi dalla condotta concreta delle autorità dello Stato. Fa così il primo decreto legge di quest'anno" (Zagrebelsky, 2023).

Si diceva che le iniziative in materia di ricerca e soccorso nel Mediterraneo dei Governi della Repubblica che si sono succeduti dall'inizio dell'incremento nelle partenze dalla riva Sud presentano impostazione e caratteristiche comuni, e ciò malgrado la diversa composizione delle maggioranze parlamentari a sostegno. Unica, felice eccezione, che va subito ricordata, l'operazione Mare Nostrum, gestita (e finanziata) dal governo italiano dal 18 ottobre 2013 al 31 ottobre 2014, all'indomani del naufragio del 3 ottobre 2013 che causò 368 morti accertati in una notte, sola missione umanitaria su larga scala nel Mediterraneo mai adottata, e che si concluse per il rifiuto opposto dalle Istituzioni dell'Unione e dagli altri Stati europei di condividerne i costi e i fini, trasformandola in missione dell'Unione Europea. Questo rifiuto fu motivato dal presunto "effetto taxi" di questa operazione, effetto però completamente contraddetto nella pratica, dalla quale si evince che un'efficace attività di ricerca e soccorso salva le vite ma non incoraggia le partenze (Cusumano & Villa, 2019)[1].

L'impostazione comune può riassumersi in questo: l'insofferenza verso gli impegni derivanti dal diritto internazionale, compresi quelli liberamente assunti, e il conseguente tentativo, molto spesso maldestro, di sottrarsi a tali impegni. Superfluo ricordare che l'attribuzione anche della forza di legge ai provvedimenti adottati non cambia, evidentemente, il sistema della gerarchia delle fonti, e quindi tali provvedimenti necessariamente sono chiamati a rispettare il disposto degli art. 10, 11 e 117 Cost.

Abbiamo quindi assistito, in estrema sintesi: all'accertamento da parte della Corte europea dei diritti dell'uomo (Corte EDU) della violazione dell'Italia di più norme della Convenzione europea dei diritti dell'uomo (CEDU) in conseguenza dell'applicazione dell'accordo tra Italia e Libia di "amicizia, partenariato e cooperazione" del 2008 (sentenza della Grande Camera della Corte EDU del 23 febbraio 2012, *Hirsi Jamaa e altri c. Italia*, in commento si rinvia a Liguori, 2012; come è noto, un nuovo accordo bilaterale in materia tra i due Paesi è stato poi sottoscritto nel 2017, si veda Mancini, 2018; Liguori, 2018; Liguori, 2019; Spagnolo, 2018; De Vittor, 2018; Fazzini, 2023); all'adozione di un "codice di condotta" di incerta natura giuridica (cd. "Codice Minniti") per le attività delle ONG che si dedicano all'attività di soccorso in mare, nel quale, tra le altre disposizioni miranti a limitare l'azione delle ONG, si pretendeva da esse, anche se di bandiera straniera, l'impegno a non esercitare il diritto di passaggio inoffensivo nelle acque territoriali di un terzo Stato (e cioè le acque territoriali libiche!) (sul "codice Minniti", si rinvia a Ramacciotti, 2018; Ferri, 2018); successivamente, in perfetta armonia con i venti politici spiranti in Europa e facilitata dalla mancanza di solidarietà mostrata dai partner dell'Unione Europea nella gestione degli sbarchi, è arrivata, a partire dal mese di giugno 2018, la stagione dei "porti chiusi" attraverso i cd. "decreti sicurezza", in palese violazione delle norme internazionali in vigore, come chi scrive ha più volte messo in rilievo in altra sede (Cataldi, 2019a; Cataldi, 2019b; Cataldi, 2020), sostanzialmente smantellata dalla giurisprudenza di merito e di legittimità[2]. Il decreto legge n. 130 del 2020 (cd. "decreto Lamorgese") ha poi abolito le sanzioni amministrative imputabili a navi che compiono operazioni di soccorso in mare e il loro sequestro, purché siano rispettate le convenzioni internazionali e fermo restando che le ONG protagoniste abbiano precedentemente comunicato le proprie azioni alle autorità nazionali competenti. Non ha tuttavia eliminato né la possibilità che possa essere vietato l'ingresso delle navi nei porti nazionali qualora queste non rispettino i criteri stabiliti dalla normativa interna, né l'avvio eventuale di un processo penale, con multa ai danni delle ONG responsabili delle operazioni in mare fino a 50.000 euro. Per queste ragioni, e anche perché per la prima volta si registra il tentativo di ostacolare le attività delle ONG attraverso i "fermi amministrativi" a seguito di verifiche, reiterate, dei requisiti tecnici delle imbarcazioni, questa esperienza è stata definita come quella dei porti "socchiusi" (Zirulia, 2021; per la politica dei "fermi amministrativi" De Vittor, 2021; Masera, 2021; Più in generale, sul contrasto delle attività delle ONG, Bevilacqua, 2018) o "semichiusi" (Favilli, 2022)[3]. Infine, a seguito della pandemia da Covid-19, il Ministro italiano delle Infrastrutture e dei Trasporti, di concerto con i Ministri degli Affari Esteri, dell'Interno e della Salute, emanò il 7 aprile 2020 un decreto che prevedeva che – a causa della crisi sanitaria in atto – i porti italiani erano privi dei requisiti necessari previsti dalla Convenzione SAR per essere considerati "luogo sicuro" in relazione alle operazioni di ricerca e soccorso effettuate da navi battenti bandiera straniera al di fuori della regione SAR italiana. Tale decreto ha sollevato, nel metodo e nei contenuti, non pochi dubbi di incompatibilità con l'oggetto e lo scopo della Convenzione di Amburgo e, più in generale, con gli obblighi internazionali dell'Italia in materia e, di conseguenza, dubbi di incostituzionalità, sui quali si rinvia alla dottrina che con chiarezza li ha messi in luce (Zamuner, 2020; Munari, 2020; Pelliconi, 2020). A noi interessa sottolineare come con tale decreto, in realtà, le autorità italiane abbiano chiaramente preso a pretesto la pandemia per realizzare un tentativo di responsabilizzare nella massima misura possibile gli Stati di bandiera delle ONG implicate nel soccorso in mare, ridimensionando però in maniera illegittima gli obblighi a carico dell'Italia.

L'esternalizzazione della gestione del fenomeno migratorio e l'ostilità nei confronti delle ONG, "colpevoli" di attrarre nell'ambito della giurisdizione italiana le persone soccorse, hanno fatto quindi da sfondo ai provvedimenti che sono stati adottati. Non ripeteremo qui tutte le critiche che sono state sollevate né soprattutto cercheremo di dimostrare ancora una volta l'evidente illegittimità di gran parte delle norme interne in materia. Ci limitiamo a ricordare, a beneficio del lettore, alcuni punti fermi incontestabili, e più volte, anche di recente, ribaditi dalla giurisprudenza nazionale e sovranazionale, e cioè che: 1) l'obbligo di soccorso grava, in virtù di un principio antichissimo di diritto consuetudinario, su tutti gli Stati e su tutti i comandanti di imbarcazioni in mare. Tale obbligo per gli Stati è stato codificato nell'art. 98 della Convenzione delle Nazioni Unite sul diritto del mare (UNCLOS), senza alcuna indicazione o limitazione geografica, e con la precisazione della necessità che lo Stato promuova "la costituzione e il funzionamento permanente di un servizio adeguato ed efficace di ricerca e soccorso"[4]. Più dettagliate sono poi le previsioni della Convenzione internazionale per la salvezza della vita umana in mare (SOLAS) del 1974, e della Convenzione di Amburgo del 1979 sulla ricerca e il salvataggio in mare, che istituisce le zone SAR (*Search and Rescue*). Per quanto riguarda i comandanti di navi, dispongono in tal senso sia il Capitolo V, reg. 33 SOLAS, sia le norme nazionali in materia, quali ad esempio l'art. 489 del codice della navigazione; 2) le ONG si sono limitate ad occupare uno spazio lasciato (dolosamente) libero dagli Stati, riluttanti questi ultimi a tenere fede agli obblighi assunti ed in tal modo creando, inoltre, problemi alla navigazione commerciale. In una dichiarazione dell'11 giugno 2018, l'*International Chamber of Shipping di Londra* (l'Associazione armatoriale mondiale) ha non a caso sottolineato che "se le navi delle ONG sono impossibilitate a sbarcare nei porti italiani le persone salvate in Italia, ciò avrà anche conseguenze significative per le navi mercantili (...), che dovranno nuovamente partecipare a un numero significativo di salvataggi"; 3) i mezzi usati per attraversare il Mediterraneo, e le circostanze di fatto, provocano l'esistenza, *ab initio*, di uno stato di necessità e quindi l'applicazione della regola consuetudinaria sul dovere di soccorso di cui si è detto e la deroga al principio del divieto di ingresso nei porti delle navi non autorizzate; 4) l'operazione di soccorso termina soltanto quando le persone in difficoltà sono state condotte, nel più breve tempo possibile, in un "luogo sicuro", che sia tale per la loro incolumità e per il godimento dei diritti fondamentali.

2. Gli sviluppi più recenti: a) il cd. "decreto Piantedosi"

Questo provvedimento normativo, già ricordato, contempla ben sei condizioni che devono essere tutte soddisfatte affinché possa essere concesso l'approdo a seguito di operazioni di soccorso in mare. Di qui la definizione, per questo decreto, di nuovo "codice di condotta" per le ONG. La prima condizione è che la nave che effettui sistematicamente attività di soccorso sia in possesso delle autorizzazioni rilasciate dallo Stato di bandiera e dei requisiti di idoneità tecnico-nautica alla sicurezza della navigazione (lettera a); la seconda condizione esige che le persone soccorse vengano tempestivamente informate, a bordo, della possibilità di chiedere la protezione internazionale, con raccolta dei loro dati; in base al terzo e quarto requisito l'assegnazione del porto di sbarco deve essere richiesta nell'immediatezza dell'evento (lettera c) e il porto di sbarco assegnato dalle autorità competenti deve essere raggiunto senza ritardo per il completamento dell'intervento di soccorso (lettera d). Devono poi essere fornite alle autorità marittime o di polizia le informazioni necessarie a ricostruire dettagliatamente l'operazione di soccorso (lettera e). Per ultimo, le modalità di ricerca e soccorso in mare non devono aver concorso a creare situazioni di pericolo a bordo, né impedito di raggiungere tempestivamente il porto di sbarco (lettera f).

Si è detto che, nel momento del soccorso in mare di persone in difficoltà, la loro qualifica quali "migranti" passa necessariamente in secondo piano. Si tratta di una constatazione elementare che non necessita di spiegazioni o giustificazioni (Lettera aperta a firma di 21 docenti di diritto internazionale, Corriere della Sera, 19 luglio 2019). Com'è stato tante volte chiarito, solo successivamente allo sbarco in luogo che sia sicuro anche dal punto di vista del godimento dei diritti fondamentali si potrà affrontare la questione dello status delle persone soccorse e della loro destinazione finale. Inoltre, il luogo di sbarco sicuro non può mai essere, se non per un tempo veramente limitato, l'imbarcazione soccorritrice[5]. A tal proposito, assolutamente inaccettabile appare l'obbligo di attivare a bordo le procedure relative alla raccolta dei dati delle persone soccorse ai fini anche della richiesta di protezione internazionale. Questa attività va, infatti, innanzitutto svolta da personale con competenze professionali e linguistiche specifiche, anche per le complicazioni derivanti dalla circostanza per cui i flussi migratori sono sempre misti[6] e inoltre ben potrebbe essere contraria alle previsioni in merito della legge dello Stato di bandiera della nave, l'unica ad applicarsi a bordo. Una selezione rapida va effettuata solo per individuare chi ha bisogno urgente di cure mediche, non certo in tema di protezione internazionale (Favilli, 2022).

Dalla prima condizione, nella quale si fa riferimento esclusivo alle navi che effettuano "*in via sistematica*" ricerca e soccorso in mare (corsivo nostro), disponendo che esse devono operare in conformità ad autorizzazioni o abilitazioni rilasciate dalle competenti autorità dello Stato di bandiera ed essere in possesso dei requisiti di idoneità tecnico-nautica alla sicurezza della navigazione, traspare la *ratio* dell'intero provvedimento normativo, e cioè quella di ostacolare le attività di soccorso in mare. Ciò soprattutto tenuto conto della circostanza che, in conseguenza della sola contestazione della violazione compiuta, e non quindi dell'accertamento, viene applicata la sanzione accessoria del fermo amministrativo per due mesi della nave utilizzata per commettere la violazione. La differenziazione di regime per il caso di ONG la cui missione sia quella del salvataggio rispetto a navi di Stato o private che si trovino "casualmente" a salvare persone in pericolo appare arbitraria e soprattutto non prevista dalle norme internazionali in materia; in secondo luogo, una semplice considerazione di buon senso suggerisce che tutte le imbarcazioni dovrebbero essere sempre in regola con i requisiti suddetti, e lo Stato del porto ha certamente il diritto di verificarlo, ma che ad un'imbarcazione, sia essa dedita o meno al soccorso in via sistematica, che abbia compiuto un'attività di soccorso in mare in caso di necessità, non può essere rifiutato l'approdo al fine di completare con il trasporto in un luogo sicuro il soccorso solo perché fanno difetto i requisiti, le autorizzazioni e le abilitazioni citate nel decreto. L'obbligo di prestare soccorso prevale su tutti gli altri obblighi, anche quelli relativi alla sicurezza della navigazione, che rimangono parzialmente sospesi nella misura in cui ciò sia necessario al compimento di tutte le operazioni di soccorso, come ha chiarito senza possibilità di equivoci la dell'Unione Europea (CGUE) con sentenza del 1° agosto 2022 (C-14/21 e C-15/21), sul rinvio pregiudiziale richiesto dal Tribunale Amministrativo Regionale per la Sicilia (per un commento si veda ASGI, 2022a)[7]. Ne consegue che non trova alcuna giustificazione una particolare "solerzia" nel controllo dello standard di sicurezza delle navi delle ONG che si dedicano al soccorso in mare, che la disposizione in esame tende a favorire. Quest'ultima, invece, al contrario, appare come un incoraggiamento ad una indebita limitazione del diritto/dovere di soccorso in mare[8].

A questo punto, come è evidente, risulta centrale il concetto di PoS (*Place of Safety*), come del resto confermano le esperienze applicative del decreto in esame, che hanno visto il Governo assegnare, per naufraghi soccorsi tra la Sicilia e la Libia, non più porti di sbarco situati in Sicilia o in Calabria, ma, per la prima volta, i porti di Carrara, Ancona e La Spezia, a ben maggiore distanza dall'evento[9]. Nella "Informativa urgente del Ministro dell'Interno Matteo Piantedosi sulla gestione dei flussi migratori e, in particolare, sui recenti interventi di assetti navali di organizzazioni non governative nel Mediterraneo centrale" resa al Senato della Repubblica il 16 novembre 2022, il Ministro aveva in proposito affermato: "È un dato certo che le Convenzioni internazionali vigenti non stabiliscono a priori quale debba essere il POS, né che esso debba coincidere, come talvolta si dice frettolosamente, con il porto più vicino e, conseguentemente, che l'Italia debba farsi carico di tutti i migranti che vengono portati nelle nostre acque territoriali da assetti navali privati, perfettamente funzionanti, ben attrezzati e, quindi, senza problemi sotto il profilo della sicurezza della navigazione". Che le convenzioni internazionali vigenti non stabiliscono a priori quale debba essere il PoS è vero, e d'altra parte è inevitabile, poiché ogni evento SAR fa storia a sé[10]. Gli Stati, nel realizzare una disciplina internazionale in materia, hanno volutamente evitato di stabilire *a priori* quale debba essere il luogo di sbarco, e ciò al fine di preservare la completa sovranità sui propri porti, confidando nella cooperazione tra di essi. Dal 2004 in poi la preoccupazione è stata quella di allargare nella misura più ampia possibile i "titoli" di competenza, e quindi l'ambito degli Stati potenzialmente responsabili. Le regole delle due Convenzioni SOLAS e SAR, nel 2004 emendate, e le raccomandazioni dell'OMI, fanno leva sulla collaborazione ("il coordinamento da parte di uno Stato dell'azione di soccorso non libera gli altri Stati", così si esprime l'OMI nelle sue raccomandazioni). E difatti il primo centro di soccorso marittimo che venga a conoscenza di un caso di pericolo, anche se l'evento interessa l'area SAR di un altro Paese, deve adottare gli atti urgenti necessari e deve poi continuare a coordinare i soccorsi fino a che l'autorità responsabile per l'area non ne assuma la gestione. Inoltre, lo Stato cui appartiene il Centro di coordinamento che per primo abbia ricevuto notizia, o che abbia comunque assunto il controllo delle operazioni di soccorso, ha l'obbligo d'individuare un luogo sicuro dove possano terminare le operazioni di soccorso con lo sbarco dei naufraghi, che può essere su proprio territorio oppure, previo consenso di quest'ultimo, sul territorio di un altro Stato eventualmente più vicino all'evento[11], indipendentemente da qualunque considerazione in merito allo status dei naufraghi (sul punto, e anche per una ricostruzione convincente per la quale gli obblighi in esame vengono desunti da una lettura combinata delle regole della Convenzione SAR con i trattati in materia di diritti umani, si rinvia a De Vittor & Starita, 2018, p. 82 in particolare). I problemi che si pongono all'applicazione di queste regole nel Mediterraneo centrale in conseguenza della situazione particolare di Malta (dotata di una zona SAR di estensione notevole, in più punti sovrapponibile a quella italiana, che però mai ha ratificato gli emendamenti del 2004, e che, in base alla considerazione dei limiti del suo territorio e dei mezzi a sua disposizione, contesta la sua competenza a dirigere le operazioni di soccorso nella sua SAR a meno che non siano impegnate navi di bandiera maltese, ipotesi molto rara) e della Libia (Paese non ancora stabilizzatosi e soprattutto non idoneo a garantire i diritti fondamentali) non possono certo giustificare un'interpretazione restrittiva degli obblighi gravanti sull'Italia, fino a svilirne la concreta applicazione (inoltre, anche la Tunisia presenta delle criticità, vedi Vassallo Paleologo, 2018; ASGI, 2022b).

Va ricordato che esiste un diritto, oltre che un obbligo, di attribuzione del *Place of Safety* (PoS), diritto di cui sono titolari le persone soccorse (Scovazzi, 2005; Scovazzi, 2014)[12]. Ciò è confermato dal richiamo alla ragionevolezza che si rileva nella normativa internazionale di riferimento. Innanzitutto, l'obbligo di attribuire un PoS alla nave soccorritrice in un lasso di tempo *ragionevole* è simmetricamente correlato al diritto della persona soccorsa a vedersi attribuito al più presto il luogo sicuro di sbarco[13]. Persone in difficoltà non possono essere tenute a lungo nell'incertezza del loro destino. Allo stesso modo, varie previsioni fanno riferimento alla necessità che in un tempo *ragionevole* si concludano le operazioni di sbarco, come confermato del resto dalla prassi prevalente. Ciò è stato previsto innanzitutto al fine di liberare le imbarcazioni soccorritrici dalla responsabilità nei confronti delle persone soccorse, e quindi sicuramente con riferimento a navi con l'urgenza di riprendere la propria rotta, ma indubbiamente anche per ridurre al minimo il disagio, talvolta le sofferenze, di tali persone[14]. Quindi *cooperazione* e *ragionevolezza* costituiscono le parole chiave nella gestione degli eventi SAR da parte degli Stati. Se la cooperazione purtroppo è venuta meno per responsabilità soprattutto di altri Stati, non per questo può venire meno la ragionevolezza. È ragionevole assegnare, in applicazione del decreto in esame, un porto di sbarco a millecinquecento chilometri di distanza dal luogo di soccorso, a quasi quattro giorni di navigazione e con condizioni meteomarine avverse, come avvenuto nel caso della nave *Ocean Viking*[15]? A noi pare che in casi come questo il porto di sbarco debba necessariamente essere il porto più vicino, a meno che non siano dimostrabili ragioni che lo escludano, e certo non può considerarsi come ragione valida soltanto l'affidabilità, sotto il profilo della sicurezza della navigazione, dell'imbarcazione che ha proceduto al soccorso, svincolata dalla valutazione, nel caso di specie, delle conseguenze sulle persone a bordo di un viaggio più lungo. La decisione cui si è fatto riferimento finisce inevitabilmente per apparire come una sorta di sanzione nei confronti dell'imbarcazione, a fini evidenti di deterrenza, e la sua "irragionevolezza", a nostro avviso, produce una violazione degli obblighi gravanti sullo Stato ai sensi delle convenzioni internazionali che si sono ricordate[16], e, più in generale, dell'obbligo di *due diligence* previsto dalle norme a tutela dei diritti dell'uomo, le quali (ad esempio l'art. 6 del Patto delle Nazioni Unite sui diritti civili e politici) pongono a carico degli Stati il dovere di adottare misure positive volte a proteggere la vita delle persone che si trovano sottoposte alla propria giurisdizione da qualsiasi "rischio ragionevolmente prevedibile" (in generale, sugli obblighi di *Due Diligence* nel diritto internazionale, si rinvia a Pisillo Mazzeschi, 1989; Besson, 2020; Koivurova & Singh, 2022).

Un cenno merita anche la condizione in base alla quale "devono essere fornite alle autorità marittime o di polizia le informazioni necessarie a ricostruire dettagliatamente l'operazione di soccorso". Qual è la *ratio* di questa condizione, e soprattutto quali informazioni sono da considerare "necessarie"? Nell'unico caso in cui, finora, è stato contestato ad una nave, la *Geo Barents* di "Medici senza frontiere", di non aver fornito tali informazioni al momento dello sbarco, avvenuto ad Ancona il 18 febbraio 2023, l'addebito (con la sanzione del fermo amministrativo e della multa di diecimila euro) ha riguardato la mancata condivisione con le autorità dei dati del *vdr* (*voyage data recorder*), i quali, per la verità, sono stati sempre utilizzati, in precedenza, solo per le investigazioni successive ad un incidente marittimo, e comunque per valutare questioni attinenti alla sicurezza, trattandosi di una sorta di "scatola nera"[17] (sulla vicenda si veda il commento di Camilli, 2023). Ancora una volta, a nostro avviso, è molto dubbia la ragionevolezza di tale pretesa, e quindi la sua legittimità[18].

3. Segue: b) il d.lgs. 10 marzo 2023, n. 20, convertito in legge 5 maggio 2023, n. 50 (cd. "decreto Cutro")

Il cd. "decreto Cutro", adottato all'indomani del tragico naufragio nelle acque prospicienti la costa di questo comune calabrese, ha introdotto delle novità significative soprattutto in materia di immigrazione per lavoro, tra cui la possibilità di prevedere quote destinate agli apolidi e ai rifugiati riconosciuti dall'UNHCR o dalle autorità competenti nei Paesi di primo asilo o di transito (Caprioglio & al., 2023; Cerchi, 2023; Morselli, 2023). Nel momento in cui scriviamo, tuttavia, questo provvedimento normativo è oggetto di decisioni giudiziarie che ne disapplicano il contenuto, ritenuto contrario al diritto dell'Unione Europea, al diritto internazionale e ai precetti costituzionali. In base al cd. "decreto Cutro", il richiedente può essere infatti trattenuto (presso gli *hotspot* o i C.P.R. situati in prossimità della frontiera o della zona di transito) anche solo al fine di accertare il diritto ad entrare nel territorio dello Stato, laddove non abbia consegnato il passaporto o altro documento equipollente in corso di validità, o prestato idonea garanzia finanziaria. A proposito di quest'ultima, un decreto ministeriale del 14 settembre 2023 ha previsto un importo fisso di 4938 euro, ritenuto idoneo per garantire allo straniero, per il periodo massimo di trattenimento, pari a quattro settimane, la disponibilità di un alloggio adeguato sul territorio nazionale, nonché della somma occorrente al rimpatrio e dei mezzi di sussistenza minimi necessari. Tuttavia, alla luce di quanto previsto nelle linee guida UNHCR, in una raccomandazione del Consiglio d'Europa e nell'analisi dell'Agenzia europea per l'asilo sulla detenzione dei richiedenti protezione internazionale, è possibile chiedere la costituzione di una garanzia, ma l'importo deve tener conto della situazione particolare dei richiedenti asilo e non essere troppo elevato perché ciò risulterebbe in una discriminazione nei confronti di chi non disponga di fondi sufficienti. Come osservato in dottrina, la finalità della garanzia finanziaria è quella di dissuadere il richiedente dall'abbandonare il territorio in attesa della decisione sulla domanda di protezione (pena la perdita della somma data in garanzia): "fissare un importo fisso ed elevato non potrà mai costituire un'alternativa per coloro che non dispongono di adeguate risorse finanziarie, per le quali la cifra andrebbe fissata ad un importo inferiore; al contrario, per coloro che possono sostenerla, la misura potrebbe non costituire un incentivo a restare nel territorio italiano" (Favilli, 2023, p. 11; vedi anche Panzera, 2023). È stata anche introdotta una nuova ipotesi di procedura accelerata nel caso in cui un richiedente proveniente da uno dei Paesi di origine sicuri presenti domanda di protezione direttamente alla frontiera o nelle zone di transito. Con il D.M. 17 marzo 2023, in vigore dal 9 aprile 2023, nell'elenco dei Paesi di origine sicura sono stati aggiunti Costa d'Avorio, Gambia, Georgia e Nigeria ai già previsti Albania, Algeria, Bosnia-Erzegovina, Capo Verde, Ghana, Kosovo, Macedonia del Nord, Marocco, Montenegro, Senegal, Serbia e Tunisia.

Come si diceva, quindi, i primi provvedimenti che hanno disposto il trattenimento dei cittadini stranieri provenienti da Paesi cd. "sicuri" che chiedono protezione internazionale e che non hanno presentato una garanzia finanziaria di € 4938,00 non sono stati convalidati in giudizio. Così in particolare ha disposto, in data 29 settembre 2023, la Sezione Specializzata del Tribunale di Catania con riferimento a richiedenti asilo trattenuti nel nuovo "Centro per il Trattenimento dei Richiedenti Asilo" di Pozzallo. È importante rilevare quanto il giudice ha affermato in merito alla incompatibilità con il diritto dell'Unione Europea della mancata previsione, nella normativa italiana di riferimento, di una valutazione su base individuale della situazione di chi chieda protezione internazionale in Italia e provenga da un Paese cd. sicuro, facendo riferimento soprattutto a quanto affermato in proposito dalla CGUE – Grande Sezione – nella sentenza 8 novembre 2022 (cause riunite C-704/20 e C-39/21) (sul punto ASGI, 2023a)[19].

Ma ai fini propri di questo scritto è doveroso chiedersi quale incidenza possano avere queste nuove regole, indubbiamente restrittive in tema di trattenimento alla frontiera di cittadini stranieri, nei confronti di coloro che arrivino sulle coste italiane via mare nell'ambito di operazioni di soccorso. A nostro sommesso avviso queste norme non sono applicabili a tali ipotesi, poiché prevale per esse il regime dettato dalla situazione di emergenza, dallo stato di necessità cioè, che impone la deroga ai requisiti (passaporto o altro documento equipollente in corso di validità, idonea garanzia finanziaria, etc.) richiesti per l'ingresso nel territorio.

4. Segue: c) il "Protocollo tra il Governo della Repubblica italiana e il Consiglio dei ministri della Repubblica di Albania per il rafforzamento della collaborazione in materia migratoria"

Con legge n. 14 del 21 febbraio 2024 il Parlamento ha autorizzato il Capo dello Stato alla ratifica del Protocollo tra il Governo della Repubblica italiana e il Consiglio dei ministri della Repubblica di Albania per il rafforzamento della collaborazione in materia migratoria, firmato a Roma dal Primo ministro italiano e dal suo omologo albanese il 6 novembre 2023. Tale Protocollo è destinato a costituire la base giuridica per la costruzione di due centri per la gestione dei migranti sul territorio albanese, ma posti sotto la giurisdizione italiana. Si tratta quindi di una nuova modalità di esternalizzazione della gestione dei migranti, nuova perché presuppone non la delega di responsabilità e funzioni ad un altro Stato, ma l'applicazione delle medesime regole valide nel territorio italiano (quindi ben diversa, ad esempio, dall'esperimento di esternalizzazione adottato dal Regno Unito sulla base di un Memorandum d'intesa stipulato con il Ruanda il 13 aprile 2022, sul punto Liguori, 2023). Ciononostante, restano numerosi i dubbi di legittimità in proposito evidenziati dalla dottrina sul piano costituzionale, internazionale, del diritto dell'Unione (Savino, 2024; Spagnolo, 2023; Favilli, 2024; Masera, 2023; Grattarola, 2024; El Harch, 2024; ASGI, 2023b). In questa sede ci limitiamo tuttavia a segnalare due aspetti che rilevano in materia di regole sul soccorso in mare.

In primo luogo, desta perplessità l'ipotesi di condurre in Albania persone salvate nello Stretto di Sicilia, area all'interno della quale ha luogo attualmente la maggior parte delle operazioni di *Search and Rescue* (costituendo la rotta migratoria che attraversa il Mediterraneo centrale dal Nord-Africa), ma anche nel Tirreno o nel Mar Ionio. Ciò in considerazione della regola, di cui si è detto, che prevede l'obbligo di condurre le persone salvate (e il corrispondente diritto di queste ultime ad esservi condotte) nel luogo sicuro di approdo più vicino, regola che corrisponde innanzitutto a ragioni di logica.

Il secondo rilievo deriva dalla formulazione dell'art. 3, comma 2, della legge n. 14/2024, laddove si afferma che nei centri che saranno costruiti in Albania "possono essere condotte esclusivamente persone imbarcate su mezzi delle autorità italiane all'esterno del mare territoriale della Repubblica o di altri Stati membri dell'Unione Europea, anche a seguito di operazioni di soccorso". La *ratio* di questa disposizione è chiaramente la volontà di escludere che in questi nuovi centri possano essere condotti stranieri già presenti, a qualunque titolo, sul territorio italiano. Si vuole evitare, in altri termini, che si concretizzino ipotesi definibili come "trasferimento" o, addirittura, "deportazione".

Va tuttavia ricordato che, ai sensi dell'art. 4 del codice della navigazione, in conformità al diritto internazionale consuetudinario, "le navi italiane in alto mare e gli aeromobili italiani in luogo o spazio non soggetto alla sovranità di alcuno Stato sono considerati come territorio italiano". Ciò comporta, nella specie, la sussistenza di una serie di obblighi e responsabilità delle autorità italiane che certamente non risultano limitati dalla circostanza per cui le persone non sono state imbarcate in un porto della Penisola o nel suo mare territoriale. Innanzitutto, ai migranti trasportati da nave italiana dovranno applicarsi le medesime procedure e garanzie previste dal diritto dell'Unione (si pensi ad esempio alle regole in tema di protezione internazionale). L'Italia non può che essere considerata, in questo caso, quale Paese "di primo ingresso" dello straniero nel territorio dell'Unione. Anche le tutele approntate dal diritto italiano andranno riconosciute, in primis l'art. 10, c. 3 della Costituzione, che prevede l'obbligo di riconoscere l'asilo nel territorio della Repubblica allo straniero "al quale sia impedito nel suo paese l'effettivo esercizio delle libertà democratiche garantite dalla Costituzione italiana". Ma soprattutto va rilevato che, non essendo consentito svolgere a bordo delle navi le operazioni di identificazione delle persone soccorse, come si è già accennato e come chiarito dalla giurisprudenza interna e internazionale[20], sarà di conseguenza quasi impossibile non commettere una violazione del diritto in tale materia. Se per sfuggire al divieto di cui si è detto le persone soccorse verranno tutte – anche se minori, soggetti vulnerabili, o richiedenti asilo[21] – accompagnate nei centri di detenzione albanesi, il risultato infatti sarà non solo il compimento di un'attività inutile e dispendiosa, ma principalmente una possibile ipotesi di respingimento collettivo analoga a quella accertata dalla Corte EDU nel caso *Hirsi c. Italia*, più volte ricordato, allorché la Corte affermò l'applicabilità della CEDU alla fattispecie e la responsabilità dello Stato italiano per il controllo *de facto* nell'operazione di soccorso, trasporto, e poi consegna dei migranti alle autorità libiche. La circostanza di essere l'Albania un luogo sicuro di sbarco, da un lato, e la sottoposizione alla giurisdizione italiana nei centri albanesi, dall'altro, non mettono al riparo, infatti, da violazioni delle regole internazionali, in particolare la CEDU, vincolanti per l'Italia. Nel primo caso, occorre ricordare che più volte la Corte EDU ha condannato l'Italia (e non solo l'Italia) per respingimenti effettuati verso un Paese "sicuro" e per l'automatica applicazione da parte degli Stati membri dell'Unione, senza tener conto degli obblighi CEDU, del meccanismo previsto dal "regolamento Dublino". Per quanto riguarda la seconda questione accennata, occorre tener presente che verrà sì a crearsi in territorio albanese una sorta di *enclave* italiana, con l'esclusiva finalità della detenzione degli stranieri (Masera, 2023), e che tale *enclave* sarà sottoposta alla giurisdizione italiana, con la conseguenza che eventuali violazioni del dettato pattizio saranno imputabili all'Italia. Ma nondimeno, non può escludersi che venga a determinarsi anche la responsabilità delle autorità albanesi, ad esempio dal momento dello sbarco sulle coste albanesi e fino al trasferimento forzato nelle strutture, o laddove i migranti riescano ad uscire dal centro (i controlli intorno all'area sono di competenza albanese). A rischio sarà, tra le altre cose, il rispetto del diritto di difesa (Savino, 2023) e dei limiti temporali per il controllo giurisdizionale di provvedimenti che incidono sulla libertà delle persone ai sensi dell'art. 13 della Costituzione italiana e degli articoli 5, 6 e 13 CEDU[22].

Tra l'altro, la legge di ratifica non fa espresso riferimento all'esclusione dei minori non accompagnati e delle persone vulnerabili dal trasferimento in Albania. Nondimeno, i centri di detenzione allestiti in detto Paese ai sensi del Protocollo sono equiparabili alle zone di frontiera, alle quali si applica la disciplina di cui all'art. 28 bis del d.lgs. 28 gennaio 2008, n. 25. Il c. 6 di tale disposizione precisa che le procedure accelerate di frontiera non possono applicarsi ai minori non accompagnati e alle persone vulnerabili di cui all'art. 17 del d.lgs. 18 agosto 2015, n. 142 (ovvero: disabili, anziani, donne, genitori singoli con figli minori, vittime della tratta, persone affette da gravi malattie o disturbi mentali, persone che hanno subito torture, stupri o altre forme gravi di violenza psicologica, fisica o sessuale, vittime di mutilazioni genitali). Pertanto, tali soggetti non dovrebbero essere trasferiti in Albania[23]. Nondimeno, non è chiaro quali saranno le modalità operative che verranno seguite, se lo screening dei naufraghi verrà operato a bordo, in territorio albanese o in quello italiano, aprendo in tutte le ipotesi indicate scenari alquanto problematici (Savino 2024, UNHCR 2024). Un *cul de sac* normativo che, a nostro sommesso avviso, poteva e doveva evitarsi.

5. Conclusioni

La gestione della ricerca e soccorso nel Mediterraneo centrale da parte delle autorità italiane di governo è un compito davvero difficile. L'applicazione delle regole di Dublino sugli Stati di primo ingresso nell'Unione penalizza il nostro Paese, gravato da oneri che andrebbero più equamente ripartiti. La maggioranza dei Paesi dell'Unione, invece, si oppone al mutamento del regime di Dublino ed è impegnata, in sede politica, soprattutto nel contrastare i cosiddetti "movimenti secondari" delle persone che sbarcano sulle coste dell'Unione. La solidarietà tra gli Stati dell'Unione, e la solidarietà *tout court*, imporrebbero ben altro atteggiamento, e soprattutto ben altre iniziative. A noi non sembra però, e qui il riferimento specifico è al Protocollo con l'Albania, che organizzare la permanenza in un Paese che non appartiene all'Unione Europea, e che dunque non è soggetto al rispetto degli obblighi e delle garanzie stabilite dalla normativa dell'Unione, un numero massimo di tremila migranti al mese (questi sono i numeri concordati) diretti verso l'Italia giustifichi una spesa pubblica così ingente, l'imposizione di giorni supplementari di navigazione, il rischio di incorrere in continue violazioni della normativa interna e sovranazionale, sanzionate dagli organi di giustizia. A nostro sommesso avviso le energie di chi ha responsabilità politiche e di governo sarebbero meglio spese se concentrate sulla modifica di questo sistema, anziché su decreti d'occasione che, con un'ambiguità di fondo, e spesso invocando un'emergenza vera o presunta da affrontare, tentano di sfuggire a regole consolidate e gerarchicamente superiori, e che sono destinati ad essere presto demoliti dall'intervento dei giudici o superati dalla normativa sopravvenuta.

Bibliografia

ASGI (2022a). *Le precisazioni della Corte europea di giustizia sui controlli degli Stati di approdo alle NGO impegnate nel soccorso in mare*. https://www.asgi.it/notizie/soccorso-ong-migranti/.

ASGI (2022b). *ASGI al Ministro dell'Interno: L'azione di soccorso si conclude con lo sbarco in porto sicuro*. https://www.asgi.it/asilo-e-protezione-internazionale/asgi-al-ministro-dellinterno-lazione-di-soccorso-si-conclude-con-lo-sbarco-in-porto-sicuro/.

ASGI (2023a). *Pozzallo, le nuove norme sulla detenzione per i richiedenti asilo contrarie alle norme UE e alla Costituzione italiana*. https://www.asgi.it/asilo-e-protezione-internazionale/pozzallo-le-nuove-norme-sulla-detenzione-per-i-richiedenti-asilo-contrarie-alle-norme-ue-e-alla-costituzione-italiana/.

ASGI (2023b). *L'analisi giuridica del Protocollo Italia-Albania*.

https://www.asgi.it/allontamento-espulsione/albania-italia-protocollo-analisi-giuridica/.

Besson, S. (2020). La Due Diligence en Droit International. *Collected Courses of The Hague Academy of International Law*. Brill, Leiden, pp. 153-398.

Bevilacqua, G. (2018). Italy versus NGOs: The controversial Interpretation and Implementation of Search and Rescue Obligations in the Context of Migration at Sea. *Italian Yearbook of International Law*, 28(1), pp. 11-27.

Camilli, A. (2023). *Multare i soccorritori*. https://www.internazionale.it/essenziale/notizie/annalisa-camilli/2023/02/24/multa-msf-legge-anti-ong.

Caprioglio C., Montella T. & Rigo, E. (2023). *La strage che diventa legge*. https://jacobinitalia.it/la-strage-che-diventa-legge/, 28 aprile 2023.

Cataldi, G. (2019a). *Audizione informale nell'ambito dell'esame del disegno di legge C. 1913 Governo, di conversione in legge del decreto-legge 14 giugno 2019, n. 53, recante 'Disposizioni urgenti in materia di ordine e sicurezza pubblica'*. https://www.camera.it/application/xmanager/projects/leg18/attachments/upload_file_doc_acquisiti/pdfs/000/001/960/Relazione_Giuseppe_Cataldi.pdf.

Cataldi, G. (2019b). Il "decreto sicurezza bis" alla prova degli impegni internazionali dello Stato in materia di diritto del mare. Alcune osservazioni. *I diritti dell'uomo. Cronache e battaglie*, pp. 439-459.

Cataldi, G. (2020). L'impossibile "interpretazione conforme" del decreto "sicurezza bis" alle norme internazionali sul soccorso in mare. *Questione Giustizia*. https://www.questionegiustizia.it/articolo/l-impossibile-interpretazione-conforme-del-decreto_26-02-2020.php.

Cataldi, G. (2022). Quale ragionevolezza e due diligence dello Stato nel cd. "decreto Piantedosi" in tema di gestione dei flussi migratori?. *I diritti dell'uomo Cronache e battaglie*. pp. 459-474.

Celoria, E. & De Leo, A. (2024). Il Protocollo Italia-Albania e il Diritto dell'Unione europea: una relazione complicata. *Diritto, immigrazione e cittadinanza*, pp. 1-26.

Cherchi, R. (2023). Il "decreto Cutro" tra domanda di forza lavoro e insofferenza per i diritti fondamentali. *ADiM Blog*. https://www.adimblog.com/2023/04/30/il-decreto-cutro-tra-domanda-di-forza-lavoro-e-insofferenza-per-i-diritti-fondamentali/.

Cherchi, R. (2024). L'approccio hotspot e i diritti umani: le condanne dell'Italia nella sentenza della Corte europea dei diritti dell'uomo J.A. e altri c. Italia e nelle successive A.E. e altri c. Italia, A.B. c. Italia, A.S. c. Italia, W.A. e altri c. Italia, M.A. c. Italia. *Diritto, immigrazione e cittadinanza*, pp. 1-26.

Cusumano, E. & Villa, M. (2019). Sea Rescue NGOs: a Pull Factor of Irregular Migration?. *Policy Brief. Migration Policy Centre. Robert Schuman Centre for Advanced Studies. European University Institute,* 22, pp. 1-10.

Del Guercio, A. (2022). Is It Lawful to Save Human Lives at Sea?. *Federalismi. Special Issue "Non-State Actors and Human Security in Navigable Spaces"*, pp. 53-75.

Del Guercio, A. (2023). La dignità dei migranti alle frontiere europee. *BioLaw Journal*, 4, pp. 151-171.

De Vittor, F. (2018). Responsabilità degli Stati e dell'Unione europea nella conclusione e nell'esecuzione di 'accordi' per il controllo extraterritoriale della migrazione. *Diritti umani e diritto internazionale*, pp. 5-27.

De Vittor, F. (2021). Il Port State Control sulla navi delle ONG che prestano soccorso in mare: tutela della sicurezza della navigazione o ostacolo alle attività di soccorso?. *Diritti umani e diritto internazionale*, pp. 103-127.

De Vittor, F. & Starita, M. (2018). Distributing Responsibility between Shipmasters and the the different States involved in SAR Disasters. *The Italian Yearbook of International Law*, pp. 77-95.

El Harch, F.Z. (2024). Il Protocollo Italia-Albania al vaglio della Corte costituzionale albanese. *ADiM Blog, Osservatorio della Giurisprudenza.* https://www.adimblog.com/2024/02/01/il-protocollo-italia-albania-al-vaglio-della-corte-costituzionale-albanese/.

Favilli, C. (2022). La stagione dei porti semichiusi: ammissione selettiva, respingimenti collettivi e responsabilità dello Stato di bandiera. *Questione Giustizia*. www.questionegiustizia.it/articolo/porti-semichiusi.

Favilli, C. (2023). Presupposti, limiti e garanzie applicabili al trattenimento del richiedente protezione internazionale soggetto a procedura di frontiera: Commento al decreto del Tribunale di Catania del 29 settembre 2023. *Diritto, immigrazione e cittadinanza*, pp. 1-23.

Favilli, C. (2024). *Audizione 8 gennaio 2024 Protocollo Italia-Albania.* https://documenti.camera.it/leg19/documentiAcquisiti/COM01/Audizioni/leg19.com01.Audizioni.Memoria.PUBBLICO.ideGes.26889.11-01-2024-11-46-29.403.pdf.

Fazzini, A. (2023). *L'esternalizzazione delle frontiere e la responsabilità degli Stati europei. Il caso Italia-Libia*. Napoli, Editoriale Scientifica.

Ferri, F. (2018), Il Codice di condotta per le ONG e i diritti dei migranti: fra diritto internazionale e politiche europee. *Diritti umani e diritto internazionale*, pp. 189-198.

Grattarola, G. (2024). Il disegno di legge di autorizzazione alla ratifica del protocollo Italia-Albania: profili di (in)compatibilità con il diritto dell'Unione europea". *SIDIBlog*. http://www.sidiblog.org/2024/02/13/il-disegno-di-legge-di-autorizzazione-alla-ratifica-del-protocollo-italia-albania-profili-di-incompatibilita-con-il-diritto-dellunione-europea/.

Koivurova, T. & Singh, K. (2022). Due Diligence, in *Max Planck Encyclopedia of Public International Law*, pp. 1-23.

Lettera aperta a firma di 21 docenti di diritto internazionale (Corriere della Sera, 19 luglio 2019). https://www.corriere.it/politica/19_luglio_03/chi-viene-soccorso-mare-naufrago-ha-diritto-essere-sbarcato-un-luogo-sicuro-9ac444c4-9daa-11e9-9326-3d0a58e59695.shtml.

Liguori, A. (2012). La Corte europea condanna l'Italia per i respingimenti verso la Libia del 2009: il caso Hirsi. *Rivista di diritto internazionale*, pp. 415-443.

Liguori, A. (2018). The Externalization of Border Controls and the Responsibility of Outsourcing States under the European Convention on Human Rights. *Rivista di Diritto Internazionale*, pp. 1228-1237.

Liguori, A. (2019). *Migration Law and The Externalisation of Border Controls*. London and New York, Routledge.

Liguori, A. (2023). Storica sentenza sull'accordo Regno Unito-Ruanda, ma la battaglia non è finita. *ADiM Blog, Osservatorio della Giurisprudenza*. https://www.adimblog.com/2023/12/31/storica-sentenza-sullaccordo-regno-unito-ruanda-ma-la-battaglia-non-e-finita/.

Mancini, M. (2018). Il Memorandum di Intesa tra Italia e Libia del 2017 e la sua attuazione. In N. Ronzitti & E. Sciso (a cura di), *I conflitti in Siria e Libia. Possibili equilibri e le sfide al diritto internazionale*. Giappichelli, Torino, pp. 191-218.

Masera, L. (2021). Il contrasto amministrativo alle ONG che operano soccorsi in mare, dal codice di condotta di Minniti, al decreto Salvini bis e alla riforma Lamorgese: le forme mutevoli di una politica costante. *Questione Giustizia*. https://www.questionegiustizia.it/articolo/nm60c4b77c1d7670-26683604.

Masera, L. (2023). Il disegno di legge di ratifica ed esecuzione del Protocollo tra Italia ed Albania in materia di immigrazione: analisi del progetto e questioni di legittimità. *Sistema penale*. https://www.sistemapenale.it/it/scheda/masera-il-disegno-di-legge-di-ratifica-ed-esecuzione-del-protocollo-tra-italia-ed-albania-in-materia-di-immigrazione-analisi-del-progetto-e-questioni-di-legittimita.

Morselli, C. (2023). Il sistema di accoglienza alla luce del decreto Cutro. *Ordine internazionale e diritti umani*, pp. 1142-1173.

Munari, F. (2020). Il decreto interministeriale per gestire l'emergenza covid-19 nell'ambito degli obblighi dell'Italia ai sensi della Convenzione SAR: l'insostenibile «intermittenza» del luogo sicuro per i migranti diretti verso l'Italia. *SIDIBlog*. http://www.sidiblog.org/2020/04/16/il-decreto-interministeriale-per-gestire-lemergenza-covid-19-nellambito-degli-obblighi-dellitalia-ai-sensi-della-convenzione-sar-linsostenibile-intermitte/.

Panzera C. (2023). L'accesso al diritto di asilo: problemi e prospettive. *Diritto, immigrazione e cittadinanza*, pp. 1-45.

Pelliconi, A.M. (2020). Covid-19: Italy Is Not a «Place of Safety» Anymore. Is the Decision to Close Italian Ports Compliant with Human Rights Obligations? *EJIL:Talk!*, https://www.ejiltalk.org/covid-19-italy-is-not-a-place-of-safety-anymore-is-the-decision-to-close-italian-ports-compliant-with-human-rights-obligations/.

Pisillo Mazzeschi, R. (1989). *Due Diligence e responsabilità internazionale degli Stati*. Giuffré, Milano.

Ramacciotti, M. (2018). Sulla utilità di un codice di condotta per le organizzazioni non governative impegnate in attività di Search and Rescue (SAR). *Rivista di diritto internazionale*, pp. 213-223.

Savino, M. (2024). La legge di ratifica ed esecuzione del Protocollo Italia-Albania: tre problemi di sostenibilità giuridica e amministrativa. *ADiM Blog, Editoriale*. https://www.adimblog.com/2024/02/01/la-legge-di-ratifica-ed-esecuzione-del-protocollo-italia-albania-tre-problemi-di-sostenibilita-giuridica-e-amministrativa./

Scovazzi, T. (2005). La tutela della vita umana in mare, con particolare riferimento agli immigrati clandestini diretti verso l'Italia. *Rivista di Diritto internazionale*, pp. 106-120.

Scovazzi, T. (2014). Human Rights and Immigration at Sea. In R. Rubio-Marin (ed.), *Human Rights and Immigration*. Oxford University Press, Oxford, pp. 212-225.

Serra, G. (2023). Il migrante sfrattato dalla casa dell'essere. *Dialoghi mediterranei*, 59, pp. 415-417.

Spagnolo, A. (2018). The Conclusion of Bilateral Agreements and Technical Arrangements for the Management of Migration Flows: An Overview of the Italian Practice. *Italian Yearbook of International Law*, pp. 211-230.

Spagnolo, A. (2023). Sull'illegittimità del Protocollo Italia-Albania in materia migratoria. *SIDIBlog*. http://www.sidiblog.org/2023/11/09/sullillegittimita-del-protocollo-italia-albania-in-materia-migratoria/.

UNHCR (2024). Commenti e raccomandazioni dell'UNHCR sul disegno di legge di "Ratifica ed esecuzione del Protocollo tra il Governo della Repubblica italiana e il Consiglio dei ministri della Repubblica di Albania per il rafforzamento della collaborazione in materia migratoria, fatto a Roma il 6 novembre 2023, nonché norme di coordinamento con l'ordinamento interno". https://www.unhcr.org/it/wp-content/uploads/sites/97/2024/01/Commenti-e-raccomandazioni-UNHCR_Protocollo-Italia-Albania_09.01.2024.pdf.

Vassallo Paleologo, F. (2018). Respingimenti collettivi vietati, Tunisia e Libia non sono 'paesi terzi sicuri'. *ADIF*. https://www.adif.org/2018/07/31/respingimenti-collettivi-vietati-tunisia-e-libia-non-sono-paesi-terzi-sicuri/.

Zagrebelsky, V. (2023). La vergogna dei 'porti sicuri'. *La Stampa*, 12 gennaio. https://www.lastampa.it/editoriali/lettere-e-idee/2023/01/12/news/la_vergogna_dei_porti_sicuri-12531444/.

Zamuner, E. (2020). Convenzione SAR e luogo sicuro alla prova dell'emergenza Covid-19: i limiti del decreto interministeriale del 7 aprile 2020. *Rivista di diritto internazionale*, p. 838 ss.

Zirulia, S. (2021). Dai porti chiusi ai porti socchiusi: nuove sanzioni per le navi soccorritrici nel decreto Lamorgese. *ADiM Blog. Analisi & Opinioni*. http://www.adimblog.com/2021/03/31/dai-porti-chiusi-ai-porti-socchiusi-nuove-sanzioni-per-le-navi-soccorritrici-nel-decreto-lamorgese/.

Zirulia, S. (2022). Caso Sea Watch (Carola Rackete): archiviate le accuse di favoreggiamento dell'immigrazione irregolare e rifiuto di obbedienza a nave da guerra. *Sistema penale*. https://www.sistemapenale.it/it/scheda/caso-sea-watch-carola-rackete-archiviate-le-accuse-di-favoreggiamento-dellimmigrazione-irregolare-e-rifiuto-di-obbedienza-a-nave-da-guerra.

Résumé

Cet article vise à retracer les points saillants de l'évolution de la législation italienne en matière de gestion des migrations par voie maritime. L'objectif est de démontrer la persistance, malgré les alternances des majorités parlementaires, d'une tentative continue de se distancer des obligations internationales en la matière, parfois de manière flagrante, parfois de façon plus subtile. Plus particulièrement, les dispositions les plus récentes telles que le « décret Piantedosi », le « décret Cutro » et le « Protocole entre le gouvernement de la République italienne et le Conseil des ministres de la République d'Albanie pour le renforcement de la coopération dans le domaine des migrations », sont examinées sous l'angle du sauvetage en mer. Il en résulte, même si l'on considère la circonstance atténuante du manque de coopération des partenaires européens, le caractère déraisonnable de nombreuses initiatives (privation du statut de naufragé, ou simplement de personne en état de danger, de personnes embarquées sur les navires qui les ont secourues ; « externalisation » des pratiques dans le domaine de la gestion des migrations en mer ; les difficultés constantes auxquelles sont soumises les ONG travaillant sur le terrain, etc.) et, plus généralement la violation du principe de diligence raisonnable prévu par les droits de l'homme, qui impose aux États de prendre des mesures positives pour protéger la vie des personnes placées sous leur juridiction contre tout « risque raisonnablement prévisible ».

Note

[1] Gli autori, basando la loro ricerca su dati e fatti, dimostrano efficacemente quanto questa ipotesi sia sbagliata.

[2] Tra le tante decisioni ci si limita a ricordare Tribunale di Catania, 7 dicembre 2018, che con riferimento al caso della nave *Diciotti* sottolinea che "l'obbligo di salvare la vita in mare costituisce un preciso dovere degli Stati e prevale su tutte le norme e gli accordi bilaterali finalizzati al contrasto dell'immigrazione irregolare"; GIP di Trapani, decisione del 3 giugno 2019 nel caso *Vos-Thalassa*, che riconosce l'esimente della legittima difesa nel caso di migranti soccorsi e ribellatisi con la forza all'accompagnamento coatto verso la Libia, e soprattutto Corte di Cassazione, III sezione penale, sentenza n. 112 del 20 febbraio 2020, nel caso *Carola Rackete*, comandante della nave *Sea Watch 3*. Per la Cassazione quest'ultima, dall'inizio alla fine delle operazioni di soccorso, ha agito nel pieno rispetto degli obblighi imposti dal diritto internazionale, compresa quindi la decisione di non ottemperare al divieto di ingresso nel mare territoriale e in un porto italiano (divieto emanato in esecuzione del "decreto sicurezza *bis*"), forzando il "blocco" opposto dalle autorità militari e conducendo i migranti soccorsi il 12 giugno 2019 verso un luogo sicuro per lo sbarco.

[3] Con riferimento ai casi di "sbarco selettivo", e cioè limitato solo alle persone in grave stato di necessità dal punto di vista delle condizioni fisiche, tentati dal governo italiano nel mese di novembre del 2022.

[4] "Ogni Stato deve esigere che il comandante di una nave che batte la sua bandiera, nella misura in cui gli sia possibile adempiere senza mettere a repentaglio la nave, l'equipaggio o i passeggeri: a) presti soccorso a chiunque sia trovato in mare in condizioni di pericolo; b) proceda quanto più velocemente è possibile al soccorso delle persone in pericolo, se viene a conoscenza del loro bisogno di aiuto, nella misura in cui ci si può ragionevolmente aspettare da lui tale iniziativa; c) presti soccorso, in caso di abbordo, all'altra nave, al suo equipaggio e ai suoi passeggeri e, quando è possibile, comunichi all'altra nave il nome della propria e il porto presso cui essa è immatricolata, e qual è il porto più vicino presso cui farà scalo. 2. Ogni Stato costiero promuove la costituzione e il funzionamento permanente di un servizio adeguato ed efficace di ricerca e soccorso per tutelare la sicurezza marittima e aerea e, quando le circostanze lo richiedono, collabora a questo fine con gli Stati adiacenti tramite accordi regionali".

[5] Nella sentenza della Cass. III penale nel caso *Rackete*, cit., al punto 9 si legge: "Non può quindi essere qualificato 'luogo sicuro', per evidente mancanza di tale presupposto, una nave in mare che, oltre ad essere in balia degli eventi metereologici avversi, non consente il rispetto dei diritti fondamentali delle persone soccorse. Né può considerarsi compiuto il dovere di soccorso con il salvataggio dei naufraghi sulla nave e con la loro permanenza su di essa, poiché tali persone hanno diritto a presentare domanda di protezione internazionale secondo la Convenzione di Ginevra del 1951, operazione che non può certo essere effettuata sulla nave. Ad ulteriore conferma di tale interpretazione è utile richiamare la risoluzione n. 1821 del 21 giugno 2011 del Consiglio d'Europa (L'intercettazione e il salvataggio in mare dei domandanti asilo, dei rifugiati e dei migranti in situazione irregolare), secondo cui la nozione di 'luogo sicuro' non può essere limitata alla sola protezione fisica delle persone ma comprende necessariamente il rispetto dei loro diritti fondamentali (punto 5.2.) che, pur non essendo fonte diretta del diritto, costituisce un criterio interpretativo imprescindibile del concetto di 'luogo sicuro' nel diritto internazionale". Sulla sentenza si rinvia a Del Guercio, 2022; Zirulia, 2022.

[6] In proposito, molto chiare sono le affermazioni contenute nella già ricordata sentenza della Grande Camera della Corte EDU del 2012 nel caso *Hirsi Jamaa e altri c. Italia* sulla necessità che l'esame della situazione individuale di ciascuna persona soccorsa sia condotto, con l'assistenza di interpreti e consulenti giuridici, da persone che abbiano la formazione necessaria per condurre colloqui individuali, personale di solito non presente a bordo di una nave.

[7] Il quesito riguardava quattro questioni pregiudiziali, relative alla normativa europea sul controllo delle navi da parte dello Stato di approdo (in particolare la direttiva n. 2009/16), il rapporto di tale normativa con le convenzioni internazionali sul diritto del mare e sulla salvaguardia della vita in mare, i poteri dello Stato di approdo in relazione alle autorizzazioni e alle certificazioni rilasciate dallo Stato di bandiera.

[8] Va ricordato a tal proposito che le *linee guida sul trattamento delle persone soccorse in mare (Ris. MSC.167-78 del 2004)*, allegate alla Convenzione SAR, prevedono al punto 6.3 che "*A ship should not be subject to undue delay, financial burden or other related difficulties after assisting persons at sea; therefore coastal States should relieve the ship as soon as practicable*".

[9] Sul punto si fa rinvio alle notizie apparse sugli organi di stampa, ad esempio: https://www.open.online/2023/01/29/migranti-geo-barents-la-spezia-ocean-viking-carrara/; https://www.ilsole24ore.com/art/decreto-ong-approvato-camera-porto-sbarco-multe-ecco-cosa-prevede-AEwxm2nC; https://www.radiondadurto.org/2023/01/12/ancona-il-benvenuto-alle-navi-del-soccorso-marino-e-ai-naufraghi-rilancia-lopposizione-al-nuovo-decreto-per-colpire-le-ong/.

[10] Le *linee guida sul trattamento delle persone soccorse in mare*, già ricordate, prevedono al punto 2.6 che "*Each case, however, can involve different circumstances. These amendments give the responsible Government the flexibility to address each situation on a case-by-case basis, while assuring that the masters of ships providing assistance are relieved of their responsibility within a reasonable time and with as little impact on the ship as possible*"; al punto 6.15, allo stesso modo, che: "*The Conventions, as amended, indicate that delivery to a*

place of safety should take into account the particular circumstances of the case. These circumstances may include factors such as the situation on board the assisting ship, on scene conditions, medical needs, and availability of transportation or other rescue units. Each case is unique, and selection of a place of safety may need to account for a variety of important factors".

[11] La Convenzione SAR, come emendata nel 2004, nel prevedere nuovi obblighi di cooperazione tra gli Stati, mette in rilievo le particolari responsabilità delle "*relevant Parties*", e cioè gli Stati coinvolti in ciascuna specifica vicenda di soccorso in mare. A proposito dello Stato per primo contattato, è previsto che: "*The Party responsible for the search and rescue zone in which such assistance is rendered shall exercise primary responsibility for ensuring such coordination and cooperation occur so that survivors assisted and disembarked from the assisting ship and delivered to a place of safety, taking into account the particular circumstances of the case and guidelines developed by the Organization*".

[12] In proposito si vedano le lucide affermazioni del gip di Trapani, decisione del 3 giugno 2019 nel caso *Vos-Thalassa*, che riconosce l'esimente della legittima difesa nel caso di migranti soccorsi e ribellatisi con la forza all'accompagnamento coatto verso la Libia.

[13] Le *linee guida* più volte ricordate dispongono, al punto 2.5: "*As realized by the MSC in adopting the amendments, the intent of new paragraph 1-1 of SOLAS regulation V/33 and paragraph 3.1.9 of the Annex to the International Convention on Maritime Search and Rescue, 1979, as amended, is to ensure that in every case a place of safety is provided within a reasonable time. The responsibility to provide a place of safety, or to ensure that a place of safety is provided, falls on the Government responsible for the SAR region in which the survivors were recovered*".

[14] *Ibidem*, al punto 2.6: "*Each case, however, can involve different circumstances. These amendments give the responsible Government the flexibility to address each situation on a case-by-case basis, while assuring that the masters of ships providing assistance are relieved of their responsibility within a reasonable time and with as little impact on the ship as possible*". Inoltre, al punto 3 delle "*Priorities*", si sottolinea la necessità di "*Relieving masters of obligations after assisting persons*". A tal fine "*Flag and coastal States should have effective arrangements in place for timely assistance to shipmasters in relieving them of persons recovered by ships at sea*". Infine al punto 6.8: "*Governments and the responsible RCC should make every effort to minimize the time survivors remain aboard the assisting ship*".

[15] https://www.lastampa.it/cronaca/2023/01/11/news/ancona_ocean_viking-12521861/.

[16] La prassi recente del Governo italiano di assegnare porti distanti dal luogo di intervento delle navi viene stigmatizzata nel parere dell'*Expert Council on NGO Law* del Consiglio d'Europa del 30 gennaio 2023 (CONF/EXP(2023)119), che la definisce "*itself an UNCLOS violation*" (punto 19).

[17] https://www.ilgiornale.it/news/nazionale/fermo-amministrativo-e-multa-sanzionata-ong-dei-migranti-2119748.html; https://www.ansa.it/sito/notizie/cronaca/2023/02/23/migranti-fermo-e-multa-alla-nave-geo-barents-non-ha-fornito-informazioni_f64fadae-a6bf-4437-ab3a-0216110143fb.html.

[18] Purtroppo, la prassi applicativa più recente del decreto in esame conferma il tentativo di criminalizzazione a tutti i costi dell'assistenza umanitaria prestata dalle ONG in mare. Alcuni esempi: a) il 23 agosto 2023 veniva disposto il fermo amministrativo di venti giorni nel porto di Salerno, ed una multa di circa 3.000 euro, a carico della nave "Sea-Eye 4", la quale, in tre operazioni di salvataggio consecutive nelle zone Sar libiche e maltesi, aveva salvato 114 vite umane; b) il 18 ottobre 2023 la nave "Mare Jonio" dell'ONG Mediterranea sbarcava nel porto di Trapani le 69 persone – tra cui un'intera famiglia con tre bambini di 5, 3 anni e due mesi di vita – soccorse 36 ore prima nel Mediterraneo centrale. Per essersi rifiutati di consegnare alla cosiddetta Guardia costiera libica i naufraghi soccorsi, la nave veniva bloccata per 20 giorni e sanzionata con una multa.

[19] Da rilevare che altre decisioni dello stesso tenore sono state adottate dallo stesso Tribunale di Catania (decreto 8.10.2023), dal Tribunale di Firenze (decreto 20 settembre 2023) e dal Tribunale di Potenza (12.10.2023). Le sentenze emesse dal Tribunale di Catania che hanno rifiutato la convalida del trattenimento di alcuni migranti tunisini sono state oggetto di ricorso in Cassazione da parte del Ministero dell'Interno. Con ordinanza dell'8 febbraio 2024 n 20674, la Corte di Cassazione ha sospeso gli atti e ha effettuato un rinvio pregiudiziale alla Corte di Giustizia dell'Unione Europea. Quest'ultima, in data 26 febbraio 2024, ha deciso di non procedere in via d'urgenza (il ricorso alla base del rinvio non riguarda persone sottoposte a detenzione). Verrà pertanto seguita la procedura ordinaria, che potrebbe durare almeno un anno.

[20] Si veda in proposito, *supra*, quanto riportato nelle note 5 e 6.

[21] La legge di ratifica non fa espresso riferimento all'esclusione dei minori non accompagnati e delle persone vulnerabili dal trasferimento in Albania. Nondimeno, i centri di detenzione allestiti in detto Paese ai sensi del Protocollo sono equiparabili alle *zone di frontiera*, alle quali si applica la disciplina di cui all'art. 28 bis del d.lgs. 28 gennaio 2008, n. 25. Il c. 6 di tale disposizione precisa che le procedure accelerate di frontiera non possono applicarsi ai minori non accompagnati e alle persone vulnerabili di cui all'art. 17 del d.lgs. 18 agosto 2015, n. 142 (ovvero: disabili, anziani, donne, genitori singoli con figli minori, vittime della tratta, persone affette da gravi malattie o disturbi mentali, persone che hanno subito torture, stupri o altre forme gravi di violenza psicologica, fisica o sessuale, vittime di mutilazioni genitali). Pertanto, tali soggetti non dovrebbero essere trasferiti in Albania. Ciò troverebbe riscontro alla p. 32 del Dossier del 19 gennaio 2024, Ratifica ed esecuzione del Protocollo Italia-Albania per il rafforzamento della collaborazione in materia migratoria, nonché norme di coordinamento con l'ordinamento interno, A.C. 1620-A. Nondimeno, tale questione rimane poco chiara e necessiterà di precisazioni da parte del legislatore, come evidenziato anche dalla dottrina (Celoria & De Leo, 2024; Masera, 2023).

[22] Rilevano per entrambe le circostanze esposte le seguenti pronunce della Corte EDU: Grande Camera, 21 gennaio 2011 nel caso *M.S.S. c. Belgio e Grecia*; 21 ottobre 2014, *Sharifi e altri c. Italia e Grecia*; 30 marzo 2023, *J.A. c. Italia*; 23 novembre 2023, *A.T. e altri c. Italia*, su cui Del Guercio, 2023; Cherchi, 2024.

[23] Ciò troverebbe riscontro a p. 32 del Dossier del 19-1-2024, Ratifica ed esecuzione del Protocollo Italia-Albania per il rafforzamento della collaborazione in materia migratoria, nonché norme di coordinamento con l'ordinamento interno, A.C. 1620-A.

Le regolarizzazioni dei migranti alla luce del diritto internazionale e dell'Unione Europea

Giovanni Cellamare

(Università di Bari "Aldo Moro")

Sommario: 1. Le regolarizzazioni in alcuni atti internazionali. Nozione di regolarizzazione. – 2. Le norme del TFUE che è possibile porre a fondamento dell'adozione di atti procedurali per programmi statali di regolarizzazione. – 3. Le disposizioni della cd. direttiva rimpatri suscettibili di operare per le regolarizzazioni individuali in determinate situazioni.

1. Le regolarizzazioni in alcuni atti internazionali. Nozione di regolarizzazione

Nel contesto della previsione di misure sull'immigrazione irregolare, gli articoli 9, par. 4 della Convenzione n. 143 dell'OIL ("sulle migrazioni in condizioni abusive e sulla promozione *della* parità di opportunità e di trattamento dei lavoratori migranti", del 24 giugno 1975) e 69 della Convenzione delle NU sui lavoratori migranti ("sulla protezione dei diritti dei lavoratori migranti e dei membri delle loro famiglie", del 18 dicembre 1990) precisano che le misure in parola non impediscono agli Stati parti degli stessi Atti di riconoscere alle persone in soggiorno irregolare il diritto di soggiorno, così consentendo loro di lavorare regolarmente sul territorio dello Stato ospite. Anzi, la seconda disposizione incoraggia gli Stati a fare in modo che la situazione di irregolarità dei lavoratori migranti non persista e che i medesimi sappiano, nel più breve tempo possibile, se la loro situazione possa essere o no regolarizzata.

In proposito non è privo di rilevo ricordare che, nel *Report* sul "Pacte mondial pour des migrations sûres, ordonnées et régulières" (Pacte de Marrakech) (UN Doc. A/76/642, par. 60 ss.), rilevato il costo elevato dei rimpatri e la loro efficacia limitata, con rischi di violazioni dei diritti individuali, il Segretario generale delle NU sosteneva l'utilità di approcci di regolarizzazione, così scartando la diffusa opinione della funzione di deterrenza delle politiche di rimpatrio. E d'altro canto, sviluppando l'Obiettivo n. 7 ("S'attaquer aux facteurs de vulnérabilité liés aux migrations et les réduire"), in quel Patto si prospettano "les actions suivantes : [...] Mettre en place des procédures accessibles et adaptées pour faciliter toute transition d'un statut à un autre et informer les migrants de leurs droits et obligations, afin qu'ils ne se retrouvent pas en situation irrégulière dans le pays de destination et pour réduire la précarité des statuts et les vulnérabilités qui en découlent et permettre aux migrants d'obtenir un examen de leur dossier individuel, notamment pour ceux qui ne sont plus en situation régulière, sans craindre d'être expulsés arbitrairement". L'adozione di misure *appropriate*, in vista dello stesso obiettivo, è stata ribadita nella "Déclaration du Forum d'examen des migrations internationales sur les progrès réalisés" (UN Doc. A/RES/76/266, par. 59).

Rispetto a quanto precede non è di poco momento ricordare lo scarso riscontro pratico, nell'esperienza dell'UE, delle decisioni di allontanamento, considerato il numero di rimpatri volontari o forzati effettivamente realizzati[1].

Invero, nonostante gli argomenti, di varia natura, addotti in senso contrario alla concessione di un titolo di soggiorno a stranieri già presenti sul territorio statale in condizione irregolare, la prassi mostra che sono tutt'altro che rare le misure recanti siffatta concessione a favore di persone rientranti nelle categorie indicate negli atti pertinenti (Beilfuss & Koopmans, 2021). Per quanto riguarda l'Italia, può ricordarsi, a titolo di esempio, che, a fine primavera del 2020, durante la pandemia da coronavirus, il governo accolse la richiesta, proveniente da più parti, di permettere a un numero elevato di lavoratori di dati settori (con un rapporto di lavoro o che si trovavano nella possibilità di instaurarlo) di normalizzare la propria situazione. Si trattava di una richiesta di attori economici e sindacali che, sebbene limitata a lavoratori di alcuni settori, intendeva incidere sulla condizione di irregolarità che si era diffusa in Italia negli ultimi anni, favorendo, per usare la riferita espressione del "Pacte mondial", un mutamento di *status* degli interessati.

Siffatto mutamento è idoneo a descrivere in generale la nozione di regolarizzazione, come, d'altro canto, si desume dagli ordinamenti interni (de Bruycher & al., 2000; Hinterberger, 2019, pp. 754-756), avendo i pertinenti provvedimenti l'effetto di porre fine alla situazione, per l'appunto, di irregolarità della persona interessata dovuta, evidentemente, alla violazione delle norme sull'ingresso e soggiorno degli stranieri vigenti nello Stato dal cui punto di vista ci si ponga; tra le stesse, per quanto riguardo gli Stati dell'UE e altri associati, quelle poste dal cd. sistema Schengen tra i medesimi Stati.

Il titolo di soggiorno che comporta lo *status* in parola va tenuto distinto dal permesso di soggiorno legato al riconoscimento dello *status* di rifugiato, trattandosi di statuti diversi: il secondo ha carattere dichiarativo e non costitutivo del relativo statuto, sicché l'art. 31 della pertinente Convenzione di Ginevra del 1951 prevede l'obbligo di *non-refoulement* delle persone interessate.

Nel senso indicato, si consideri la posizione di coloro che non hanno diritto alla protezione internazionale ma accedono a forme di tutela in applicazione di obblighi internazionali o derivanti dal diritto dell'UE. D'altro canto, potrebbe accadere che l'esigenza di protezione sorga *sur place*, trattandosi di persone già presenti in condizione irregolare sul territorio dello Stato al quale si rivolgano per ottenere, per l'appunto, protezione.

Non potrebbe essere equiparata propriamente alla regolarizzazione la tolleranza di fatto, da parte dello Stato ospite, della presenza di uno straniero in condizione irregolare; peraltro, giusta alcune indicazioni della Corte europea dei diritti dell'uomo, manifestando la disponibilità di quello Stato alla partecipazione dell'interessato alla vita sociale, a tale tolleranza potrebbe essere ricollegato l'operare di obblighi positivi (*ex* art. 8 della CEDU: sentenza della Corte europea dei diritti dell'uomo, del 3 ottobre 2014, *Jennesse* c. *Paesi Bassi*) per la conservazione del legame esistente, e quindi di regolarizzazione, su iniziativa della persona di cui si tratta.

Ove si concentri l'attenzione sulla prassi pertinente degli Stati, è possibile operare una distinzione tra le misure di regolarizzazione in considerazione del loro carattere permanente o occasionale: a tale distinzione corrisponde, per lo più, la ripartizione tra meccanismi di regolarizzazione, a carattere individuale, e, rispettivamente, programmi di regolarizzazione, concernenti categorie di persone (REGINE, 2009, pp. 1-4; OSCE, 2021, pp. 7-12; Locchi, 2021, pp. 128-142). Trattandosi di misure contraddistinte da un funzionamento non occasionale, dal contenuto e operare dei meccanismi è possibile desumere l'approccio seguito in materia dagli Stati.

D'altro canto, posto che le regolarizzazioni hanno luogo a mezzo di un atto che comporta l'attribuzione del diritto di soggiorno alle persone interessate, il contenuto del medesimo atto consente di individuare le norme su cui è fondato l'atto di cui si tratta e lo scopo perseguito dalle stesse a mezzo delle regolarizzazioni; e quindi se queste presentino un collegamento con norme di diritto internazionale e dell'UE. Non incide sul concetto di regolarizzazione la sua durata, potendo, in effetti, una regolarizzazione temporanea trasformarsi in altra con carattere di stabilità.

Il collegamento con le disposizioni sinteticamente richiamate non caratterizza in modo diretto i programmi di regolarizzazione, come si è detto, di portata collettiva, che ricorrono in situazioni contingenti: si pensi ai programmi di emersione dal lavoro nero, da considerare prevalentemente alla luce delle fonti di diritto interno.

Il collegamento in parola è presente, come si vedrà, nei meccanismi, ancorché talvolta ciò non emerga con chiarezza dagli atti interni pertinenti. Si pensi alle regolarizzazioni funzionali ad esigenze di tutela di soggetti particolarmente vulnerabili (OSCE, 2021, p. 13). Da richiamare in proposito l'art. 5, par. 6 del T.U. sull'immigrazione: "Il rifiuto o la revoca del permesso di soggiorno possono essere altresì adottati sulla base di convenzioni o accordi internazionali, resi esecutivi in Italia, quando lo straniero non soddisfi le condizioni di soggiorno applicabili in uno degli Stati contraenti, fatto salvo il rispetto degli obblighi costituzionali o internazionali dello Stato italiano".

Nello stesso senso possono essere ricordati svolgimenti dei Comitati creati dalla citata Convenzione delle NU sui lavoratori migranti e dalla Convenzione sui diritti del fanciullo (Joint General Comment No. 4 of the Committee on the CMW and No. 23 of the Committee on the CRC, par. 18; Joint general Comment No. 3 (2017) of the CMW and No. 22 (2017) of the CRC, par. 32 j).

2. Le norme del TFUE che è possibile porre a fondamento dell'adozione di atti procedurali per programmi statali di regolarizzazione

L'Assemblea parlamentare del Consiglio d'Europa ha raccomandato una gestione delle immigrazioni irregolari che non prescinda dalle regolarizzazioni, in quanto strumento di inclusione (risoluzione 156, del 1° ottobre 2007). Si tratta di una proposta che riecheggia la posizione assunta dalla Commissione nel 2003, poi sostituita da una tendenziale diffidenza verso le regolarizzazioni (COM(2003) 336 def.; COM(2004) 412 def.; COM(2006) 402 def.; COM(2008) 359 def.).

Invero, non mancano esempi di norme di diritto comunitario destinate a favorire forme di regolarizzazioni a tutela delle posizioni di vulnerabilità da esse previste. Si tratta degli articoli 8 e 13, par. 4 delle direttive 2004/81/CE ("sul titolo di soggiorno da rilasciare ai cittadini di Paesi terzi vittime della tratta di esseri umani [...]") e, rispettivamente, 2009/52/CE (sulle "norme minime relative a sanzioni e a provvedimenti nei confronti di datori di lavoro che impiegano cittadini di paesi terzi il cui soggiorno è irregolare"). Le due disposizioni, a certe condizioni, prevedono che gli Stati membri forniscano un titolo di soggiorno, di durata di sei mesi o limitata, a favore delle vittime della tratta di esseri umani e, rispettivamente, di migranti privi di documenti che siano stati impiegati irregolarmente.

Peraltro, pur prevedendo, in generale, una politica comune in materia di asilo, immigrazione e controllo delle frontiere esterne, fondata sulla solidarietà tra Stati membri ed equa nei confronti dei cittadini dei paesi terzi (art. 67, par. 2), il TFUE non include le regolarizzazioni tra le politiche migratorie (art. 79). Anzi, l'art. 79, par. 5 scarta la possibile incidenza della disciplina contenuta nel Trattato sul diritto degli Stati di determinare il volume di ingressi di persone *provenienti* da Paesi terzi. Siffatta previsione milita a favore dell'esclusione di competenze dell'Unione sulle regolarizzazioni collettive, ancorché queste riguardino persone in condizione irregolare attualmente presenti sul territorio e non persone *provenienti* da Paesi terzi. Invero, questa espressione è da riferire ragionevolmente non all'itinerario di viaggio delle persone, bensì alla loro cittadinanza, diversa da quella dell'UE.

D'altro canto, nel 2010, la Commissione aveva avuto cura di escludere l'esistenza di una posizione comune degli Stati sul ricorso alle regolarizzazioni quale strumento di contrasto all'immigrazione irregolare (COM(2010) 264 def., p. 4 s.).

L'assenza nella riforma pendente della direttiva rimpatri di riferimenti alla disciplina del settore in esame, la centralità riconosciuta nell'Unione alle politiche di rimpatrio e il *favor* per la delocalizzazione delle frontiere nella gestione dei movimenti di persone sono dati che si oppongono a costruzioni che intendano riconoscere all'UE una competenza materiale nel settore in esame.

Quanto precede non esclude che alcune norme dell'UE possano incidere, ancorché indirettamente, in materia. Distinguendo i programmi dai meccanismi di regolarizzazione, per i primi (di portata collettiva), un suggerimento in tal senso deriva dalla decisone 2006/688/CE; sui meccanismi (che operano a favore di singoli) possono incidere *par ricochet* norme poste a tutela degli individui.

La decisone indicata ha istituito "un meccanismo d'informazione reciproca sulle misure degli Stati membri nei settori dell'asilo e dell'immigrazione". La stessa muove dalla "interdipendenza [...] fra le politiche degli Stati membri in questi settori", con conseguente "necessità di comunicare informazioni relative alle misure che possono avere un impatto significativo su diversi Stati membri o sull'Unione Europea in generale" (par. 2 s. del preambolo). Ora, come è facile sorgere e segnalava l'Agenda europea sulla migrazione (COM(2015) 210 def., p. 15), le politiche statali di regolarizzazione hanno effetti potenziali al di fuori delle frontiere dello Stato che le ponga in essere. In altri termini, data la cd. area Schengen (Cellamare,

2021, pp. 41-64), i programmi statali di regolarizzazione, in quanto di portata collettiva, sono suscettibili di avere effetti sugli altri Stati che condividono i movimenti di persone in quell'area. In tal senso, può ricordarsi la reazione di alcuni Stati membri all'ampio programma spagnolo del 2005, con successiva proposta di creazione di un meccanismo di informazione che ha dato luogo alla decisione citata (Gestri, 2011, p. 914; Locchi, 2021, pp. 151-154). Ora, considerato che quei programmi costituiscono un mezzo per porre fine all'irregolarità, obiettivo perseguito dall'art. 79 par. 2 lett. c); dato il principio del reciproco affidamento tra Stati su cui è fondato il sistema Schengen; posto che, al fine di dare attuazione al "principio di solidarietà ed equa ripartizione delle responsabilità tra gli Stati membri" in materia, gli atti dell'Unione "contengono misure appropriate ai fini dell'applicazione" di quel principio; osservato, infine, che tra queste misure rientrano quelle volte "ad assicurare la cooperazione amministrativa tra i servizi competenti degli Stati membri nei settori" di sui si tratta, nonché fra tali servizi e la Commissione (art. 74 TFUE), a noi pare che il combinato disposto delle norme indicate possa costituire il fondamento di atti dell'Unione non di contenuto materiale, bensì strumentali nel settore in esame; di atti, cioè, che dettino norme di indirizzo procedurale garantendo l'accesso alle informazioni di *futuri* provvedimenti legislativi, anticipatamente, quindi, al loro funzionamento. Siffatto approccio si inserisce nella politica globale migratoria perseguita dall'UE e favorisce, a mezzo della circolazione delle informazioni, la conoscenza delle motivazioni dei provvedimenti legislativi e la reciproca consultazione tra gli Stati membri, in senso funzionale alla solidarietà (cfr. COM(2009) 266, def., par. 3.2; Gestri, 2011, pp. 921-925). Lo stesso approccio, va inteso alla luce del principio di fiducia reciproca, tra gli Stati membri, in materia migratoria; per altro verso, fornisce con certezza alla Commissione, *preventivamente all'operare di misure di regolarizzazione*, dati relativi agli strumenti strategici pertinenti, in vista dei loro rapporti con la normativa dell'Unione: si pensi all'impatto sociale delle regolarizzazioni e ai piani di mobilità di cui si è fa menzione nel Nuovo patto sulla migrazione e l'asilo (par. 6.6). Si tratta, dunque, di realizzare obiettivi di interesse comune agli Stati membri che non potrebbero essere sufficientemente raggiunti da ciascuno di detti Stati.

Rispetto a quanto precede, non è privo di rilievo ricordare che gli Stati membri hanno interpretato restrittivamente gli obblighi di comunicazione formale, già esistenti, per quanto concerne l'oggetto della comunicazione; inoltre, le comunicazioni sono state riferite prevalentemente a provvedimenti già adottati. Un siffatto atteggiamento non rende effettivo il principio di solidarietà (cf. COM(2009) 687, def.).

Nel senso prospettato, è possibile conciliare, ci sembra, nello spazio cui ha riguardo il capo V TFUE, il funzionamento degli articoli 79, par. 5 e 80. La competenza riconosciuta dal primo non potrebbe svolgersi in senso contrario alla fiducia reciproca tra gli Stati membri e al principio, testé indicato, in quanto assi portanti dell'integrazione europea nel settore migratorio.

3. Le disposizioni della cd. direttiva rimpatri suscettibili di operare per le regolarizzazioni individuali in determinate situazioni

Passando alla possibile incidenza di norme dell'Unione sul funzionamento di meccanismi statali di regolarizzazione, l'attenzione va concentrata su alcune previsioni della cd. direttiva rimpatri e sul suo funzionamento. Ciò ancorché, nella causa *Madhi* (causa C-146/14 PPU), la Corte di giustizia dell'Unione abbia precisato che quella direttiva è volta a realizzare i rimpatri per porre fine alle situazioni di irregolarità, non a disciplinare le condizioni di soggiorno: la precisazione della Corte sembra deporre in senso contrario alla possibilità che quella direttiva possa essere utilizzata, in qualche misura, per regolarizzare delle persone straniere. Nello stesso senso potrebbe addursi che, nel caso *M'bodj* (causa C-542/13), la Corte ha escluso che la direttiva qualifiche possa essere utilizzata a favore di persone che non abbiano accesso alla protezione internazionale ma siano autorizzate a soggiornare per evitare il rischio di deterioramento delle loro condizioni di salute (Farcy, 2020, pp. 444-448; Hinterberger, 2023, pp. 94-110)

Ora, pur muovendo dalla competenza degli Stati membri a disciplinare il trattamento delle persone in condizione irregolare, tra cui coloro che non è possibile allontanare (par. 12 del preambolo), la direttiva reca, a noi pare, norme, suscettibili di incidere indirettamente sull'esercizio di quella competenza. In effetti, stabilito l'obbligo degli Stati di adottare "una decisione di rimpatrio nei confronti di qualunque cittadino di un paese terzo il cui soggiorno nel loro territorio è irregolare" (par. 1), l'art. 6, reca che, "*in ogni momento*", gli Stati membri "*possono* decidere di rilasciare per motivi caritatevoli, umanitari o di altra natura un permesso di soggiorno autonomo" o conferire in altro modo il diritto di soggiorno a individui stranieri in condizione irregolare (corsivi aggiunti), revocando o sospendendo, per il periodo di validità del titolo rilasciato, la decisione di rimpatrio eventualmente già adottata (par. 4). L'art. 9 aggiunge che gli stessi Stati *rinviano* l'allontanamento, ove questo violi il principio di *non-refoulement* o *possono rinviarlo* "per un congruo periodo, tenendo conto delle circostanze specifiche", delle "condizioni fisiche o mentali" dello straniero, o di ragioni tecniche che ne impediscano l'allontanamento. A differenza dell'art. 6, che consente allo Stato di operare in ogni momento, siffatta disposizione opera dopo la decisione di allontanamento volta ad attuare l'obiettivo del rimpatrio degli stranieri in condizione irregolare perseguito dalla direttiva. La stessa disposizione, dunque, ha riguardo a una situazione che si è venuta a creare per effetto del funzionamento della direttiva (Queiroz, 2019, p. 171), sicché l'art. 14 richiama l'attenzione degli Stati membri su esigenze di tutela delle persone che non è possibile allontanare, ma senza fare menzione del diritto di soggiorno. D'altro canto, dall'obbligo di *non-refoulement* non deriva automaticamente quel diritto.

Ora, proprio lo scopo della direttiva ricordato dalla Corte nella causa *Mahdi* – in una specie, si noti, nella quale non si trattava di inespellibilità (cfr. di seguito) – induce ad aderire a una costruzione della direttiva rimpatri quale atto che, in alcune situazioni, comporti una forma di regolarizzazione, oltre che l'attribuzione di alcuni diritti (variamente, Queiroz, 2019, pp. 169-179; Majcher, 2020, pp. 220-227). È prospettabile, cioè, che, essendo la direttiva volta a porre fine a situazioni di irregolarità, questo obiettivo sia da perseguire anche a mezzo delle regolarizzazioni, nell'impossibilità di dare effetto alle decisioni di rimpatrio che la stessa direttiva impone agli Stati di adottare. Si tratta di casi, *ex* art. 9, nei quali non è possibile l'allontanamento, decorso un certo periodo di tempo, dopo rinvii dell'esecuzione delle decisioni *adottate*. Diversamente si avrebbero rinvii illimitati di decisioni non eseguibili, ma ciò è poco ragionevole e contrasta con gli obiettivi della direttiva (Hinterberger, 2023, pp. 100-110).

Nel senso indicato, può addursi che ai sensi dell'art. 15, decorsi 18 mesi, ove non esista "più alcuna prospettiva ragionevole di allontanamento per motivi di ordine giuridico o per altri motivi [...], il trattenimento non è più giustificato e la persona interessata è immediatamente rilasciata". Tale arco temporale poterebbe essere assunto come parametro di riferimento in vista di possibili regolarizzazioni, nel senso indicato (Lutz, 2018, pp. 30 s. e 39 s.; Hinterberger, 2023, pp. 108-110).

D'altro canto, è legittimo ritenere che l'art. 6 della direttiva in parola richiami l'operare di norme sui diritti dell'uomo che indirettamente comportino la concessione del diritto di soggiorno. In altri termini, il rilascio del titolo di soggiorno in una delle situazioni astrattamente richiamate dall'art. 6 non potrebbe dipendere dalla discrezionalità dello Stato ove il suo mancato rilascio comporti la violazione di obblighi statali derivanti da norme sui diritti dell'uomo – in specie di quelli tutelati dalla Convenzione europea dei diritti dell'uomo e dalla Carta dei diritti fondamentali –, in effetti richiamati pedagogicamente dall'art. 1 della direttiva. È appena il caso di ricordare, una direttiva non potrebbe escludere l'operare di norme sui diritti individuali (casi C-540/03, par. 104 e C-578/08, parr. 45 e 63).

Degna di nota, nel senso indicato, la sentenza della Corte europea dei diritti dell'uomo relativa all'affare *Ghadamian* c. *Svizzera* (del 9 maggio 2023): la Corte ha accertato la violazione da parte dello Stato convenuto degli obblighi positivi a tutela della vita privata, per mancato rilascio del permesso di soggiorno a uno straniero che viveva in quello Stato da un certo periodo di tempo. Indicazioni di contenuto analogo si ricavano, per i migranti di lungo periodo, dall'affare *Hoti* c. *Croazia* (sentenza del 26 aprile 2018), nonché, per altre figure di migranti, dalla giurisprudenza, in senso lato, del Comitato sociale europeo e di altri organi di garanzia dell'applicazione e delle convenzioni internazionali sui diritti dell'uomo (Majcher, 2020, pp. 95-137 ss., pp. 668-682). Si tratta di regolarizzazioni "caso per caso", di cui si fa menzione nel Patto europeo sull'immigrazione e l'asilo (sub II lett. a) del 2008 e nel Pacte de Marrakech (*supra*, par. 2).

Ove ci si ponga dal punto di vista del diritto italiano, l'art. 5, par. 6 del T.U. sull'immigrazione, come sappiamo, richiama pedagogicamente l'operare di obblighi costituzionali e internazionali, che, in quanto tali, prevalgono sullo stesso atto, il quale elenca contesti che possono interessare persone in condizione irregolare meritevoli di tutela, con conseguente loro regolarizzazione (art. 18 ss.). E così, a prescindere dall'ampio dibattito che ne accompagna l'applicazione, può ricordarsi che il permesso di soggiorno per protezione speciale di durata biennale, il cui rinnovo è subordinato ad una rivalutazione della situazione da parte della Commissione Territoriale, va intenso alla luce, per l'appunto, delle norme sovraordinate richiamate sinteticamente dall'art. 5 cit.

Bibliografia

Beilfuss, M.G. & Koopmans, J. (2021). *Legal pathways to regularisation of illegally staying migrants in EU Member States*. https://admigov.eu/upload/Deliverable_27_Legal_pathways_Gonzales.pdf.

Cellamare, G. (2021). *La disciplina dell'immigrazione irregolare nell'Unione europea* (II ed.), Giappichelli.

de Bruycker, P., Apap, J. & Schmitter, C. (2000). Regularisation of Illegal Aliens in the European Union. Summary Report of Comparative Study, *European Journal of Migration and Law*, 2(3), pp. 263-388.

Farcy, J.-B. (2020). Unremovability under the Return Directive: An Empty Protection? In M. Moraru, G. Cornelisse & P. de Bruycker (eds.). *Law and Judicial Dialogue on the Return of Irregular Migrants from the European Union*, Hart, pp. 437-453.

Gestri, M. (2011). La politica europea dell'immigrazione: solidarietà tra Stati membri e misure nazionali di regolarizzazione. In A. Ligustro & G. Sacerdoti (a cura di), *Problemi e tendenze del diritto internazionale dell'economia - Liber amicorum in onore di Paolo Picone*, Editoriale Scientifica, pp. 895-925.

Hinterberger, K.F. (2019). An EU Regularization Directive. An effective solution to the enforcement deficit in returning irregularly staying migrants. *Maastricht Journal of European and Comparative Law*, 26(6), pp. 736-769.

Hinterberger, K.F. (2023). *Regularisations of Irregularly Staying Migrants in the EU. A Comparative Legal Analysis of Austria, Germany and Spain*, Nomos/Hart.

Locchi, M.C. (2021). I meccanismi di regolarizzazione permanente in Europa: una prospettiva comparativa. *Diritto, Immigrazione e Cittadinanza*, 3, pp. 127-166.

Lutz, F. (2018). Non-removable Returnees under Union Law: Status Quo and Possible Developments. *European Journal of Migration and Law*, 20 (1), pp. 28-52.

Majcher, I. (2020). *The European Union Returns Directive and Its Compatibility with International Human Rights Law: Analysis of Return Decision, Entry Ban, Detention, and Removal*. Brill/Nijhoff.

Queiroz, B.M. (2018). *Illegally Staying in the EU. An Analysis of Illegality in EU Migration Law*. Hart.

REGINE (2009). Régularisations en Europe Étude concernant les pratiques de régularisation des ressortissants de pays tiers en séjour irrégulier en vigueur dans les États membres de l'Union Européenne. https://migrant-integration.ec.europa.eu/sites/default/files/2009-04/docl_8193_345982803.pdf.

OSCE (2021). Regularization of Migrants in an Irregular Situation in the OSCE Region Recent Developments, Points for Discussion and Recommendations. https://www.osce.org/odihr/494251.

Résumé

Le Pacte de Marrakech a attiré l'attention des États sur la création de parcours de régularisation pour les migrants, "au cas par cas" selon des critères clairs et transparents. Une indication similaire était présente dans le Pacte européen sur l'immigration et l'asile.

Le Traité de Lisbonne ne contient aucune règle concernant les régularisations. Il en est fait mention dans deux Conventions de l'OIT et de l'ONU sur les migrations. Par ailleurs, quelques dispositions du TFUE permettent d'envisager la compétence de l'Union pour adopter des actes d'orientation procédurale en la matière. Bien que la gestion de l'immigration irrégulière dans l'UE soit éclairée par les politiques de rapatriement des personnes concernées, comme en témoigne la directive 2008/115/CE, certaines dispositions de cette directive sont susceptibles de favoriser une reconnaissance de l'obligation de régularisation "au cas par cas", dans certaines situations envisagées, lorsque des conditions particulières se produisent.

Note

[1] Https://www.europarl.europa.eu/topics/it/article/20230704STO02012/processi-di-rimpatrio-quanti-immigrati-nell-ue-vengono-rimpatriati.

Famigrazione in Italia e diritti della persona: il caso della nullità del matrimonio combinato come conseguenza di costrizione o indebito condizionamento

Antonello Miranda
(Università di Palermo)

Sommario: 1. Introduzione. – 2. Lo "stingimento" delle regole aliene sul sistema interno. – 3. Diritti della Persona v. "tradizioni" e riti: il caso della "violenza" nei matrimoni combinati.

1. Introduzione

Il neologismo "famigrazione" (che traduce l'inglese *Famigration* da *Family-Immigration*, Hong K., 2014) indica il fenomeno derivante dalle migrazioni nel mondo globalizzato in cui le dottrine, i principi e gli statuti del diritto di famiglia nazionale si confrontano criticamente con i modelli familiari diffusi nelle diverse culture. Questo fenomeno, già presente in molti Paesi della tradizione giuridica occidentale, si è manifestato solo recentemente in Italia, provocando un inatteso ma prevedibile divario tra le (rigide) regole del diritto di famiglia e la complessa realtà delle famiglie di varie etnie. È così emerso il problema della tutela dei diritti e delle libertà individuali, spesso incompatibili con alcune tradizioni e concezioni familiari non "autoctone" ma "aliene", ormai presenti nel Paese.

In questa accezione la famigrazione ha un forte legame con il multiculturalismo o il multicomunitarismo.

Il termine multiculturalismo identifica una società in cui coesistono più culture, anche molto diverse tra loro, rispettandosi (forse) a vicenda. Nonostante gli interscambi, ogni cultura conserva le peculiarità del proprio gruppo. Le minoranze mantengono il loro diritto di esistere, senza omologarsi o fondersi con una cultura predominante perdendo così la propria identità. Il termine si contrappone al multicomunitarismo, cioè l'appartenenza e la fedeltà totale di un individuo a una certa comunità e cultura (Kymlicka, 1996; Bauman, 2006).

Entrambe le definizioni, tuttavia, si riferiscono a *gruppi etnici diversi che vivono nello stesso territorio*, creando spesso una confusione di significato tra i due concetti.

Per una migliore comprensione della società italiana contemporanea, a mio avviso, occorre fare un'ulteriore distinzione tra multiculturalismo esogeno ed endogeno.

Il multiculturalismo esogeno è stato definito come "la coesione di culture diverse inserite in una stessa società. Non si tratta quindi di pluralità di interessi, di peculiarità diverse, ma di culture, ovvero di universi simbolici che danno senso alle scelte e ai progetti di vita di ciascuno" (Bosi, 2009). In tal senso si avvicina al concetto di "multi-comunitarismo" che dipende dalla forza e dall'ampiezza dell'influenza di una certa "comunità sociale" o gruppo etnico sulle altre o sul gruppo dominante preesistente. Naturalmente, ogni "comunità" anche se "dominante" ha perso la sua "purezza" perché, con un effetto di rimbalzo, è stata influenzata da ciò che ha a sua volta influenzato, e così via in una sorta di ciclo infinito secondo la nota formula dell'Entanglement Fisico "$(\partial + m)\ \psi = 0$". Questo è un fatto storico e concreto a cui nessuna società o sistema giuridico sfugge.

L'avvenimento è, infatti, duplice: da un lato, c'è l'ibridazione e la contaminazione di tutti i sistemi dovuta ai cambiamenti tecnologici, politici, economici e sociali; dall'altro, c'è una vera e propria perdita di potere decisionale e rappresentativo della Nazione/Stato che non riesce più a controllare i suoi confini e che non può più esercitare il suo "potere", nemmeno quello legislativo in modo assoluto e sovrano, non avendo più "controllo" sui destinatari in una sorta di "orgia di globalizzazione" che più che una "diversità sostenibile" basata su libere scelte, mi sembra un'ibridazione forzata dovuta proprio alla crisi dello Stato/Nazione e allo sviluppo di altri centri di potere (alternativi e paralleli). Tuttavia, a mio avviso per la società italiana è più corretto parlare di "multiculturalismo endogeno", anche se occorre fare una precisazione.

Il multiculturalismo endogeno è stato definito come "l'assimilazionismo culturale endogeno come politica, corrispondente all'epoca della formazione degli Stati nazionali, che permetteva al governo centrale di riunire tutte le risorse del Paese per agire in nome dell'intera comunità".

Ma in realtà, in Italia, assistiamo a una trasformazione delle precedenti assimilazioni e dell'ordine comune in una complessa e frammentata domanda di "micro" rivendicazioni e inchieste di diritti e riconoscimenti di diversi (e talvolta piccoli) gruppi sociali. È importante sottolineare che non si tratta (più o meno) di una questione di etnia o religione diversa, ma di "rivendicazioni di gruppi sociali", "rivendicazioni di gruppi economici", "rivendicazioni di gruppi di interesse", "rivendicazioni di gruppi di pressione", "rivendicazioni di corporazioni" e così via. A mio avviso, emerge da un lato la presenza a vari livelli di "gruppi di potere" e di gruppi decisionali che si affiancano e talvolta si sostituiscono al potere legislativo ed esecutivo; dall'altro, si assiste a una rottura dell'unità del popolo, di interessi e valori autoctoni o "molecolari" che appaiono solo sullo sfondo e piuttosto sbiaditi.

Se questa analisi è corretta, la questione del multiculturalismo/famigrazione è solo in minima parte "etnica" o religiosa, ma in realtà dipende dall'emergere di diversi (micro)gruppi sociali e di (micro)rivendicazioni. Per essere chiari, la richiesta di riconoscimento dei diritti delle persone omosessuali è la stessa, da un punto di vista legale, essendo indifferente se le persone sono pakistane o siciliane piuttosto che rumene o tunisine o maltesi.

Il punto focale è la divergenza tra la società nella sua complessità e pluralità di gruppi e le nuove esigenze che da essa provengono e le risposte che il potere legislativo e la legge possono dare. Si tratta di un punto estremamente critico perché coinvolge anche elementi "politici" e non solo "giuridici".

Possiamo parlare di famigrazione solo in questo contesto.

2. Lo "stingimento" delle regole aliene sul sistema interno

La nostra società contemporanea è ricca di gruppi sociali diversi per ideologia, principi, religione e origini.

Tuttavia, oggi abbiamo una forte e diffusa "standardizzazione" di usi, costumi, modelli ecc. per cui le nuove forme di famiglia, indotte dalla ragione sociale o come conseguenza della migrazione, chiedono di essere riconosciute negli ordinamenti giuridici italiani. Anche se non si tratta di un problema esclusivamente confinato alle rivendicazioni "etniche" o religiose, è innegabile che un numero significativo di conflitti coinvolga solitamente i musulmani, sia perché costituiscono una ampia quota di migranti, sia perché gli istituti del diritto di famiglia islamico sono quelli più discordanti con la cultura laica dei diritti europei e, naturalmente, con il diritto di famiglia italiano. I punti più critici sono:

- uguaglianza morale e giuridica tra uomini e donne (CEDU, art. 23);
- pari libertà e dignità dei coniugi (CEDU. Protocollo aggiuntivo, VII art. 5) all'interno del matrimonio;
- l'interesse superiore del bambino nelle scelte esistenziali, nell'educazione, ecc.;
- responsabilità genitoriale;

- il diritto al matrimonio (CEDU, art. 12: *"Gli uomini e le donne in età da matrimonio hanno il diritto di sposarsi e di costituire una famiglia, secondo le leggi nazionali che ne disciplinano l'esercizio"*) che garantisce la libertà di sposarsi (e separarsi), sia all'uomo che alla donna;
- bigamia e poligamia, che in Italia come in molti paesi europei, sono reati[1].

L'Islam (come tutte le religioni) è "transnazionale" e "universale" per definizione, mentre al contrario i sistemi giuridici occidentali si basano sull'idea di uno Stato di diritto "nazionale", laico e autosufficiente. Di conseguenza, è facile intuire che le relazioni familiari sono quelle che più risentono dell'influenza delle esigenze religiose.

Il punto cruciale per noi è la difficoltà di mantenere la coerenza del sistema giuridico senza cadere in contraddizioni. Da un lato, infatti, i Paesi di *Civil Law* rispettano tutte le religioni, come previsto dall'art. 19 della Costituzione italiana che afferma che "Tutti hanno diritto di professare liberamente la propria fede religiosa in qualsiasi forma, individuale o associata, di farne propaganda e di esercitarne il culto in privato o in pubblico, purché non si tratti di riti contrari al buon costume".

Ma dall'altro lato lo stesso sistema giuridico non può ammettere comportamenti in contrasto con i suoi principi e le sue leggi. Allo stesso modo, la magistratura ha sostenuto l'applicazione di "regole islamiche o religiose" ma, anche in questo caso, solo se vi è compatibilità con i diritti fondamentali degli individui.

Nella tradizione giuridica occidentale e in Italia i diritti e i "valori" fondamentali sono tutelati attraverso il concetto di indisponibilità di diritti o status e il concetto di ordine pubblico, nonché attraverso i limiti delle norme imperative e della morale, i principi di laicità, uguaglianza e stato di diritto.

Il rispetto dei gruppi "minoritari" è ovvio, ma nei limiti del rispetto dei diritti degli individui e fino a quando tale rispetto non significhi la violazione e l'inosservanza delle prerogative, dei diritti e dei principi generali della maggioranza.

Permettetemi di dire che non sono sicuro che questo fenomeno sia sotto controllo da parte della legge o della politica. Il nostro legislatore e l'opinione pubblica sono confusi mentre sembra che "ogni" rivendicazione di ogni (anche piccolo) gruppo di individui sia fondata su "diritti". Il rischio di una perdita di identità culturale e giuridica è altissimo come lo è il rischio di uno scontro tra i diritti dei singoli e i diritti dei più, poiché l'ibridazione diffusa porta all'indistinzione; è proprio una questione di proporzioni demografiche e di riconoscimento del "diritto" alla continuità storica. Come afferma Alain De Benoit: "l'identità di un popolo è la sua storia". E la storia, che piaccia o no, non può essere ignorata.

È emblematico di questa situazione l'approccio bizzarro che spesso si ha ai "diritti degli altri" come, ad esempio, la scelta di vietare l'esposizione pubblica del Crocifisso, come la soppressione degli auguri di "Buon Natale" a favore di un più politicamente corretto "Buona Stagione Festiva". C'è qui una contraddizione sistematica per cui, da un lato, l'ordinamento giuridico riconosce e tutela il diritto di professare la propria religione e, dall'altro, vieta l'espressione del proprio credo utilizzando simboli religiosi o, cosa che ritengo ancora più grave, quando impone di *non* indossare un burquini in spiaggia. Il punto, infatti, è che questa "ricerca" del, o sottomissione al, rispetto a tutti i costi dei diritti dell'altro sta diventando (a volte) "svilimento" per i diritti e le tradizioni culturali consolidate della comunità. A mio avviso possiamo aprirci alle diverse culture ma non per questo cancellare la nostra (eventuale) cultura: lo "stingimento" delle regole è sempre una realtà, ma ogni sistema o società reagirà alle regole estranee che non sono "convenienti" (non in senso esclusivamente economico ma di "remunerazione e godimento") o "piacevoli" da seguire. In poche parole, i diritti dei pochi vanno tutelati e riconosciuti, ma non fino al sacrificio dei diritti dei più.

Come si dice nel caso della mediazione per l'inclusione sociale (Miranda-Russo, 2007) non è importante raggiungere un'integrazione perfetta, ma sono importanti le "relazioni", cioè è una questione di comprensione e rispetto *reciproci*, non necessariamente di integrazione a tutti i costi (o al costo di perdere l'identità della società ospitante).

A mio avviso, in materia di famiglia la strada migliore è quella di attenersi al principio generale, lasciando alle Corti e alla Dottrina il compito di ricostruire il diritto, valutando con discrezionalità (non arbitrarietà ma "ragionevolezza") ogni singolo caso, ogni micro o macro richiesta, giudicando se tale richiesta sia o meno compatibile con i principi seguiti dalla comunità di riferimento.

L'argomento è complesso e richiederebbe un'ulteriore analisi approfondita e critica. A mio avviso, tuttavia, è possibile trarre una conclusione comparativa.

Se guardiamo alle decisioni o alle reazioni del sistema francese e italiano (ma non dubito che sia lo stesso per tutti i sistemi dell'area del

Civil Law) mi sembra chiaro che la compatibilità o l'incompatibilità viene valutata in termini di "politica" piuttosto che in termini di stretto diritto, di solito utilizzando il limite "negativo" dell'ordine pubblico.

Se guardiamo alle decisioni e alle reazioni del sistema inglese (e del *Common Law*, in genere), mi sembra che la valutazione della compatibilità o dell'incompatibilità avvenga caso per caso e come dato di fatto attraverso il confronto dei giudici con i "valori", cioè quei principi di interesse collettivo e sociale riconosciuti dalle comunità come: la sacralità della persona; la sacralità della proprietà; la sicurezza nazionale e sociale; il benessere sociale; la morale corrente; il rispetto della tradizione; la pacifica convivenza nazionale e internazionale, ecc. Questi valori non sono "codificati" o assoluti, ma dipendono dai cambiamenti sociali e storici.

Mi chiedo se la lezione inglese sia esportabile almeno nei sistemi di *Civil Law*. A mio avviso, nell'ordinamento giuridico italiano ci sono spazi per valutare la tollerabilità dello stingimento per garantire una coerenza sistematica e, allo stesso tempo, un adattamento alle nuove realtà storiche e sociali nel rispetto della migliore qualità di vita per tutti i consociati.

In ogni caso, la risposta in termini di mere norme di legge, penali o semplicemente punitive, non è affatto decisiva, anzi.

A mio avviso c'è spazio per un "uso alternativo del diritto privato comparato", ricostruendo e interpretando le norme del diritto di famiglia in modo da renderle più efficaci e coerenti con le nuove situazioni. Ad esempio, è possibile affrontare la difficile questione dei "matrimoni combinati" anche nel caso in cui il coniuge, cedendo alle circostanze e alle "pressioni" dei parenti e della comunità, si sia validamente sposato nonostante la sua opposizione.

3. Diritti della Persona v. "tradizioni" e riti: il caso della "violenza" nei matrimoni combinati

Solo pochi mesi fa, l'opinione pubblica italiana è stata scossa da una serie di casi di violenza intrafamiliare che hanno riguardato, in particolare, la violenza su donne minorenni appartenenti a famiglie di varia nazionalità, quasi sempre di religione musulmana, costrette a matrimoni forzati o sottoposte a violenze e persino uccise in caso di rifiuto di sposarsi.

La risposta penale non è affatto efficace e in molti casi, purtroppo, non funge nemmeno da deterrente. Da un punto di vista politico, la presunta tutela delle "culture minoritarie" si è tradotta in una sorta di imbarazzato silenzio di fronte a queste situazioni, quasi come se fosse necessario "tollerarle" in virtù delle tradizioni e delle religioni seguite da un determinato gruppo etnico. Ancora una volta, l'obiettivo è quello di "proteggere" i diritti dei pochi sacrificando la tutela dei diritti di molti. Del resto, in Italia il cosiddetto delitto d'onore (in caso di adulterio, soprattutto femminile) è stato abrogato solo 50 anni fa.

Di conseguenza, spetta a noi giuristi cercare di trovare tra le norme di diritto privato uno strumento che possa impedire, da un lato, la celebrazione di matrimoni forzati e, dall'altro, un numero sempre maggiore di vittime di violenza in caso di rifiuto.

Il problema risiede nell'interpretazione tradizionale, seguita nei sistemi di *Civil Law*, del concetto di violenza. Questo concetto sembra essere legato all'esercizio della forza "fisica" contro la persona violata ed è sviluppato e previsto essenzialmente nella sfera contrattuale.

Pertanto, il contratto (e il matrimonio per analogia) "sarebbe nullo" solo se fosse la conseguenza di una violenza "fisica" e non di una pressione psicologica o "morale".

Ma il nostro codice stabilisce che la violenza consiste in "una minaccia tale da fare impressione su una persona ragionevole e da farle temere di esporre se stesso o i suoi beni a un male ingiusto e considerevole. Al riguardo si terrà conto dell'età, del sesso e della condizione delle persone", non dando alcuna indicazione sul "genus" della violenza e lasciando spazio a un'interpretazione mirata al risultato effettivo e concreto raggiunto dalla "minaccia". In altre parole, il nostro codice civile sembra concentrarsi più sul fatto che la persona sottoposta alla costrizione non sia più in grado di esprimere pienamente il proprio consenso o, almeno, di mantenere un "barlume" di autonomia di giudizio, indipendentemente dal tipo di violenza esercitata. È una sorta di "funzione matematica", nel senso che il male minacciato produce un effetto diverso a seconda della minore o maggiore capacità di "sopportazione" del violato. Un po' come, ad esempio, il caso del minore "*Gillick's competent*".

Se guardiamo al *Common Law*, è facile trovare numerosi casi di "matrimoni forzati", soprattutto tra gli anni Sessanta e Novanta. Nel 1993 e nel 1994, con i due casi *Mahmood v. Mahmood* e *Mahmud v. Mahmud*, le corti inglesi, modificando le opinioni espresse in precedenza, hanno ritenuto che un matrimonio celebrato in presenza di pressioni psicologiche tali da escludere il consenso del soggetto fosse viziato, indipendentemente dalla forma della pressione esercitata, ma guardando al risultato effettivamente raggiunto, anche se tale pressione non assumeva la forma della violenza fisica.

Nel caso *Mahmood v. Mahmood* 1993, SLT 589 l'attrice, che era già legata a un altro uomo al momento in cui il suo matrimonio veniva combinato dalla famiglia, era finanziariamente completamente dipendente dai genitori nel cui negozio lavorava. I suoi parenti le avevano fatto notare che se non avesse sposato l'uomo scelto dai genitori, la circostanza avrebbe portato grande sfortuna alla famiglia, che si sarebbe certamente esposta alla riprovazione della comunità. Inoltre, sia la sorella maggiore che il fratello della ricorrente avevano già subito l'ostracismo familiare per essersi rifiutati di seguire le tradizioni del loro gruppo.

Nella causa *Mahmud v. Mahmud* 1994, SLT 599 il ricorrente costretto al matrimonio viveva da tempo con una donna dalla quale aveva avuto un figlio e dalla quale, al momento del matrimonio, ne aspettava un altro. Il ricorrente lamentava la pressione psicologica esercitata su di lui sia dalle volontà espresse in punto di morte dal padre (che gli aveva chiesto di sposare una persona scelta dalla famiglia), sia dai familiari che lo consideravano "responsabile" a causa del suo rifiuto della malattia e persino della morte del padre.

I giudici, inoltre, hanno tracciato una netta distinzione tra l'influenza (cioè tra i meri consigli e avvertimenti che parenti e genitori possono e devono dare e che non possono per loro natura amichevole e affettuosa integrare una minaccia) e la vera e propria costrizione che può manifestarsi anche in forme diverse da quelle puramente fisiche. La distinzione, come abbiamo detto, non consisterebbe tanto nel diverso tipo di violenza esercitata, quanto nel risultato prodotto sulla psiche del *deceptus*, che può, sia pure con riluttanza o apatia, volerla o non volerla affatto.

Ovviamente, stabilire se il consenso sia viziato o assente del tutto (come conseguenza, rispettivamente, della violenza relativa e della violenza morale) rimane una questione di fatto lasciata alla prudente discrezionalità del giudice "alla luce dell'età, del sesso e del background culturale del soggetto, poiché ciò che è normalmente plausibile per un tiepido tredicenne seguace della Chiesa anglicana può non esserlo per un fervente e osservante musulmano di 21 anni".

È interessante notare la consonanza tra le espressioni usate dai giudici inglesi e le parole del nostro Codice civile. Basandomi quindi sull'uso alternativo del diritto privato comparato... concludo ricordando che anche nel nostro ordinamento (ma direi più in generale nei sistemi di *Civil Law*) i matrimoni celebrati sotto l'indebita influenza di pressioni psicologiche possono essere considerati nulli. Ciò, molto più dell'eventuale e quasi sempre tardivo intervento del diritto penale, permetterebbe, se adeguatamente portato all'attenzione delle varie comunità, di sfuggire al momento "pericoloso" dell'esercizio della minaccia e della costrizione, confidando nella possibilità di far dichiarare la nullità del matrimonio una volta superata la stessa situazione di pericolo.

Non sarà certo un rimedio risolutivo, ma è un modo per aumentare le possibilità di "difesa" dei soggetti deboli, garantendo, da un lato, la tutela dei diritti della persona e della sua libertà e, dall'altro, garantendo, nei limiti consentiti, il rispetto delle tradizioni e delle religioni altrui.

Bibliografia

Bauman, Z. (2006), *In Search of Politics*. Polity Press, Cambridge.

Bosi, A. (a cura di) (2009). *Città e Civiltà. Nuove frontiere di Cittadinanza*. Franco Angeli, Milano.

Bradney, A. (1994). Duress, Family Law and the Coherent Legal System. *Modern Law Review*, p. 963.

Kymlicka, W. (1996), *Multicultural Citizenship: A Liberal Theory of Minority Rights*. Oxford University Press, Oxford.

Miranda, A. & Russo, M. (2017). Mediazione sociale: una (proposta di) percorso formativo. *Diritti Comparati*, pp. 90-140.

Résumé

Le néologisme « Famigration » (Family-Immigration, Hong, K., 2014) désigne le phénomène découlant des migrations dans le monde globalisé, où les doctrines, les principes et les statuts du droit de la famille au niveau national se confrontent de manière critique avec les modèles familiaux répandus dans différentes cultures. Ce phénomène, déjà présent dans de nombreux pays de tradition juridique occidentale, ne s'est produit que récemment en Italie, provoquant un écart inattendu mais prévisible entre les (rigides) règles du droit de la famille et la réalité complexe des familles de diverses ethnies.

En outre, cela a conduit (comme en France) à une contradiction systématique dans laquelle, d'un côté, l'ordre juridique reconnaît et protège, par exemple, le droit de pratiquer sa religion, et de l'autre, interdit l'expression de sa foi par l'usage de symboles religieux.

Il en résulte donc un problème de protection des droits et des libertés individuels, souvent incompatibles avec certaines traditions et conceptions familiales qui ne sont pas « autochtones » ou « étrangères », mais désormais présentes dans le pays.

La réponse en termes de normes pénales ou simplement punitives n'est pas du tout décisive, bien au contraire. À mon avis, il existe une place pour un « usage alternatif du droit privé comparé », en reconstruisant et en interprétant les normes du droit de la famille de manière à les rendre plus efficaces et cohérentes avec les nouvelles situations.

Par exemple, il est possible d'aborder la question difficile des « mariages arrangés » même dans le cas où le conjoint, cédant aux circonstances et aux « pressions » des proches et de leur communauté, se soit en réalité valablement marié malgré son opposition. À travers une nouvelle interprétation comparée des normes du Code civil concernant la « sujétion » et la « violence » avec les concepts analogues du droit commun de « violence diffuse » et de « conditionnement indu », il est possible d'annuler le mariage pour « violence absolue », en sauvegardant concrètement la liberté de choix de l'individu.

Note

[1] A titolo di esempio, nell'ordinamento giuridico italiano la bigamia è vietata dall'art. 556 del Codice penale, nell'ordinamento francese dall'art. 433-20 del Code pénal, e lo stesso vale in Germania e in Spagna.

Mesurer les réformes pour gouverner les migrations

Gian Maria Piccinelli
(Université de la Campania « L. Vanvitelli »)

Sommaire : 1. Introduction. – 2. Mesurer le droit : une question de méthode. – 3. Mesurer l'impact des normes : le défi de l'intégration. – 4. Conclusions.

1. Introduction

Les mobilités transnationales reconfigurent continuellement les formes, les temps et les territoires de la migration, tout en nécessitant des instruments juridiques appropriés et cohérents avec l'évolution des contextes individuels.

Les routes méditerranéennes des migrants ont toujours croisé les routes des échanges commerciaux et culturels, reliant des mondes différents et lointains. Au cours du XXe siècle, elles ont également intersecté les lignes de transport terrestres et maritimes, les axes de circulation du pétrole, du gaz et de l'énergie, jusqu'à ceux utilisés pour le transfert de données des technologies numériques les plus modernes.

À l'ère post-coloniale, les politiques étrangères des États européens et occidentaux ont dû faire face à l'autonomie croissante des États du Moyen-Orient et de l'Afrique du Nord devenus des espaces stratégiques capables de dialoguer avec différents interlocuteurs au niveau mondial et, du point de vue juridique, capables de choisir entre différents modèles pour répondre aux besoins internes de croissance sociale et de développement économique. Aujourd'hui, nous sommes confrontés à des systèmes que l'on pourrait qualifier d'hybrides, dans lesquels les modèles coloniaux originaux ont fait place à la récupération de règles et de catégories de la tradition juridique de l'islam, mais aussi à des éléments intégrés par le droit de l'Union Européenne et des processus d'uniformisation juridique liés à la mondialisation. Des tendances identitaires et uniformisantes qui orientent les droits arabo-islamiques vers l'acquisition de particularités spécifiques qui nécessitent une compréhension et une classification dynamiques et opérationnelles des processus en cours, considérés individuellement, et des systèmes juridiques, dans leur ensemble.

De ce point de vue, la *gouvernance* des processus migratoires crée une réelle interdépendance entre les pays d'origine, de transit et de destination. Cette connexion nécessite l'adoption d'outils et de processus qui favorisent des parcours d'intégration et offrent des solutions aux défis sociaux et sécuritaires en ligne avec les principes et les valeurs qui inspirent, au moins au niveau déclamatoire, toutes les chartes constitutionnelles de la région méditerranéenne aujourd'hui soumises à un véritable *stress test* en raison des conflits armés, de l'instabilité politique et des crises économiques qui se sont succédé à un rythme croissant au cours des vingt dernières années. Mais aussi à cause de la pression migratoire qui est la conséquence directe de ces situations.

Afin de comprendre et de faire comprendre dans quelle direction les choix de politique législative peuvent aller, le recours à des indicateurs capables de mesurer, au moins d'un point de vue quantitatif, les phénomènes nécessitant des interventions plus ou moins urgentes de régulation ou de réforme devient fréquent (Gambaro, 2012, pp. 17 ss.). Cette méthode, à travers l'identification d'objectifs spécifiques et le suivi des actions individuelles mises en œuvre pour leur réalisation, sert à renforcer les solutions réglementaires adoptées (dans la mesure où elles sont soutenues par les données statistiques).

La représentation de la réalité à travers des données numériques, même si elle n'est pas toujours facilement applicable aux contextes socio-culturels, compte tenu de leur complexité, contient en elle-même un potentiel poussant au changement.

Il s'agit de l'adoption d'indicateurs volontaires et/ou obligatoires (Cassese & Casini, 2012, pp. 104-106) qui ont en soi la capacité de soutenir le discours des médias, d'accroître l'implication de la société civile, de soutenir les critiques et les dénonciations, les sollicitations et les propositions à l'égard des politiques des États et des organisations supranationales (Infantino, 2016). Ils peuvent également fournir des informations aux institutions internationales et à d'autres entités publiques et privées pour guider les décisions de financement, d'investissement pour le développement durable (Bussani, 2024) et pour évaluer la cohérence de certaines interventions politiques et réglementaires avec la *règle de droit*, les principes européens et les droits de l'homme (Versteeg & Ginsburg, 2017), comme par exemple dans le respect des conditionnalités contenues dans les accords d'externalisation des frontières de l'UE (Angioi, 2006 ; Circolo, 2022).

2. Mesurer le droit : une question de méthode

La mesure du droit sur la base d'indices numériques représente une approche méthodologique visant à quantifier et à évaluer divers aspects d'un système juridique donné et à analyser, en termes d'efficacité, la qualité des institutions juridiques et des normes en vigueur sur la base tacitement invoquée de *Law & Economics* (Gambaro, 2012). L'utilisation croissante d'indicateurs dans le paysage juridique est intimement liée à la reformulation des relations de pouvoir où émergent des acteurs inédits, souvent caractérisés par une nature hybride, intersectant les secteurs public et privé, qui agissent au moyen d'instruments aussi aseptiques que possible pour gérer toutes sortes de problèmes réglementaires.

Se référer à ces instruments de mesure – tout en tenant compte de l'hétérogénéité de leur formulation et de leur utilisation (Siems, 2018, p. 323) – répond donc à la nécessité de simplifier l'analyse de phénomènes complexes, à la fois à des fins cognitives et d'évaluation, par la collecte de données ordonnées ou classifiées qui reflètent le fonctionnement d'un système par une systématisation (Antoniolli, 2017, p. 39).

Le concept de « indicateur », selon l'OCDE, avec une sensibilité proche des *sciences dures* et de la méthodologie empirique, désigne une mesure, qu'elle soit quantitative ou qualitative, issue de faits observés (OCDE, 2008, p. 13). Ces mesures peuvent non seulement mettre en évidence les performances d'un pays par rapport à certains domaines ou secteurs, mais aussi signaler tout changement en cours ou l'adhésion à des normes spécifiques (Infantino, 2016, pp. 347-349). Appliqués au domaine juridique, les indicateurs – qu'ils aient comme référence des données sur une base nationale, internationale ou mondiale – peuvent servir de stimulant pour lancer des réformes ou vérifier l'impact des normes : les chiffres peuvent suggérer une objectivité et une autorité scientifique qui dépassent les interprétations subjectives, apportant cette idée de certitude tant prisée en droit (Infantino, 2019, p. 193). Leur fiabilité, cependant, peut être remise en question par l'utilisation d'outils statistiques de plus en plus complexes en établissant des corrélations différentes entre des phénomènes complexes, rendant tout aussi complexe l'établissement d'un lien de causalité direct entre une norme et son effet (Resta, 2018, pp. 459-460).

Cette méthode, bien qu'elle risque d'être qualifiée de réductionniste et de simplificatrice par rapport à la complexité inhérente aux systèmes juridiques, peut néanmoins fournir des arguments utiles pour la recherche universitaire, l'élaboration des politiques et la promotion du développement juridique et social. La comparaison juridique n'est pas restée indifférente au charme exercé par un système d'évaluation aussi circulable (Mattei, 2017, p. 20).

La distinction entre les concepts de classification, comparatifs et quantitatifs – formulée par Hempel (1979) au sein du Cercle de Vienne[1] – a mis en évidence la prédominance des concepts de nature quantitative. Intuitivement, les informations numériques prévalent clairement sur les données qualitatives, car elles sont plus spécifiques et apparemment immunisées contre les évaluations subjectives (Antoniolli, 2017, p. 40). Cependant, dans le contexte juridique, la comparaison joue un rôle essentiel, car les évaluations évoluent souvent en comparant des hypothèses de travail enracinées dans différents contextes.

Néanmoins, il est crucial de noter que l'utilité des données numériques est indissociable de la dimension comparative, car sans contexte de comparaison, les données quantitatives relatives à tout aspect de la réalité sociale, mais orientées pour guider les choix juridiques, perdent de leur pertinence (Porter, 1995). Le succès des *classements* nationaux et internationaux est essentiellement attribuable à leur capacité à fournir des comparaisons de base des systèmes examinés, plutôt qu'à l'exhaustivité et à la précision des données numériques sur lesquelles se fondent les classements (Antoniolli, 2017).

Les questions concernant les procédures d'acquisition des données revêtent une extrême importance car différentes méthodologies ou séquences de détection peuvent être utilisées. Au cours des dernières décennies, l'avènement d'imposantes bases de données a rendu possible des analyses quantitatives auparavant inimaginables, comme en témoignent certaines études sur les citations croisées des juges en Europe (Gelter & Siems, 2014). Dans certains cas, les études quantitatives peuvent être transformées en indicateurs et intégrées dans des rapports mondiaux, influençant ainsi les décisions des États et la dynamique du droit. Cependant, toutes les données collectées ne peuvent pas être transformées en indicateurs, car l'essence même des indicateurs implique l'utilisation de chiffres pour établir des normes normatives générales. L'analyse systématique nécessite une continuité dans le temps et une structure organisationnelle bien définie, sinon la transformation des données en indicateurs serait problématique, voire compromise (Scarciglia, 2021, pp. 75-76).

La « *loi de codage* » est une approche qui transforme les aspects formels et substantiels des normes juridiques en données numériques (Siems, 2018, p. 181). Ces méthodologies, appelées leximétriques, sont utilisées pour évaluer la solidité et la faiblesse des normes, en attribuant une valeur numérique à chaque type de réglementation dans des contextes spécifiques (Scarciglia, 2018, p. 78). Le concept a gagné en notoriété à la suite d'une enquête comparative menée par Cooter et Ginsburg (2004) qui met en évidence la systématisation des différences dans les choix réglementaires entre les différents pays par rapport à leurs traditions juridiques respectives.

Plus subtil est ensuite le parcours qui transforme en nombres les données/informations acquises dans le cadre des sciences sociales où les phénomènes détectés ne sont pas réductibles à une fonction numérique aseptique, comme dans le cas des recherches interdisciplinaires sur les droits de l'homme (Sacco, 2007 ; Ferrari, 2024) et, dans notre cas, sur les migrations.

3. Mesurer l'impact des normes : le défi de l'intégration

Les indicateurs de *Settling In* élaborés en 2023 dans le cadre de l'OCDE et de l'UE visent à mesurer les niveaux d'amélioration des processus d'insertion des migrants dans une perspective comparative (https://www.oecd.org/publications/indicators-of-immigrant-integration-67899674-en.htm; https://migrant-integration.ec.europa.eu/library-document/settling-report-indicators-immigrant-integration-2023_en). La comparaison tient compte des données relatives à différents pays sur la base des modèles utilisés et des traitements effectués par des institutions supranationales et par le monde universitaire (par exemple, le système MIPEX - *Migration Policy Index* ; le projet DEMIG POLICY - *Determinants of International Migration* ou encore la base de données IMPALA - *International Migration Policy And Law Analysis*) (IOM, 2019).

Le parcours d'élaboration de ces indicateurs a connu plusieurs étapes. Déjà en 2010, la Conférence Ministérielle Européenne sur l'Intégration, tenue à Saragosse, s'était conclue par l'adoption d'une déclaration visant à mettre en œuvre des politiques d'intégration des migrants, établissant une série de critères, appelés « indicateurs de Saragosse » :

1. *Travail et éducation.* L'un des aspects considérés est l'emploi, qui va au-delà du simple taux d'emploi des migrants et comprend

des aspects tels que la qualité des emplois obtenus, l'accès à la formation professionnelle et l'inclusion sur le marché du travail. Un niveau d'éducation adéquat peut fournir aux migrants les compétences nécessaires pour participer activement à la vie économique et sociale du pays d'accueil, contribuant ainsi à leur intégration à long terme.

2. *Santé*. L'attention est mise sur les données relatives à la santé physique et au bien-être psychique des immigrés, y compris l'accès aux services de santé et les inégalités éventuelles.

3. *Logement*. Surveillance de l'accès à un logement adéquat et sûr pour les immigrants.

4. *Participation sociale*. On évalue l'implication des immigrés dans la vie sociale et culturelle du pays d'accueil. Cette dimension comprend la participation à des associations bénévoles, la participation aux élections et la représentation politique des migrants. Mesurer la participation des migrants à la vie sociale et politique aide à évaluer leur implication dans la communauté et à promouvoir la diversité et l'inclusion dans la société.

5. *Accès à la citoyenneté*. Les données recueillies concernent les procédures d'obtention de la citoyenneté par les immigrants, telles que les temps d'attente et les taux de réussite dans les processus de naturalisation.

En 2013, l'UE a établi le Rapport sur l'utilisation de ces indicateurs (« *Using EU Indicators of Immigrant Integration* ») comme base méthodologique pour la collecte de données complexes (Commission Européenne 2013).

En 2023, enfin, la publication du Rapport « *Settling In. Indicators of Immigrant Integration 2023* » est le résultat de la convergence des systèmes mis au point au fil des ans par la Commission Européenne et l'OCDE. Les données se réfèrent à tous les pays membres des deux organisations, ainsi qu'à certains pays du G20 qui ne sont pas membres de l'OCDE. Les indicateurs (au total 83) sont divisés en 4 grands domaines :

1. La *composition des populations et des ménages immigrés* : l'ensemble des indicateurs de cette macro-zone fournit une base essentielle pour comprendre la composition démographique variée des immigrés et de leurs familles, y compris des informations sur la répartition par âge, sexe, pays d'origine et autres caractéristiques démographiques, essentielles pour élaborer des politiques ciblées.

2. L'*intégration sur le marché du travail* : les indicateurs correspondants offrent une analyse approfondie des défis et des opportunités d'emploi et économiques des immigrés.
3. Les *conditions de vie* : y compris les conditions de logement, le niveau de revenu, l'accès aux services publics et divers aspects de la qualité de vie, il est essentiel d'évaluer l'impact des politiques d'intégration et d'identifier des objectifs d'amélioration des résultats obtenus au fil du temps.
4. L'*engagement civique* et l'*intégration sociale* : ces indices examinent l'implication dans la vie politique, sociale et communautaire, ainsi que le sentiment d'appartenance et d'inclusion dans la société d'accueil.

L'objectif de ces indicateurs est de fournir une image complète et détaillée des conditions de vie des migrants et des membres de leur famille dans les sociétés d'accueil afin de programmer les politiques d'intégration, d'identifier les défis, d'évaluer les progrès et de promouvoir la cohésion sociale dans les sociétés multiculturelles (Laurano & Gianturco, 2019 ; Pasetti & Lebon McGregor, 2023).

La construction d'un *classement* des pays relevés à travers ces indicateurs est également importante pour l'attraction des capitaux à consacrer au développement et à l'évaluation du respect des conditionnalités liées aux financements et aux investissements étrangers.

Dans les relations Nord-Sud, la conditionnalité est devenue un outil accessoire à la *gouvernance* des migrations. Afin de limiter le nombre de migrants dans l'espace Schengen, l'UE et les États membres appliquent des clauses de conditionnalité dans les programmes de coopération au développement, dans les accords économiques et commerciaux, dans les politiques en matière d'investissement, de réadmission et de visas, ainsi que dans les partenariats et, en général, dans les relations extérieures pour assurer la réalisation des objectifs européens (Angioi, 2006 ; Circolo, 2022).

On en trouve des exemples dans *Emergency Trust Fund for Africa* (EUTF), créé en 2015 à la suite du Sommet de La Valette sur les migrations (actuellement financé à hauteur de 5 milliards d'euros), dans les Accords du programme *Global Europe : Neighbourhood, Development, Cooperation and International Cooperation (NDCI)* en tant qu'instrument de financement pour soutenir les pays les plus nécessiteux dans les défis de développement à long terme et dans la réalisation des engagements convenus avec l'Union. Les indicateurs contenus dans ces accords sont soumis à des évaluations variables de type politique, ils ont nature de *soft law* (bien que l'art. 8 TUE ait formalisé la politique de voisinage avec l'intention qu'elle soit régie par des accords juridiquement contraignants), rendant moins transparent le système de financement des pays tiers et moins crédible la réalisation des objectifs fixés (D'Agnone, 2016 ; Milin & Valde, 2023).

Toujours en matière de suivi des conditionnalités, pour le Fonds Monétaire International, les indicateurs comprennent la croissance économique des régions à flux migratoires importants, en étroite corrélation avec les investissements étrangers pour le développement, ainsi que l'incidence de l'emploi et des salaires parmi les immigrés dans les secteurs où les investisseurs étrangers sont particulièrement présents. Les résultats doivent être complétés par des données sociales et culturelles relatives à l'insertion effective des immigrés dans les réseaux professionnels et sociaux. C'est une méthode qui cherche à surmonter les difficultés d'appliquer des indicateurs purement économiques à des questions sociales dans lesquelles le niveau d'approximation des données doit tenir compte d'une plus grande complexité des variables en place (Cottier & Sighal, 2021 ; Copelovitch, 2010).

Dans le but de contenir le flux migratoire à la suite des effets économiques du service de la dette extérieure (Milin & Valde, 2023), le FMI a proposé de créer un *Fonds International pour les Migrations* (Angin & al., 2023) dont les mécanismes d'approbation et de distribution des fonds sont liés à l'application d'indicateurs clairs et transparents au respect des conditions. La proposition vise à surmonter les influences des pays qui détiennent le plus grand nombre de parts du FMI (États-Unis, Royaume-Uni, France, Allemagne, Japon) qui agissent en fait pour réduire les coûts d'ajustement à court terme d'un pays débiteur dont ils accueillent un nombre important de ressortissants émigrés (Stone, 2011, p. 30).

4. Conclusions

La conditionnalité insérée dans les accords de l'UE dans le cadre des politiques d'externalisation des frontières nécessite d'accorder une attention particulière aux outils d'évaluation et de suivi qui peuvent être utilisés pour vérifier la réalisation effective des objectifs fixés, non seulement en ce qui concerne la *règle de droit* et les droits de l'homme, mais aussi un développement socio-économique intégré et durable. Il s'agit, d'ailleurs, d'instruments qui ne présentent pas un lien étroit de nature juridique, mais ont plutôt une valeur politique et sont donc soumis à des interprétations qui varient, de temps à autre, selon les majorités politiques différentes et les intérêts variables.

En ce qui concerne les processus migratoires, un progrès important a été réalisé avec la rédaction des indicateurs de *Settling In* conjointement entre l'UE et l'OCDE en 2023. Le phénomène complexe et dynamique de l'intégration des migrants, compte tenu de la diversité des contextes de référence dans lesquels ils aspirent à s'insérer, nécessite une mise à jour continue des critères de mesure, nécessairement comparative. La transparence du système de *notation* et la certitude des données relevées sont un critère essentiel qui conditionne également les choix économiques et financiers opérés par les entreprises et les institutions, publiques et privées, au niveau supranational et international. D'où l'importance de disposer d'un *classement* des différents systèmes permettant de récompenser ceux qui ont les meilleures données et de soutenir ceux qui rencontrent les plus grandes difficultés. Ces indicateurs, en même temps, permettent de formuler un modèle, ou plutôt une norme, de référence pour les *décideurs politiques* et les législateurs, en fournissant également des indications sur les solutions réglementaires plus ou moins efficaces présentes ailleurs.

Même dans les relations extérieures avec les pays de la région méditerranéenne, l'évaluation du respect des clauses de conditionnalité qui affectent les conditions des migrants souffre des difficultés à abandonner, ou du moins à assouplir, l'approche principalement sécuritaire qui, aujourd'hui, soutient de nombreuses options politiques et législatives et constitue un obstacle majeur à la réalisation des objectifs d'intégration socio-économique. En effet, l'attention reste focalisée sur les mesures de refoulement et de rapatriement, rendant difficile et complexe le dialogue avec les pays tiers qui, pas toujours, sont prêts à accepter le rôle de gendarme externe que l'UE voudrait lui confier.

Mesurer les processus de réforme des règles nationales et supranationales dans les secteurs les plus sensibles aux problèmes migratoires, en comparant leur efficacité opérationnelle, peut permettre d'établir un équilibre, aussi dynamique soit-il, entre les instances de sécurité et d'intégration et d'avoir à disposition un espace de dialogue avec les pays d'origine des migrants et avec les institutions internationales. Un dialogue qui, dans le contexte général de la Méditerranée, aujourd'hui majoritairement conflictuel, apparaît comme la seule voie praticable pour offrir des perspectives de développement, de bien-être et de coexistence aux populations qui, de toutes côtés, y sont riveraines.

Bibliographie

Angin, M., Shehaj, A. & Shin A.J. (2023). IMF: International Migration Fund. *International Interactions*, pp. 86-113.

Angioi, S. (2006). *Il principio di condizionalità e la politica mediterranea dell'Unione europea*. Napoli.

Antoniolli, L. (2017). *The magic of numbers. Elucubrazioni sparse in tema di misurazione del diritto*. In U. Mattei, A. Candian, B. Pozzo, A. Monti & C. Marchetti (a cura di). *Studi in onore di Antonio Gambaro: un giurista di successo*. Milano, pp. 37-50.

Bussani, M. (2024). *The Law of Sustenaibility*. In S. Fantoni, N. Casagli, C. Solidoro & M. Cobal (eds.). *Quantitative Sustenaibility. Interdisciplinary Research for Sustainable Development Goals*. Cham, pp. 167-178.

Cassese, S. & Casini, L. (2012). La disciplina degli indicatori globali. *Annuario di diritto comparato e di studi legislativi*, pp. 97-116.

Cingranelli, D.L. & Richards, D.L. (2010). The Cingranelli and Richards (CIRI) Human Rights Data Project. *Human. Rights Quarterly*, pp. 401-424.

Circolo, A. (2022). La condizionalità politica nella dimensione esterna e interna dell'azione dell'Unione europea. *Il diritto dell'Unione Europea*, pp. 225-276.

Cooter, R. & Ginsburg, T. (2004). Leximetrics: Why the Same Laws are Longer in Some Countries than Others? *American Law and Economics Association Annual Meeting*, Paper 64, pp. 1-25.

Copelovitch, M.S. (2010). Master or Servant? Common Agency and the Political Economy of IMF Lending. *International Studies Quarterly*, pp. 49-77.

Cottier, T. & Sighal, A. (2021). *Migration, International Trade and Foreign Direct Investment in the Twenty-First Century. Towards a New Common Concern of Humankind*. Geneva.

D'Agnone, G. (2016). La condizionalità economica nell'azione esterna dell'Unione europea. *Il Diritto dell'Unione Europea*, pp. 653-682.

Engle Merry, S. (2016). *The Seductions of Quantification: Measuring Human Rights, Gender Violence*. Chicago-Londra.

European Commission (2013). *Using EU Indicators of Immigrant Integration. Final Report for Directorate-General for Home Affairs*, Luxembourg.

Ferrari, S. (2024), Sette domande sui diritti delle minoranze di religione e convinzione e sulla loro misurazione. *Stato, Chiese e pluralismo confessionale*, 8, pp. 32-42.

Gambaro, A. (2012), Misurare il diritto. *Annuario di diritto comparato e di studi legislativi*, pp. 17-47.

Gelter, M. & Siems, M. (2014). Citations to Foreign Courts: Illegitimate and Superfluous or Unavoidable? Evidence from Europe. *American Journal of Comparative Law*, pp. 35-85.

Hempel, C.G. (1979). *La formazione dei concetti nelle scienze empiriche*. Milano.

Infantino, M. (2016), Global Indicators. In S. Cassese (ed.). *Research Handbook in Global Administrative Law*. Elgar, p. 347-367

Infantino, M. (2019). *Numera et impera. Gli indicatori giuridici globali e il diritto comparato*. Milano.

IOM (International Organization for Migration) (2019). *Migration Governance Indicators: A Global Perspective*, Geneva.

Laurano, P. & Gianturco, G. (2019). Immigrant integration: Sociological Theory and Core Indicators. In C. Ruggiero & H. Arslan, (eds.). *Contemporary Approaches in Social Science Researches*. Byalistok, pp. 241-251.

Mattei, U. (2017). Sul crinale dell'egemonia. Antonio Gambaro e la ricezione critica del modello statunitense: 1972-2012. In U. Mattei, A. Candian, A., B. Pozzo, A. Monti & C. Marchetti (a cura di). *Studi in onore di Antonio Gambaro: un giurista di successo*. Milano, pp. 19-35.

Milin, F. & Valde, I. (2023). How debt may help explain the political economy of European migration policies. *CADTM (Comitato per l'abolizione dei debiti illegittimi)*. https://www.cadtm.org/How-debt-may-help-explain-the-political-economy-of-European-migration-policies#nb2-26.

OECD (2008). *Handbook on Constructing Composite Indicators*. Paris.

Pasetti, F. & Lebon McGregor, E. (2023). *Measuring Good Migration Governance with an Indicator Approach*. Barcelona-Maastricht.

Porter, T.M. (1995). *Trust in Numbers – The Pursuit of Objectivity in Science and Public Life.* Princeton.

Resta, G. (2018). La comparazione tra diritto e storia economica: rileggendo Karl Polanyi. In M. Brutti & A. Somma (a cura di). *Diritto: storia e comparazione Nuovi propositi per un binomio antico*. Max Planck Institute for European Legal History, Francoforte, pp. 457-477

Rosga, A.J. & Satterthwaite, M.L. (2008). *The Trust in Indicators: Measuring Human Rights,* Institute for International Law and Justice Working Paper (New York University), n. 12, New York.

Sacco, R. (2007). *Antropologia giuridica. Contributo a una macrostoria del diritto*. Bologna.

Scarciglia, R. (2021). Il "cigno nero" e il comparatista. Riflessioni su indicatori, variabili e comparazione giuridica. *Diritto Pubblico Comparato ed Europeo*, pp. 73-88.

Siems, M. (2018). *Comparative Law* (2nd ed.). Cambridge-New York.

Stone, R.W. (2011). *Controlling Institutions: International Organizations and the Global Economy*. New York.

Versteeg, M., & Ginsburg, T. (2017). Measuring the Rule of Law: A Comparison of Indicators. *Law & Social Inquiry*, pp. 100-137.

Abstract

La crescente fiducia nell'uso di indicatori quantitativi nelle scienze giuridiche promuove l'analisi comparativa dei sistemi giuridici, grazie al contributo di vaste quantità di dati disponibili, e può contribuire a favorire interventi di riforma in settori strategici e complessi, come la migrazione. Gli indicatori di

Settling In, sviluppati nel 2023 nell'ambito della cooperazione OCSE-UE, misurano i livelli di miglioramento nell'integrazione socio-economica dei migranti da una prospettiva comparativa.

La condizionalità inserita negli accordi dell'UE nell'ambito delle politiche di esternalizzazione delle frontiere richiede di porre attenzione particolare agli strumenti di valutazione e monitoraggio che possono essere utilizzati per verificare l'effettivo raggiungimento degli obiettivi stabiliti, non solo per quanto riguarda la *rule of law* e i diritti umani, ma anche lo sviluppo socio-economico integrato e sostenibile.

La trasparenza del sistema di valutazione e la certezza dei dati rilevati sono criteri essenziali che condizionano anche le scelte economiche e finanziarie operate dalle imprese e dalle istituzioni, pubbliche e private, a livello sovranazionale e internazionale. Da qui l'importanza di disporre di una classificazione dei diversi sistemi, anche in considerazione delle differenti tradizioni giuridiche. Gli indicatori, allo stesso tempo, consentono di formulare un modello normativo a disposizione dei decisori politici e dei legislatori, fornendo anche indicazioni sulle soluzioni regolamentari più o meno efficaci presenti altrove.

Notes

[1] La théorie est illustrée par Gambaro (2012) à travers un exemple simple : « écrire que le Nil et la Volga sont de grands fleuves (information de classification) fournit une information moins importante que d'écrire que le Nil est plus long que la Volga (information comparative), et à son tour moins importante que l'affirmation que le Nil est long de 6.671 km et la Volga de 3.688 km (information quantitative) ».

La gouvernance de la question migratoire au Maroc

Sabrine Darbali
(Université de Rabat « Mohammed V »)

1. Contexte historique

En 2013, le Maroc a amorcé une transformation significative de sa politique migratoire et d'asile en adoptant une approche novatrice et holistique, communément appelée la « logique humaniste ». Cette réforme marque un tournant majeur dans la manière dont le pays aborde la question migratoire, en mettant l'accent sur la solidarité, l'inclusion et le respect des droits fondamentaux des migrants et des demandeurs d'asile. Cette initiative découle d'une prise de conscience accrue des enjeux liés à la migration et à l'asile dans un contexte mondial en mutation. En effet, le Maroc, en tant que pays de transit et de destination, est confronté à des défis particuliers, notamment la gestion des flux migratoires, la protection des droits des migrants et la lutte contre les réseaux de trafic d'êtres humains.

Pour comprendre pleinement l'origine de cette réforme, il est essentiel de replacer le contexte historique dans lequel elle s'inscrit. Le Maroc a longtemps été un carrefour de différentes cultures et peuples, ce qui a façonné sa propre diversité sociale et culturelle. Cette richesse multiculturelle a également influencé sa politique migratoire, avec une tradition d'accueil et de tolérance envers les migrants. Cependant, l'évolution des dynamiques migratoires mondiales et les pressions croissantes aux frontières ont incité le Royaume à repenser sa stratégie. Face à une augmentation des flux migratoires, notamment en provenance d'Afrique subsaharienne, le pays a cherché à adapter sa politique pour mieux répondre aux besoins des migrants tout en préservant ses propres intérêts nationaux.

La Stratégie nationale d'immigration et d'asile (SNIA) incarne cette nouvelle approche, en fournissant un cadre politique complet pour la gestion des flux migratoires et la protection des droits des migrants.

Elle vise à favoriser l'intégration sociale et économique des migrants, tout en renforçant la coopération internationale et régionale en matière de migration.

En outre, le Maroc joue un rôle de plus en plus actif sur la scène africaine en matière de migration, en promouvant des partenariats régionaux et en contribuant à des initiatives visant à améliorer la gouvernance migratoire sur le continent. Cette implication témoigne de l'engagement du Maroc à jouer un rôle constructif dans la résolution des défis migratoires à l'échelle régionale et internationale. La réforme de la politique migratoire et d'asile au Maroc représente une réponse proactive et inclusive aux défis contemporains de la migration. En adoptant une approche centrée sur les droits de l'homme et la solidarité, le Maroc s'efforce de concilier ses propres intérêts avec ses responsabilités envers les migrants et les demandeurs d'asile, tout en contribuant à une gouvernance migratoire plus cohérente et équitable à l'échelle mondiale.

2. Évolution de l'approche

Le Maroc, en raison de sa situation géographique stratégique en tant que carrefour entre l'Afrique et l'Europe, est depuis longtemps un pays de départ, de transit et d'arrivée pour les migrants, qu'ils soient des travailleurs, des réfugiés, des demandeurs d'asile ou des personnes en situation irrégulière. Cette réalité découle d'une histoire migratoire profondément enracinée, façonnée par une multitude de facteurs historiques, économiques et géopolitiques.

Les mouvements migratoires au Maroc sont influencés par une variété de facteurs, notamment des opportunités économiques limitées dans certaines régions, des conflits régionaux et des problèmes de sécurité. En tant que tel, le Royaume a été le théâtre de divers flux migratoires, allant des migrants à la recherche de meilleures opportunités économiques aux réfugiés fuyant des conflits et des persécutions dans leur pays d'origine.

Cependant, la proximité géographique du Maroc avec l'Europe a engendré des défis spécifiques en matière de migration. La pression migratoire, exacerbée par les flux migratoires en provenance d'Afrique subsaharienne, ainsi que les risques associés à la traite des êtres humains, ont créé des enjeux complexes nécessitant une réponse politique adaptée. De plus, la nécessité de protéger les droits des demandeurs d'asile confronte le Maroc à des dilemmes juridiques et humanitaires délicats.

Face à ces défis, le Maroc est contraint de repenser sa politique migratoire et d'asile afin de répondre efficacement aux besoins des migrants tout en préservant ses intérêts nationaux. Ainsi, le Maroc se trouve à un moment critique de son histoire migratoire, où il doit naviguer entre la protection des droits des migrants et la gestion des flux migratoires, tout en s'efforçant de jouer un rôle constructif sur la scène régionale et internationale en matière de migration.

Au cours des dernières années, le Maroc a démontré une évolution significative dans son approche envers la migration. Passant d'une vision centrée sur la sécurité à une approche plus globale et inclusive (le Maroc a même abrité l'observatoire africain pour l'immigration). Cette transformation dans la politique migratoire et d'asile s'inscrit dans une perspective de coopération internationale et régionale, mettant en avant la nécessité de solutions concertées face à un phénomène qui transcende les frontières nationales. L'engagement du Maroc au niveau africain, non seulement en tant que pays de transit et de destination, mais également en tant qu'acteur régional, souligne son rôle croissant dans la recherche de solutions communes aux défis migratoires en Afrique.

Ainsi, l'on pourrait mettre en lumière ces éléments, soulignant le besoin d'une approche nuancée et globale pour comprendre la politique migratoire et d'asile du Maroc, ainsi que son impact et son implication à l'échelle africaine.

3. La politique migratoire au Maroc

La politique migratoire du Maroc a subi des mutations significatives ces dernières années, passant d'une approche essentiellement sécuritaire à une vision plus complète et inclusive de la migration. Cette transition dénote la prise de conscience du gouvernement marocain que la migration est un phénomène structurel et inévitable, nécessitant une gestion appropriée et respectueuse des droits fondamentaux des migrants. Plusieurs aspects de la gouvernance et de la politique migratoire marocaine méritent d'être explorés en détail pour comprendre pleinement cette évolution.

La rupture avec une approche strictement sécuritaire a conduit le Maroc à adopter une perspective plus globale, reconnaissant la migration comme un phénomène structurel et inévitable, plutôt que comme un problème à éradiquer. Cela s'accompagne de l'intégration de dimensions économiques, sociales et humanitaires dans la gestion des flux migratoires. Cette approche reconnaît la contribution potentielle des migrants au développement du pays et vise à créer un environnement propice à leur intégration dans les services publics sans discrimination, tout en garantissant leurs pleins droits.

Cette stratégie nationale repose sur la mise en œuvre de programmes couvrant des domaines importants tels que l'éducation, la santé, l'emploi, l'assistance juridique et sociale, la gestion des frontières, ainsi que le renforcement de la coopération internationale et des partenariats dans ce domaine. À cet égard, le Maroc a entrepris un processus remarquable de régularisation de la situation de près de 50 000 migrants au cours des années 2014 et 2017. Il a également renforcé le cadre juridique national en adoptant la loi n° 27-14 datant du 25 août 2016 relative à la lutte contre la traite des êtres humains.

Ces efforts ont été renforcés au niveau institutionnel avec l'adoption de la stratégie de lutte contre la traite des êtres humains 2020-2030, témoignant de l'engagement du pays à combattre ce phénomène et à adhérer à une vision intégrée et à une action nationale efficace contre ce crime. Le Plan national d'action contre la traite adopte une approche fondée sur les droits de l'homme. De ce fait, le Maroc prévoit de recourir à la coopération bilatérale et multilatérale comme approche fondamentale de la gestion de la migration.

4. Régularisation des migrants

L'une des initiatives centrales de la politique migratoire marocaine est la mise en place de campagnes de régularisation, en réponse à l'Annonce royale du 9 septembre 2013. Ces campagnes sont conçues pour permettre aux migrants en situation irrégulière sur le territoire marocain de légaliser leur statut. L'objectif est de réduire la vulnérabilité des migrants, de garantir leurs droits et de faciliter leur accès aux services sociaux. Pour ce faire, une collaboration étroite entre le ministère des affaires étrangères, de la coopération africaine et des Marocains résidant à l'étranger, la société civile marocaine et les leaders des associations des migrants a été mise en place. Cette collaboration vise à organiser des campagnes de sensibilisation afin d'expliquer et de promouvoir les avantages de la régularisation.

Malgré ces efforts, certains migrants ont initialement perçu la régularisation comme un moyen de recensement à des fins de refoulement, ce qui a suscité des inquiétudes, notamment parmi ceux qui vivaient dans des conditions précaires dans les forêts. Le Conseil des Migrants Subsahariens au Maroc a joué un rôle crucial en aidant ces migrants à obtenir des documents officiels attestant de leur identité, ce qui est essentiel pour participer au processus de régularisation. Grâce à la coordination avec le Conseil national des droits de l'homme (CNDH) et l'Association de solidarité aux travailleurs immigrés au Maroc (ASTICUDE), de nombreux migrants ont pu sortir des forêts et obtenir les documents nécessaires.

Par ailleurs, la gestion de la migration des ressortissants étrangers au Maroc comprend plusieurs mesures préventives, notamment l'hébergement dans certaines villes du royaume pour protéger les migrants contre les réseaux de trafic et de traite des êtres humains, ainsi que pour faciliter leur retour volontaire. En 2022, par exemple, 4 305 migrants irréguliers ont bénéficié du programme de retour volontaire, et 290 réseaux impliqués dans le trafic et la traite des migrants ont été démantelés.

Cependant, des obstacles persistants, tels que la bureaucratie, ont entravé la mise en œuvre efficace de ces initiatives. Les migrants ont parfois rencontré des difficultés lorsqu'ils ont tenté de se rendre dans les bureaux des étrangers pour obtenir des informations et remplir les formulaires nécessaires à la régularisation. Pour surmonter ces obstacles, le Conseil des Migrants Subsahariens au Maroc, en collaboration avec l'ASTICUDE, a proposé d'accompagner les migrants dans leurs démarches administratives, fournissant ainsi un soutien essentiel pour faciliter le processus de régularisation.

5. Coopération avec les partenaires internationaux

Le Maroc reconnaît l'importance de la coopération internationale dans la gestion des flux migratoires. Il a notamment établi des partenariats avec les pays d'origine et de transit pour développer des solutions conjointes. Il collabore activement avec des organisations telles que le Haut-Commissariat des Nations Unies pour les réfugiés (HCR) et d'autres partenaires internationaux pour renforcer la protection des droits des migrants et des demandeurs d'asile.

Le Maroc a pris l'engagement d'une gestion adéquate de la migration dans l'inclusion et la dignité. La loi n° 02-03 relative à l'entrée et au séjour des étrangers au Royaume du Maroc, à l'émigration et à l'immigration irrégulières (datant du 11 novembre 2003) s'inscrit dans le plein respect des conventions internationales auxquelles le Maroc est partie. Dans le contexte de la gestion des flux migratoires et de la transition d'un pays d'origine vers un pays de transit, puis d'installation des migrants, les pouvoirs publics se sont attachés à la mise en place un cadre d'intervention reposant sur une approche humaine, fondée sur la protection des risques d'exploitation ou de contrebande. Sans oublier les efforts du Comité pour l'élaboration d'une observation générale sur la convergence entre la Convention et le Pacte mondial pour des migrations sûres, ordonnées et régulières, ainsi que l'adoption en 2021 d'une observation générale sur les droits des migrants à la liberté et à la protection contre la détention arbitraire, et la note adoptée en 2021 par le Comité et des partenaires des droits de l'homme, appelant les pays à fournir un accès équitable à la vaccination contre la COVID-19 à tous les migrants et à leur famille.

6. Sécurité, contrôle des frontières et coopération internationale

Bien que le Maroc ait adopté une approche plus inclusive de la gestion des flux migratoires, il continue de mettre un fort accent sur la sécurité et le contrôle des frontières. Cette orientation s'inscrit dans une stratégie équilibrée visant à concilier la libre circulation des personnes avec les impératifs de sécurité nationale.

Reconnaissant l'importance d'une coopération internationale pour relever ces défis, le Maroc, en tant que pays de transit des migrants vers l'Europe, cherche à approfondir sa collaboration avec ses partenaires. Dans le cadre de sa politique nationale en matière de migration et d'asile, le Maroc cherche à développer de nouvelles approches préventives et développementales pour réduire les tragédies vécues par les migrants irréguliers qui traversent la Méditerranée, ce qui met en lumière les limites des approches axées uniquement sur la sécurité pour résoudre ces problèmes. Parallèlement, le Royaume joue un rôle actif dans la promotion de la coopération régionale en matière de migration. Il participe à des dialogues avec d'autres pays de la région pour élaborer des stratégies communes de gestion des flux migratoires. Cette approche collaborative vise à favoriser la stabilité régionale en abordant les défis de la migration de manière concertée. En outre, le Maroc apporte son soutien aux efforts internationaux et régionaux de gouvernance de la migration, notamment en accueillant la conférence d'adoption du Pacte mondial sur des migrations sûres, ordonnées et régulières à Marrakech en décembre 2018, sous l'égide des Nations Unies.

Sur le plan continental africain, le Maroc a été désigné champion de l'Union africaine sur la question de la migration, ce qui a conduit à la création de l'Observatoire africain de la migration à Rabat en 2020. Cet observatoire constitue un forum essentiel pour la collecte de données, l'analyse des tendances migratoires et la promotion d'une approche basée sur des données probantes pour la gestion des migrations en Afrique. Cette approche collaborative est cruciale pour favoriser la stabilité régionale en abordant les défis de la migration de manière concertée et coordonnée.

7. Politique d'asile au Maroc : renforcement de la protection et de l'intégration

La question de l'asile au Maroc a connu des avancées significatives, marquées par des réformes législatives et des initiatives visant à améliorer la protection des demandeurs d'asile et des réfugiés.

En 2013, le Maroc a franchi un cap majeur en adoptant une nouvelle loi sur l'asile, marquant ainsi une étape cruciale dans la modernisation de son système d'asile. Cette loi a élargi les critères d'éligibilité pour l'obtention du statut de réfugié, offrant ainsi une protection accrue aux individus fuyant la persécution ou la violence dans leur pays d'origine. L'objectif de cette réforme était également d'harmoniser la législation marocaine avec les normes internationales en matière de droits de l'homme. Ainsi, la réforme législative de 2013 a également renforcé les mécanismes de protection des demandeurs d'asile, garantissant ainsi un accès équitable et transparent à la procédure d'asile. Les demandeurs d'asile bénéficient désormais d'une assistance juridique et sociale, et des mesures ont été prises pour éviter toute expulsion tant que la demande d'asile est en cours d'examen.

Le Maroc entretient une étroite collaboration avec le Haut-Commissariat des Nations Unies pour les réfugiés (HCR) afin de renforcer la protection des réfugiés et des demandeurs d'asile. Cette coopération englobe la formation des fonctionnaires marocains chargés de l'asile, l'amélioration des conditions d'accueil dans les centres pour demandeurs d'asile, et le partage d'expertise pour garantir une mise en œuvre efficace des principes internationaux relatifs à l'asile. De même, le Maroc s'engage à favoriser l'intégration des réfugiés dans la société marocaine. Cela passe notamment par des programmes visant à améliorer l'accès à l'éducation, à la santé, à l'emploi et à d'autres services sociaux essentiels. En encourageant l'intégration, le Maroc aspire à transformer les réfugiés en membres actifs et productifs de la société.

Une autre dimension importante de la politique d'asile au Maroc concerne la sensibilisation et la formation. Des efforts considérables sont déployés pour sensibiliser la société civile, les médias et les acteurs locaux aux questions liées à l'asile. De plus, des programmes de formation sont mis en place pour informer les fonctionnaires et les intervenants sur les normes internationales en matière de protection des réfugiés.

De ce fait, la politique d'asile au Maroc est marquée par des réformes législatives visant à renforcer la protection des demandeurs d'asile et des réfugiés. La coopération avec des partenaires internationaux, la promotion de l'intégration sociale et les initiatives de sensibilisation contribuent à créer un environnement favorable à l'accueil et à la protection des personnes cherchant refuge au Maroc.

8. Implication du Maroc au niveau africain

L'implication du Maroc au niveau africain dans les questions migratoires est devenue une composante essentielle de sa politique étrangère, témoignant de son rôle actif et constructif dans la résolution des défis complexes liés à la migration sur le continent.

Le Maroc cherche à jouer un rôle de leader sur les questions migratoires au sein de l'Union africaine et d'autres forums continentaux. Cette démarche vise à encourager une approche collective et régionale pour traiter les défis migratoires, tout en mettant en avant le principe de responsabilité partagée entre les pays africains. Cette approche souligne la nécessité d'une coopération accrue et d'une solidarité entre les nations africaines pour faire face aux enjeux migratoires, qui sont souvent complexes et multifacettes.

En parallèle de sa politique migratoire nationale, le Maroc s'investit activement dans des initiatives économiques et sociales en Afrique pour s'attaquer aux causes profondes de la migration. Ces initiatives comprennent des programmes de développement visant à renforcer les infrastructures, à promouvoir l'emploi et à améliorer les conditions de vie dans les pays d'origine des migrants. En reconnaissant que la migration est souvent motivée par des facteurs tels que la pauvreté, le chômage et les conflits, le Maroc adopte une approche holistique qui vise à créer des opportunités économiques et à favoriser le développement durable dans toute la région. Le royaume établit également des partenariats bilatéraux avec d'autres pays africains pour élaborer des solutions conjointes aux défis migratoires. Ces accords couvrent un large éventail de domaines, notamment la gestion des frontières, la coopération en matière de sécurité et le partage d'expertise pour améliorer les politiques migratoires. Ces partenariats bilatéraux sont essentiels pour renforcer la coopération régionale et favoriser une approche harmonisée de la gestion des migrations en Afrique.

Dans le cadre de son engagement régional, le Maroc participe activement à des forums régionaux tels que le Processus de Rabat, qui réunit les pays d'Europe et d'Afrique pour discuter des questions migratoires et renforcer la coopération en matière de gestion des flux migratoires. Ces forums offrent une plateforme importante pour le partage d'expériences, la coordination des politiques et la mise en œuvre de mesures concrètes pour gérer les migrations de manière efficace et humaine. Reconnaissant que la stabilité régionale est essentielle pour atténuer les causes profondes de la migration, le Maroc s'implique dans des efforts visant à résoudre les conflits et à promouvoir la paix en Afrique. En contribuant à la résolution des crises et des tensions régionales, le Maroc cherche à créer un environnement propice au développement et à la prospérité, réduisant ainsi les incitations à l'émigration.

Le Maroc participe également activement à des initiatives internationales visant à coordonner les réponses aux migrations en provenance ou à destination de l'Afrique. Cela inclut des dialogues avec l'Union Européenne et d'autres partenaires pour promouvoir des approches intégrées et équitables face aux défis migratoires. Ces initiatives internationales soulignent l'importance de la coopération internationale dans la gestion des migrations et encouragent les partenariats entre les pays d'origine, de transit et de destination pour faire face aux défis communs.

En somme, l'engagement du Maroc en matière de migration en Afrique se caractérise par son leadership, sa coopération avec d'autres pays et sa participation active aux initiatives régionales et internationales, reflétant sa volonté de contribuer à la gestion efficace et humaine des flux migratoires sur le continent.

9. Conclusion

En résumé, l'engagement du Maroc dans les questions migratoires en Afrique témoigne de sa volonté affirmée de jouer un rôle constructif dans la résolution des défis complexes auxquels est confronté le continent en matière de migration. Cette implication se déploie à travers une série d'initiatives détaillées et une collaboration étroite avec les acteurs régionaux et internationaux.

La politique migratoire et d'asile du Maroc illustre cette approche globale et inclusive. Après des années de réformes législatives et d'adaptations, elle a évolué pour adopter une perspective plus holistique, reconnaissant la migration comme un phénomène inévitable nécessitant une gestion adaptée. Ainsi, la loi sur l'asile de 2013 a élargi les critères d'éligibilité pour l'obtention du statut de réfugié, offrant une protection accrue aux personnes fuyant la persécution ou la violence dans leur pays d'origine. Cette réforme a également renforcé les mécanismes de protection des demandeurs d'asile, garantissant l'accès à une procédure d'asile équitable et transparente, avec droit à une assistance juridique et sociale.

La coopération du Maroc avec le Haut-Commissariat des Nations Unies pour les réfugiés (HCR) joue un rôle crucial dans le renforcement de la protection des réfugiés et des demandeurs d'asile. Elle inclut la formation des fonctionnaires marocains chargés de l'asile, l'amélioration des conditions d'accueil dans les centres pour demandeurs d'asile et le partage d'expertise pour assurer une mise en œuvre effective des principes internationaux relatifs à l'asile.

Parallèlement à sa politique d'asile, le Maroc s'investit dans des initiatives économiques et sociales en Afrique pour s'attaquer aux causes profondes de la migration. Des programmes de développement visent à renforcer les infrastructures, à promouvoir l'emploi et à améliorer les conditions de vie dans les pays d'origine des migrants. De plus, le Maroc développe des partenariats bilatéraux avec d'autres pays africains pour élaborer des solutions conjointes aux défis migratoires, couvrant des domaines tels que la gestion des frontières et la coopération en matière de sécurité.

Le Maroc participe également activement à des forums régionaux, tels que le Processus de Rabat, qui réunit les pays d'Europe et d'Afrique pour discuter des questions migratoires et renforcer la coopération en matière de gestion des flux migratoires. Ces efforts sont complétés par l'engagement du Maroc dans des initiatives internationales visant à coordonner les réponses aux migrations en provenance ou à destination de l'Afrique, dialoguant notamment avec l'Union Européenne pour promouvoir des approches intégrées et équitables face aux défis migratoires.

En définitive, la politique migratoire et d'asile du Maroc constitue un exemple d'approche progressiste et proactive face aux défis migratoires en Afrique. En adoptant une perspective centrée sur la coopération et le développement, le Maroc aspire à jouer un rôle de leadership dans la promotion d'une gestion humaine et durable des migrations sur le continent.

Bibliographie

Arfaoui, J. (2017). Maroc : Migration et politiques migratoires. *Revue européenne des migrations internationales*, 33(2), pp. 9-31.

Bellal, A. (2017). *Migration de transit et droits de l'homme au Maroc*. Friedrich Ebert Stiftun.

Cherti, M. & Kherbache, Y. (2018). La politique migratoire du Maroc : de la régularisation au contrôle. *Observatoire des politiques européennes*, 5, pp. 1-19.

Cherti, M. (2021). *Le Maroc face à la question migratoire : Politiques et pratiques*. Éditions La Croisée des chemins.

CNDH (Conseil National des Droits de l'Homme (2019). *Rapport sur les droits de l'homme et la migration au Maroc*. CNDH Editions.

El Omari, R. (2018). Les enjeux de la politique migratoire marocaine : Évolutions et perspectives. *Hommes & migrations* 1310 (2), pp. 129-139.

Fassi, Fihri A. (2014). *La migration au Maroc : État des lieux et perspectives*. Éditions La Porte.

Ghazal, A. (2011). *Les migrants subsahariens au Maroc : Entre précarité et droits fondamentaux*. Centre International de Formation des Autorités et Leaders.

Groupe d'Information et de Soutien des Immigrés - GISTI (2019). *Guide sur les droits des étrangers au Maroc.*

Haddad, M. (2019). *Migrations au Maroc : Vers un modèle de gestion intégrée*. Centre Jacques Berque.

Hamadouche, A. (2012). *Migration, gouvernance et développement durable au Maroc*. Institut Marocain des Relations Internationales.

Haut-Commissariat au Plan - HCP (2017). *Enquête nationale sur la migration internationale au Maroc.*

Haut-Commissariat des Nations Unies pour les Réfugiés - UNHCR (2020). *Profil du pays : Maroc.*

Idrissi, B., & Lahlou, M. (2018). Les politiques migratoires au Maroc : Analyse critique. *REMI : Revue marocaine des études internationales*, pp. 139-159.

MPI (Migration Policy Institute) (2018). *Migration et développement au Maroc : Des opportunités à saisir*. MPI.

Naimi, K. (2010). *Migration et développement local au Maroc : Enjeux et perspectives*. Centre de Recherche en Économie Appliquée pour le Développement.

Organisation Internationale pour les Migrations - OIM (2019). *Migration et développement au Maroc.*

Observatoire Méditerranéen de l'Energie - OME (2020). Migration et mobilité en Méditerranée.

Ouazzani, Y. (2013). *Les migrations internationales au Maroc : Analyse socio-économique et institutionnelle*. Publications de la Fondation Hassan II pour les Marocains Résidant à l'Étranger.

Samlali, N. (2016). *Les défis de la migration en Afrique : Cas du Maroc*. Éditions universitaires européennes.

Schmitt, J. & al. (2018). *Politiques migratoires au Maghreb : Contraintes et défis*. Centre d'Études et de Recherches en Sciences Sociales.

Zouggari, R. (2018). Les migrations irrégulières au Maroc : Enjeux sécuritaires et enjeux de sécurité. *L'Espace Politique*, 31(2), pp. 7-29.

Abstract

Il Marocco è da tempo un crocevia migratorio, grazie alla sua posizione geografica tra l'Africa subsahariana e l'Europa. I flussi migratori verso e attraverso il Marocco sono vari e comprendono migranti economici, rifugiati, richiedenti asilo e migranti irregolari. Questa diversità di profili migratori crea sfide complesse per la *governance* della migrazione, in particolare per quanto riguarda la protezione dei diritti dei migranti, la gestione dei flussi migratori e la cooperazione internazionale.

Il Regno del Marocco ha adottato una serie di politiche e leggi per regolare la migrazione e proteggere i diritti dei migranti. Le politiche e le pratiche in atto testimoniano gli sforzi del paese per affrontare le sfide associate alla migrazione e per promuovere una gestione della migrazione più efficace e rispettosa dei diritti umani. Tuttavia, permangono sfide, e la cooperazione con i Paesi di origine e di transito è essenziale per garantire una gestione efficace dei flussi migratori e per combattere le reti di contrabbando e di traffico di esseri umani. Per questo motivo, il Marocco svolge un ruolo attivo sulla scena migratoria internazionale, come Paese di transito, destinazione e partenza. Partecipa a diverse iniziative regionali e internazionali volte a rafforzare la cooperazione in materia di migrazione, come il Processo di Rabat e il Dialogo di Khartoum.

La *governance* della migrazione in Marocco è un campo complesso e in continua evoluzione, che richiede un approccio multidimensionale e inclusivo. Questa analisi si propone di esplorare il modo in cui il Marocco affronta la questione migratoria attraverso i suoi meccanismi di *governance*, evidenziando le politiche in atto, le sfide incontrate e le prospettive di cambiamento.

Droit officiel et droit non officiel dans le règlement alternatif des litiges entre les migrants : une perspective à plusieurs niveaux

Anna Marotta
(Université de la Campania « L. Vanvitelli »)

Sommaire : 1. Introduction : le droit selon le groupe. – 2. À la lumière et à l'ombre du droit officiel : la *charia* dans les pays occidentaux. – 3. Représentations et conflits pour l'ADR islamique au Royaume-Uni : les *Sharia Courts* anglaises.

1. Introduction : le droit selon le groupe

Tout le monde passe une grande partie de la vie, que ce soit personnelle, sociale ou professionnelle, à l'intérieur de groupes dont il respecte et pratique les règles : ici c'est le droit non officiel qui gouverne les relations et les litiges (Bussani, 2022, p. 33). À l'extérieur de ces groupes il y a les étrangers, c'est-à-dire les gens qui ne partagent pas la même identité de groupe, qui n'ont pas les mêmes intérêts et ne se font pas nécessairement confiance.

Les relations entre étrangers ont besoin du droit officiel et de ses circuits judiciaires parce-que les nombreuses communautés qui composent la société peuvent avoir une vision différente de vivre ensemble. Le droit officiel est le droit de l'État ou de l'autorité sous-nationale ou supranationale qu'il reconnaît. C'est le niveau où on retrouve la production et l'application des règles nationales et locales mais aussi du droit de l'Union Européenne et du droit international. À d'autres niveaux, il y a un droit différent dont les règles peuvent être plus ou moins compatibles avec les principes qui sous-tendent le droit officiel (Bussani, 2022, p. 28).

L'observateur se trouve ainsi face à une stratification juridique dans laquelle la perspective juridique occidentale identifie un seul horizon officiel. En revanche, la survivance d'autres niveaux juridiques, où les règles émergent d'une façon parallèle ou indifférente au droit de l'État, concerne une pluralité de groupes. Le droit non officiel régit, en fait, la vie de communautés ethniques, religieuses, de quartier et professionnelles. Ici les règles et les modalités de règlement des litiges sont perçues comme contraignantes. D'ailleurs, il faut imaginer l'identité des individus comme un puzzle composé de nombreuses pièces qui correspondent à plusieurs types d'affiliation. Chacune exprime un système de règles auxquelles les individus se conforment car elles sont expression de valeurs et besoins.

Ces *belongings* peuvent se superposer ou s'entrelacer. Là où elles créent, pour les minorités, une compétition pour la loyauté, une dialectique entre phénomènes d'homologation socio-culturelle et le refus – sur une base identitaire – de s'adapter aux valeurs de la majorité peut se produire (Marotta, 2021, pp. 13-14). On a donc besoin du droit officiel parce-que nous vivons parmi des interactions et des conflits avec des gens qui sont des étrangers pour nous (Bussani, 2022, p. 33).

En même temps, les interactions et les conflits finissent pour influencer le développement soit du droit officiel soit du droit non officiel. Les interactions peuvent même créer des systèmes hydrides de pratiques juridiques, comme ce fut le cas pour l'*angrezi shariat* au Royaume-Uni, née pour satisfaire les besoins de deux systèmes juridiques concurrents : le droit anglaise (officiel) et le droit islamique (non officiel) (Pearl, 2003, pp. 5-6). Toutefois, l'application des règles islamiques dans les États occidentaux est un sujet à la fois complexe et controversé qui va au-delà des cas d'hybridation, en se traduisant fréquemment dans la création d'ordres sociojuridiques islamiques non officiels qui s'ajoutent aux canaux officiels à travers lesquels le droit islamique est appliqué dans ces territoires (Berger, 2013).

Dans le cadre européen, l'application des règles islamiques est le résultat d'un processus qui a connu plusieurs étapes à partir des vagues migratoires du début des années soixante du siècle dernier. C'étaient les années du boom économique européen, quand l'Europe avait besoin de main-d'œuvre et ouvrit ses frontières au migrant musulman (Dassetto, 2008, pp. 13-41).

Au cours des années, cet "Islam européen" (Id., p. 25), un Islam déterritorialisé qui essaie de s'intégrer à travers un processus de transformation tout en maintenant ses caractéristiques (Campanini, 2006, p. 238), a éclipsé toutes les autres appartenances telles quelles l'ethnie, la nationalité, l'affiliation politique. De leur côté, les États européens ont été appelés à introduire des politiques *ad hoc* pour répondre aux besoins de ces nouveaux acteurs de la scène interne et internationale, en donnant vie à différentes formes d'institutionnalisation de l'Islam en Europe (Ferrari & Bottoni, 2015, pp. 619-655).

Pour sa part, la *charia*, la loi divine révélée pour régler et évaluer la conduite humaine (Castro, 2007, p. 9), a des significations spécifiques pour les musulmans occidentaux, en montrant le droit islamique applicable de manière non officielle hors du *dar al-islam*.

2. À la lumière et à l'ombre du droit officiel : la charia *dans les pays occidentaux*

La *charia* est souvent au centre de représentations contradictoires soit dans le monde musulman soit dans le monde non musulman (Abdulla & Keshavjee, 2018).

D'après les musulmans occidentaux la *charia* a trois significations différentes (Berger, 2013, pp. 8-11). Elle est premièrement une abstraction vertueuse : la loi de Dieu, tout ce dont les musulmans ont besoin et tout ce qui est bon pour eux. Mais la *charia* est aussi synonyme du droit d'un État étranger. En vertu du droit international privé, en fait, les musulmans qui habitent dans un pays occidental et qui ont la nationalité d'un pays musulman peuvent se voir appliquer le droit du pays d'origine dans le domaine du droit de la famille.

Enfin, du point de vue des musulmans d'Occident, la *charia* se réfère à l'ensemble des pratiques qui couvrent quatre domaines de règles :

1. les règles religieuses comme la prière rituelle, le code vestimentaire, le jeûne pendant le Ramadan, la sépulture ;
2. les règles de la famille, en particulier les règles concernant le mariage et le divorce ;
3. les règles concernant les transactions financières, c'est-à-dire l'interdiction des intérêts et de l'usure ;
4. les règles relatives aux relations sociales, notamment les relations de genre et les relations avec l'environnement non-musulman.

Dans une perspective juridique occidentale, seulement les règles de la famille et les règles de la finance peuvent être considérées règles juridiques. En plus, selon une représentation prévalente dans le débat public, « *it seems that Islamic banking and finance laws are 'good' shari'a, worthy of adoption, whilst personal status laws (marriage, divorce, separation, custody of children and inheritance) are not* » (Hussain & Passamai, 2013, pp. 67-68).

L'application des règles juridiques islamiques dans les démocraties occidentales est gouvernée par le principe de territorialité du droit, sur la base duquel les États créent un cadre juridique unifié qui garantit la pluralité interne tout en maintenant le droit de décider de l'application d'un droit étranger. Ce principe contraste avec le principe de personnalité du droit qui régit le modèle islamique et selon lequel « *if a Muslim goes from one State to another, he is bound by the same religion law. Thus there is a strong allegiance to an entity which is regarded, because of its divine nature, as having a higher status than the state* » (Pearl, 2000).

Néanmoins, les règles dérivées par la *charia* trouvent plusieurs formes d'application dans les pays occidentaux. Ces espaces répondent soit à des raisons externes déterminées par l'État soit à des raisons internes fondées sur la volonté des parties concernées (Rohe, 2013, pp. 25-34). Ces raisons peuvent aussi coïncider (Rohe, 2013, pp. 35-39).

Un exemple d'application des règles islamiques pour des raisons externes est le droit international privé. C'est également le cas de l'introduction des règles islamiques dans le droit national : un mariage célébré conformément au rite islamique constitue un mariage valide selon le droit anglais lorsque la cérémonie se tient dans un lieu autorisé pour la célébration du mariage et une personne autorisée est présente pour enregistrer le mariage (*Marriage Act* 1949).

Des faits juridiques créés sur la base du droit d'un pays islamique peuvent être reconnus comme raisons externes de la même manière. Dans le but d'accorder aux femmes les droits maritales, y compris la maintenance, les lois allemandes de la sécurité sociale considèrent les mariages polygamiques juridiquement valable, pourvu que les contrats de mariage soient valides en vertu des lois qui leur sont applicables dans le lieu de formation[1].

Le dernier exemple d'application des règles juridiques islamiques en vertu de raisons externes est celui des systèmes de droit personnel. Le Traité de Lausanne (1923) prévoit que, dans la région grecque de la Thrace occidentale, la communauté musulmane peut se voir appliquer les règles islamiques d'école hanafite pour les questions religieuses, dans le domaine du droit de la famille et en matière d'héritage à travers un *mufti* (leader religieux) qui agit également comme *qadi* (juge) à l'intérieur des cours religieux (Ziaka, 2013, pp. 125-138)[2].

En tournant le regard vers les raisons internes qui déterminent l'application de règles juridiques islamiques dans les pays occidentaux, elles peuvent être triples : techniques/institutionnelles, culturelles et religieuses (Rohe, 2013, pp. 30-34).

On peut rencontrer des raisons de premier type dans le cas de mariages mixtes lorsque les parties ont un intérêt technique à créer des relations qui sont reconnues dans tous les pays concernés. Toutefois, cela peut être problématique quand certains États dont le droit se fonde sur la religion refusent de reconnaître les décisions des institutions d'États laïques dans le domaine de la famille, tandis qu'ils reconnaîtraient, par exemple, les décisions d'organismes islamiques de règlement alternatif des litiges précisément pour la nature religieuse du droit qu'ils utilisent.

En ce qui concerne les raisons culturelles, souvent les migrants musulmans maintiennent les structures de famille des pays d'origine, soit parce-que ils ne veulent pas avoir recours aux remédies établis par le droit interne, en reconnaissant la supériorité de la *charia*, soit parce-que certains sont tout simplement inconscients de devoir observer les règles du pays de résidence. Cela peut se traduire en situations telles quelles les soi-disant *non-marriages*, une catégorie de la production jurisprudentielle anglaise et qui se réfère à des mariages uniquement religieux qui laissent les femmes musulmanes sans protection juridique, du moment qu'ils ne sont pas considérés de la même manière que les mariages nuls (Edge, 2013, pp. 125-130).

Les raisons religieuses connaissent, pour leur part, une double distinction. Il y a le cas où les règles islamiques sont appliquées dans le cadre juridique existant pour autant que le droit soit dispositif pour les parties concernées. Cela se passe dans de vastes parties du droit des contrats. En Allemagne, par exemple, les conditions contractuelles qui concerne le paiement du *mahr*, mieux connue comme la dote islamique, sont possibles et généralement acceptées par les cours.

Le deuxième cas concerne l'application des règles islamiques comme conséquence du rejet de la loi des infidèles ; une philosophie qu'on retrouve dans les groupes extrémistes qui revendiquent l'introduction de la *charia*.

En dépit de la distinction, les raisons externes et les raisons internes peuvent se rencontrer dans les espaces d'autonomie privée où les parties peuvent créer des relations juridiques et s'accorder sur les modalités et les résultats du règlement extra-judiciaire d'un litige. La *Alternative Dispute Resolution*, connue sous l'acronyme ADR, met ensemble une série de procédures comme les médiation et l'arbitrage pour le règlement de certain type de litiges (concernant droit disponibles) hors de cours ordinaires (Tortorano, 2023)[3].

La rencontre entre l'ADR et l'Islam a produit des pratiques jurisprudentielles généralement 'tolérées' dans les pays occidentaux. Toutefois, au Royaume-Uni, et plus exactement en Angleterre, ces pratiques ont traversé un processus d'institutionnalisation qui a donné vie à des organismes uniques dans le panorama occidental : les *Sharia Courts* (Marotta, 2021).

3. Représentations et conflits pour l'ADR islamique au Royaume-Uni : les Sharia Courts *anglaises*

Il n'y a pas une seule représentation des institutions islamiques d'ADR au Royaume-Uni. Toutefois, il y a une représentation plus largement utilisée que les autres et qui domine le débat public. Selon cette vision, les organismes islamiques d'ADR agissent comme des cours de la *charia* qui violent la loi en s'appropriant d'un rôle que le droit interne reconnaît exclusivement aux cours internes (Marotta, 2021). Par conséquent, elles sont appelées *Sharia Courts*.

Même si le type et le nombre des fournisseurs de justice islamique alternative est varié (Keshavjee, 2013, pp 104-129), la catégorie concernée est composée de deux types principaux d'institutions islamiques : les *Sharia Councils* (Bano, 2012) et le *Muslim Arbitration Tribunal* (Marotta, 2021).

Le *Sharia Councils* sont des organismes privés juridiques-religieux qui remplissent trois fonctions essentielles : médiation e réconciliation des litiges familiales conformément au *Children and Families Act 2014* ; délivrance d'opinions juridiques (*fatawa*) sur les questions islamiques, et, pour la grand majorité, délivrance de certificats de divorce islamique à la demande des femmes.

Le Muslim Arbitration Tribunal, par contre, est un tribunal islamique d'arbitrage qui s'occupe, *inter alia*, d'arbitrer litiges civiles et commerciaux en conformité avec l'*Arbitration Act 1996* (Bowen, 2016)[4].

Le choix de sélectionner une série de critères pour l'identification des *Sharia Courts* a permis de circonscrire la catégorie à cinq institutions. Les critères utilisés inclurent la possibilité de localiser l'institution sur le territoire, l'existence d'une structure interne bien articulée, la présence de spécialistes de droit islamique, le pouvoir de *ius dicere* accordé par les parties concernées, la prévision de procédures qui comportent des obligations économiques et administratives pour les même parties, l'utilisation des canaux de communication avec l'extérieur et la tenue de registres (Marotta, 2021, pp. 84-92).

L'application de ces critères limitent les *Sharia Courts* aux institutions suivantes : The Islamic Sharia Council ; The Muslim Law (Shariah) Council UK ; le Birmingham Shariah Council et le Muslim Arbitration Tribunal (Marotta, 2021, pp. 84-92). Ces organismes agissent et apparaissent comme des cours de justice. Dans les *Sharia Courts*, de la même façon que dans les *Courts of Law*, des experts en droit décident les litiges selon leur conception du droit applicable et conformément à des procédures préétablies, jusqu'à ce qu'un panneau rende une décision qui est conservée dans des registres. En revanche, contrairement aux cours intérieurs qui appliquent le droit national, les *Sharia Courts* appliquent un droit à la fois virtuel et ahistorique : virtuel car il est dérivé passivement des écoles juridiques islamiques et il n'y a pas de territoire où il est appliqué dans son ensemble ; ahistorique car il est abstract par rapport aux règles et aux pratiques historiquement identifiables dans les pays musulmans.

Il s'ensuit que l'application de ce droit par les *Sharia Courts* se traduit parfois en règles qui violent le droit anglais, en intervenant dans des domaines réservés au droit de l'État et à ses acteurs. Toutefois, ce qui se passe lorsque les *Sharia Courts* dépassent les limites fixées par le droit interne pour l'exercice de la justice privé/communautaire est un conflit de juridiction avec un significat géopolitique, c'est-à-dire la naissance d'une représentation d'un conflit de juridiction qui oppose les *Sharia Courts* et les cours anglaises (Marotta, 2021, pp. 84-92).

Le développement de cette représentation concernant les relations entre les type d'institutions – qui, par contre, interagissent de différentes manières – est lié à l'existence d'un conflit géopolitique qui, de 2008 à 2020, a opposé, d'un côté, les *Sharia Courts* et leurs défenseurs, et, de l'autre côté, une série d'acteurs qui refusent l'application de la *charia* et le fonctionnement des *Sharia Courts* sur la base de leur appartenance religieuse, de la défense de la laïcité et du soutien à une vision politique d'extrême droite (Marotta, 2021, pp. 160-228).

Le conflit a vu de nombreux moments, en passant par des initiatives législatives, des débats au Parlement, une publication de livrets, d'interventions médiatiques, de manifestations, d'articles de blog, de plaintes, de stratégies de contre-extrémisme, de publications académiques, d'enquête sur l'application de la *charia* dans le pays et d'interventions de la Cour européenne des droits de l'homme (Marotta, 2021, pp. 160-228).

La Brexit et la pandémie de Covid-19 ont ensuite monopolisé le débat public, mais les dynamiques conflictuelles des années précédentes ont montré que la relation entre les systèmes de droit concernés, c'est-à-dire le système de *Common Law* anglais et le modèle islamique, a changé au fil du temps, aidé par la perception de l'Islam sur la scène international dans le nouveau millénaire (Marotta, 2021, pp. 229-236).

Ce rapport n'a pas évolué dans la direction que l'*angrezi shariat* faisait présumer. Les événements liés au terrorisme international islamique ont créé une sorte de fossé entre les musulmans et le non-musulmans, en déclenchant, dans le cadre plus large des relations entre le droit de l'Islam et la tradition juridique occidentale, un progressif éloignement entre le droit islamique et le droit anglais sur une base identitaire (Marotta, 2021, pp. 229-236).

Le futur de ce rapport n'est pas prévisible. Toutefois, les pays occidentaux pourraient être appelés à faire face à la réplique des *Sharia Courts* dans leur territoire (Marotta, 2023, pp. 151-163). Ces institutions sont devenues un modèle pour les musulmans occidentaux, qui y recourent non seulement pour le règlement de leurs litiges, mais aussi pour recevoir une formation professionnelle à exploiter dans leurs pays.

Malgré l'existence de problèmes indéniables qui concernent les *Sharia Courts*, elles constituent une réponse à des besoins essentiels des communautés musulmanes. Les premiers organismes islamiques d'ADR furent institués dans les années quatre-vingt pour garantir le divorce islamique aux femmes musulmanes, afin d'éviter qu'elles, dans le cas de dissolution du mariage civil, restaient lié du point de vue religieux (Marotta, 2021, pp. 109-112).

Les solutions proposées pour assurer la protection de l'identité islamique et le contextuel respect du supérieur droit interne, dans l'Angleterre des *Sharia Courts*, ne semblent pas favoriser la cohabitation pacifique et harmonieuse du droit anglais et le droit islamique, respectivement au droit officiel et au droit non officiel, et ils risquent de priver l'ADR du but pour lequel elle a été introduite (Marotta, 2023, p. 163). Il n'existe pas une solution unique, mais il faut que la réflexion aille en amont des problèmes : comment gouverner la diversité ? Le droit non officiel est précisément une des expressions de cette diversité et sa relation avec le droit officiel devient indicateur du degré d'ouverture d'un pays à l'élément 'différence'.

Bibliographie

Bano, S. (2012). *Muslim Women and Shari'ah Councils: Transcending the Boundaries of Community and Law*. Palgrave Macmillan.

Berger, M.S. (2013). Introduction: Applying Shari'a in the West. In M.S. Berger (ed.). *Applying Shari'a in the West: Facts, Fears and the Future of Islamic Rules on Family Relations in the West*. Leiden University Press, pp. 7-22.

Bowen, J.R. (2016). *On British Islam: Religion, Law and Everyday Practice in Shari'a Councils*. Princeton University Press.

Bussani, M. (2022). *Introduzione al diritto comparato: Un breviario della globalità*. Le Monnier Università.

Campanini, M. (2016). *L'Islam, religione dell'Occidente*. Mimesis Edizioni.

Castro, F. (2007[2]). *Il modello islamico*. Giappichelli.

Cesari, J. (ed.) (2015). *The Oxford Handbook of European Islam*. Oxford University Press.

Dassetto, F. (1994). *L'islam in Europa*. Edizioni della Fondazione Giovanni Agnelli.

Dassetto, F. (2008). L'"islam europeo" e i suoi volti. In A. Ferrari (a cura di), *Islam in Europa/Islam in Italia tra Diritto e Società*. Il Mulino, pp. 13-41.

Edge, I. (2013). Islamic finance, alternative dispute resolution and family law: developments towards legal pluralism? In R. Griffith-Jones (ed.), *Islam and English Law: Rights, Responsibilities and the Place of Shari'a*. Cambridge University Press, pp. 116-143.

Ferrari, S. & R. Bottoni (2015). The Institutionalization of Islam in Europe: an overview. In J. Cesari (ed.), *The Oxford Handbook of European Islam*. Oxford University Press, pp. 619-655.

Keshavjee, M.M. (2013). *Islam, Sharia & Alternative Dispute Resolution: Mechanisms for Legal Redress in the Muslim Community*. I.B. Tauris & Co. Ltd.

Manea, E. (2016). *Women and Shari'a Law: The Impact of Legal Pluralism in the UK*. I.B. Tauris & Co. Ltd.

Marotta, A. (2021). *A Geo-Legal Approach to the English* Sharia Courts*: Cases and Conflicts* (Vol.1). Brill.

Marotta, A. (2023). Le *sharia courts* inglesi. Un possibile modello per l'Italia? In A. Marotta (a cura di), *L'islam in Europa tra Corti e ADR. Una prospettiva comparata*. Istituto per l'Oriente C.A. Nallino, pp. 151-163.

McGoldrick, D. (2019). Sharia Law in Europe? Legacies of the Ottoman Empire and the European Convention on Human Rights. *Oxford Journal of Law and Religion*, 8(3), pp. 517-566.

Pearl, D.S. (2000). *Islamic Family Law and its Reception by The Courts in England*. Harvard Law School.

Pearl, D.S. (2003). Dispute Settlement Amongst the Muslim Community in the UK. *Recht van de Islam*, 20, pp. 5-16.

Rohe, M. (2013). Reasons for the Application of Shari'a in the West. In M.S. Berger (ed.), *Applying Shari'a in the West: Facts, Fears and the Future of Islamic Rules on Family Relations in The West*, 2013. Leiden University Press, pp. 25-46.

Rohe, M. (2015). Shariah in Europe. In J. Cesari (ed.), *The Oxford Handbook of European Islam*, Oxford University Press, pp. 656-700.

Sandberg, S. & F. Cranmer, (2019), The Council of Europe and Sharia: An Unsatisfactory Resolution?. *Ecclesiastical Law Journal*, 21(2), pp. 203-212.

Tortorano, P. (2023). *Alternative Dispute Resolution: esperienze settoriali a confronto. Applicazioni, risvolti teoretici e prassi*. Artetetra edizioni.

Ziaka, A. (2013). Greece: Debate and Challenges. In M.S. Berger (ed.), *Applying Shari'a in the West: Facts, Fears and the Future of Islamic Rules on Family Relations in the West*, Leiden University Press, pp. 125-138.

- Décisions Judiciaires

ECHR (2018), *Molla Sali v. Greece*, (GC), Application no. 20452/14.

- Législation

Marriage Act 1949, https://www.legislation.gov.uk/ukpga/Geo6/12-13-14/76/contents.

Abstract

Il diritto dello stato coesiste con sistemi di regole parallele proprie di diversi gruppi sociali, incluse le comunità di migranti. Il diritto non ufficiale governa la vita di queste comunità, i cui membri vi attribuiscono carattere vincolante. L'intera esperienza giuridica acquisisce così i tratti di una realtà multilivello in cui i *layers* non ufficiali esprimono regole che possono essere più o meno compatibili con i valori, i principi e le regole del diritto ufficiale.

L'esistenza di un diritto ufficiale e di un diritto non ufficiale, dal canto suo, riflette la stratificazione dell'identità degli individui, la quale si compone di molteplici appartenenze obbedienti a legami di diverso tipo.

Il navigare delle comunità musulmane occidentali tra diversi 'luoghi' giuridici è indicativo della volontà, ma anche della necessità, delle stesse di essere fedeli a più di un sistema di regole. Ne consegue che i canali attraverso cui, *inter alia*, le regole della *shari'a* trovano applicazione negli stati occidentali sono sia tipo ufficiale sia di tipo non ufficiale.

Tali canali si incontrano nella *Alternative Dispute Resolution (*ADR), lo spazio di autonomia privata predisposto dal diritto dello stato per la risoluzione di determinate topologie di controversie, e all'interno del quale, nel Regno Unito, si muovono le *Sharia Courts* inglesi, organismi complessi a lungo protagonisti di un conflitto di giurisdizione in senso geopolitico.

Notes

[1] Les pensions de veuvage sont donc réparties entre les veuves qui vivent dans un mariage polygamique.

[2] Ce régime juridique a fait l'objet d'un arrêt de la Cour européenne en 2018, Molla Sali v Greece, qui en a redimensionné le rôle à travers la réaffirmation du droit à l'autodétermination en tant que pierre angulaire de la législation internationale sur les minorités.

[3] La médiation est un processus dans lequel le tiers, c'est-à-dire le médiateur, aide les parties à trouver un accord amiable, tandis que l'arbitrage est un processus à travers lequel le tiers, l'arbitre, rende une décision juridiquement contraignante.

[4] Le MAT offre aussi d'autres types de services : divorce, médiation des litiges familiales, aide dans le cas de mariages forcés, règlement des litiges liés à l'héritage et des litiges entre mosquées, préparation d'actes de dernière volonté.

SECONDA PARTE.
Migrazioni e ambiente: l'urgenza di soluzioni giuridiche sostenibili e armonizzate

DEUXIÈME SECTION.
Migrations et environnement : l'urgence de solutions juridiques durables et harmonisées

Il diritto costituzionale comparato nell'Antropocene tra crisi climatica e migrazioni

Domenico Amirante
(Università della Campania "L. Vanvitelli")

Pasquale Viola
(Università di Trieste)

Sommario: 1. Antropocene, narrazioni, costituzioni. – 2. Il costituzionalismo ambientale: prospettive comparatistiche diacroniche e sincroniche. Cenni. – 3. Costituzioni, costituzionalismo e cambiamento climatico antropogenico (CCA). – 4. Mobilità umana e cambiamento climatico antropogenico: un "*distaster by design*". – 5. Conclusioni

1. Antropocene, narrazioni, costituzioni

Il quadro concettuale che accompagna l'esigenza di una trasformazione del rapporto tra diritto e ambiente ci viene oggi proposto dalla nozione di 'Antropocene', un termine reso celebre dal Premio Nobel per la chimica Paul Crutzen (2002) e che indica il passaggio da un'era geologica stabile, l'Olocene, a una nuova era geologica caratterizzata da grande instabilità, nella quale il grado di influenza che gli esseri umani hanno sulla biosfera si pone sullo stesso piano di quello delle altre forze naturali[1].

La consistenza di questo concetto, accettato oggi da un gran numero di specialisti di scienze della Terra, sta nell'individuare chiaramente come l'umanità sia responsabile del degrado delle condizioni di vita sul pianeta. Negli ultimi vent'anni il concetto di Antropocene si è diffuso in molti ambiti culturali, dalle scienze dure alle scienze sociali (sociologia, antropologia, economia, diritto) fino all'arte, alla letteratura e al cinema (Horn & Bergtaller, 2020; Ghosh, 2019). Per quanto attiene all'ambito giuridico, Nicholas Robinson (2014, p. 13) sottolineava come "*old assumptions no longer work, and our innovations are now out of date because of the pervasive change that the Anthropocene represents*", in quanto "*many of our 'business-as-usual' assumptions no longer are reliable*". È allora necessario abbandonare con fermezza le categorie del diritto moderno che, come sottolinea Louis Kotzé (2016, p. 9), sono storicamente caratterizzate da analisi frammentate ed eccessivamente specifiche, le quali eclissano l'impegno morale nei confronti dell'ambiente (Amirante, 2022; Viola, 2022).

L'Antropocene, d'altro canto, richiede "una pausa controintuitiva e un'apertura per includere argomenti precedentemente irrilevanti, futuri planetari e corpi disumani" (Philippoussis-Mihalopoulos, 2017, p. 120). In particolare, il carattere interdisciplinare del diritto ambientale, una delle discipline giuridiche più aperte al contatto con le altre scienze, dovrebbe essere orientato non all'utilizzo di altre conoscenze scientifiche per risolvere singole questioni pratiche ma a individuare, come ricorda Andreas Philippoussis-Mihalopoulos (2017, p. 121), una grammatica della "connessione tra l'umanità e il resto del pianeta".

Non dovrebbe sorprendere che l'impulso fondamentale verso un cambio di prospettiva nella tutela dell'ambiente provenga dal Sud del mondo. Da un lato, negli ordinamenti giuridici occidentali esistono diverse ragioni, sia di natura epistemologica che storica, che hanno portato a configurare la questione dell'ambiente come 'tecnica' e 'periferica'; pertanto, è evidente che in questi paesi si riscontri un ritardo (Alam & al., 2015). D'altro canto, si possono individuare evidenti ragioni, anche in termini di immediata percezione dei rischi ambientali, che spingono i paesi del Sud del mondo a evidenziare in modo più specifico le preoccupazioni e le questioni ambientali come elementi caratteristici di fondo dell'ordinamento costituzionale. In questo senso, il rispetto dell'ambiente e la sostenibilità (non tanto in termini di sviluppo, ma in termini di organizzazione sociale e costituzionale nel suo complesso) sono reali precondizioni dei diritti e rappresentano il fondamento dello stesso ordinamento costituzionale.

2. Il costituzionalismo ambientale: prospettive comparatistiche diacroniche e sincroniche. Cenni

La storia del costituzionalismo ambientale evidenzia la difficile transizione verso un diritto più responsabile, che segna l'affermazione di una concezione integrata dell'agire umano attraverso il riconoscimento della sua appartenenza al mondo naturale.

Questa osservazione, apparentemente semplice, ha portato a un cambio di paradigma, innanzitutto epistemologico ma anche pratico, avvenuto gradualmente nel corso di circa cinquant'anni e che non è ancora giunto alla sua completa realizzazione. Se il diritto ambientale nasce e si afferma all'incirca a partire dagli anni Sessanta del XX secolo, come disciplina giuridica volta a regolamentare le attività umane che hanno un forte impatto (generalmente negativo) sull'ambiente, la previsione di alcune norme relative all'ambiente nell'ambito costituzionale, a partire dagli anni Settanta, sembrava prevedere un forte sviluppo della tutela dell'ambiente come elemento centrale del discorso costituzionale (Lazarus, 2004; Berlenghi, 2018).

In prospettiva storica, quindi, è possibile scorgere i primi segnali dell'evoluzione del costituzionalismo ambientale già negli anni Settanta del secolo scorso, con i primi tentativi di includere la tutela dell'ambiente in alcune costituzioni che fondavano, nel cuore dell'Europa, 'nuovi' sistemi democratici (Grecia, Portogallo e Spagna). Successivamente, però, la spinta propulsiva alla costituzionalizzazione dell'ambiente si è ridotta, per lasciare il posto, almeno nel diritto della tradizione occidentale, a forme indirette e strumentali di considerazione degli interessi e dei valori ambientali. Questa lenta evoluzione di fatto esprime l'eccessiva prudenza del costituzionalismo occidentale nei confronti della tutela dell'ambiente.

È solo nei primi anni del XXI secolo che la 'costituzionalizzazione dell'ambiente' raggiunge risultati soddisfacenti sia dal punto di vista quantitativo che per il contenuto della normativa ambientale. In termini quantitativi, le costituzioni che a vario titolo prevedono la tutela dell'ambiente sono passate da poco più di 40 (nel 1989) a 156 (attualmente), con diverse tipologie di 'costituzionalizzazione ambientale': un numero che è triplicato e che copre ormai più di tre quarti degli stati membri dell'Assemblea delle Nazioni Unite (193). Si può parlare, di conseguenza, di una 'rivoluzione' che ha portato la questione della tutela dell'ambiente da preoccupazione secondaria a elemento essenziale dell'assetto costituzionale (Boyd, 2012; Amirante, 2022).

Se guardiamo all'aspetto contenutistico, l'evoluzione del 'costituzionalismo ambientale' appare ancora più evidente, segnando una traiettoria ascensionale che parte dalla considerazione delle questioni ambientali come elementi tecnici, ausiliari o marginali all'interno dell'ordinamento costituzionale, fino ad arrivare a una centralità sempre maggiore, alla quale corrispondono forme di tutela più specifiche e, soprattutto, di carattere strutturale.

Seguendo la prospettiva sincronica emerge innanzitutto la categoria delle costituzioni definite 'ambientali', cioè quelle che comprendono chiaramente fin dalle loro origini la centralità di questi temi e prevedono articoli specifici dedicati all'ambiente (con particolare attenzione agli aspetti relativi alla tutela). Una seconda categoria comprende le costituzioni 'emendate', che contengono uno o più 'articoli ambientali', i quali devono essere armonizzati all'interno di una struttura e di un contesto costituzionali già consolidati. Nella terza categoria rientrano gli ordinamenti costituzionali in cui non esistono riferimenti specifici o testuali all'ambiente, per cui le questioni ambientali sono affrontate prevalentemente mediante l'attività degli organi giurisdizionali, principalmente di rango costituzionale. Va rilevato, inoltre, che le costituzioni propriamente 'ambientali', che presentano una disciplina specifica e organica sull'ambiente, si sono sviluppate in larga parte sul finire del XX secolo. Per queste ragioni storiche, difficilmente le costituzioni promulgate prima di questo periodo contengono norme relative all'ambiente. Un esempio in questo senso è offerto dal dibattito che ha portato l'Italia all'adozione dell'articolo 9, il quale conteneva un mero riferimento al paesaggio, con l'introduzione, quindi, di una nozione solo indirettamente collegata all'ambiente. La forte contrarietà all'adozione di norme a tutela dell'ambiente, ritenute da molti non necessarie per l'esistenza di una legislazione ordinaria in materia, dimostra che la cultura giuridica dell'epoca era molto lontana dalla sensibilità ambientalista, oggi unanimemente condivisa (Amirante, 2022b). La prima costituzione europea che contiene riferimenti all'ambiente fin dalla sua entrata in vigore è quella greca del 1975[2], ma le più significative sono senza dubbio le costituzioni della penisola iberica: la Costituzione portoghese del 1976 e, in particolare, la Costituzione spagnola del 1978.

Il secondo gruppo, che comprende le costituzioni ambientali 'emendate', include testi che introducono uno o più 'articoli ambientali' negli ordinamenti costituzionali già vigenti. A questo secondo gruppo appartengono la maggior parte delle costituzioni europee (tra queste, la Costituzione italiana dopo la riforma del 2001).

Del terzo gruppo fanno parte le costituzioni prive di una espressa regolamentazione ambientale. In questi sistemi, i valori e gli interessi legati all'ambiente sono generalmente tutelati mediante la legislazione ordinaria e la giurisprudenza, in particolare delle Corti supreme e/o costituzionali (rientrano in questa categoria alcuni importanti sistemi di *Common Law*, come quelli di Stati Uniti, Canada, Australia e Gran Bretagna, alcuni dei quali non hanno una costituzione scritta).

3. Costituzioni, costituzionalismo e cambiamento climatico antropogenico (CCA)

Le questioni climatiche hanno imposto una ulteriore trasformazione ai concetti dogmatici relativi alle interconnessioni tra l'ordinamento giuridico internazionale e i sistemi nazionali; la visione classica della sovranità degli stati, sia interna che esterna, è stata "offuscata" dalle continue influenze di organismi sovranazionali (Shaffer & al., 2019, p. 6), portando così a mettere in discussione il ruolo degli ordinamenti giuridici nazionali sulla base di due assunti principali: i) la loro posizione funzionale in un quadro globale più ampio, transfrontaliero e complesso; ii) la loro capacità di rispondere alle pressioni esterne senza sottrarsi alle specificità del contesto culturale di origine.

Fatta eccezione per alcuni testi fondamentali non codificati (ad es., quelli del Regno Unito o della Nuova Zelanda), ogni stato ha adottato una costituzione per definire i contorni dei propri sistemi politici e giuridici. Che siano originari o secondari, legittimati internamente o imposti, autoctoni o 'presi in prestito', i testi costituzionali riflettono, in gradi diversi, sia una rivendicazione endogena che una tendenza globale.

I termini 'costituzione' e 'costituzionalismo' sono meno esposti ad ambiguità rispetto al concetto di *global constitutionalism* (Bodansky, 2009; 2010; 2017); tuttavia, il dibattito sugli elementi strutturali è ancora aperto. L'apertura argomentativa e dialogica caratterizza il termine 'costituzione' e, per quanto riguarda l'ambito teorico, Louis Kotzé (2016) richiama quattro elementi-chiave del discorso: i) la costituzione, come insieme di norme per limitare il potere politico e come strumento per definire il governo dello stato all'interno di un quadro giuridico, al fine di arginare l'arbitrarietà dei poteri coercitivi legittimi e definire l'assetto istituzionale; ii) il costituzionalismo, come insieme di valori fondamentali che legittimano i limiti al potere politico, fornendo garanzie specifiche; iii) il fenomeno di costituzionalizzazione, come processo che rende "costituzionali" i sistemi politici e giuridici; iv) lo stato costituzionale, come sfondo su cui la norma fondamentale "svolge i compiti del costituzionalismo".

Il clima, inteso come fenomeno, assume i caratteri di un concetto descrittivo e non propriamente normativo, ma se introduciamo nell'ambito dei sistemi giuridici l'adattamento e la mitigazione come principi, allora potremmo scoprire un vero e proprio valore prescrittivo legato al clima. La scelta di inserire in costituzione riferimenti al concetto 'clima' può fungere, quindi, da lente interpretativa per l'intero ordinamento, ma allo stesso tempo può lasciar intuire, mediante l'analisi comparatistica, una tendenza 'nascente'[3].

La Costituzione dell'Ecuador menziona il cambiamento climatico all'art. 414, definendo un obbligo positivo in capo allo stato di mitigare il cambiamento climatico, fornendo tre traiettorie di intervento per porre limiti alle emissioni climalteranti, alla deforestazione e all'inquinamento atmosferico, in tal modo unendo la reattività richiesta dal CCA con gli obiettivi di conservazione appartenenti all'ambito dottrinale relativo al diritto ambientale. Un dato particolarmente importante è quello fornito dalla costituzione di Cuba, che menziona il clima senza, però, rinnegare la tradizione giuridica socialista e il sistema politico del paese, nonostante il riferimento appaia inserirsi all'interno di un quadro più aperto e inclusivo circa la partecipazione del paese alla comunità internazionale. La Costituzione della Repubblica Dominicana presta particolare attenzione agli aspetti amministrativi legati all'ambiente, mentre menziona solo una volta il clima: attraverso questa disposizione, la Costituzione dominicana sottolinea come l'obbligo positivo in capo allo stato derivi da diritti sia individuali che collettivi. Nel caso della Costituzione vietnamita, oltre ai numerosi riferimenti all'ambiente, la parola 'clima' è menzionata al capitolo 3, art. 63, in cui si mette in luce come il cambiamento climatico sia un fenomeno strettamente connesso con le attività antropiche. L'enunciato normativo non menziona apertamente alcun fattore antropogenico, ma la distinzione fra 'calamità naturale' e 'cambiamento climatico' richiama una sorta di allusione indiretta all'Antropocene. La costituzione vietnamita aggiunge all'adattamento e alla mitigazione un riferimento in senso lato alla prevenzione, mentre l'attuale costituzione della Tailandia menziona il cambiamento climatico all'art. 258, che si colloca all'interno del capitolo XVI "*National Reform*", armonizzando la pianificazione razionale delle riforme con temi legati al clima, per evidenziare l'urgente necessità di un'azione statale al fine di garantire una risposta coerente al CCA.

4. Mobilità umana e cambiamento climatico antropogenico: un "disaster by design"

Se, da un lato, è possibile affermare che il CCA ha assunto caratteri semantici specifici, in particolare a seguito dei lavori dell'IPCC, dall'altro, i fenomeni strettamente collegati ad esso sono ancora in fase di definizione e, in alcuni casi, addirittura soffrono una incertezza terminologica soggettiva e/o funzionale. Incrociando gli elementi strutturali caratterizzanti due fra le maggiori crisi della contemporaneità, ossia quelle legate al clima e alla mobilità umana, ci si accorge delle difficoltà nel trovare uno spazio teorico comune e condiviso, pur non negandone l'esistenza.

Il clima diviene, in riferimento alla mobilità umana, una sorta di "*disaster by design*" che si incentra sulle questioni legate all'adattamento, e che assume diversi connotati qualora si scomponga l'aspetto soggettivo dell'ampio concetto di mobilità umana in 'richiedente asilo', 'rifugiato' e 'migrante' (Offner & Marlowe, 2011).

Ad esempio, eventi come l'innalzamento del livello del mare, la desertificazione, le inondazioni e la risalita del cuneo salino sono da considerarsi cause che spingono intere comunità ad abbandonare i luoghi di origine in virtù di un adattamento forzoso. Chiaramente, però, ciascuno di questi eventi assume connotati particolari, che inducono ad adottare misure specifiche, in cui le risposte migratorie solo in alcuni casi sono necessariamente rapide e non rappresentano l'effetto di una esigenza a formazione progressiva. Come sottolineano Sophie Offner e Jay Marlowe (2011, p. 3), quindi, "le incertezze derivanti dall'intersezione fra vulnerabilità ed esposizione hanno trasformato il cambiamento climatico da un termine esclusivamente scientifico a uno politico, che induce alla minaccia ed evoca giustizia" (Falzon & Batur, 2017; Sealey-Huggins, 2017; Morse, 2008), caratterizzato da responsabilità storica, da vulnerabilità relative e da multicausalità (Offner & Marlowe, 2011).

Per evidenziare le cause di questa 'incertezza terminologica' è possibile indagare gli ambiti soggettivi della mobilità umana (richiedente asilo, rifugiato, migrante) alla luce del CCA. Per quanto attiene al richiedente asilo, questi è giuridicamente considerato come un soggetto che ha lasciato il proprio paese di origine a seguito di persecuzioni e gravi violazioni dei diritti umani, ma ancora in attesa del riconoscimento giuridico della propria condizione (Offner & Marlowe, 2011). Se si considera l'impatto del CCA sui diritti umani e, allo stesso tempo, che la richiesta di asilo assume essa stessa i connotati di un diritto umano, le valutazioni di natura giuridica possono svilupparsi all'interno delle narrazioni relative, appunto, al riconoscimento di specifici diritti connaturati alla persona. Il termine 'rifugiato climatico' è quello maggiormente impiegato, anche in virtù della Convenzione del 1951, ma non è esente da approcci critici, in quanto "negare la legittimità dei diritti dei rifugiati climatici" accresce "il timore che il sostegno al termine di rifugiato climatico possa agire per indebolire l'azione del soggetto e screditare la voce della 'vittima'" (Offner & Marlowe, 2011, p. 6; Ransan & al., 2015). In quest'ordine di idee, il CCA può essere percepito come "moltiplicatore di minacce", ma non come un persecutore diretto (Offner & Marlowe, 2011); inoltre, le misure di protezione offerte dalla Convenzione non sempre possono essere applicate ai casi riguardanti l'adattamento al CCA, in quanto i rischi solo raramente sono imminenti e, contestualmente, potenzialmente letali. In riferimento al concetto di 'migrante climatico', invece, la questione relativa all'adattamento si sposta al piano della scelta soggettiva. In altre parole, "condizioni di esposizione, vulnerabilità e capacità – o, più semplicemente, la somma delle esperienze individuali – modellano le intenzioni delle persone di spostarsi o rimanere in un dato luogo", in cui opera un ruolo fondamentale l'autoconsapevolezza dei rischi, la capacità di resilienza e i processi decisionali soggettivi che spingono un individuo a "raggiunge la realizzazione e l'accettazione della migrazione come 'unica opzione'" (Offner & Marlowe, 2011, p. 8).

Alla luce di quanto precedentemente sottolineato circa la risposta giuridica di livello costituzionale in riferimento ad ambiente a sistema climatico, è possibile verificare se alcuni dei testi che hanno mostrato particolare sensibilità alle questioni relative al CCA (Ecuador, Cuba, Repubblica Dominicana, Vietnam e Tailandia) abbiano manifestato formalmente la necessità di 'collegare' la crisi derivante dalla mobilità umana con quella climatica.

La Costituzione dell'Ecuador riconosce, all'art. 41, i diritti dei richiedenti asilo e dei rifugiati come delineati dal proprio sistema giuridico e dagli strumenti di diritto internazionale. Particolarmente rilevante è il riferimento ai gruppi, in quanto la norma fondamentale prevede, "in casi eccezionali e quando le circostanze lo giustificano", il riconoscimento dello status di rifugiato a un gruppo collettivo. Ulteriori riferimenti alla mobilità umana riguardano l'integrazione dei paesi dell'America latina e dei Caraibi (art. 423), nonché il diritto alla migrazione, come definito all'art. 40: "Nessun essere umano potrà essere identificato o considerato illegale a causa del suo status di migrante".

La Costituzione di Cuba non contiene riferimenti espliciti relativi a 'migrazione' o 'migrante', né al termine 'rifugiato', mentre all'art. 17 definisce i termini della concessione dell'asilo per ragioni politiche.

La Costituzione della Repubblica Dominicana non contiene disposizioni relative allo *status* di rifugiato e menziona il fenomeno migratorio solo in riferimento alle sfere di attribuzione della potestà legislativa. All'art. 46 §2, invece, il testo costituzionale sancisce che "tutte le persone hanno il diritto di chiedere asilo nel territorio nazionale in caso di persecuzione per motivi politici".

La Costituzione del Vietnam disciplina la richiesta di asilo all'art. 49, specificando che lo stato "valuterà la possibilità di concedere asilo agli stranieri danneggiati a causa della loro lotta per la libertà, l'indipendenza nazionale, il socialismo, la democrazia, la pace e il lavoro scientifico".

La costituzione della Tailandia, pur includendo un riferimento al clima, non menziona in maniera esplicita le tre categorie soggettive in analisi, né il fenomeno della migrazione.

5. *Conclusioni*

Per quanto attiene ai rapporti fra questione ambientale e CCA, i sistemi costituzionali manifestano una relativa convergenza circa alcuni fenomeni specifici e gli strumenti impiegati: *a)* obbligazione positiva dello stato, *b)* diritti e doveri individuali, *c)* diritti di natura procedurale, *d)* percorso 'ascendente' della materia ambientale (oltre a quella climatica, seppure in misura ridotta) in termini di 'valore', *e) responsiveness* e interventi avanguardistici dal cd. Global South.

Per quanto concerne il CCA e i fenomeni migratori, i riferimenti costituzionali a richiedente asilo, migrante (e migrazione) e rifugiato sono prevalentemente legati a questioni ideologiche e politiche. Si riscontra, inoltre, l'assenza di nessi espliciti che leghino il richiedente asilo, il rifugiato e il migrante ai problemi derivanti dal degrado ecosistemico e dall'adattamento al CCA, anche alla luce di una evidente assenza di *responsiveness* dei sistemi costituzionali liberaldemocratici occidentali (in cui le questioni, di livello costituzionale, relative alla mobilità umana si sviluppano e prevalentemente esauriscono all'interno di un'interpretazione individualistica dei diritti).

Se l'Antropocene offre uno 'spazio intellettuale' per le crisi contemporanee derivanti dai cambiamenti sociologici globali, il costituzionalismo è funzionale a questa nuova 'mentalità', favorendo la creazione di un terreno normativo adeguato. La questione circa l'assenza di reattività dei testi costituzionali della tradizione liberaldemocratica occidentale riguarda, quindi, la natura di questo stato di fatto, sia essa il frutto di una scelta politica o di un 'limite del giuridico'. In entrambi i casi, la soluzione risiede nel muoversi nella cornice teorica offerta dall'Antropocene per approdare a un cambio di paradigma esistenziale che si rifletterebbe sulle prospettive giuridiche.

Da quanto illustrato emerge, quindi, la necessità di una profonda riflessione sul rapporto tra costituzione, ambiente, CCA e mobilità umana, per compensare i ritardi accumulati a causa di un insufficiente impegno sia politico che giuridico. Fondamentale, pertanto, sarà negli anni a venire promuovere il dialogo fra le tradizioni giuridiche e, in particolare, tra le culture costituzionali, attraverso il confronto e l'implementazione di adeguate strategie giuridiche e di design istituzionale, non solo muovendosi all'interno delle esperienze dominanti nei secoli passati (*Civil Law* e *Common Law*), ma a partire da quelle del Sud del mondo.

Bibliografia

Alam, S., Atapattu, S., Gonzalez, C.G. & Razzaque, J. (eds.) (2015). *International Environmental Law and the Global South.* Cambridge University Press.

Amirante, D. (2019). L'ambiente «preso sul serio». Il percorso accidentato del costituzionalismo ambientale. *Diritto Pubblico Comparato ed Europeo*, 1, pp. 1-32.

Amirante, D. (2022a). *Costituzionalismo ambientale. Atlante giuridico per l'Antropocene.* il Mulino.

Amirante, D. (2022b). La *reformette* dell'ambiente in Italia e le ambizioni del costituzionalismo ambientale. *Diritto Pubblico Comparato ed Europeo*, 2, pp. 5-14.

Berlenghi, T. (2018). *Storia del diritto ambientale.* Primiceri Editore.

Bodansky, D. (2009). Is There an International Environmental Constitution?. *Indiana Journal of Global Legal Studies*, 16(2), pp. 565-584.

Bodansky, D. (2010). *The Art and Craft of International Environmental Law.* Harvard University Press.

Bodansky, D., Brunnée, J. & Rajamani, L. (2017). *International Climate Change Law.* Oxford University Press.

Boyd, D.R. (2012). *The Environmental Rights Revolution: A Study of Constitutions, Human Rights and Environment.* UBC Press.

Crutzen, P.J. (2022). Geology of the mankind – The Anthropocene. *Nature*, 415, p. 23.

Falzon, D. & Batur, P. (2018). Lost and damaged: Environmental racism, climate justice, and conflict in the Pacific. In P. Batur & J. Feagin (eds.). *Handbook of the Sociology of Racial and Ethnic Relations*. Springer, pp. 401-412.

Ghosh, A. (2019), *La grande cecità. Il cambiamento climatico e l'impensabile.* Beat.

Horn, E. & Bergtaller, H. (2020). *The Anthorpocene: Key issues for the Humanities*. Routledge.

Kotzé, L.J. (2016). *Global Environmental Constitutionalism in the Anthropocene.* Hart.

Lazarus, R.J. (2004). *The Making of Environmental Law*. University of Chicago Press.

Loughlin, M. (2010). What Is Constitutionalisation?. In P. Dobner & M. Loughlin (eds.). *The Twilight of Constitutionalism?.* Oxford University Press, pp. 47-70.

Morse, R. (2008). Environmental Justice through the Eye of Hurricane Katrina. Joint Center for Political and Economic Studies, Health Policy Institute, pp. 7-9.

Offner, S. & Marlowe, J. (2011). Reconceptualising climate-induced displacement in the context of terminological uncertainty. *Environmental Hazards*, 20(5), pp. 477-492.

Philippoussis-Mihalopoulos, A. (2017). Critical Environmental Law in the Anthropocene. In L. Kotzè (ed.), *Environmental Law and Governance for the Anthropocene*. Hart.

Ransan-Cooper, H., Farbotko, C., Mcnamara, K.E. & Thornton, F. (2015). Being(s) framed: The means and ends of framing environmental migrants. *Global Environmental Change*. 35, pp. 106-115.
Robinson, N.A. (2014). Fundamental Principles of Law for the Anthropocene?. *Environmental Policy and Law*, 44(1-2), pp. 13-27.
Sealey-Huggins, L. (2017). "1.5° C to stay alive": climate change, imperialism and justice for the Caribbean. *Third World Quarterly*, 38(11), pp. 2444-2463.
Shaffer, G., Ginsburg, T. & Halliday, T. (eds.) (2019). *Constitution-Making and Transnational Legal Order*, Cambridge University Press.
Viola, P. (2022). *Climate Constitutionalism Momentum: Adaptive Legal Systems*. Springer.

Résumé

Aujourd'hui, la nécessité de repenser la relation entre le droit et l'environnement se fait plus que jamais sentir, compte tenu de l'inadéquation de la dogmatique juridique contemporaine à aborder et à résoudre les problèmes environnementaux et climatiques. Ces derniers se répercutent clairement au niveau social, redéfinissant le lien entre l'histoire, les peuples, les traditions et les systèmes juridiques.

Sur la base de ces considérations, notre communication définit le concept de l'Anthropocène comme un « cadre intellectuel » permettant de comprendre la crise socio-écologique actuelle. Nous commencerons par une analyse comparative, dans une perspective à la fois diachronique et synchronique, du constitutionnalisme environnemental, puis nous nous concentrerons sur l'accès du climat au rang de concept juridique constitutionnel et sur les capacités d'adaptation des systèmes juridiques. Enfin, nous rappellerons les expériences constitutionnelles qui ont reconnu les phénomènes liés au changement climatique anthropique et à la migration de manière autonome ou interdépendante.

Note

[1] Il percorso argomentativo del presente contributo è frutto del dialogo tra gli autori. Per ragioni formali: Domenico Amirante è autore dei paragrafi 1 e 2, Pasquale Viola dei paragrafi 3 e 4, mentre le conclusioni sono state formulate da entrambi. La parte riguardante la mobilità umana in riferimento alle questioni ambientali e climatiche rappresenta alcuni dei risultati temporanei di una ricerca tuttora in corso.

[2] Pur essendo stata la prima Carta costituzionale ad affrontare le questioni ambientali, non ha regolamentato la materia nel dettaglio, prevedendo solo, all'articolo 24 § 1, che "la protezione dell'ambiente naturale e culturale costituisce un dovere per lo stato. Lo stato è tenuto ad adottare speciali misure preventive o repressive per la sua conservazione".

[3] L'aggettivo 'nascente' è stato impiegato da Domenico Amirante (2019) in riferimento alle prime fasi di sviluppo del costituzionalismo ambientale.

Cooperazione internazionale e ruolo delle Nazioni Unite in materia di migrazione e ambiente

Pietro Gargiulo
(Università di Teramo)

Sommario: 1. Premessa: la complessità dell'analisi del tema della cooperazione internazionale in materia di migrazioni per motivi ambientali. Le difficoltà di quantificazione del fenomeno dei migranti ambientali. Piano d'indagine – 2. La questione della definizione di migrante ambientale – 3. Iniziative internazionali per la definizione di una strategia di cooperazione tra gli Stati per affrontare la questione delle migrazioni dovute ai cambiamenti climatici – 4. La Convenzione quadro delle Nazioni Unite sul cambiamento climatico e i migranti ambientali – 5. Il *Global Compact on Migration* e la migrazione ambientale - 6. Conclusioni.

1. Premessa: la complessità dell'analisi del tema della cooperazione internazionale in materia di migrazioni per motivi ambientali. Le difficoltà di quantificazione del fenomeno dei migranti ambientali. Piano d'indagine

Proporre un'analisi sul ruolo della cooperazione internazionale in materia di flussi migratori generati da problemi ambientali, anche se limitata alle iniziative dell'ONU e delle organizzazioni del sistema delle Nazioni Unite, non è cosa semplice, non fosse altro per la quantità di iniziative sulle quali soffermare l'attenzione. In effetti, al tema in questione si è prestata negli ultimi anni una notevole attenzione in una duplice prospettiva: da un lato, organizzare strategie e piani d'azione che consentano agli Stati di far fronte a un problema che sta diventando quantitativamente sempre più consistente; dall'altro, sviluppare un sistema normativo internazionale che sia in grado di tutelare i diritti delle persone coinvolte.

È ampiamente noto che i flussi migratori attuali sono generati da una serie di fattori, tra i quali certamente è necessario enumerare anche quelli relativi al cambiamento climatico e ad altre condizioni ambientali. Come pure esistono plurime testimonianze del crescente interesse per il complesso tema delle relazioni tra cambiamento climatico e flussi migratori, con la conseguente necessità di affrontarlo favorendo la cooperazione tra gli Stati interessati.

Basti qui richiamare le raccomandazioni sviluppate nel contesto del Global compact sulle migrazioni o quelle provenienti dal contesto istituzionale della Convenzione quadro delle Nazioni Unite sul cambiamento climatico, sulle quali si tornerà con maggiori approfondimenti in seguito.

Qui in premessa si ritiene utile fare alcune osservazioni preliminari che servono soprattutto a inquadrare il fenomeno delle migrazioni forzate dovute a fattori ambientali, a fornire qualche dato che consenta di mettere in luce la difficoltà di determinare in maniera precisa la consistenza dello stesso e a indicare la complessità connessa allo sviluppo di forme di cooperazione internazionale nella materia.

È facile constatare che gli ecosistemi sono sempre più messi in pericolo non solo da fenomeni climatici ad insorgenza improvvisa (tempeste, inondazioni, incendi, frane, valanghe, terremoti, eruzioni vulcaniche), ma anche da eventi e processi ambientali a lenta insorgenza (innalzamento della temperatura, desertificazione, perdita di biodiversità, degrado della terra e delle foreste, ritiro dei ghiacciai e relativo impatto, innalzamento del livello del mare, salinizzazione delle acque).

È opinione prevalente che sono questi ultimi a generare il fenomeno della migrazione intesa come trasferimento di persone da un Paese a un altro, anche perché i fenomeni ambientali a lenta insorgenza consentono l'accumulo delle risorse necessarie per potersi trasferire.

Non è un caso che, come si vedrà, prevalentemente su questi aspetti si concentri l'attenzione sul piano internazionale al fine di elaborare strategie di gestione del fenomeno della migrazione forzata legata al cambiamento climatico.

Come si è già anticipato, uno dei primi aspetti problematici della presente analisi è connesso alla questione della quantificazione del fenomeno. È facile comprendere che si tratta di un punto centrale per tutti gli attori che si pongono l'obiettivo di elaborare e poi applicare delle strategie adeguate d'intervento. Tuttavia, la costruzione di dati certi presenta non poche difficoltà soprattutto perché non sempre la decisione di migrare è dovuta esclusivamente al cambiamento climatico o a fattori ambientali. Anzi, molto spesso questi ultimi sono solo una concausa che, insieme ad altre, spinge le persone a muoversi internamente a un Paese o attraverso le frontiere, per periodi di tempo limitati o permanentemente. Questa realtà emerge chiaramente da un recente rapporto dell'Organizzazione internazionale per le migrazioni (IOM) – che, come è noto, è l'ente del sistema delle Nazioni Unite che specificamente si dedica ai problemi delle migrazioni – nel quale, pur partendo da una definizione alquanto ampia di migrazione climatica, si sottolinea la difficoltà di raccogliere dati nella materia. Comunque, il rapporto riconosce che esistono differenti fonti che consentono di costruire un quadro attendibile di come gli eventi climatici a lenta insorgenza influenzano la migrazione (IOM, 2021, p. 233). Un riferimento particolare è fatto al lavoro dell'*Internal Displacement Monitoring Centre* (iDMC) che, pur rilevando la limitatezza dei dati relativi ai disastri a lenta insorgenza, valuta che nel 2020 ci siano stati 46.000 nuovi sfollati per le temperature estreme e 32.000 nuovi spostamenti a causa della siccità (iDMC, 2021, p. 1). Inoltre, nel periodo 2008-2020, più di 2.4 milioni di sfollati sono stati prodotti dalla siccità e più di 1.1 milioni dall'innalzamento della temperatura. Si tratta di dati che aiutano a capire come in molte aree del pianeta le criticità climatiche possono essere all'origine della decisione di migrare.

La drammaticità della situazione degli spostamenti interni di popolazione, con possibili sviluppi del fenomeno migratorio verso altri Paesi, in ragione di fattori climatici a lenta insorgenza, è confermata anche in un successivo rapporto della Banca Mondiale nel quale viene precisato che, in assenza di interventi concreti in materia ambientale, 216 milioni di persone distribuite in tutti i continenti potrebbero divenire sfollati entro il 2050. Entro la stessa data, la stima di migranti climatici interni nelle aree più povere e vulnerabili, come l'Africa subsahariana, è di 86 milioni (World Bank, 2021, p. xxii).

Da soli questi dati sono sufficienti a dare indicazioni della drammaticità della situazione in divenire e della necessità di affrontare il fenomeno anche sotto il profilo della cooperazione internazionale, a livello sia universale sia regionale.

In questo lavoro l'analisi sarà svolta affrontando anzitutto alcune questioni terminologiche volte a chiarire soprattutto chi possa essere considerato migrante ambientale. Seguirà un quadro, necessariamente sintetico, delle varie iniziative di cooperazione internazionale che in qualche modo, direttamente o indirettamente, hanno a che vedere con il contrasto o la gestione dei flussi migratori dovuti a questioni ambientali. L'attenzione sarà poi rivolta a due contesti specifici di cooperazione che ci sembrano di assoluta rilevanza nella materia e già richiamati in precedenza: la Convenzione quadro delle Nazioni Unite sul cambiamento climatico (UNFCCC) e le varie COP che l'hanno seguita; il Global Compact for Migration (GCM) e il suo stato di attuazione per il tema che qui interessa. Alcune brevi note conclusive metteranno in rilievo la necessità di procedere con assoluta priorità verso la realizzazione di iniziative di cooperazione più incisive per favorire una "sana" gestione delle migrazioni forzate per motivi ambientali.

2. La questione della definizione di migrante ambientale

Un secondo aspetto problematico riguarda la definizione di migrante ambientale. È ben comprensibile che l'organizzazione di iniziative internazionali volte a gestire uno specifico fenomeno ha come punto di partenza la condivisione, da parte di tutti gli attori rilevanti, dell'interpretazione dei termini di riferimento per individuare il fenomeno stesso. Inoltre, è noto che, dal punto di vista delle definizioni pertinenti, tutto il fenomeno delle migrazioni è in costante evoluzione. Questo vale in particolare per le migrazioni ambientali nel loro complesso che hanno visto comparire in un breve arco di tempo un numero significativo di termini quali "rifugiato ambientale", "migrante ambientale", "migrante climatico", per fare solo alcuni esempi.

Per gran parte dei termini indicati non esistono definizioni giuridicamente vincolanti – che derivino per lo più da strumenti convenzionali – con la conseguenza che gli stessi possono assumere significati diversi a seconda degli attori che li utilizzano. Il che fa sì che l'attenzione debba essere prevalentemente rivolta a documenti di *soft law* (dichiarazioni, risoluzioni, raccomandazioni e altri) adottati nel contesto di organizzazioni internazionali che si occupano di migrazioni, talvolta come specifica finalità del loro mandato. Il riferimento è, ovviamente, alla già richiamata IOM, ai cui atti e documenti si farà riferimento per le definizioni di cui ci si occuperà di seguito in quanto comunemente utilizzate in diversi contesti internazionali.

Tuttavia, prima di analizzare le definizioni dei termini e dei concetti che più direttamente riguardano le migrazioni dovute a fenomeni ambientali, è utile indicare il significato che si attribuisce all'espressione "cambiamento climatico" in quanto sempre più è considerato essere all'origine di un crescente aumento del fenomeno migratorio. In proposito, l'*International Panel on Climate Change* (IPCC) – un'autorità scientifica nella materia[1] – ha definito il cambiamento climatico come "un cambiamento nello stato del clima che può essere identificato (ad esempio, utilizzando test statistici) dai cambiamenti nella media e/o nella variabilità delle sue proprietà e che persiste per un periodo prolungato, in genere decenni o più. Il cambiamento climatico può essere dovuto a processi interni naturali o a intense azioni esterne come alterazioni dei cicli solari, eruzioni vulcaniche e cambiamenti antropogenici persistenti nella composizione dell'atmosfera o nell'uso del suolo". Lo stesso IPCC fa comunque presente che all'art. 1 della UNFCCC si definisce il cambiamento climatico come un fenomeno "attribuito direttamente o indirettamente all'attività umana che altera la composizione dell'atmosfera globale e che si aggiunge alla variabilità climatica naturale che osservata in periodi di tempo comparabili". Si fa così rilevare che l'UNFCCC evidenza la distinzione tra il cambiamento climatico attribuibile alle attività umane e quello attribuibile a cause naturali (IOM, 2024, p. 198).

Ciò detto e avendo definito il fenomeno – il cambiamento climatico – che genera la tipologia migratoria di cui ci occupiamo in questo lavoro, riteniamo essenziale chiarire anche il significato che sul piano internazionale viene attribuito al concetto di "migrazione ambientale". L'IOM definisce tale "[I]l movimento di persone o gruppi di persone che, principalmente per ragioni di improvviso o progressivo cambiamento nell'ambiente che incidono negativamente sulle loro vite o condizioni di vita, sono forzate a lasciare i luoghi della loro residenza abituale, o scelgono di fare ciò, sia temporaneamente che permanentemente e che si muovono all'interno o al di fuori del loro paese di origine o della loro residenza abituale" (IOM, 2019, p. 65).

Di questa definizione due aspetti vanno messi in rilievo. Il primo riguarda il carattere "forzato" della migrazione, che è anche un indice della particolare vulnerabilità delle popolazioni che sono colpite dal fenomeno generale del cambiamento ambientale scaturente da cause improvvise o progressive. Il secondo riguarda invece il fatto che questa definizione mette chiaramente in evidenza che la migrazione ambientale produce i fenomeni sia degli "sfollati", le persone che si muovono all'interno del proprio Paese, sia dei "migranti ambientali" (IOM, 2019, p. 64), coloro che lasciano il proprio Paese d'origine.

Una locuzione alla quale si fa comunemente riferimento e che anche in questo lavoro verrà utilizzata è quella di "migrazione climatica". Anche in questo caso la fonte principale è l'IOM. È doveroso chiarire subito che si tratta di una definizione che non è molto diversa dalle precedenti se non per l'espresso riferimento al "cambiamento climatico" come la ragione del "cambiamento ambientale".

In effetti l'IOM definisce la "migrazione climatica" come "[I]l movimento di persone o gruppi di persone che, principalmente per ragioni di improvviso o progressivo cambiamento nell'ambiente dovute al cambiamento climatico, sono costrette a lasciare il luogo o la residenza abituale, o scelgono di fare ciò, sia temporaneamente che permanentemente, all'interno di uno Stato o attraverso una frontiera internazionale" (IOM, 2019a, p. 31; Scheewel, 2023). Nella sostanza, la migrazione climatica è considerata una sottocategoria della migrazione ambientale in quanto ne costituisce una specifica tipologia nella quale il degrado ambientale è dovuto al cambiamento climatico (IOM, 2021, p. 379).

È bene precisare che l'ampia definizione che viene utilizzata per discutere del tema oggetto di questo lavoro non solo non ha valore giuridico ma è anche all'origine delle difficoltà che si sono incontrate nell'elaborazione di strumenti giuridici specificamente dedicati alla migrazione climatica.

In conclusione, su questi aspetti definitori si ritiene utile specificare che il tentativo di affermare il concetto di "rifugiato ambientale" e di applicare ai migranti climatici il sistema di protezione relativo ai rifugiati previsto dalla Convenzione di Ginevra del 1951 e dal suo Protocollo del 1967 è rimasto senza successo per le difficoltà di estendere la definizione di rifugiato (la persona perseguitata nel proprio Paese per motivi attinenti alla razza, alla religione, alla nazionalità, in quanto appartenente a un determinato gruppo sociale o per le opinioni politiche) al migrante ambientale. In effetti è oggettivamente difficile considerare il migrante climatico come un *perseguitato* e garantirgli conseguentemente lo *status* di rifugiato (McAdam, 2012, p. 39 ss.; Behrman & Kent, 2018; Perrini, 2018, p. 83 ss.; Villani, 2022, p. 159 ss.; Gargiulo, 2022, p. 241 ss.).

3. Iniziative internazionali per la definizione di una strategia di cooperazione tra gli Stati per affrontare la questione delle migrazioni dovute ai cambiamenti climatici

È facile intuire che anche per quanto concerne la migrazione per motivi ambientali, si riproducono gli stessi elementi di complessità e di difficoltà che si propongono per la governance del fenomeno migratorio in generale, dovuti in larga parte al coinvolgimento non solo dello Stato di origine e di quello di destinazione, ma anche dello Stato (o degli Stati di transito) e, molto spesso, anche dello Stato ospite temporaneo dopo che il migrante ha attraversato i confini nazionali.

Ciò non significa che non ci siano forme di cooperazione internazionale che incidono sulla regolazione del fenomeno migratorio (Gargiulo, 2004, p. 3 ss.), nel nostro caso sulle migrazioni forzate dovute a problemi ambientali o più specificamente al cambiamento climatico.

È ovvio che non è possibile, per motivi di spazio, fare un quadro sistematico dei vari contesti e delle varie iniziative poste in essere nell'ambito del sistema delle Nazioni Unite (ONU, agenzie specializzate e altre organizzazioni affiliate). Ci limiteremo, pertanto, ad alcuni esempi che maggiormente hanno evidenziato la specificità dei problemi relativi ai migranti climatici nel contesto più generale delle iniziative di *governance* delle migrazioni e di quelle di contrasto al cambiamento climatico.

Tra queste, un riferimento può essere fatto alla Convenzione delle Nazioni Unite di lotta alla desertificazione (Parigi, 1994) che, in collaborazione con l'IOM, ha studiato in maniera approfondita la complessa interrelazione fra migrazioni e desertificazione, degrado terrestre e siccità e ha elaborato strategie di gestione sostenibile e di riabilitazione delle terre al fine di evitare o ridurre al minimo le migrazioni forzate dovute a tali fenomeni (IOM, 2019b). In proposito vale la pena di ricordare che nel corso della 13a Conferenza delle Parti svoltasi in Cina (Ordos) nel 2017 (COP13) veniva adottato "The UNCCD 2018-2030 Strategic Framework" nel quale la visione generale è quella di evitare, minimizzare, invertire la desertificazione e mitigare gli effetti della siccità nelle aree colpite da tali fenomeni e a tutti i livelli, per raggiungere l'obiettivo di un mondo privo di degrado del suolo in linea con gli obiettivi dell'Agenda 2030 sullo sviluppo sostenibile (*International Convention to Combat Desertification*, 2017a, p. 3). Per quanto riguarda le migrazioni, rilevante nel Framework è l'obiettivo strategico 2 il cui fine è di migliorare le condizioni di vita delle popolazioni colpite dai fenomeni indicati la cui realizzazione è ritenuto possa avere un impatto positivo nel ridurre sostanzialmente le migrazioni forzate prodotte dalla desertificazione e dal degrado del territorio. D'altra parte, nel contesto della medesima COP13 veniva adottata una decisione nella quale si riconosceva il ruolo positivo che le misure prese nel contesto dell'attuazione della Convenzione potevano avere anche al fine di affrontare uno dei fattori all'origine dei movimenti migratori (*International Convention to Combat Desertification*, 2017b, p. 1). Tale approccio veniva confermato anche alla COP14 (New Delhi) nel 2019 allorché tra le azioni indicate agli Stati per affrontare la migrazione indotta dalla desertificazione e fenomeni simili si faceva riferimento, tra l'altro, a ripristinare le terre degradate, a rivedere le politiche di sviluppo al fine di promuovere ristrutturazioni ecologiche su larga scala, a incoraggiare l'utilizzo di energie rinnovabili, a promuovere lo sviluppo di piccole e medie imprese nelle aree rurali (*International Convention to Combat Desertification*, 2019).

Una seconda iniziativa che riteniamo utile ricordare in questo contesto è quella che ha portato all'elaborazione del *Sendai*

Framework for Disaster Risk Reduction 2015-2030 (Sendai Framework) (United Nations, 2015). Adottato dagli Stati membri dell'ONU nel corso della Terza Conferenza Mondiale sulla Riduzione del Rischio di Disastri nel marzo 2015 e fatto proprio dall'Assemblea generale dell'ONU nel giugno dello stesso anno, è il documento di riferimento per comprendere quali obiettivi e quali priorità la comunità internazionale si è data per raggiungere una sostanziale riduzione del rischio di catastrofi e di perdite di vite umane e beni materiali (economici, sociali, culturali e altro). Vale la pena sottolineare che sebbene le catastrofi e i disastri di vario genere siano all'origine di un significativo movimento di persone, sia all'interno che all'esterno delle frontiere degli Stati, il Sendai Framework non dedica un particolare spazio al fenomeno (Guadagno, 2016, p. 30 ss.). Tuttavia, il documento fa riferimento alla necessità di includere i migranti nella gestione della riduzione del rischio di catastrofi. Una prima volta lo fa indicando i migranti tra i portatori di interesse con i quali i governi devono dialogare per l'elaborazione e l'attuazione di politiche, piani e standard per la riduzione del rischio di disastri (United Nations, 2015, par. 7). Una seconda volta il riferimento ai migranti è fatto nella parte del documento che richiama la necessità di rafforzare la governance per la gestione del rischio di disastri allorché si prevede di incoraggiare le autorità locali attraverso interventi normativi e finanziari a lavorare e a coordinarsi con vari attori, tra cui anche i migranti, nella gestione del rischio da disastri a livello locale (United Nations, 2015, par. 27). Infine, nella parte del documento dedicata al ruolo dei portatori di interesse nella quale riconosce che i migranti contribuiscono alla resilienza delle comunità e delle società, e le loro conoscenze, competenze e capacità possono essere un fattore utile per l'elaborazione e l'attuazione di misure di riduzione del rischio di catastrofi (United Nations, 2015, par. 36, lett. a, vi).

L'approccio del Sendai Framework rispetto alla mobilità delle persone causata dalle catastrofi è stato ribadito anche nel contesto dei diversi esercizi della *Global Platform for Disaster Risk Reduction* (Global Platform), il meccanismo per l'esame dei progressi compiuti nell'attuazione del Sendai Framework. A titolo di esempio si può citare la settima sessione della Global Platform – svoltasi a Bali (Indonesia) nel 2022 – nel corso della quale è stata ribadita la necessità di un approccio partecipativo e fondato sui diritti umani nella pianificazione e nell'attuazione delle attività per fronteggiare i disastri per tutte le popolazioni a rischio (*UN Office for Disaster Risk Reduction*, 2022). D'altra parte, che la migrazione debba essere integrata nel contesto delle iniziative per la riduzione del rischio di disastri è confermato anche da un recente rapporto del Segretario generale sull'attuazione del Sendai Framework (United Nations, 2023).

Infine, merita di essere qui richiamata anche la *Nansen Initiative* e la sua evoluzione. Si tratta delle iniziative sviluppatesi immediatamente dopo la *Nansen Conference on Climate Change and Displacement* svoltasi a Oslo nel 2011 e che presero avvio con l'impegno della Norvegia e della Svizzera di favorire l'adozione di un approccio più coerente per la protezione delle persone sfollate oltre i confini nel contesto di disastri e del cambiamento climatico. Il risultato fu, appunto, la *Nansen Initiative*, un processo consultivo tra Stati lanciato nel 2012 e il cui risultato più importante è stato l'elaborazione dell'*Agenda for the Protection of Cross-Border Dislaced Persons in the Context of Disasters and Climate Change* (Protection Agenda), approvata da un numeroso gruppo di Stati durante una consultazione globale tenutasi nel 2015 (The Nansen Initiative, 2015, p. 7 ss.). La Protection Agenda ha lo scopo di rafforzare la conoscenza, fornire una cornice concettuale e identificare le prassi più efficaci per proteggere le persone nel contesto dei movimenti transfrontalieri dovuti a catastrofi. In particolare, essa cerca di individuare le misure potenziali che gli Stati possono adottare volontariamente per accogliere le persone provenienti da Paesi e comunità colpite da disastri sulla base di considerazioni umanitarie e della solidarietà internazionale. A partire dal 2016, il lavoro della *Nansen Initiative* è stato continuato dalla *Platform on Disaster Displacement* (PDD), avviata dal *World Humanitarian Summit*, e portata avanti dagli Stati impegnati nell'attuazione della Protection Agenda. L'idea che presiede alla creazione della PDD è quella di favorire l'integrazione di prassi efficaci per la protezione dei migranti provocati da disastri e cambiamenti climatici nelle cornici normative di Stati e di organizzazioni regionali in modo da poterle adattare alle specificità dei singoli contesti. Un sistema, quindi, del tutto alternativo rispetto alla elaborazione di uno strumento internazionale vincolante nella materia.

4. La Convenzione quadro delle Nazioni Unite sul cambiamento climatico e i migranti ambientali

Come già anticipato in precedenza, gli Stati hanno assunto degli impegni per prevenire e governare le migrazioni anche dal punto di vista del diritto internazionale dell'ambiente, in particolare in materia di mitigazione e adattamento al cambiamento climatico.

Lo strumento fondamentale nella materia è la Convenzione quadro delle Nazioni Unite sul cambiamento climatico (Rio de Janeiro, 1992) la quale non stabilisce espressamente un legame tra cambiamento climatico e migrazioni, ma è ben evidente che il suo obiettivo ultimo – "stabilizzare [...] le concentrazioni di gas a effetto serra nell'atmosfera a un livello tale che sia esclusa qualsiasi pericolosa interferenza delle attività umane sul sistema climatico" (art. 2 della Convenzione) – contribuisce ad affrontare le cause climatiche, soprattutto a lenta insorgenza, che sono all'origine delle migrazioni.

Successivamente, nell'ambito delle Conferenze delle Parti (COP) della Convenzione che, come è noto, sono lo strumento di verifica dell'attuazione e dello sviluppo degli impegni assunti dagli Stati parti, il tema delle migrazioni ha incominciato ad acquisire una sua specifica rilevanza.

Un primo punto di riferimento è costituito dall'adozione nel corso della COP16 (2010) della decisione 1/CP.16 relativa a *The Cancun Agreements* il cui obiettivo principale è di promuovere una visione condivisa per un'azione cooperativa di lungo termine (*Framework Convention on Climate Change*, 2010, p. 2 ss.). Il presupposto da cui muove il documento è che il cambiamento climatico è una delle più grandi sfide del nostro tempo e che la visione condivisa proposta è necessaria per raggiungere l'obiettivo della Convenzione, sulla base dell'equità e in conformità con le responsabilità comuni, ma differenziate, e le rispettive capacità. Nel contesto del rafforzamento delle azioni e della cooperazione internazionale in materia di adattamento al cambiamento climatico volto a ridurre la vulnerabilità e costruire la resilienza soprattutto dei Paesi in via di sviluppo (*Cancun Adaptation Framework*), la decisione (*Framework Convention on Climate Change*, 2010, punto 14 f) p. 8) invita gli Stati parti ad adottare misure nazionali, regionali e internazionali per migliorare la comprensione, il coordinamento e la cooperazione riguardo ai fenomeni degli sfollati, delle migrazioni e dei ricollocamenti pianificati indotti dal cambiamento climatico.

Un secondo punto di riferimento di grande rilevanza è costituito dall'Accordo di Parigi e delle determinazioni che l'accompagnarono nel contesto della COP21 (2015). In effetti, in tale contesto fu raccomandata, tra l'altro, la creazione di una *Task Force on Displacement* nell'ambito del Meccanismo internazionale di Varsavia sulle perdite e i danni istituito dalla COP19 (2013). La Task Force, attraverso un processo consultivo, ha elaborato alcune raccomandazioni su come affrontare gli spostamenti di persone provocati dal cambiamento climatico. Le raccomandazioni sono rivolte non solo agli Stati parti della Convenzione quadro, ma anche a tutte le istituzioni, gli organi, gli uffici e i programmi del sistema delle Nazioni Unite, nonché a tutti i portatori di interesse rilevanti. Ovviamente si tratta di raccomandazioni che, riguardando gli spostamenti di persone rispetto a tutti i cambiamenti climatici, trovano applicazione anche rispetto agli eventi climatici a lenta insorgenza.

Per dare degli esempi concreti, le raccomandazioni in questione esortano: a formulare norme, politiche e strategie che affrontino tutte le forme di migrazioni legate al cambiamento climatico tenendo presente gli obblighi in materia di diritti umani; a incrementare le ricerche e le analisi nella materia; a facilitare una migrazione ordinata, sicura, regolare e responsabile nel contesto degli impatti climatici sfavorevoli; a stabilire sinergie con i lavori condotti nell'ambito delle iniziative di attuazione del Global compact sulla migrazione.

Le raccomandazioni e i piani d'azione della Task Force on Displacement sono stati accolti successivamente a più riprese dalle COP della Convenzione quadro a testimonianza dell'interesse che gli Stati hanno per le strategie dirette a minimizzare e affrontare il tema delle migrazioni prodotte dagli impatti negativi dei cambiamenti climatici. È evidente, tuttavia, che l'attuazione delle misure necessarie per affrontare tali problemi sconta il limite di essere di interesse, al momento, solo per gli Stati che già subiscono gli effetti di tale fenomeno e ciò non aiuta a stabilire un efficace sistema di cooperazione internazionale nella materia.

In ogni caso il processo cooperativo prosegue e talvolta riesce anche a portare qualche ulteriore risultato positivo, almeno nelle intenzioni. Così ci sembra di poter dire rispetto a quanto concluso nell'ambito della COP26 (2021) con l'adozione del *Glasgow Climate Pact* (*Framework Convention on Climate Change*, 2021, p. 2 ss.). Com'è noto gli impegni più rilevanti assunti dagli Stati parti riguardano il finanziamento delle attività finalizzate a costruire la resilienza al cambiamento climatico e a bloccare le emissioni di gas a effetto serra. In particolare, partendo dall'insufficienza degli impegni assunti in materia di finanza climatica per l'adattamento al fine di rispondere adeguatamente all'impatto del cambiamento climatico nei Paesi in via di sviluppo, alla COP26 è stato deciso che a partire dal 2025 un nuovo obiettivo sarebbe stato impostato partendo da una base di 100 miliardi di dollari per anno, tenuto conto delle necessità e delle priorità dei Paesi in via di sviluppo. L'aspetto negativo di queste determinazioni è che fanno riferimento a impegni ancora non certi, che riguardano il futuro, ma soprattutto non tengono conto dell'aumento delle necessità e dei costi di adattamento che quindi tendono ad aumentare il gap delle risorse finanziarie necessarie. Il rischio concreto è che gli impegni del Patto climatico di Glasgow risultino già insufficienti per ridurre la vulnerabilità dei Paesi interessati e non siano in grado di migliorare la loro resilienza alle catastrofi ambientali.

5. Il Global Compact on Migration *e la migrazione ambientale*

Ai fini del presente lavoro un secondo aspetto rilevante che necessita di essere preso in considerazione riguarda il *Global Compact on Safe, Orderly and Regular Migration* (GCM) e le iniziative relative alla sua attuazione.

Come è ampiamente noto il documento in questione è stato adottato dall'Assemblea generale dell'ONU nel 2018 (United Nations, 2018) a seguito di una serie di avvenimenti tragici che avevano caratterizzato le crisi migratorie nel Mediterraneo (Gargiulo, 2020, p. 1 ss.; Klein Solomon & Sheldon, 2018, p. 584 ss.; Kälin, 2018, p. 664 ss.).

Anche questo documento tratta il tema delle migrazioni in rapporto al degrado ambientale. Anzi, per la prima volta gli Stati membri dell'ONU si impegnano specificamente ad affrontare i fattori che costringono le persone a lasciare i propri Paesi di origine per motivi legati a disastri o cambiamenti climatici. Il GCM si occupa di queste questioni nella parte relativa alle calamità naturali e agli effetti negativi del cambiamento climatico, sottolineando la necessità di: *a)* rafforzare la condivisione e le analisi delle informazioni per comprendere e affrontare meglio la mobilità nel contesto dei disastri, del cambiamento climatico e del degrado ambientale; *b)* sviluppare strategie di adattamento e resilienza che possono includere la migrazione; *c)* integrare le considerazioni sullo spostamento di persone nelle strategie di preparazione alle catastrofi; *d)* garantire l'accesso all'assistenza umanitaria e promuovere risultati sostenibili che aumentino la resilienza e l'autosufficienza; *e)* sviluppare approcci coerenti per affrontare le sfide della migrazione.

Queste sollecitazioni vengono poi precisate attraverso alcuni obiettivi che indicano azioni concrete da porre in essere. In particolare, mi sembra utile richiamare: l'*obiettivo 2* che chiede di affrontare i fattori chiave della migrazione ambientale e climatica, inclusi quelli a lenta insorgenza; e *l'obiettivo 5* che chiede di rafforzare i percorsi migratori regolari nel contesto di eventi climatici sia improvvisi sia a lenta insorgenza. Tra le misure indicate vi sono i *visti umanitari o i permessi di lavoro temporanei* qualora il ritorno nei Paesi di origine non sia possibile.

È quasi superfluo ricordare che il GCM è uno strumento giuridicamente non vincolante e, pertanto, può assumere una dimensione di concretezza solo sulla base della volontà degli Stati di recepire nelle loro strategie politiche e normative a livello nazionale quanto suggerito nel GCM.

Può essere quindi utile, in questo contesto, esaminare come i governi degli Stati membri dell'ONU e gli altri portatori di interesse si siano mossi nell'attuazione del GCM e lo si farà attraverso la valutazione di quanto determinato nell'ambito dell'*International Migration Review Forum* (IMRF) che, come stabilito dallo stesso GCM, è la principale piattaforma globale intergovernativa nel contesto della quale gli Stati membri possono discutere e condividere i progressi nell'attuazione di tutti gli aspetti del GCM con la partecipazione di tutti i rilevanti portatori d'interesse (United Nations 2018, par. 49, lett. b). Gli esercizi dell'IMRF hanno una periodicità quadriennale a partire dal primo che si è svolto dal 17 al 20 maggio 2022.

Nella *Progress Declaration* approvata al termine del primo esercizio di riesame condotto dell'IMRF e fatta propria dall'Assemblea generale dell'ONU (United Nations, 2022, Annex), il tema del cambiamento climatico e le ricadute sulle migrazioni è toccato più volte. Anzitutto, il documento rinnova la preoccupazione per l'impatto sulla migrazione internazionale non solo di fenomeni quali le crisi economiche e finanziarie, la povertà, le emergenze sanitarie e l'insicurezza alimentare, ma anche per le conseguenze immediate o di lenta insorgenza collegate ai disastri naturali, al cambiamento climatico, al degrado ambientale e a fenomeni quali la desertificazione, il degrado del territorio, la siccità, le alluvioni, la carenza di acqua, l'innalzamento del livello del mare (United Nations, 2022, par. 12).

In relazione ai progressi realizzati nell'attuazione del GCM per quanto concerne gli aspetti che qui interessano, la *Progress Declaration* esprime soddisfazione per l'integrazione del tema delle migrazioni internazionali nei piani di sviluppo e nelle politiche settoriali a livello nazionale, regionale e globale, nonché nelle politiche e nelle strategie di adattamento e mitigazione dei cambiamenti climatici (United Nations, 2022, par. 24). Tuttavia, gli sforzi di mitigazione e adattamento agli effetti negativi del cambiamento climatico sono ritenuti insufficienti, ivi compresi quelli relativi alla "climate finance" del *Glasgow Climate Pact* di cui si è detto in precedenza (United Nations, 2022, par. 27).

Il documento mette anche in rilievo che gli impatti negativi dei cambiamenti climatici, insieme ad altro, hanno evidenziato le lacune che ancora caratterizzano le misure di anticipazione, preparazione e risposta agli eventi che possono innescare grandi movimenti di migranti.

Per far fronte a tale situazione, dal punto di vista operativo la *Progress Declaration* fa riferimento alla volontà degli Stati membri di migliorare e diversificare i percorsi per una migrazione sicura, ordinata e regolare anche per quanto concerne le persone che sono colpite da disastri, cambiamenti climatici e degrado ambientale suggerendo la conclusione di accordi sulla mobilità del lavoro, l'adozione di misure che garantiscano maggiori opportunità nel campo dell'istruzione, favoriscano il ricongiungimento familiare, tenuto conto del diritto alla vita familiare e al superiore interesse del minore, e aumentino la possibilità di regolarizzazione dei migranti irregolari (United Nations, 2022, par. 59).

6. Conclusioni

Pur avendo "sacrificato" diverse iniziative di cooperazione internazionale condotte nell'ambito del sistema delle Nazioni Unite, riteniamo che gli aspetti sui quali ci siamo soffermati in precedenza siano comunque una concreta testimonianza dell'interesse che gli Stati membri dell'ONU, almeno a partire dalla fine della prima decade del 2000, stanno mostrando per il fenomeno degli sfollati e dei migranti per ragioni ambientali o climatiche.

Si tratta di forme di cooperazione che originano da contesti sia normativi sia politico-istituzionali e tutti sono sostanzialmente indirizzati a: riconoscere l'importanza che i fattori ambientali e climatici hanno nel generare la mobilità delle persone; promuovere l'adozione di misure che, tuttavia, al momento, sono più indirizzate a ridurre le cause dei disastri, del cambiamento climatico e del degrado ambientale, piuttosto che a facilitare la mobilità delle persone.

D'altra parte, bisogna anche evidenziare che il problema più importante che al momento bisogna affrontare riguarda l'intensificazione degli sforzi per l'attuazione degli impegni assunti dagli Stati nel contesto dei *frameworks* internazionali cui si è fatto riferimento.

Sotto questo profilo, non mancano le testimonianze dell'impegno di diversi Paesi, per lo più quelli che sono già colpiti dal fenomeno, ad adottare strategie politiche e normative indirizzate ad affrontare i fattori ambientali che generano la mobilità delle persone. Certo, come si diceva in precedenza, restano dei gap importanti per quanto concerne l'ammissione e il soggiorno, l'individuazione di specifiche via legali per favorire la mobilità, il ritorno e la reintegrazione sostenibile dei migranti ambientali.

Ciò è indicativo del fatto che la cooperazione internazionale e regionale, per quanto avviata e costantemente monitorata, deve essere rafforzata almeno in due direzioni: la prima riguarda la capacità di supportare l'adozione sul piano nazionale delle soluzioni politiche e normative adottate a livello internazionale; la seconda riguarda invece la necessità di mobilitare le risorse, i fondi e le competenze necessarie per affrontare in modo adeguato la mobilità umana nel contesto dei disastri e del cambiamento climatico.

Bibliografia

Behrman, S. & Kent, A. (eds.) (2018). *'Climate Refugees' Beyond the Legal Impasse?*, Routledge.

Framework Convention on Climate Change (2010). *Report of the Conference of the Parties on its sixteenth session, Cancun 29 November - 10 December 2010, Addendum, Part Two: Action taken by the Conference of the Parties*, FCCC/CP/2010/7/Add.1.

Framework Convention on Climate Change (2021). *Report of the Conference of the Parties serving as the meeting of the Parties to the Paris Agreement on its third session, Glasgow 31 October - 13 November 2021, Addendum, Part two: Action taken by the Conference of the Parties serving as the meeting of the Parties to the Paris Agreement at its third session*, FCCC/PA/CMA/2021/10/Add.1.

Gargiulo, P. (2020). Recenti tendenze della cooperazione internazionale in materia di migrazioni. Contenuto, potenzialità e limiti del Global Compact on Migration. *Ordine Internazionale e Diritti Umani*, n.1 (suppl.), pp. 1-10.

Gargiulo, P. (2022). *Riflessioni conclusive: migrazioni e crisi climatica.* In O.M. Pallotta (a cura di), *Crisi climatica, migrazioni e questioni di genere. Profili giuridici*, Editoriale Scientifica.

Gargiulo, P. (2024). The role of international cooperation in the management of migration flows and the integration of migrants. In A. Di Stasi, I. Caracciolo, G. Cellamare & P. Gargiulo (eds.), *International migration and the Law. Legal approaches to a global challenge*. Routledge.

Guadagno, L. (2016). Human Mobility in the Sendai Framework for Disaster Risk Reduction, *International Journal of Disaster Risk Science*, 7, pp. 30-40.

iDMC - Internal Displacement Monitoring Centre (2021). *Global Report on Internal Displacement 2020.*

International Convention to Combat Desertification (2017a). Conference of the Parties, Thirteenth Session, *The UNCCD 2018-2030 Strategic Framework*, ICCD/COP(13)/L.18.

International Convention to Combat Desertification (2017b). Conference of the Parties, Thirteenth Session, *The positive role that measures taken under the*

Convention can play to address desertification/land degradation and drought as one of the drivers that causes migration, ICCD/COP(13)/L.25.

International Convention to Combat Desertification (2019). *Report of the Conference of the Parties on its fourteenth session, New Delhi, India, 2-13 September 2019, Part two: Action taken by the Conference of the Parties at its fourteenth session*, ICCD/COP(14)/23/Add.1.

International Organization for Migration (2019a). *Glossary on Migration, International Migration Law N° 34*, IOM.

International Organization for Migration (2019b). *Addressing the Land Degradation – Migration Nexus: The Role of the United Nations Convention to Combat Desertification*, IOM.

International Organization for Migration (2021). *World Migration Report 2022*, IOM.

International Organization for Migration (2024). *World Migration Report 2024*, IOM.

Kälin, W. (2018), The Global Compact on Migration: A ray of hope for disaster-displaced persons, *International Journal of Refugee Law*, 30(4), pp. 664-667.

Solomon, K. & Sheldon, S. (2018). The Global compact for migration: From the sustainable development goals to a comprehensive agreement on safe, orderly and regular migration. *International Journal of Refugee Law*, 30(4), pp. 584-590.

McAdam, J. (2012). *Climate Change, Forced Migration, and International Law*. Oxford University Press.

Perrini, F. (2018), *Cambiamenti climatici e migrazioni forzate. Verso una tutela internazionale dei migranti ambientali*. Editoriale Scientifica.

Scheewel, K. (2023). *Who Counts as a Climatic Migrant?*. https://www.migrationpolicy.org/article/who-is-a-climate-migrant.

The Nansen Initiative (2015). *Agenda for the Protection of Cross-Border Displaced Persons in the Context of Disasters and Climate Change*, I. The Nansen Initiative.

United Nations (2015). *Sendai Framework for Disaster Risk Reduction 2015-2030*. https://www.undrr.org/publication/sendai-framework-disaster-risk-reduction-2015-2030.

United Nations (2018). *Global Compact for Safe, Orderly and Regular Migration*. General Assembly Resolution, 19 December 2018, UN Doc. A/RES/73/195.

United Nations (2022). *Progress Declaration of the International Migration Review Forum*. General Assembly Resolution, 7 June 2022, UN Doc. A/RES/76/266.

United Nations (2023). *Implementation of the Sendai Framework for Disaster Risk Reduction 2015-2030*. Report of the Secretary General, UN Doc. A/78/267.

UN Office for Disaster Risk Reduction (2022). *Global Platform for Disaster Risk Reduction, From Risk to Resilience: Towards Sustainable Development for All in a Covid-19 Transformed World*. www.globalplatform.undrr.org.

Villani, S. (2022). *Migrazione e ambiente: verso un regime di tutela basato sui diritti umani*. In O.M. Pallotta (a cura di), *Crisi climatica, migrazioni e questioni di genere. Profili giuridici*, Editoriale Scientifica.

World Bank (2021). *Groundswell Part. 2: Acting on Internal Climate Migration*. https://openknowledge.worldbank.org/entities/publication/2c9150df-52c3-58ed-9075-d78ea56c3267.

Résumé

L'article analyse la relation complexe entre la coopération internationale, la migration et les facteurs environnementaux, en tenant compte notamment du rôle joué par l'Organisation des Nations Unies et ses organes affiliés. De plus en plus, des stratégies internationales et des cadres juridiques ont été discutés pour faire face à la migration environnementale, provoquée par le changement climatique et d'autres événements environnementaux. Dès le début, l'article aborde le problème intrinsèque de la quantification de la migration environnementale, ainsi que les défis associés pour stimuler la coopération internationale afin de traiter efficacement ce phénomène.

Une grande partie de l'article est consacrée aux tentatives de définir la terminologie de "migrant environnemental", "migrant climatique" et "réfugié environnemental".

En l'absence de définitions légales qui créeraient des barrières indispensables, les instruments juridiques internationaux et les stratégies restent au point mort dans leur espoir de protéger les populations touchées. L'article examine aussi la contribution de cadres internationaux importants – tels que la Convention-cadre des Nations Unies sur les changements climatiques et le Pacte mondial pour les migrations – à la formulation d'une réponse de la communauté mondiale contre la migration environnementale. Ces cadres visent à souligner qu'une coopération internationale renforcée est nécessaire pour gérer les flux migratoires induits par l'environnement, en particulier ceux causés par le changement climatique.

En résumé, l'article appelle à la nécessité de réfléchir à des moyens plus efficaces par lesquels la coopération internationale peut être mobilisée pour gérer ce phénomène croissant de la migration environnementale.

Face à cette tendance croissante, il incombe à la communauté internationale de formuler clairement des définitions, de renforcer les mesures de protection juridique et d'entreprendre des actions concrètes visant à aider les populations affectées. L'article montre que l'ONU et les institutions qui lui sont liées doivent être à l'avant-garde de cet effort, bien qu'il reconnaisse les défis liés à la quantification et à la gestion efficace de la migration environnementale.

Note

[1] L'IPCC, premio Nobel per la pace nel 2007, è un organismo internazionale composto da governi (attualmente 195) il cui scopo è di fornire stime scientifiche sul cambiamento climatico. Esso è stato istituito nel 1988 dall'azione congiunta del Programma delle Nazioni Unite per l'Ambiente (UNEP) e dell'Organizzazione Metereologica Mondiale (WMO). Gli Stati attraverso

propri organi di rappresentanza tecnico scientifica partecipano alle attività del Panel tra le quali si segnala la preparazione di report di valutazione completi sullo stato delle conoscenze scientifiche, tecniche e socio-economiche sul cambiamento climatico, il suo impatto e i rischi futuri, nonché sulle opzioni per ridurre la velocità con cui si stanno verificando i cambiamenti climatici. Per maggiori dettagli sulla struttura e le attività dell'IPCC, vedi *www.ipcc.ch*.

Emergenza climatica e donne migranti

Barbara Pozzo
(Presidente della Società Italiana per la Ricerca in Diritto Comparato [SIRD] - Accademia dei Lincei - Università dell'Insubria)

Sommario: 1. Il fenomeno dei migranti climatici. – 2. Il legame tra genere e cambiamento climatico: dalle Conferenze delle Parti (COP) alle iniziative europee. – 3. Le donne come portatrici di cambiamento: uno sguardo di diritto comparato. – 4. Alcune conclusioni.

1. Il fenomeno dei migranti climatici

Già a partire dal 2007, il Gruppo intergovernativo di esperti sui cambiamenti climatici (*Intergovernmental Panel on Climate Change*) ha messo in luce come i cambiamenti climatici influenzano gli insediamenti umani attraverso il loro impatto sulla salute umana, sulla sicurezza alimentare e sulla diminuzione della redditività delle attività economiche basate sulle risorse naturali (Parry & al., 2007). Le donne in questo contesto risulterebbero particolarmente svantaggiate[1], alla luce di vaste ricerche e di una nutrita letteratura su queste tematiche che hanno messo in luce come uomini e donne sono colpiti in modo diverso in tutte le fasi di una catastrofe: dall'esposizione alla percezione del rischio, ai comportamenti di preparazione, comunicazione di allarme e risposta, agli impatti fisici, psicologici, sociali ed economici, alla risposta all'emergenza e, infine, alla ricostruzione (Fothergill, 1998, pp. 9-25). La letteratura che si è interessata a questi fenomeni appare inoltre unanime nel dimostrare che i disastri naturali provocano un aumento di violenza domestica e di disturbi da stress post-traumatico nelle donne (Anderson & Manuel, 1994; Garrison & al., 1995; Wilson & al., 1998; Ariyabandu & Wickramasinghe, 2003; Galea & al., 2005).

Rendendosi conto della gravità di questo fenomeno, la Convenzione quadro delle Nazioni Unite sui cambiamenti climatici (UNFCCC) ha incluso gli spostamenti, le migrazioni e i trasferimenti pianificati indotti dai cambiamenti climatici nelle Conferenze delle Parti del 2010 e del 2011.

In particolare, il paragrafo 14(f) del *Quadro di adattamento di Cancun* adottato nel 2010 invita ad approfondire gli impatti umani dei cambiamenti climatici e a incorporare le politiche migratorie e le misure per affrontare gli spostamenti nelle strategie nazionali di adattamento. Si ritiene infatti che gli effetti dei cambiamenti climatici sugli spostamenti delle popolazioni possano avere un impatto negativo e sproporzionato sui gruppi di popolazione più poveri e vulnerabili, ed in particolare sulle donne (Chindarkar, 2012).

L'Accordo di Parigi, adottato dai governi il 12 dicembre 2015 nel corso della COP21, ha rappresentato una svolta senza precedenti per l'azione su migrazione e clima, con l'inclusione formale dei "migranti" nel preambolo dell'Accordo (Warner, 2018; Dane Warren, 2016, p. 2103; Marinică, 2021; Nash, 2018).

Occorre ricordare come la migrazione indotta dal cambiamento climatico debba essere considerata un'opzione di ultima istanza, che riguarda quei soggetti che non sono in grado di adattarsi alle conseguenze ecologiche e sociali dei cambiamenti climatici, sia per mancanza di risorse che per altre forme di disuguaglianze. Per la maggior parte di queste persone, lo sfollamento indotto dal clima è provocato da danni fisici diretti dovuti a eventi meteorologici estremi o a impatti di lenta insorgenza, ma anche da conseguenze indirette sull'insicurezza alimentare e sui conflitti per le risorse naturali e i diritti fondiari.

Secondo l'Ufficio delle Nazioni Unite per gli affari umanitari (UNOCHA) le peggiori crisi alimentari del mondo sono legate ai conflitti armati e agli aventi estremi dovuti ai cambiamenti climatici. Dei 33,4 milioni di nuovi sfollati nel 2019, il 70% è dovuto a cause climatiche. Nel periodo che va dal 2008 al 2018, il 90% delle persone sfollate a causa di disastri (circa 23 milioni di persone) ha avuto come causa scatenante le condizioni meteorologiche (UNOCHA, 2020).

La stragrande maggioranza di coloro che sono costretti ad abbandonare le proprie case a causa dei cambiamenti climatici vive nei Paesi in via di sviluppo, che sono responsabili di meno del 4% dei gas serra e che non dispongono di risorse per sostenere forme alternative di adattamento al clima, come la disponibilità di sementi resistenti alla siccità, una gestione delle acque alluvionali efficiente e la presenza di sistemi di allerta precoce.

Le migrazioni dovute al cambiamento climatico sono ulteriormente aggravate per le donne e le ragazze dei Paesi in via di sviluppo, che sono colpite in modo sproporzionato. Secondo il *Report* delle Nazioni Unite che studia il *gender gap* in relazione agli obiettivi della Agenda 2030 (UNWOMEN, 2022) negli ultimi anni circa 44 milioni di sfollati interni erano donne[2] che verrebbero a sopportare il peso maggiore degli impatti dei cambiamenti climatici. La prevalente disuguaglianza di genere spesso si interseca con altre forme di vulnerabilità: come il fatto che sono le donne e le ragazze ad avere un limitato accesso alle risorse e al potere decisionale, una difficoltà maggiore ad accedere ai servizi di base e a riprendersi dai disastri legati al clima.

2. Il legame tra genere e cambiamento climatico: dalle Conferenze delle Parti (COP) alle iniziative europee

Il legame tra genere e cambiamento climatico viene sempre più riconosciuto come problematica specifica da affrontare nei negoziati sul clima di fronte a dati drammatici che emergono dai dati raccolti dalle organizzazioni internazionali. Nei disastri causati dal ciclone del 1991 che ha ucciso 140.000 persone in Bangladesh, il 90% delle vittime erano donne (Aguilar, 2004). Nel maggio 2008, il ciclone Nargis si è abbattuto sul Distretto di Ayeyarwady del Myanmar. Tra le 130 000 persone morte o disperse in seguito al ciclone, il 61% era di sesso femminile (CARE Canada, 2010). Alle ragazze latino-americane e asiatiche spesso non viene insegnato a nuotare: durante le alluvioni molte donne sono morte per annegamento aspettando i mariti, senza i quali non potevano uscire di casa, invece di mettersi in salvo (World Health Organization, 2014). Durante l'ondata di caldo in Europa del 2003, solo il 25% dei deceduti era di sesso maschile (Canoui-Poitrine & al., 2006). Negli Stati Uniti, durante l'uragano Kathrina nel 2005, più di metà dei nuclei familiari poveri era costituito da madri single, dipendenti dalle reti sociali e di solidarietà costruite nel quartiere per le esigenze quotidiane. La tempesta ha distrutto questo tessuto, gettando le giovani nella disperazione (Butterbaugh, 2005).

Sebbene il numero di decisioni della Conferenza delle Parti (COP) che riflettono le prospettive di genere sia aumentato considerevolmente dal 2010, la *United Framework Convention on Climate Change* (UNFCCC) è stata per lungo tempo vistosamente *gender blind.* Dei tre accordi ambientali multilaterali emersi dal Vertice della Terra di Rio del 1992, la Convenzione sui Cambiamenti climatici era l'unica a non avere un linguaggio sensibile al genere nel suo testo. Il primo riferimento all'uguaglianza di genere in una decisione della COP e la prima decisione autonoma che ha contribuito a far progredire l'uguaglianza di genere e l'*empowerment* delle donne sono apparsi quasi un decennio dopo, alla COP7, nel 2001. Nonostante questi primi passi, le considerazioni di genere non sono emerse di nuovo per altri nove anni, fino all'adozione degli Accordi di Cancun alla COP16 del 2010. Solo alla COP18 del 2012 le parti hanno aggiunto *"genere e clima"* come punto permanente all'ordine del giorno delle sessioni della COP, concordando che le questioni di genere non dovrebbero più essere considerate delle questioni marginali da trattare tra le *"altre questioni"*.

Nonostante un inizio lento, l'UNFCCC ha rafforzato la considerazione delle questioni legate all'uguaglianza di genere, basandosi sullo slancio generato a Cancun e a Doha. Inizialmente, le considerazioni di genere si sono concentrate sull'aumento della partecipazione delle donne all'UNFCCC. In effetti, molti hanno criticato la decisione di Doha per essersi concentrata principalmente sul promuovere l'equilibrio di genere piuttosto che lanciare un appello più forte per l'affermazione dell'uguaglianza di genere. Ciononostante, la decisione ha rappresentato un significativo passo avanti nella considerazione del genere da parte dell'UNFCCC, in quanto si interseca con tutti gli altri aspetti della risposta globale al cambiamento climatico. Come si evince dal suo Preambolo, le parti hanno riconosciuto che l'aumento della partecipazione femminile e la rappresentanza equilibrata di donne e uomini dei Paesi in via di sviluppo e di quelli sviluppati nei negoziati può contribuire a garantire una politica climatica sensibile e rispondente alle diverse esigenze di donne e uomini in tutti i contesti.

In altre parole, si è capito che permettere alle voci delle donne di essere ascoltate su base paritaria rispetto a quelle degli uomini può portare al tavolo dei negoziati una maggiore varietà di punti di vista e prospettive più rappresentative della società. Questo, a sua volta, può facilitare l'adozione di una politica climatica che affronti i bisogni e gli interessi delle popolazioni in modo più completo. Ma forse la cosa più importante è che la decisione di Doha ha istituzionalizzato il tema del genere e del clima, facendo in modo che diventasse un punto fermo di tutti i negoziati e garantendo così che diventasse un punto permanente per tutte le successive sessioni della COP. Questo ha costituito un punto fermo per le future discussioni sulle questioni di genere e per l'ulteriore elaborazione dell'agenda sull'uguaglianza di genere e il cambiamento climatico nell'ambito dell'UNFCCC.

Alla COP20 di Lima nel 2014, le parti hanno adottato una terza decisione autonoma e molto più forte in materia di genere: il *Lima Work Program on Gender*. Il Programma di lavoro di Lima sul genere ha come scopo quello di aumentare il bilanciamento e la presenza di *tematiche di genere* nel lavoro delle parti alla Convenzione e del Segretariato e quello di venire incontro alla necessità di *integrare la dimensione di genere* in tutti gli obiettivi e i traguardi pertinenti delle attività previste dalla Convenzione come importante contributo per aumentarne l'efficacia.

In particolare, le *Decisioni* che vennero prese in quella sede furono di invitare le Parti a promuovere l'equilibrio di genere, così come a promuovere la *sensibilità di genere nello sviluppo e nell'attuazione della politica climatica* e a realizzare una politica climatica che risponda alle esigenze di genere in tutte le attività pertinenti nell'ambito della Convenzione; di incentivare le Parti a *migliorare la partecipazione delle donne nelle loro delegazioni* e in tutti gli organi istituiti nell'ambito della Convenzione; di istituire un *programma di lavoro biennale* per la promozione dell'equilibrio di genere e il *raggiungimento di una politica climatica che risponda alle esigenze di genere*, sviluppato allo scopo di guidare l'effettiva partecipazione delle donne negli organi istituiti nell'ambito della Convenzione; di incoraggiare le Parti a sostenere la formazione e *la sensibilizzazione dei delegati femminili e maschili sulle questioni relative all'equilibrio di genere e ai cambiamenti climatici,* e il rafforzamento delle competenze e delle capacità delle loro delegate di partecipare efficacemente alle riunioni dell'UNFCCC attraverso la formazione, tra l'altro, sulle capacità di negoziazione, sulla redazione del linguaggio giuridico e sulla comunicazione strategica.

Infine, venne richiesto al Segretariato di *includere nel suo prossimo rapporto annuale, informazioni relative all'attuazione* da parte del Segretariato di quelle decisioni che *includono un approccio di genere,* in linea con le politiche di genere applicabili nell'ambito della Convenzione.

Come si è visto, con l'Accordo di Parigi poi, il riconoscimento dei migranti a partire dal Preambolo dell'Accordo è ben presente ed indica la necessità di adottare una prospettiva che tenga conto delle differenze di impatto in ordine ai soggetti più deboli, tra cui le donne: *"Riconoscendo che il cambiamento climatico è una preoccupazione comune dell'umanità, le parti dovrebbero, nell'intraprendere azioni per affrontare il cambiamento climatico, rispettare, promuovere e considerare i rispettivi obblighi in materia di diritti umani, il diritto alla salute, i diritti dei popoli indigeni, delle comunità locali, dei migranti, dei bambini, delle persone con disabilità e delle persone in situazioni vulnerabili e il diritto allo sviluppo, così come l'uguaglianza di genere, l'empowerment delle donne e l'equità intergenerazionale".*

A livello europeo, occorre inoltre ricordare che nel 2018 il Parlamento ha approvato una Risoluzione dedicata a *Donne, pari opportunità e giustizia climatica* (Commissione per i diritti della donna e l'uguaglianza di genere, PE610.804)[3], dopo la discussione di un dettagliato rapporto preparato dal *Comitato sui diritti delle donne e la parità di genere* (Committee on Women's Rights and Gender Equality, 2017).

Nella Risoluzione si legge che la parità di genere è un catalizzatore per lo sviluppo sostenibile e la gestione delle sfide climatiche (De Vido, 2020, p. 274). Le donne non sono solo vittime, ma anche potenti *agenti di cambiamento* che, sulla base di una piena partecipazione, sono in grado di *elaborare e attuare efficaci strategie climatiche e soluzioni in relazione alla mitigazione e all'adattamento,* nonché *capaci di sviluppare resilienza* contro i cambiamenti climatici, come risultato delle loro varie aree di esperienza e conoscenze pratiche in settori che vanno dall'agricoltura, la silvicoltura e la pesca, alle infrastrutture energetiche e alle città sostenibili. D'altro canto, le donne danno un contributo importante alla riduzione dei disastri, spesso in modo informale, partecipando alla loro gestione e agendo come agenti di cambiamento sociale. La loro resilienza e le loro reti sono state considerate fondamentali per il recupero delle famiglie e delle comunità in tutta una serie di eventi calamitosi (Enarson & Morrow, 1998).

Una serie di casi pratici si dimostra esemplificativa a questo proposito. Dopo il ciclone dell'Orissa del 1999, ad esempio, la maggior parte degli sforzi di soccorso sono stati destinati alle donne o realizzati tramite loro, dando loro il controllo sulle risorse: sono state le donne a ricevere i kit di soccorso, tra cui quelli volti alla ricostruzione di case e alla concessione di prestiti, con il risultato di migliorare la loro autostima e il loro status sociale (Briceño, 2002). Allo stesso modo, dopo una disastrosa alluvione che ebbe luogo nel 1992 in Pakistan, nel distretto di Sarghoda, le donne sono state coinvolte nella progettazione della ricostruzione e hanno ottenuto la proprietà congiunta delle case, promuovendo il loro *empowerment*. A Yap, negli Stati Federati della Micronesia, le donne piantano palme nelle zone di taro allagate per fornire materiale per la tessitura, la costruzione di case e per proteggersi dalle inondazioni costiere. Gestiscono un vivaio di piante autoctone che produce semi per il cibo e la medicina e aiutano a ripiantare le aree danneggiate dalle inondazioni. Ad Antigua e Barbuda, è stato realizzato un primo piano di zonizzazione degli oceani guidato dalla comunità nei Caraibi, che bilancia gli usi economici, di conservazione e culturali e sostiene un uso sostenibile e redditizio delle risorse oceaniche per le generazioni attuali e future. La premessa di questa e di altre iniziative simili è che la conservazione deve andare di pari passo con la giustizia sociale. Le donne e le loro comunità devono essere coinvolte nelle soluzioni che riguardano il loro ambiente, i loro mezzi di sussistenza e il loro stile di vita (UNWOMEN, 2022).

Nel 2021, a Glasgow, durante la COP26, il 9 novembre si è svolto l'evento *Advancing Gender Equality in Climate Action* (*Gender Day*), il cui scopo era di incoraggiare la partecipazione femminile ai processi politici e di invertire la tendenza alla sottorappresentazione delle donne nelle sfere politico-governative, garantendo più inclusività[4].

L'iniziativa, che ha visto un'importante partecipazione femminile, ha portato all'adozione di una Decisione[5], in cui oltre all'esortazione di continuare a monitorare gli sviluppi nell'*empowerment* femminile, si chiedeva alla Organizzazione Internazionale del Lavoro (*International Labour Organization*, ILO) di preparare un documento tecnico che esplorasse i legami tra un'azione climatica che risponda alle esigenze di genere e una transizione giusta per promuovere opportunità inclusive per tutti in un'economia a basse emissioni, al fine di presentare tale documento al Segretariato entro il 31 marzo 2022[6].

Nel 2022, l'ILO presentava un Rapporto dedicato al ruolo delle imprese nella transizione verde. Secondo il Rapporto *Greening enterprises: Transforming processes and workplaces*[7], a partire dal 2010 con la conferenza Rio+20 e l'adozione dell'Accordo di Parigi nel 2015, un numero crescente di imprese ha adottato misure per ridurre le proprie emissioni di carbonio, in risposta alla scarsità delle risorse, ai disastri naturali sempre più frequenti e alle richieste dei consumatori e clienti di essere più attivi sulle questioni climatiche. Il rapporto contiene raccomandazioni per supportare le imprese a adottare buone pratiche in materia ambientale e a realizzare una transizione equa. Tra queste si includono la promozione di un ambiente imprenditoriale favorevole, migliorando le politiche e i quadri normativi; la disponibilità per le imprese e gli altri attori di strategie più chiare; il supporto ai dirigenti e lavoratori nella preparazione alla gestione degli effetti della transizione sul lavoro, sulle competenze e sui salari, sia nei settori che devono essere ridimensionati sia in quelli in cui saranno creati posti di lavoro; gli strumenti per prevenire la segregazione di genere, anche attraverso lo sviluppo delle competenze relative all'economia e al lavoro verde.

Un'altra iniziativa veniva presa nel 2020 dal Consiglio economico e sociale delle Nazioni Unite (United Nations Economic and Social Council - ECOSOC), che con la sua Risoluzione adottata il 17 luglio 2020, indicava il programma di lavoro pluriennale per *la Commissione delle Nazioni Unite sullo Status delle Donne*[8], in cui si indicava come traguardo quello di raggiungere *l'uguaglianza di genere e l'empowerment di tutte le donne e le ragazze nel contesto del cambiamento climatico, ambientale e di riduzione del rischio di catastrofi e programmi.* Successivamente la Commissione pubblicava nel 2022 un Report[9], che indicava come il raggiungimento della piena, equa, effettiva e significativa partecipazione e del processo decisionale delle donne nel contesto dei cambiamenti climatici, del degrado ambientale e della riduzione del rischio di catastrofi fosse essenziale per il raggiungimento dello sviluppo sostenibile. Allo stesso tempo ribadiva come le donne e le ragazze potessero svolgere un ruolo fondamentale come agenti di cambiamento per lo sviluppo sostenibile.

La Commissione riconosceva che nell'ambito dello sfollamento, dovuto al cambiamento climatico le donne e le ragazze dovessero affrontare delle sfide specifiche, tra cui la separazione dalle reti di sostegno, la mancanza di una casa, il conseguente aumento del rischio di tutte le forme di violenza, compresa la violenza sessuale e di genere. Nel contesto della crisi climatica si sottolineava come le donne, in proporzione maggiore rispetto agli uomini, soffrissero della riduzione dell'accesso all'occupazione, all'istruzione e ai servizi sanitari essenziali, compresi i servizi sanitari per la salute sessuale e riproduttiva e il sostegno psicosociale.

Per questo motivo, la Commissione sottolineava l'importanza di integrare una prospettiva di genere nella gestione del rischio di catastrofi, tenendo conto delle prospettive di tutte le donne e le ragazze, comprese quelle in situazioni di vulnerabilità e le donne e le ragazze con disabilità. A questo fine, veniva evidenziata la necessità di una partecipazione inclusiva e del contributo di tutte le donne e le ragazze, delle donne anziane, delle vedove, delle donne e delle ragazze indigene, delle comunità locali, dei giovani, dei volontari, dei migranti, del mondo accademico, degli enti e delle reti scientifiche e di ricerca, delle imprese, delle associazioni professionali, delle istituzioni finanziarie del settore privato e dei media, in tutti i forum e i processi relativi alla riduzione del rischio di catastrofi.

Infine, la Commissione prendeva in considerazione la parte attiva che le donne potrebbero esercitare rispetto ai problemi derivanti dal cambiamento climatico, riconoscendo che le donne sono spesso protagoniste della promozione di un'etica ambientale, della riduzione dell'uso delle risorse e del loro riutilizzo e riciclo per ridurre al minimo gli sprechi e il consumo eccessivo, sottolineando come le donne possono avere un ruolo particolarmente incisivo nell'influenzare le decisioni di consumo sostenibile. Tale ruolo veniva messo in relazione al fatto che in molte comunità le donne costituiscono la principale forza lavoro per la produzione di sussistenza e hanno la responsabilità di salvaguardare l'ambiente naturale e l'allocazione adeguata e sostenibile delle risorse all'interno della famiglia e della comunità.

3. Le donne come portatrici di cambiamento: uno sguardo di diritto comparato

Considerare le donne come portatrici di cambiamento nell'ambito dell'attuale crisi climatica implica una serie di riforme che si scontra con una serie di ostacoli che derivano, soprattutto per le donne che vivono in zone rurali, da norme consuetudinarie, restrittive nei confronti del ruolo delle donne all'interno della famiglia così come nella vita pubblica, che – di fatto – limitano la loro capacità di prendere decisioni e cogliere opportunità (Kim & Sambrook, 2014).

La FAO (*United Nations for Food and Agriculture Organisation),* ha messo in luce come negli ultimi decenni si sia osservato un fenomeno di femminizzazione del lavoro agricolo (*feminization of agriculture*), che deriva, almeno in parte, dalle strategie adottate dalle famiglie rurali per aumentare e diversificare i redditi e i mezzi di sussistenza (Jiggings, 1998). Queste strategie sono diversificate a seconda del genere: gli uomini di solito lavorano con colture redditizie o migrano come lavoratori stagionali o permanenti, mentre le donne coltivano l'appezzamento di famiglia per il consumo domestico, si occupano del bestiame di piccola taglia e trasformano e/o vendono parte della produzione nei mercati locali (Elbehri & Lee, 2011).

Nonostante la sempre più evidente presenza delle donne nell'agricoltura, in Asia ed in Africa le donne possiedono pochi terreni agricoli, con l'unica eccezione del Bhutan, dove le donne possiedono il 60 per cento della terra a causa delle tradizionali pratiche ereditarie matrilineari (Pain & Pema, 2004; Pommaret, 2015).

In generale, la proprietà dei terreni agricoli secondo le consuetudini invalse nella maggior parte dei Paesi asiatici e africani, concede diritti prioritari agli uomini. In Asia meridionale (Caitlin & al., 2015; Agarwal, 1994a; Agarwal,1994b) dove l'agricoltura impiega il 60% delle donne economicamente attive, solo il 7% delle donne è titolare di un'azienda agricola. Oltre a essere escluse dai diritti sulla terra, ed anche in conseguenza di questa esclusione, le donne non hanno accesso ad altri fattori di produzione e servizi (sementi di qualità, tecnologia, servizi finanziari e di divulgazione, ecc.) che sono fondamentali per aumentare la produttività agricola.

Le norme e le culture patriarcali continuano a favorire i maschi nell'accesso alla terra (Velayudhan, 2009). La possibilità per le ragazze di ricevere un'istruzione è senz'altro progredita negli ultimi decenni, pur con molte differenze esistenti tra regione e regione, anche se le ragazze hanno ancora più probabilità dei ragazzi di abbandonare la scuola. In Asia meridionale, quasi la metà delle donne adulte è analfabeta, rispetto al 27% degli uomini (Sheikh & Loney, 2018).

La partecipazione delle donne alla forza lavoro non agricola o alla vita pubblica è ancora in ritardo in molti Paesi. Nelle aree rurali dell'Afghanistan e del Pakistan, le donne hanno una mobilità limitata e non possono avere contatti con gli uomini, il che riduce le loro opportunità di impiego e di imprenditorialità. Nelle isole del Pacifico, circa il doppio degli uomini rispetto alle donne svolge un lavoro retribuito al di fuori del settore agricolo.

Nelle aree dove gli uomini emigrano verso le città alla ricerca di lavoro, la proporzione di fattorie e famiglie gestite da donne è in rapida crescita. Tuttavia, "la femminizzazione dell'agricoltura" implica molto spesso e contemporaneamente una "femminizzazione della povertà" (McLanahan & Kelly, 2006; Jiggins, 1998).

I dati censiti disponibili mostrano che in molte regioni del mondo una fattoria su cinque è gestita dalle donne. Questa cifra molto probabilmente non rispecchia quello che avviene nella realtà, ove sempre più donne sono chiamate a svolgere un ruolo decisivo in questo settore, anche se la percentuale di donne effettivamente proprietarie del fondo agricolo risulta assai inferiore. Spesso l'uomo viene ufficialmente riconosciuto come "capo famiglia" e quindi – di conseguenza – viene considerato il "titolare del fondo agricolo", anche quando le donne sono responsabili del lavoro giornaliero e della conduzione del fondo (FAO and Asian Development Bank, 2013).

Le donne svolgono la maggior parte del lavoro di semina, ripulitura dalle erbacce, concimazione e raccolta delle coltivazioni principali - riso, frumento e mais – che contribuiscono al 90 % alla dieta degli agricoltori poveri. Il contributo delle donne alle coltivazioni secondarie, come i legumi e le verdure, è ancora maggiore. Molte di queste vengono prodotte negli orti domestici e curate quasi esclusivamente dalle donne. Gli orti come strumento di sostentamento delle famiglie più povere sono spesso molto produttivi e notevolmente importanti per il benessere nutrizionale ed economico.

Secondo uno studio messo a punto dalla FAO, ad esempio, in Nigeria gli orti domestici che rappresentavano solo il 2% delle terre della famiglia rendevano la metà della produzione totale dell'intera fattoria. Analogamente, in Indonesia, gli orti domestici producono più del 20% del reddito familiare e il 40% del fabbisogno alimentare domestico (FAO, 2010, pp. 24-26).

Uno dei problemi principali consiste nella titolarità della terra. Il contributo delle donne alla produzione di cibo e alla sicurezza alimentare sarebbe molto maggiore se le donne stesse potessero usufruire di accesso adeguato alle risorse e ai servizi essenziali.

Gli studi indicano che le donne utilizzano quasi tutto il loro reddito derivante dalla produzione agricola e dall'artigianato per far fronte alle necessità familiari, mentre gli uomini utilizzano almeno il 25% del loro reddito per altri scopi. In molte società la tradizione e le leggi vigenti impediscono alle donne di diventare proprietarie della terra (FAO and Asian Development Bank, 2013, p. 25).

Senza la terra che serve da garanzia, le donne sono tagliate fuori anche dall'accesso al credito e, senza questo, spesso non possono comprare materiali essenziali, come le sementi, gli attrezzi, i fertilizzanti – o investire nell'irrigazione e nel miglioramento della terra. Tutto ciò conduce ad un circolo vizioso: l'impossibilità di accesso al titolo proprietario, porta a limiti di accesso alle linee di credito, e – in definitiva - alla difficoltà di «farsi ascoltare» all'interno della famiglia.

Tutto ciò va di pari passo con le differenze esistenti nell'educazione delle bambine e delle ragazze. Tali limiti nell'educazione comportano difficoltà di accesso ad una adeguata informazione anche sulle possibilità messe a disposizione dalle Istituzioni per migliorare la situazione esistente e, conseguentemente, minano l'indipendenza economica e portano ad una limitazione all'accesso ad una nutrizione adeguata per sé e per la propria famiglia.

Molti Stati asiatici hanno modificato la legislazione in materia di successioni negli ultimi 50 anni favorendo l'accesso delle donne alla proprietà. Le Nazioni Unite, il Fondo Monetario Internazionale, la Banca Mondiale, così come altre Banche d'investimento hanno incentivato le riforme nel settore dell'accesso alla proprietà. Tuttavia, ancora oggi nella maggior parte degli ordinamenti asiatici le donne subiscono forti restrizioni nella successione della proprietà immobiliare: Pakistan e Bangladesh prevedono le limitazioni più vistose.

Va sottolineato come le consuetudini sociali possano costituire un forte ostacolo alle riforme giuridiche che mirano a raggiungere l'uguaglianza di genere. Anche quando le donne ereditano la terra, per esempio, il potere decisionale su tale terra può essere assunto principalmente dagli uomini della famiglia e dal marito al momento del matrimonio. Le pratiche di registrazione della terra in alcuni Paesi registrano solo il nome di un uomo, partendo dal presupposto che l'uomo sia il capofamiglia, limitando così i diritti delle donne.

In India (Roy & Tisdell, 2002) ad esempio, secondo il diritto tradizionale hindu (Chand Jain, 2003), una donna poteva ereditare la proprietà solo in assenza di quattro generazioni di uomini nella linea di discendenza maschile. Anche in quel caso, i suoi diritti erano limitati a un vitalizio, senza diritto di ipotecare o cedere la proprietà, tranne che in circostanze eccezionali (Khan, 2000). L'*Indian Succesion Act* del 1956 (Majumdar, 2010; Sridhar, 2002) aveva cercato di risolvere questo problema assegnando quote uguali a figli, figlie e vedove al momento della morte del marito/padre. Tuttavia, i terreni agricoli sono stati esentati dal campo di applicazione della legge. La successione delle donne nei terreni agricoli dipende dalle leggi statali in materia di proprietà fondiaria, che favoriscono fortemente la successione in linea maschile (Ramachandran, 2006; Duncan & Derret, 1959). L'*Indian Succession Act* del 2005 ha successivamente introdotto un principio di uguaglianza totale tra uomini e donne da un punto di vista formale (Deininger & al., 2010, p. 4). Tuttavia, nella pratica, nelle zone rurali le donne rinunciano ai loro diritti successori al fine di poter continuare ad avere buone relazioni sociali, oppure accettano una somma forfettaria al posto dell'immobile (FAO and Asian Development Bank, 2013; Ramachandran, 2006, p. 4; Yang, 2011).

In Cina, le donne sono tradizionalmente sfavorite nell'acquisto dei fondi agricoli per via successoria (Jacka & Sargeson, 2011). Dalla grande Riforma Agraria del 1950, gradualmente si sta facendo strada il principio d'uguaglianza anche in questo settore (Summerfield, 2006). Tuttavia, nella Cina rurale, spesso le antiche tradizioni sopravvivono a svantaggio delle donne (FAO and Asian Development Bank, 2013, p. 25).

Il modello di eredità discriminatorio tra i sessi si ripete nei restanti Paesi della regione, ossia Nepal, Bangladesh e Sri Lanka. Mentre in tutti questi Paesi non esistono barriere costituzionali all'uguaglianza di genere, le leggi personali che regolano l'eredità, il matrimonio e altri contratti sociali sono, nella maggior parte dei casi, intrinsecamente discriminatorie. In Bangladesh, i diritti di successione sono regolati dalla religione e in tutte le norme religiose le donne hanno una quota minore rispetto agli uomini. Secondo la legge musulmana, una figlia eredita la metà della metà della quota del fratello, la moglie può rivendicare un ottavo della proprietà, mentre la madre ne riceve un sesto (Ramachandran, 2006, p. 5).

Tuttavia, anche in questi Paesi, gradualmente si fanno strada importanti riforme. In Nepal, ad esempio, a partire dal 2006, le tasse successorie sono minori se l'immobile viene registrato a nome di una donna, mettendo in evidenza un lieve miglioramento nelle possibilità delle donne di diventare proprietarie (Pradhan & al., 2019; Pandey, 2010).

Una felice eccezione è quella del Bhutan, ove le norme tradizionali prevedono la successione matrilineare, per cui la terra passa dalla madre alla figlia (Pain & Pema, 2004). Va ricordato che il Bhutan ha seguito una via originale, introducendo il concetto del *Gross National Happiness* (GNH), al posto del *Gross National Product* (GNP): la felicità interna lorda (FIL) al posto del prodotto interno lordo (PIL) per misurare il benessere delle persone! I criteri presi in considerazione sono la qualità dell'aria, la salute dei cittadini, l'istruzione, la ricchezza dei rapporti sociali. Secondo l'approccio classico, il Bhutan è considerato tra i paesi più poveri dell'Asia, con un PIL pro capite di 2088 dollari l'anno (2010). Per il GNH, tuttavia, è la nazione più felice del continente e l'ottava del mondo (FAO and Asian Development Bank, 2013).

4. Alcune conclusioni

Nell'attuale crisi climatica le donne appaiono da una parte le principali vittime, dall'altro però potrebbero svolgere un importante ruolo nelle strategie di mitigazione e di adattamento al cambiamento climatico.

Perché questo avvenga, le donne devono essere messe nella situazione di poter far valere il loro ruolo strategico. Le molteplici riforme che si sono succedute nel corso del tempo devono fare i conti con norme consuetudinarie che spesso ostacolano l'applicazione effettiva di tali innovazioni, creando una *path dependence* che vincola i consociati a rispettare antiche abitudini e la distribuzione di ruoli nella società, anche se di segno contrario al diritto vigente.

In questa prospettiva, l'analisi di diritto comparato che mette in evidenza come la *law in the books* possa divergere notevolmente dalla *law in action,* potrebbe svolgere un ruolo significativo nell'identificare le riforme più idonee per venire incontro alle concrete esigenze di innovazione.

Agarwal, B. (1994a). *A field of one's own: Gender and land rights in South Asia*. Cambridge University Press.

Agarwal, B. (1994b). Gender and command over property: A critical gap in economic analysis and policy in South Asia. *World development*, 22(10), pp. 1455-1478.

Aguilar, L. (2004). *Climate change and disaster mitigation*. Gland, International Union for Conservation of Nature. http://www.genderandenvironment.org/admin/admin_biblioteca/documentos/Climate.pdf.

Anderson, K. & Manuel, G. (1994). Gender differences in reported stress response to the Loma Prieta earthquake. *Sex Roles*, 30, pp. 725-733.

Ariyabandu, M. & Wickramasinghe, M. (2003). *Gender Dimensions in Disaster Management: A Guide for South Asia*. ITGD South Asia, Colombo, Sri Lanka, 2003, p. 176 ss.

Briceño, S. (2002). *Gender mainstreaming in disaster reduction*. Commission on the Status of Women. Panel presentation. Secretariat of the International Strategy for Disaster Reduction. United Nations, International Strategy for Disaster Reduction, Geneva.

Butterbaugh, L. (2005). Why Did Hurricane Katrina Hit Women So Hard? *Off Our Backs*, 35(9/10), pp. 17-19. http://www.jstor.org/stable/20838463.

Canoui-Poitrine, F., Cadot, E. & Spira, A. (2006). Excess deaths during the August 2003 heat wave in Paris, France. *Revue d'Epidémiologie et de Santé Publique*, 54, pp. 127-135.

CARE Canada (2010). *Cyclone Nargis: Myanmar two years later*. Ottawa, http://care.ca/main/index.php?en&cyclonenargis.

Chand Jain, P. (2003), Women's Property Rights Under Traditional Hindu Law and the Hindu Succession Act, 1956: Some Observations. *Journal of the Indian Law Institute*, 45(3/4), pp. 509-536.

Chindarkar N. (2012). Gender and climate change-induced migration: proposing a framework for analysis. *Environmental Research Letters*, 7, rif. 025601.

Committee on Women's Rights and Gender Equality (2017). *Report on women, gender equality and climate justice* (2017/2086(INI), Rapporteur: Linnéa Engström (A8-0403/2017, 18.12.2017).

Dane Warren, P. (2016). Forced migration after Paris Cop21: Evaluating the 'climate change displacement coordination facility'. *Columbia Law Review*, 16, pp. 2103-2144.

De Vido, S. (2020). Risoluzione del Parlamento europeo "Donne, parità di genere e giustizia climatica". *DEP: Deportate, Esuli, Profughe, Rivista Telematica di Studi sulla memoria femminile*, 41-42, pp. 273-279.

Deininger, K., Goyal, A. & Nagarajan, H. (2010). Inheritance law reform and women's access to capital: evidence from India's Hindu succession act. *World Bank Policy Research Working Paper* 5338.

Duncan, J. & Derret, M. (1959). The Hindu succession act, 1956: An experiment in social legislation. *American Journal of Comparative Law*, 8, pp. 485-501.

Elbehri, A. & Lee, M. (2011). *The Role of Women Producer Organizations in Agricultural Value Chains, Practical Lessons from Africa and India*. FAO, Rome, https://openknowledge.fao.org/items/f7274b42-0286-412e-bec3-c2aa3337bfca.

Enarson, E. & Morrow, B. (eds.) (1998). *The Gendered Terrain of Disaster: Through Women's Eyes*. Praeger, Westport, Connecticut and London.

FAO (2010). *The State of Food and Agriculture, Women in Agriculture - Closing the gender gap for development.* Rome.

FAO & Asian Development Bank (2013). *Gender equality and food security - women's empowerment as a tool against hunger.* Mandaluyong City, Philippines: Asian Development Bank.

Fothergill, A. (1998). The neglect of gender in disaster work: an overview of the literature. In E. Enarson & B. Morrow (eds.). *The Gendered Terrain of Disaster: Through Women's Eyes*. Praeger, Westport, Connecticut and London, pp. 9-25.

Galea, S., Nandi, A. & Vlahov, D. (2005). The epidemiology of post-traumatic stress disorders after disasters. *Epidemiologic Review*, 27, pp. 78-91.

Garrison, C.Z., Bryant, E.S., Addy, C.L., Spurrier, P.G., Freedy, J.R. & Kilpatrick, D.G. (1995). Posttraumatic stress disorder in adolescents after Hurricane Andrew. *Journal of the American Academy of Child and Adolescent Psychiatry*, 34, pp. 1193-1201.

Jacka, T. & Sargeson, S. (eds.) (2011). *Women, gender and rural development in China*, Edward Elgar Publishing.

Jiggins, J. (1998). The Feminization of Agriculture. *Brown Journal of World Affairs*, 5, pp. 251-262.

Khan, S. (2000). Inheritance of Indian women: a perspective. *India International Centre Quarterly*, 27.2, pp. 139-154.

Kieran, C., Sproule, K., Doss, C., Quisumbing, A. & Kim, S.M. (2015). Examining gender inequalities in land rights indicators in Asia. *Agricultural Economics*, 46(1), pp. 119-138.

Kim, H. & Sambrook, C. (2014). *The changing role of women in the economic transformation of family farming in Asia and the Pacific*. https://www.ifad.org/documents/38714170/40706239/gender-familyfarming_asia.pdf/a9920759-2f8b-4eef-bf26-30e78e604b5e.

Majumdar, R. (2010). Marriage, family, and property in India: the Hindu Succession Act of 1956. *South Asian History and Culture*, 1.3, pp. 397-415.

Marinică, C.E. (2021). The European Union climate neutrality and climate migrants. *Law Review*, 02, pp. 2-13.

McLanahan, S. & Erin, K. (2006). The feminization of poverty. *Handbook of the Sociology of Gender*, pp. 127-145.

Nash, S.L. (2018). From Cancun to Paris: An era of policy making on climate change and migration. *Global Policy*, 9(1), pp. 53-63.

Pain, A. & Pema, D. (2004). The matrilineal inheritance of land in Bhutan. *Contemporary South Asia*, 13(4), pp. 421-435.

Pandey, S. (2010). Rising property ownership among women in Kathmandu, Nepal: An exploration of causes and consequences. *International Journal of Social Welfare*, 19(3), pp. 281-292.

Parry, M., Canziani, O., Palutikof J., van der Linden, P. & Hanson, C. (eds.) (2007). *Climate Change 2007: Impacts, Adaptation and Vulnerability.*

Contribution of Working Group II to the Fourth Assessment Report of the Intergovernmental Panel on Climate Change Published for the Intergovernmental Panel on Climate Change, Cambridge University Press. https://www.ipcc.ch/site/assets/uploads/2018/03/ar4_wg2_full_report.pdf.

Pommaret, F. (2015). Men have titles, women have property. Note on the history of Wangdu Choling, Bumthang, Bhutan. In H. Havnevik & C. Ramble (eds.). *From Bhakti to Bon. Festschrift for Per Kvaerne*, Novus Press, Oslo, pp. 395-408.

Pradhan, R., Meinzen-Dick, R. & Theis, S. (2019). Property rights, intersectionality, and women's empowerment in Nepal. *Journal of Rural Studies*, 70, pp. 26-35.

Ramachandran, N. (2006). *Women and food security in South Asia: Current issues and emerging concerns*, WIDER Research Paper, No. 2006/131, The United Nations University World Institute for Development Economics Research (UNU-WIDER), Helsinki.

Roy, K.C. & Tisdell, C.A. (2002). Property rights in women's empowerment in rural India: A review. *International Journal of Social Economics*, 29(4), pp. 315-334.

Sheikh, S.M. & Loney, T. (2018). Is educating girls the best investment for South Asia? Association between female education and fertility choices in South Asia: A systematic review of the literature. *Frontiers in public health*, 6(172), pp. 1-10.

Sridhar, A. (2002). The Conflict Between Communal Religious Freedom and Women's Equality: A Proposal for Reform of the Hindu Succession Act of 1956. *Berkeley Journal of International Law*, 20, pp. 555-574.

Summerfield, G. (2006). Gender equity and rural land reform in China. In *Women and Gender Equity in Development Theory and Practice: institutions, resources and mobilization*, pp. 137-158.

UNOCHA - United Nations Office for the Coordination of Humanitarian Affairs (2020). *Global Humanitarian Overview 2020*, https://www.unocha.org/sites/unocha/files/GHO-2020_v9.1.pdf.

UNWOMEN (2022). *Progress on the Sustainable Development Goals - The Gender Snapshot 2022*, https://www.unwomen.org/sites/default/files/ 2022-09/Progress-on-the-sustainable-development-goals-the-gender-snapshot-2022-en.pdf.

Velayudhan, M. (2009). Women's land rights in South Asia: Struggles and diverse contexts. *Economic and Political Weekly*, pp. 74-79.

Warner, K. (2018). Coordinated approaches to large-scale movements of people: contributions of the Paris Agreement and the Global Compacts for migration and on refugees. *Population and Environment*, 39, pp. 384–401.

Wilson, J., Philips, B. & Neal, D. (1998). Domestic violence after disaster. In E. Enearson & B.H. Morrow (eds.). *The Gendered Terrain of Disaster: Through Women's Eyes*, International Hurricane Center, Florida International University, Miami, Florida, pp. 115-122.

World Health Organization (2014). *Gender, Climate Change and Health*, https://iris.who.int/bitstream/handle/10665/144781/9789241508186_eng.pdf?sequence=1.

Yang, V. (2011). Land Tenure Rights in India: an analysis of the failure of amendments to the Hindu Succession Act. *SURG (Studies by Undergraduate Researchers at Guelph) Journal*, 5(1), pp. 49-53.

Résumé

La littérature qui porte sur l'impact des désastres naturels sur la société a unanimement estimé que ces phénomènes provoquent une augmentation de la violence domestique et des troubles liées au stress post-traumatique chez les femmes.

Toutefois, même si, d'un côté, il semble indéniable que les femmes sont victimes de la crise climatique actuelle, de l'autre côté, elles pourraient jouer un rôle important dans la formulation des stratégies de mitigation et d'adaptation au changement climatique.

Pour ce faire, les femmes doivent être en mesure de pouvoir faire valoir leur rôle stratégique. La pluralité de reformes qui se sont succédées au fil du temps doivent faire face aux règles coutumières qui entravent souvent les innovations, en créant une sorte de *path dependence* qui oblige au respect des anciennes coutumes et d'une ancienne répartition de rôles dans la société, même si toutes deux sont incompatibles avec le droit en vigueur.

Dans cette perspective, l'analyse de droit comparé met en évidence au moins deux éléments importants. Tout d'abord, ce qu'on appelle *law in the books* peut diverger considérablement de la *law in action.* En même temps, le droit comparé peut jouer en rôle significatif dans les processus d'identification des reformes les plus appropriées pour répondre aux besoins concrets d'innovation.

Note

[1] Il Report *Climate Change 2007: Impacts, Adaptation and Vulnerability, cita diversi esempi a questo riguardo. Cfr. p. 69: "Adaptive capacity is uneven across and within societies. There are individuals and groups within all societies that have insufficient capacity to adapt to climate change. For example, women in subsistence farming communities are disproportionately burdened with the costs of recovery and coping with drought in southern Africa"; p. 374: "Impacts will also differ according to gender. This happens particularly in developing countries, where gendered cultural expectations, such as women undertaking multiple tasks at home, persist, and the ratios of women affected or killed by climate-related disasters to the total population are already higher than in developed nations".*

[2] Cfr. UNWOMEN (2022), p. 15: *"By the end of 2021, some 44 million women and girls were forcibly displaced, a figure encompassing refugees, asylum seekers, and persons displaced by conflict and violence in their country. Of these different groups, an estimated 12.4 million, a third of whom come from Northern Africa and Western Asia, are refugees."*

3 P8_TA(2018)0005, Donne, pari opportunità e giustizia climatica, Risoluzione del Parlamento europeo del 16 gennaio 2018 sulle donne, le pari opportunità e la giustizia climatica (2017/2086(INI)).

[4] Sul Gender day: https://unfccc.int/topics/gender/events-meetings/gender-day-other-events-at-cops/gender-women-at-cop-26#Gender-Day.

[5] Decision -/CP.26, Gender and climate change. Cfr. https://unfccc.int/sites/default/files/resource/cop26_auv_ 13%20gender_and_climate_change.pdf.

6 Punto 4 della Decision -/CP.26, Gender and climate change: *"Further invites the International Labour Organization to prepare a technical paper exploring linkages between gender-responsive climate action and just transition for promoting inclusive opportunities for all in a low-emission economy, and to submit the paper to the secretariat by 31 March 2022".*

[7] Il Rapporto è disponibile on-line: https://www.ilo.org/publications/major-publications/greening-enterprises-transforming-processes-and-workplaces.

[8] Resolution adopted by the Economic and Social Council on 17 July 2020 *[on the recommendation of the Commission on the Status of Women (E/2020/27)] 2020/15. Multi-year programme of work of the Commission on the Status of Women, in cui si prevedeva come missione quello di "Achieving gender equality and the empowerment of all women and girls in the context of climate change, environmental and disaster risk reduction policies and programmes".*

[9] Report on the sixty-sixth session (26 March 2021 and 14-25 March 2022), Economic and Social Council Official Records, 2022, Supplement No. 7.

Obblighi statali in materia di diritti umani, migrazioni e ambiente

Pietro Pustorino
(LUISS - Roma)

Sommario: 1. Il rapporto fra ambiente, cambiamenti climatici e diritti umani. – 2. Obblighi di natura territoriale dello Stato in tema di diritti umani e ambiente. – 3. Obblighi dello Stato di natura extraterritoriale in tema di diritti umani e ambiente. – 4. Obblighi dello Stato di destinazione delle popolazioni che subiscono gli effetti dei disastri ambientali. – 5. Obblighi della comunità internazionale nel suo insieme in tema di diritti umani e ambiente. Aspetti peculiari in tema di riparazione dell'illecito.

1. Il rapporto fra ambiente, cambiamenti climatici e diritti umani

È ormai incontestabile la relazione e anzi la complementarità fra il regime "puro" in tema di tutela dell'ambiente e il regime sui diritti umani, come del resto dimostrato, per limitarci agli sviluppi più recenti davanti alle corti internazionali, dalle note richieste di pareri consultivi in materia ambientale rispettivamente alla Corte internazionale di giustizia (CIG), alla Corte interamericana dei diritti dell'uomo e al Tribunale internazionale del diritto del mare (ITLOS). Nelle suddette richieste e in diversi interventi di fronte alle corti sopra richiamate, viene più volte evidenziato il rapporto fra diritti umani, ambiente e cambiamenti climatici (United Nations Environment Programme, 2023; Fry & al., 2023). Nel recentissimo parere reso dall'ITLOS il 21 maggio 2024, si legge in particolare che "*the Tribunal notes that climate change represents an existential threat and raises human rights concerns*" (par. 66).

Sono diversi i trattati sui diritti umani che prevedono espressamente il diritto umano a un ambiente sano e, laddove non sussista una previsione esplicita, tale diritto è comunque ricavato a livello giurisprudenziale o di prassi da varie norme, anche fondamentali, sui diritti umani: diritto alla vita, diritto alla salute, diritto alla vita privata e familiare, diritto all'abitazione etc. È utile notare come tali diritti vengano richiamati, in materia di ambiente e diritti umani, sia in forma isolata, sia in forma coordinata fra loro tanto al fine di rafforzare la tutela giuridica dei soggetti coinvolti, quanto di colmare le eventuali lacune del singolo sistema normativo con riguardo a determinati diritti umani individuali o collettivi.

Questa evoluzione normativa e giurisprudenziale sembra ormai consolidata così da poter ritenere che si sia formato a livello di diritto internazionale generale, un diritto umano a un ambiente sano applicabile anche in tema di cambiamenti climatici.

Occorre inoltre tenere presente che, sebbene alcune norme internazionali a tutela dell'ambiente siano efficaci direttamente e quindi utilizzabili, anche nei giudizi interni, al fine di tutelare posizioni giuridiche individuali o collettive in materia ambientale, è da ritenere che un'interpretazione coordinata del regime sui diritti umani e sulla tutela dell'ambiente sia molto utile a livello pratico per garantire la diretta applicabilità e soprattutto l'efficacia diretta delle diverse norme internazionali rilevanti. Non bisogna peraltro ritenere che il rapporto fra diritti umani e ambiente sia sbilanciato a favore delle norme sui diritti umani, nel senso che esse rivestano sempre un ruolo preminente nel rapporto con le norme internazionali a protezione dell'ambiente. Al contrario, il ruolo dei principi di origine ambientale riveste, a nostro parere, una forte incidenza sul piano della tutela dei diritti umani, come dimostrato dal principio generale delle responsabilità comuni ma differenziate, che può servire a delimitare e persino a correggere la portata di alcuni obblighi statali sui diritti umani che possono quindi operare in modo diverso e più equo a seconda del diverso livello di responsabilità del singolo Stato all'aggravamento delle condizioni ambientali e climatiche.

2. Obblighi di natura territoriale dello Stato in tema di diritti umani e ambiente

In materia di protezione dell'ambiente, anche in relazione ai cambiamenti climatici di origine antropica, operano alcuni obblighi positivi sui diritti umani a carico dello Stato territoriale finalizzati alla tutela del territorio e della popolazione ivi residente. Da questo punto di vista, rileva la nota nozione di giurisdizione nei trattati sui diritti umani (Pustorino, 2022, p. 37 ss.).

Occorre notare che tali obblighi statali hanno sia un'applicazione verticale, riguardando violazioni materialmente commesse da organi statali, sia un'applicazione orizzontale, includendo le condotte lesive di carattere interindividuale. In questo secondo caso, assume particolare rilevanza per lo Stato il principio di *due diligence* in tema di prevenzione e repressione di atti lesivi posti in essere da privati. È quindi naturale che il principio di *due diligence* sia invocato espressamente nelle richiamate richieste di parere alla CIG e alla Corte interamericana dei diritti umani e in modo implicito nella richiesta di parere all'ITLOS.

Appare quindi particolarmente rilevante che, nel recente parere adottato dall'ITLOS nel 2024 e già citato, il principio di *due diligence* sia ampiamente richiamato. Ad esempio, con riferimento agli obblighi statali di cui all'art. 194, par. 1, della Convenzione ONU sul diritto del mare del 1982 (UNCLOS), l'ITLOS ha precisato (par. 243) che "*[t]he obligation to take all necessary measures to prevent, reduce and control marine pollution from anthropogenic GHG emissions is one of due diligence. The standard of due diligence under article 194, paragraph 1, of the Convention is stringent, given the high risks of serious and irreversible harm to the marine environment from such emissions*"[1]. Considerazioni analoghe sulla rilevanza del principio di *due diligence* in materia di protezione dell'ambiente marino sono svolte dall'ITLOS (parr. 396 e 400) con riguardo agli obblighi di cui all'art. 192 e all'art. 194, par. 2, dell'UNCLOS[2]. In merito a quest'ultima disposizione, l'ITLOS (par. 258) afferma che anche l'obbligo in questione "*is an obligation of due diligence. The standard of due diligence under article 194, paragraph 2, can be even more stringent than that under article 194, paragraph 1, because of the nature of transboundary pollution*".

Rilevano inoltre per lo Stato territoriale obblighi positivi rafforzati di protezione dei soggetti vulnerabili, quali ad esempio i minori[3], i popoli indigeni e tribali[4] e i migranti. A nostro parere, fra i soggetti particolarmente vulnerabili vanno ormai annoverate anche le generazioni future, la cui protezione trova un progressivo fondamento nella giurisprudenza interna[5] e nella prassi e giurisprudenza internazionali in materia ambientale[6].

Va peraltro osservato, in linea con quanto rilevato nel paragrafo precedente, che gli obblighi positivi dello Stato territoriale sono però diversificati, quanto al loro specifico contenuto, in base al principio delle responsabilità comuni ma differenziate. Tale principio implica che gli Stati siano tenuti a rispettare obblighi distinti in tema di protezione dell'ambiente a seconda del diverso livello di responsabilità dei danni ambientali e dei cambiamenti climatici di natura antropica.

3. Obblighi dello Stato di natura extraterritoriale in tema di diritti umani e ambiente

Sulla base della disciplina in materia di diritti umani applicabile anche alla tutela ambientale, gli Stati sono altresì tenuti a rispettare obblighi di carattere extraterritoriale, almeno laddove detengano un controllo, legittimo o illegittimo, su parti di territorio straniero, mentre più complesse sono le questioni relative al controllo "personale" o ad altre forme di controllo applicabili alle attività svolte dallo Stato all'estero o ai loro effetti lesivi (Pustorino, 2022, p. 40 ss.). Per la prima ipotesi, può farsi riferimento al caso di un'autorizzazione del Consiglio di sicurezza dell'ONU, come avvenuto per l'occupazione militare anglo-statunitense sulla base della risoluzione del 22 maggio 2003, n. 1483[7], adottata al termine del conflitto armato internazionale avvenuto sul territorio iracheno e relativo all'aggressione militare anglo-statunitense nei confronti dell'Iraq.

Assai più numerose sono le ipotesi di acquisizione illegittima del controllo su porzioni di territorio appartenenti ad altri Stati. Fra i casi più noti possono richiamarsi, in relazione a situazioni di conflitti armati internazionali o interni, il controllo israeliano dei territori palestinesi a partire dal 1967, l'occupazione militare turca della parte settentrionale di Cipro nel 1974, l'occupazione militare del Nagorno-Karabakh da parte dell'Armenia a partire dagli anni '90 e, più di recente, il controllo russo su alcuni territori appartenenti alla Georgia nonché il controllo e la successiva annessione di parti di territorio ucraino – la Crimea nel 2014 e alcuni territori dell'Ucraina dell'Est nel 2022 – a seguito dell'aggressione militare russa. In tutti questi casi, sono numerose le violazioni, da parte dello Stato occupante, delle norme sui diritti umani in materia ambientale. Nel conflitto russo-ucraino, una delle violazioni più eclatanti delle norme sui diritti umani aventi rilevanza ambientale è avvenuta con la distruzione, il 9 giugno 2023, della diga di Nova Kakhovka da attribuire, secondo fonti attendibili, alla Russia (Milanović, 2023). La condotta lesiva, oltre ad avere causato ingenti danni materiali e ambientali, ha altresì prodotto la violazione di diritti fondamentali delle popolazioni interessate (diritto alla vita, diritto alla salute, diritto a un'abitazione etc.) nonché la migrazione forzata di migliaia di individui residenti nelle zone colpite. Nel medesimo conflitto si sono verificati anche atti di sabotaggio, di difficile attribuzione statale, negli spazi marini (mare territoriale e zona economica esclusiva) di vari Stati, come il grave danneggiamento a settembre 2022 delle *pipelines* del Nord Stream 1 e Nord Stream 2 nel Mar Baltico, con relativi gravi danni all'ambiente marino.

Ulteriori obblighi extraterritoriali a carico di alcuni Stati, in materia di diritti umani e ambiente, sono ravvisabili con riguardo agli Stati nazionali delle imprese multinazionali operanti su territorio straniero.

Per gli Stati nazionali, trova in particolare applicazione il citato principio di *due diligence* che implica l'obbligo di regolamentare – anche a livello di legislazione penale – le condotte delle imprese nazionali operanti all'estero, imponendo il rispetto da parte di tali enti sia delle norme interne, sia delle regole internazionali a tutela dei diritti umani applicabili in via extraterritoriale allo Stato nazionale.

4. Obblighi dello Stato di destinazione delle popolazioni che subiscono gli effetti dei disastri ambientali

Nella giurisprudenza e nella prassi degli organi di controllo sul rispetto dei diritti umani è consolidata la cd. applicazione indiretta delle norme internazionali poste a tutela dei diritti umani fondamentali, quali il diritto alla vita e il diritto a non essere sottoposto a tortura o trattamenti inumani o degradanti. Tale applicazione implica l'obbligo dello Stato territoriale di non espellere o estradare individui che rischino, nel Paese di destinazione finale (generalmente lo Stato nazionale), di essere esposti alle violazioni dei diritti sopra riportati. L'applicazione indiretta delle norme essenziali sui diritti umani è di recente oggetto di una tendenza finalizzata a vietare l'espulsione o estradizione di individui anche nel caso di rischio di gravi danni alla salute in ragione dell'insostenibile situazione ambientale nello Stato di destinazione.

Già nel *General Comment* n. 36 (2018), il Comitato ONU dei diritti umani ha affermato, sul piano generale, che il degrado ambientale, il cambiamento climatico e lo sviluppo non sostenibile costituiscono "*some of the most pressing and serious threats to the ability of present and future generations to enjoy the right to life*" (Human Rights Committee, 2018, par. 62). In relazione a una successiva comunicazione individuale, il medesimo Comitato ha applicato concretamente il principio secondo cui lo Stato territoriale non può espellere o respingere stranieri che rischino nel proprio Paese di subire le gravi conseguenze del cambiamento climatico, perché, in queste circostanze, le condizioni di vita diverrebbero incompatibili "*with the right to life with dignity*" (Human Rights Committee, 2020, par. 9.11). Nella fattispecie sottoposta al suo esame, il Comitato non ha però ravvisato le circostanze di gravità e attualità del rischio per le condizioni di vita dell'individuo in questione, posto che, secondo il Comitato, i principali effetti negativi del cambiamento climatico, compreso il rischio di totale inabitabilità del Paese di provenienza (Kiribati), si realizzerebbero nel giro di 10-15 anni e solo in caso di assenza di significative misure correttive da parte dello Stato interessato "*with the assistance of the international community*" (Human Rights Committee, 2020, par. 9.12).

Nondimeno, il principio affermato dal Comitato dei diritti umani è stato opportunamente applicato nella giurisprudenza nazionale in casi riguardanti richieste di asilo o di protezione temporanea. In particolare, la Cassazione italiana, facendo ampio riferimento alla decisione relativa al citato caso *Teitiota*, ha affermato che, in sede di valutazione della domanda di protezione temporanea per ragioni umanitarie, la valutazione del pericolo esistente nel Paese di provenienza del richiedente deve essere condotta anche "con specifico riferimento al peculiare rischio per il diritto alla vita e all'esistenza dignitosa derivante dal degrado ambientale, dal cambiamento climatico o dallo sviluppo insostenibile dell'area" (Corte di Cassazione II sez. civile, 2021, pp. 5 e 6).

Agli obblighi a carico dello Stato territoriale appena richiamati vanno aggiunti gli obblighi statali relativi al rispetto del principio di non respingimento alla frontiera di stranieri anche nei casi di rischio di danni alla salute per gravi situazioni ambientali. Il principio opera ovviamente anche nell'ipotesi di respingimento delegato o indiretto, sulla base di pratiche di varia natura di esternalizzazione delle questioni migratorie (Marchesi, 2022, p. 253 ss.), come nel caso della cooperazione italo-libica o, più di recente, del Protocollo fra Italia e Albania sulla costituzione di due centri per la gestione dei migranti posti sul territorio albanese ma sotto la giurisdizione italiana.

Sotto il profilo normativo, se è tuttora oggetto di un ampio dibattito dottrinale e nella prassi la questione della modifica della Convenzione del 28 luglio 1951 sullo *status* di rifugiato, o della sua interpretazione estensiva, al fine di includere i cd. rifugiati ambientali, appare invece consolidata nella prassi la tendenza ad applicare forme di protezione temporanea agli individui che rischino nel Paese di destinazione di subire gravi rischi alla salute per ragioni ambientali. Oltre alla già citata ordinanza della Cassazione sopra riportata, può richiamarsi, sempre nella giurisprudenza italiana, l'ordinanza n. 25143 (2020) della medesima Corte di Cassazione, secondo cui le gravi condizioni climatiche del Paese di origine devono essere specificamente valutate ai fini del riconoscimento della protezione internazionale, laddove tali condizioni incidano sul diritto alla salute dell'individuo preso in esame e lo costringano in una "condizione di povertà inemendabile" (Corte di Cassazione III sez. civile, 2020, parr. 6.5 e 7, lett. *c*).

5. Obblighi della comunità internazionale nel suo insieme in tema di diritti umani e ambiente. Aspetti peculiari in tema di riparazione dell'illecito

Una delle questioni più rilevanti in materia di rapporto fra diritti umani e ambiente consiste nell'accertamento degli obblighi a carico della comunità internazionale nel suo insieme. Premesso che su tale problematica si esprimeranno verosimilmente le corti internazionali alle quali sono state rivolte le richieste di pareri consultivi in precedenza richiamate, va rilevato che è nota la debolezza della disciplina delineata dal progetto della Commissione del diritto internazionale (CDI) del 2001 sulla responsabilità dello Stato in tema di conseguenze alle violazioni di obblighi *erga omnes*, anche laddove si tratti della violazione di norme cogenti (CDI, 2001, artt. 41 e 48). Come è noto, infatti, tale regime esclude il ricorso a contromisure collettive, adottate cioè da Stati non direttamente lesi dalla violazione in questione.

La disciplina contenuta in tema di contromisure collettive, a nostro parere, non corrisponde tuttavia al diritto internazionale generale, che, pur senza imporre l'*obbligo*, attribuisce la *facoltà* agli Stati non direttamente lesi di assumere contromisure collettive almeno in relazione alle violazioni di norme cogenti. Sebbene sia discutibile ritenere che esistano norme cogenti aventi ad oggetto il divieto specifico di gravi violazioni di carattere ambientale[8], riteniamo che proprio il collegamento fra diritti umani e ambiente possa agevolare l'accertamento di tali violazioni, laddove si dimostri che determinate condotte lesive producano, ad esempio, serie violazioni del diritto alla vita o del divieto di trattamenti inumani o degradanti, configurando quindi violazioni di norme cogenti.

Un'ulteriore questione problematica di grande attualità in merito al rapporto fra diritti umani e ambiente riguarda la riparazione per gli illeciti compiuti. In tale ambito, fra i profili peculiari della materia qui considerata vi è anzitutto la natura di alcune delle vittime delle violazioni rilevanti, che, come si è detto, sono soggetti particolarmente vulnerabili, quali i minori, i popoli indigeni, i migranti e le generazioni future. Appare logico che le caratteristiche particolari di queste entità incidano anche sul contenuto della riparazione dovuta e, da questo punto di vista, risulta particolarmente prezioso il ruolo del regime sui diritti umani e soprattutto della giurisprudenza delle corti regionali operanti in questo settore normativo, che modulano le misure di riparazione in base alla particolare vulnerabilità delle vittime delle violazioni ambientali.

Inoltre, con riferimento alle forme di riparazione previste nel quadro della disciplina sulla responsabilità internazionale, una particolare rilevanza va attribuita alla *restitutio in integrum*, sotto il profilo del possibile ripristino delle condizioni climatiche preindustriali, che implica la previsione di precisi obblighi internazionali per gli Stati, che vanno ovviamente distinti sia alla luce del citato principio delle responsabilità comuni ma differenziate, sia, come sopra rilevato, in base alla necessità di prevedere obblighi di riparazione rafforzati nei confronti dei soggetti vulnerabili. Al riguardo, nella giurisprudenza e nella prassi degli organi di controllo sul rispetto dei diritti umani assume particolare importanza il ricorso alle misure generali a carico dello Stato a seguito dell'accertamento di violazioni generalizzate e sistematiche in materia ambientale. Da questo punto di vista, le misure in questione possono essere individuate direttamente dalle corti internazionali nelle sentenze di merito, oppure determinate sulla base di una cooperazione fra Stato responsabile e organi di controllo sul rispetto delle decisioni rilevanti, come nel citato caso *Verein KlimaSeniorinnen Schweiz* (par. 657), in relazione al quale, "*having regard to the complexity and the nature of the issues involved*", la Corte EDU ha demandato l'individuazione di queste misure allo Stato convenuto sotto la supervisione del Comitato dei Ministri.

In tema di collegamento fra diritti umani e ambiente, occorrerebbe inoltre fare maggiore ricorso, nel quadro del contenzioso climatico, alle garanzie di non ripetizione dell'illecito soprattutto per gli Stati "recidivi", che mostrano cioè un evidente ritrosia nel rispetto delle norme internazionali su diritti umani e sull'ambiente.

Bibliografia

Committee on the Rights of the Child (2021). *Decision adopted by the Committee under the Optional Protocol to the Convention on the Rights of the Child on a communications procedure, concerning communication No. 104/2019 – Chiara Sacchi et al. v. Argentina*, CRC/C/88/D/104/2019.

Corte di Cassazione II sez. civile (2021), ordinanza n. 5022/21 depositata il 24 febbraio 2021 (udienza 12 novembre 2020).

Corte di Cassazione III sez. civile (2020), ordinanza n. 25143/20 depositata il 10 novembre 2020 (udienza 15 luglio 2020).

Corte europea dei diritti dell'uomo, Grande Camera (2024), sentenza del 9 aprile 2024, *Verein KlimaSeniorinnen Schweiz e altri* c. *Svizzera*, ricorso n. 53600/20.

Fry I., Orellana, M. & Boyd, D. (2023). *Amicus brief submitted to the International Tribunal for the Law of the Sea by the UN Special Rapporteurs on Human Rights & Climate Change (Ian Fry), Toxics & Human Rights (Marcos*

Orellana), and Human Rights & the Environment (David Boyd), Case No. 31. https://www.ohchr.org/sites/default/files/documents/issues/toxicwastes/activities/Amicus-Brief-of-the-UN-Special-Rapporteurs-to-ITLOS-30-May-2023.pdf.

Human Rights Committee (2019). *General comment No. 36 – Article 6: right to life*, CCPR/C/GC/36.

Human Rights Committee (2020). *Views adopted by the Committee under article 5 (4) of the Optional Protocol, concerning communication No. 2728/2016 - Ioane Teitiota v. New Zealand*, CCPR/C/127/D/2728/2016.

Human Rights Committee (2023). *Views adopted by the Committee under article 5 (4) of the Optional Protocol, concerning communication No. 3624/2019 - Daniel Billy and others v. Australia*, CCPR/C/135/D/3624/2019.

International Law Commission (2001), *Responsibility of States for Internationally Wrongful Acts with commentaries*, in *Yearbook of the International Law Commission*, 2001, Vol. II (Part Two).

International Tribunal of the Law of the Sea (2024), Advisory Opinion, Request for an Advisory Opinion Submitted by the Commission of Small Islands States on Climate Change and International Law.

Marchesi, A. (2022). Refoulement delegato? Note sull'inquadramento giuridico del contributo italiano ai pull-backs della guardia costiera libica, in I. Caracciolo, G. Cellamare, A. Di Stasi & P. Gargiulo (eds.), *Migrazioni internazionali. Questioni giuridiche aperte*. Editoriale Scientifica, pp. 253-70.

Milanović, M. (2023, 6 giugno). The Destruction of the Nova Kakhovka Dam and International Humanitarian Law: Some Preliminary Thoughts. *EJIL: Talk!* https://www.ejiltalk.org/the-destruction-of-the-nova-kakhovka-dam-and-international-humanitarian-law-some-preliminary-thoughts/.

Pustorino, P. (2022). *Tutela internazionale dei diritti umani*, Cacucci, p. 37 ss.

United Nation Environment Programme (2023). *Written Statement Submitted to The International Tribunal for The Law of The Sea by The United Nations Environment Programme ("UNEP")*, Case No. 31. https://www.itlos.org/fileadmin/itlos/documents/cases/31/written_statements/2/C31-WS-2-6-UNEP.pdf.

Résumé

Dans le cadre de l'interaction complexe entre les normes relatives aux droits de l'homme et celles concernant la protection de l'environnement, l'article met en lumière les différentes obligations incombant aux États. En premier lieu, il examine les obligations spécifiques de l'État, qui est directement responsable de la gestion et de la protection de l'environnement sur son propre territoire. Cette responsabilité s'étend à la prévention des dommages environnementaux et à la garantie que les activités menées sous sa juridiction ne causent pas de tort à l'environnement, tant localement qu'au-delà de ses frontières.

En outre, l'article explore les obligations extraterritoriales des États, qui concernent la nécessité d'éviter que leurs actions ou celles de leurs citoyens ne causent des dommages environnementaux dans d'autres États ou dans des zones au-delà de toute juridiction nationale, telles que les océans ou l'atmosphère. Il aborde également les obligations de la communauté internationale dans son ensemble, soulignant la nécessité d'une coopération globale pour lutter efficacement contre les effets anthropiques du changement climatique, un défi qui transcende les frontières nationales et nécessite une action collective.

Enfin, l'article présente des réflexions sur les mécanismes de réparation des dommages environnementaux. Il souligne les particularités de ces infractions, notamment en ce qui concerne la vulnérabilité accrue de certaines populations, comme les communautés indigènes ou les générations futures. De plus, il met en avant l'application de normes et de principes fondamentaux de nature environnementale, tels que le principe de responsabilité commune mais différenciée, qui reconnaît que, bien que tous les États aient la responsabilité de protéger l'environnement, cette responsabilité varie en fonction des capacités et des contributions historiques de chaque État aux problèmes environnementaux globaux.

Note

[1] L'ITLOS ha altresì chiarito che *"[t]his obligation of due diligence is particularly relevant in a situation in which the activities in question are mostly carried out by private persons or entities", ivi*, par. 236.

[2] *"States shall take all measures necessary to ensure that activities under their jurisdiction or control are so conducted as not to cause damage by pollution to other States and their environment, and that pollution arising from incidents or activities under their jurisdiction or control does not spread beyond the areas where they exercise sovereign rights in accordance with this Convention".*

[3] Al riguardo, v. la decisione non obbligatoria del 22 settembre 2021 adottata dal Comitato dei diritti del fanciullo nel caso Sacchi e altri c. Argentina, nella quale il Comitato sottolinea i particolari effetti negativi del cambiamento climatico sui minori *"both in terms of the manner in which they experience such effects as well as the potential of climate change to affect them throughout their lifetime, in particular if immediate action is not taken"*: par. 10.13.

[4] Sui popoli indigeni, v. la decisione non vincolante del 21 luglio 2022 resa dal Comitato ONU dei diritti umani nel caso *Daniel Billy e altri c. Australia.*

[5] V. la sentenza della Corte costituzionale tedesca del 26 aprile 2021 nel caso *Neubauer e altri c. Germania*. In questa decisione, la Corte ha infatti applicato il principio dell'equità intergenerazionale al fine di accertare l'incompatibilità, rispetto all'art. 20, lett. a, della Costituzione tedesca, della legislazione federale del 2019 in tema di protezione climatica, nella parte relativa alla riduzione delle emissioni nocive prevista per il periodo successivo al 2030.

[6] V. la recente sentenza della Grande Camera della Corte europea dei diritti dell'uomo (Corte EDU) del 9 aprile 2024 nel caso *Verein KlimaSeniorinnen Schweiz e altri c. Svizzera*, paragrafi 410, 420 e 489.

[7] Cfr. in particolare il Preambolo della risoluzione.

[8] In proposito, va però richiamata la posizione assunta dalla CDI nel quadro del progetto sulla responsabilità degli Stati approvato in prima lettura nel 1996. L'art 19 (*"International crimes and international delicts"*) includeva infatti, fra

i crimini internazionali (art. 19 par. 3, lett. *d*), l'ipotesi di *"a serious breach of an international obligation of essential importance for the safeguarding and preservation of the human environment, such as those prohibiting massive pollution of the atmosphere or of the seas"*. Nel Commentario all'art. 53 (*"Obligation for All States"*) del medesimo testo si precisava che *"the Commission believes that a certain minimum response to a crime is called for on the part of all States"*, p. 350.

La migrazione climatica: quale ruolo per il formante giurisprudenziale?

Jihane Benarafa
(Università di Milano)

Sommario: 1. Introduzione: migrazione ambientale e cambiamenti climatici, una questione complessa. – 2. Migrazione ambientale: definizione, soluzione. – 3. Strumenti di protezione: finzione o realtà. – 4. Osservazioni finali.

1. Introduzione: migrazione ambientale e cambiamenti climatici, una questione complessa

Negli ultimi decenni, la crescente incidenza degli effetti avversi dovuti ai cambiamenti climatici ha condizionato in via crescente i modelli e le modalità di migrazione a livello globale[1].

Le alterazioni del clima, tra cui l'aumento della temperatura globale e l'intensificazione esponenziale di eventi meteorologici estremi, hanno reso alcune regioni del pianeta meno abitabili, riducendo lo svolgimento di attività agricole e altre attività produttive (Butti & Nespor, 2022, p. 16), come ad esempio, nel Sahel in Africa che sta affrontando una crescente desertificazione rendendo difficile per gli agricoltori mantenere le loro colture.

Sebbene le migrazioni possano essere considerate come una strategia di risposta e adattamento alla crisi climatica che incide sui nostri diritti primari di condurre una vita dignitosa, va sottolineato che esse portano con sé una serie di complicazioni sociopolitiche tra cui, ad esempio, l'aumento della tensione sociale nelle aree di arrivo e questioni legate alla tutela dei diritti umani. È essenziale riconoscere pienamente, in tutta la loro complessità, le dinamiche migratorie indotte dai cambiamenti climatici e ragionare, con un approccio interdisciplinare, sulle soluzioni operative da porre in essere per affrontare sfide di tale magnitudo. In questo contesto, si sta osservando un'evoluzione degli strumenti giuridici per quanto attiene la tutela delle popolazioni maggiormente vulnerabili, anche se, purtuttavia, permangano ancora diverse lacune nella normativa vigente considerando l'assenza di un assetto legislativo *ad hoc*.

La mia intenzione è di porre in evidenza, senza alcuna pretesa d'esaustività, il potenziale ruolo del formante giurisprudenziale, in un'ottica dinamica ed evolutiva del diritto vigente, allo scopo di evidenziare le risposte agli attuali sviluppi della migrazione forzata.

2. Migrazione ambientale: definizione, soluzione

Il quesito a cui necessario rispondere in primis è: chi sono i profughi climatici, noti anche come 'migranti ambientali', 'rifugiati ecologici o ambientali' e 'migranti forzati dall'ambiente'? In merito, ad oggi non esiste una definizione giuridica esaustiva dello status di 'rifugiato ambientale'; il concetto di 'rifugiato' è già contemplato nella Convenzione sullo status dei rifugiati del 1951 e nel relativo protocollo del 1967. È noto che l'obiettivo principale di tale documento sia quello di tutelare gli individui vulnerabili che non possono aver garantita la protezione nel proprio paese d'origine. È ovvio che lo scenario storico, politico, economico e sociale dell'epoca era ben diverso, motivo per il quale la questione degli eco-rifugiati non venne presa in considerazione. Per tal ragione si ritiene oggi necessario aggiornare i contenuti di quel documento alla luce dei cambiamenti globali, dandone in tal caso, se necessario, un'interpretazione estensiva.

L'art. 1 della Convenzione di Ginevra definisce come 'rifugiato' "qualsiasi persona che, a causa di un ben fondato timore di essere perseguitata per questioni di razza, religione o opinioni politiche, si trova all'esterno del Paese di cui possiede la nazionalità e non può, o a motivo di tale timore, non vuole avvalersi della protezione di quel Paese" (Vaccarelli, 2022, p. 176). La figura del rifugiato ambientale non è contemplata nella definizione sopracitata, il cui contenuto infatti si focalizza esclusivamente su coloro che non possono rientrare nel proprio paese d'origine a causa di fondati timori di discriminazione razziale, religiosa o politica. Inoltre, in aggiunta, tale definizione può essere estesa a chiunque fugga da "eventi che compromettono gravemente l'ordine pubblico" (Udina & Stepanova, 2018, pp. 579-590).

Negli ultimi decenni sono state elaborate diverse definizioni, e tutte si rifanno all'asserzione di 'rifugiato ambientale' introdotta negli anni '80, da El-Hinnawi, direttore del United Nations Environment Programme (UNEP), uno dei pionieri della materia, per sottolineare l'effetto sulla migrazione delle perturbazioni ambientali siano esse naturali o provocate dall'uomo. A seguito della pubblicazione di un *report*, El-Hinnawi definì i rifugiati ambientali come "persone che sono state costrette a lasciare le loro case per esigenze temporanee o permanenti a causa di gravi perturbazioni (naturali e/o indotte dall'uomo) che ne hanno messo in pericolo l'esistenza o danneggiato seriamente la loro qualità di vita" (Bates, 2002, pp. 465-466).

Tutte le enunciazioni concordano sul fatto che un individuo costretto a lasciare il Paese d'origine dovrebbe essere qualificato come ‘migrante’ di per sé, e non come ‘rifugiato’, al fine di rimarcare la natura intrinseca di tale migrazione, quella indotta dal clima (Torkington & Perdigão Ribeiro, 2019, pp. 22-31).

D’altro canto, la definizione non considera la figura del ‘migrante economico’, che si riferisce agli individui che si spostano tra paesi in cerca di opportunità lavorative migliori (Borjas, 1994, pp. 1667-1717). Entrambe le categorie, i migranti climatici e quelli economici, rappresentano uno ‘spostamento’. Tuttavia, nel caso dei migranti economici, il movimento tende ad essere volontario, spinto dal desiderio di trovare un’occupazione che miri a migliorare la qualità della vita, mentre per i migranti climatici lo spostamento è forzato e indipendente dalla volontà individuale (Ciervo, 2016, p. 271).

Stiamo parlando di un numero sempre più crescente di persone in fuga da catastrofi ambientali o da conflitti derivanti dalla lotta senza quartiere per l’accesso alle risorse idriche ed energetiche. Il United National High Commissioner for Refugees (UNHCR) e l’Organizzazione Internazionale per le Migrazioni (OIM) hanno dichiarato che, entro il 2050, il mondo potrebbe contare tra i 200 e i 250 milioni di rifugiati ambientali, con una media di 6 milioni di individui che annualmente sono e saranno costretti ad abbandonare i Paesi d’origine a causa del peggioramento velocissimo delle condizioni climatiche usuali (Vince, 2023, p. 91)[2].

In quali casi un migrante viene classificato come ‘migrante climatico’? I migranti ambientali sono persone costrette a partire perché non possono fruire più delle condizioni minime di sopravvivenza nei luoghi nativi, a causa dell’impossibilità di accedere alle terre coltivate o alle risorse primarie.

L’assenza di un regime giuridico di *hard law* per i rifugiati ambientali ha favorito lo sviluppo di un sistema di protezione di *soft law* che ha aiutato a districare le controversie in atto fornendo delle prime risposte. Tuttavia, le norme di *soft law* per loro natura non hanno un’effettiva efficacia giuridica, poiché sono frutto di iniziative, private o pubbliche. È noto, infatti, che si tratta di un insieme di regole da collocare tra le fonti di fatto e non tra quelle formalmente positive, che attestano quindi quelle che possono essere considerate *best practices* (Boschetti, 2016, p. 32).

In primo luogo, i rifugiati beneficiano della protezione offerta dai Principi guida sui rifugiati adottati nel 1998 dall’Organizzazione delle Nazioni Unite. Queste linee guida non sono certo vincolanti, ma attualmente è l’unico testo di diritto internazionale di portata universale applicabile ai rifugiati interni. Anche se la maggior parte degli spostamenti forzati avviene all'interno di un singolo Paese, non dimentichiamoci degli altri movimenti migratori, quelli di natura transnazionale. Di conseguenza, il regime disciplinato dai Principi guida del 1998 è restrittivo perché fornisce protezione solo ad una categoria di rifugiati (*Guiding Principles on Internal Displacement*, 2004).

La protezione dei rifugiati è stata affrontata in modo più completo all'interno dell'Agenda per la protezione, nata dalla cooperazione interstatale nota come "Iniziativa Nansen", lanciata nel 2012 a Ginevra. Tale documento non vincolante contiene raccomandazioni per gli Stati in merito all'istituzione di un regime specifico per i rifugiati. Esso affronta un'ampia gamma di questioni legali, istituzionali e normative che si dovrebbero affrontare a livello nazionale e internazionale, quali la classificazione dello *status* di rifugiato, il regime di protezione, le misure di adattamento e prevenzione e il sistema di responsabilità dello Stato.

Più avanti, è stata creata la Piattaforma sui rifugiati da disastri (PDD) per fornire alcune linee guida sulla questione e attuare le raccomandazioni dell'Agenda per la protezione. Entrambi gli strumenti coprono un ambito di applicazione più ristretto rispetto alle agenzie delle Nazioni Unite e non sono in grado di fissare nuovi *standard* legali di applicazione universale. Tuttavia, questi propongono dei meccanismi di gestione più razionale delle risorse: la questione della scarsità di risorse è infatti fondamentale per comprendere le migrazioni climatiche, accanto all'adattamento intrapreso dagli Stati per mitigare i cambiamenti climatici ed ambientali (Pontecorvo, 2022, p. 329).

Nel 2015 è stato sottoscritto l'Accordo di Parigi il cui obiettivo primario era di tenere sotto controllo l'innalzamento della temperatura entro e non oltre +2°, impegnandosi a limitare le emissioni dal 2020. L'intento di questa iniziativa era anche quello di prevenire lo spostamento forzoso di migliaia di persone a causa di condizioni di vita insostenibili e insopportabili (Butti & Nespor, 2022, p. 139). Questo documento, considerando che il problema che non è più ipotetico bensì reale, non contempla però un richiamo esplicito ai 'migranti climatici' ma vi è presente solamente un accenno nell'art. 8 del medesimo accordo (nell'ottavo paragrafo del preambolo adottato contemporaneamente all'Accordo su richiesta di alcuni Stati e in considerazione del fatto che alcuni impatti, come ad esempio l'innalzamento del livello del mare, colpiscono maggiormente solo alcuni Paesi) il quale prescrive di "evitare, ridurre al minimo e affrontare le perdite e i danni associati agli effetti negativi del cambiamento climatico" (Pontecorvo, 2022, p. 332).

Nell'Agenda 2030 sullo sviluppo sostenibile sono stati fissati 17 obiettivi da raggiungere per fomentare uno sviluppo sostenibile a livello globale, mirando a mitigare la povertà, le disuguaglianze, salvaguardare i diritti umani e i cambiamenti climatici. È innegabile che la migrazione forzata sia spesso l'effetto di conflitti, persecuzioni e alterazioni climatiche profonde. In tal senso, l'assenza di tutela giuridica per i migranti rende problematica l'implementazione efficace degli SDGs (*Sustainable Development Goals*). Se da un lato l'Agenda 2030 afferma che lo sviluppo sostenibile e le migrazioni forzate sono questioni tra loro interconnesse, al contempo indica che l'assenza di una protezione giuridica rappresenta un serio ostacolo per il raggiungimento degli obiettivi prefissati in contesti di migrazione forzata (Ciccarelli & al., 2022, p. 63).

Sul piano nazionale ci fu un tentativo concreto affinché venisse rilasciato un permesso di soggiorno per calamità naturali. Difatti, l'art. 20 *bis* (permesso di soggiorno per calamità naturale) introdotto dal d.lgs. n.113/2018, modificato successivamente dal d.l.gs n.130/2020, stabiliva un criterio generico che faceva riferimento alla gravità dell'evento quale motivo reale per la quale non si desidera tornare alla zona interessata colpita. L'intento era di consentire il rilascio di tale permesso in quei casi in cui l'ambito socio-ambientale fosse talmente compromesso da veder annullati i "diritti fondamentali alla vita, alla libertà e all'autodeterminazione, o comunque di vederli ridotti al di sotto della soglia del loro nucleo essenziale e ineludibile" dell'individuo[3]. Tuttavia, con le modifiche introdotte dal d.lgs. 20/23 (cd. decreto Cutro), la portata di tale norma è stata limitata, prescrivendo ora che la situazione di grave calamità sia 'contingente ed eccezionale' come nel caso di un terremoto[4].

Detto ciò, va sottolineato che tale permesso di soggiorno per calamità naturali viene rilasciato solamente allo straniero che si trova già sul territorio italiano e che non può ritornare al paese d'origine a causa di una situazione di grave calamità. Per cui, non può essere richiesto quando lo straniero si trova ancora nel Paese d'origine, elemento che favorisce inevitabilmente le migrazioni cosiddette 'clandestine' in cui soggetti del tutto vulnerabili vengono sovente abusati e sfruttati (Stevanato, 2023, pp. 1-22)[5].

3. Strumenti di protezione: finzione o realtà

Stabilire se una migrazione sia provocata da un cambiamento climatico o meno è un compito arduo. Sarebbe infatti necessario scavare nelle storie delle persone e del loro legame con il clima (ad es., quello con l'agricoltura o l'allevamento di animali) e si tratta di un aspetto spesso trascurato e non facilmente indagabile. È altrettanto complesso trovare una soluzione comune all'interno dei diversi ordinamenti giuridici per poter regolare la migrazione ambientale, questione di cui attualmente si sta ampiamente discutendo a livello nazionale e internazionale (Glenn, 2011, p. 580).

Prima di soffermarci su una delle decisioni più significative relative al riconoscimento dello status di 'migrante ambientale' è utile citare una pronuncia del 2018 in materia di protezione umanitaria oggi abrogata, ovverosia la pronuncia 4455 della Corte di Cassazione in cui si fa esplicito riferimento a siccità e carestie come condizioni utili nella valutazione comparativa finalizzata a stabilire la vulnerabilità di un individuo, e quindi a determinare l'esistenza dei requisiti necessari per l'ottenimento della protezione umanitaria (Favilli, 2018).

Nel 2021 la Corte di Cassazione[6] ha riconosciuto il diritto per lo straniero ad una protezione speciale qualora nel Paese di origine o di provenienza sussista un pericolo che incida sul poter vivere una vita dignitosa a causa di disastri ambientali, climatici o per una malagestione delle risorse da parte dell'uomo (Bonetti, 2021, pp. 48-82). Assunti tali orientamenti, piuttosto chiari anche se per ora confinati in *obiter dicta*, ci si deve interrogare attorno alla loro capacità di influire sulle regole giuridiche future. La riflessione riconduce alla questione centrale circa il ruolo del formante giurisprudenziale (Sacco, 1988).

Al riguardo la comparazione giuridica, per una parte, ha dato apporti significativi analizzando, con realismo, la graduale convergenza tra le tradizioni giuridiche, come quelle di *Civil Law* e di *Common Law* che pure partivano da concezioni teoriche distanti se non opposte tra loro (Mattei, 1996, p. 148), e, dall'altra rinforzando la propria capacità di chiarificazione epistemologica nell'ambito del 'diritto comparato finalizzato a certi scopi pratici', come ad esempio le riforme legislative, l'armonizzazione del diritto di diversi paesi, la sostenibilità delle differenze (Glenn, 2011, p. 568).

Che valore può avere il precedente giudiziario negli ordinamenti di *Civil Law* e in quello italiano in particolar modo?

È noto che, negli ordinamenti di *Civil Law*, la valenza del *precedente* vincolante sia teoricamente minima. Non di rado una lettura costituzionalmente orientata del diritto è determinante in tal senso. Ciò avviene, ad esempio, secondo l'art. 101 della costituzione italiana, dove si prevede che i giudici devono conformarsi solamente alla legge e, quindi, non alle sentenze già dettate in un caso simile.

Benché non sia formalmente vincolante, il precedente giurisprudenziale ha in ogni caso una significativa rilevanza nella nostra tradizione giuridica, che emerge in tutta la sua chiarezza nel caso in cui il ragionamento oppure la logica argomentativa dei giudici si dimostrino particolarmente persuasivi, oppure quando la decisione sia emessa da organi giurisdizionali considerati particolarmente autorevoli, quali le Sezioni Unite della Suprema Corte di Cassazione (Curzio, 2018).

Ritornando all'interrogativo principale di questa breve riflessione: quale ruolo può quindi avere la giurisprudenza nel sostenere gli sforzi del legislatore?

Il formante giurisprudenziale potrebbe sicuramente svolgere un ruolo chiave nel plasmare il contesto legislativo, soprattutto in contesti emergenti come la migrazione forzata dovuta ai cambiamenti climatici. Spesso, i palazzi di giustizia fungono da laboratori di idee poiché hanno la possibilità fattuale di mettere alla prova dei principi giuridici in contesti reali – quelli della vita vissuta – che coinvolgono tutta la società nel suo complesso, partendo dalla disamina del caso di specie.

Rimane comunque molto complesso riuscire a bilanciare i diversi poteri in gioco: la giurisprudenza non può e non deve sostituire od usurpare il ruolo del legislatore con il pericolo di creare tensioni all'interno di tradizioni già consolidate.

In conclusione, il ruolo che può avere il formante giurisprudenziale rispetto a quello legislativo in materia di migrazione forzata, dovuta al cambiamento climatico, si candida ad essere oggetto di un'ampia discussione lungo un processo che sarà certamente articolato nel tempo, ma non per questo giustificato per i ritardi prodotti all'esigenza di fornire risposte precipue e determinati per la tutela dei migranti climatici. È auspicabile che la discussione stessa contribuisca quanto prima all'evoluzione e all'integrazione dell'attuale quadro giuridico, facendo certo attenzione alle potenziali dissonanze che tale interazione potrebbe generare.

6. Osservazioni finali

Risulta chiaro che l'assenza di un quadro giuridico per i migranti ambientali è un problema aperto. È cruciale garantire protezioni legislative, specialmente per donne, bambini e famiglie che lasciano le loro terre. Queste misure avrebbero potuto essere incluse nel Patto sulla migrazione e l'asilo, considerando i disastri ambientali come cause di migrazione. La protezione attuale si basa su decisioni giuridiche che riconoscono i rischi ambientali per la vita individuale, estendendo la protezione dei rifugiati oltre i conflitti armati a minacce ambientali. È urgente un approccio internazionale per prevenire i disastri ambientali, sostenere l'adattamento al cambiamento climatico e promuovere economie sostenibili. Solo con un impegno collettivo si possono trovare soluzioni legali durature, rendendo la migrazione una scelta, non un'obbligazione.

Bibliografia

Bates, D. (2002). Environmental Refugees? Classifying Human Migrations Caused by Environmental Change. *Population and Environment*, 23, pp. 465-477.

Bonetti, P. (2021). La protezione speciale dello straniero in caso di disastro ambientale che mette in pericolo una vita dignitosa. *Rivista Trimestrale di Diritto Penale dell'Ambiente*, 2, pp. 48-82.

Borjas, G.J. (1994). The Economics of Immigration. *Journal of Economic Literature*, 32, pp. 1667-1717.

Boschetti, B. (2016). Soft law e normatività: un'analisi comparata. *Rivista della Regolazione dei mercati*, 2, pp. 32-52.

Butti, L. & Nespor, S. (2022). *Il diritto del clima*. Mimesis Edizioni.

Ciccarelli, A., De Dominicis, A., Di Domizio, M., Fabrizi, E. & Tota, E., Immigrazione e sviluppo sostenibile: un'analisi panel per le province italiane 2012-2020 (2022). In I. Caracciolo, G. Cellamare, A. Di Stasi & P. Gargiulo (a cura di), *Migrazioni internazionali: questioni giuridiche aperte*. Editoriale scientifica, pp. 63-82.

Ciervo, A. (2016). I rifugiati invisibili. Brevi note sul riconoscimento di una nuova categoria giuridica di richiedenti asilo. In S. Altiero & M. Marano (a cura di), *Crisi ambientali a migrazioni forzate. L'"ondata" silenziosa oltre la fortezza Europa*, Associazione a Sud-CDCA, pp. 261- 274. http://www.salvisjuribus.it/migrazione-ambientale-verso-un-riconoscimento-giuridico-dettato-dal-nuovo-patto-sulla-migrazione-e-lasilo-aggiornato-al-2021.

Curzio, P. (2018). Il giudice e il precedente. *Questione Giustizia Online*. https://www.questionegiustizia.it/rivista/articolo/il-giudice-ed-il-precedente_578.php.

Favilli, C. (2018). *La protezione umanitaria per motivi di integrazione sociale. Prime riflessioni a margine della sentenza della Corte di Cassazione n. 4455/2018. Questione Giustizia Online*. https://www.questionegiustizia.it/articolo/la-protezione-umanitaria-per-motivi-di-integrazion_14-03-2018.php.

Glenn, H.P. (2011). *Tradizioni giuridiche nel mondo. La sostenibilità della differenza*. Il Mulino.

Pontecorvo, C.M. (2022). La tutela internazionale dei "migranti climatici" tra (persistenti) limiti normativi e (recenti) prospettive giurisprudenziali. In I. Caracciolo, G. Cellamare, A. Di Stasi & P. Gargiulo (a cura di), *Migrazioni internazionali: questioni giuridiche aperte*. Editoriale scientifica, pp. 325-342.

Stevanato, A. (2023). I migranti ambientali nel decreto-legge n. 20 del 2023. Che cosa resta della loro protezione?. *Corti supreme e salute*, 2, pp. 1-22.

Scissa, C. (2021), Migrazioni ambientali tra immobilismo normativo e dinamismo giurisprudenziale: un'analisi di tre recenti pronunce. *Forum di Quaderni Costituzionali*, 2, pp. 296-310.

Torkington, K. & Perdigão Ribeiro, F. (2019). What are these people: migrants, immigrants, refugees?: Migration-related terminology and representations in Portuguese digital press headlines. *Discourse, Context & Media*, 27, pp. 22-31.

Udina, N.N. & Stepanova, V.V. (2018). Language of International Migration: Terminology and Concept Analysis. *European Research Studies Journal*, 21 (3), pp. 579-590.

Vaccarelli, F. (2022). Uno studio diacronico sulla terminologia europea e internazionale delle migrazioni. In I. Caracciolo, G. Cellamare, A. Di Stasi & P. Gargiulo (a cura di), *Migrazioni internazionali: questioni giuridiche aperte*. Editoriale scientifica, pp. 167-180.

Vince, G. (2023). *Il secondo nomade. Come sopravvivere al disastro climatico*. Bollati Boringhieri.

Yamano, H., Kayanne, H., Yamaguchi, T., Kuwahara, Y., Yokoki, H., Shimazaki, H. & Chikamori, M. (2007). Atoll Island Vulnerability to Flooding and Inundation Revealed by Historical Reconstruction: Fongafale Islet, Funafuti Atoll, Tuvalu. *Global and Planetary Change*, 57 (3/4), pp. 407-416.

Altre fonti

Baxter, R.R. (1980). International Law in "Herinfinite Variety". *International and Comparative Law Quarterly*, 29 (4), pp. 549-566.

Brambilla, A. & Castiglione, M. (2020). Migranti ambientali e divieto di respingimento. *Questione giustizia*. www.questionegiustizia.it.

Behrman, S. & Kent, A. (2020). The Teitiota Case and Limitations of the Human Rights Framework. *Questions of International Law, Zoom-in 75*. www.qil-qdi.org.

Convenzione OUA del 1969.

Dichiarazione di Cartagena del 1984.

Ferrarese, M.R. (2009). Soft law: funzioni e definizioni. In A. Somma (a cura di), *Soft law e hard law nelle società postmoderno*. Giappichelli, pp. 71-82.

Giaro, V.T. (2009). Dal Soft law modern al soft law antico. In A. Somma (a cura di), *Soft law e hard law nelle società postmoderne*. Giappichelli, pp. 83-99.

enuiding Principles on Internal Displacement, 2004. https://www.unhcr.org/media/guiding-principles-internal-displacement.

Hamzah Sendut, J. (2020). Climate Change as a Trigger of Non-Refoulement Obligations Under International Human Rights Law. *EJIL: Talk!* www.ejiltalk.org.

Kogan, I. (2007). *Working Through Barriers: Host Countries' Institutions and Immigrant Labour Market Performance in Europe*. Springer Dordrecht.

Maletto, F. (2020). Non-refoulement e cambiamento climatico: il caso Teitiota c. Nuova Zelanda. *SIDIBlog*, 23 marzo 2020. www.sidiblog.org.

Mattei, V.U. (1996). Voce Precedente giudiziario e stare decisis. *Digesto delle Discipline privatistiche, Sezione Civile,* IV, pp. 148-167.

Maneggia, A. (2020). Non-refoulement of Climate Change Migrants: Individual Human Rights Protection or 'Responsibility to Protect?' The Teitiota Case Brefore the Human Rights Committee. *Diritti umani e diritto internazionale*, 2, pp. 635-634.

Morbidelli, G. (2016). Degli effetti giuridici della soft law. *Rivista della Regolazione dei mercati*, 2, pp. 1-10.

Pastore, B. (2009). Il soft law nella teoria delle fonti. In A. Somma (a cura di), *Soft law e hard law nelle società postmoderno,* Giappichelli, pp. 117-131.

Reeh, G. (2020). Climate Change in the Human Rights Committee. *EJIL: Talk!* www.ejiltalk.org.

Sacco, R. (1988). v. Formante. *Digesto delle discipline privatistiche*, *Sezione civile*, vol. 3, Utet, Torino.

Snyder, F. (1994). Soft Law and the Institutional Practices, in the European Community. In S. Martin (ed.), *The construction of Europe: Essays in Honor of Emile Noel*. Dordrecht.

Sommario, E. (2021). When Climate Change and Human Rights Meet: A Brief Comment on the UN Human Rights Committee's Teitiota decision. *Questions of International Law*, *Zoom-in 77*. www.qil-qdi.org.

Résumé

Au cours des dernières décennies, l'incidence croissante des effets néfastes du changement climatique et environnemental a commencé à influencer de manière significative les schémas de migration à l'échelle mondiale. Les altérations climatiques, notamment l'augmentation des températures mondiales, l'élévation du niveau des mers et l'intensification des phénomènes météorologiques extrêmes, ont rendu certaines régions inhabitables ou inadaptées à l'agriculture et à d'autres activités productives, forçant les populations à migrer à la recherche de meilleures conditions de vie. Bien que la migration puisse être une stratégie d'adaptation à ces défis environnementaux, elle s'accompagne d'un certain nombre de complications sociopolitiques, telles que les tensions dans les zones d'arrivée, la vulnérabilité des personnes en déplacement et les questions relatives aux droits de l'homme. Il est essentiel que les chercheurs et les responsables politiques reconnaissent la complexité des dynamiques migratoires induites par le changement climatique et envisagent des solutions holistiques et interdisciplinaires pour relever ces défis.

Dans ce contexte, nous observons une évolution des instruments juridiques visant à protéger les populations les plus vulnérables. Cependant, l'absence d'un cadre législatif approprié pour réglementer les migrations induites par les facteurs environnementaux et climatiques est mise en évidence, depuis l'encadrement du phénomène jusqu'à la réglementation des droits des migrants environnementaux. Par conséquent, l'objectif de cet article, sans prétendre à l'exhaustivité, est de vérifier si les aspirations *de iure condito* reçoivent un soutien de la part de la jurisprudence et dans quelle mesure ?

Note

[1] Nel 2022, secondo il Global Internal Displacement Database, 32.6 milioni di rifugiati climatici hanno abbandonato le loro case a causa di disastri naturali. Si veda per maggiore dettaglio il seguente indirizzo: https://www.internal-displacement.org/database/displacement-data.

[2] Nel report Globale sullo spostamento interno (GRID 2023), redatto dall'Internal Displacement Monitoring Centre (IDMC) e dal Norwegian Refugee Council, è documentato un inedito apice nella cifra dei rifugiati interni: 71,1 milioni d'individui sono stati obbligati a muoversi all'interno delle proprie frontiere nazionali. Di questi, approssimativamente 32,6 milioni sono stati costretti all'esodo in virtù di disastri naturali, la cui intensità è stata esacerbata dalla crisi climatica e ambientale, con un impatto particolarmente acuto nei continenti africano ed asiatico. Ad essi si sommano 28,3 milioni di persone indotte alla mobilità forzata a seguito di conflitti bellici, come indicato dallo stesso rapporto annuale. Inoltre, il GRID rivela che il 75% dell'intera popolazione di rifugiati è concentrato in un esiguo gruppo di 10 nazioni, comprendente: Siria, Afghanistan, Repubblica Democratica del Congo, Ucraina, Colombia, Etiopia, Yemen, Nigeria, Somalia e Sudan. Si veda https://economiacircolare.com/crisi-climatica-migranti-ambientali.

[3] Ordinanza della Cassazione sez. II, n. 5022/2021.

[4] TAR Marche, Sez. I, sentenza del 6 dicembre 2021, n. 839.

[5] Il DL n. 20 del 2023 permette una nuova trattazione della questione dei migranti climatici e i relativi strumenti giuridici di protezione.

[6] Corte di Cassazione, seconda sez. civile, ordinanza n. 5022/2021 del 12 novembre 2020.

TERZA PARTE.
Migrazioni e diritto: giurisdizioni a confronto

TROISIÈME SECTION.
Migrations et droit : juridictions en comparaison

I diritti umani dei cittadini stranieri nella giurisprudenza della Corte di Cassazione italiana

Maria Acierno
(Direttrice dell'Ufficio del Massimario - Corte di Cassazione italiana)

Sommario: 1. Premessa. – 2. Temi d'indagine. – 3. La persona migrante al centro dei diritti umani. – 4. Le modifiche legislative. – 5. Il *climate change* nel sistema dei diritti umani. – 6. Il ruolo della giurisprudenza. – 7. Un esempio virtuoso: la *kafala*.

1. Premessa

La ricerca e lo studio del sistema euro-unitario e nazionale del diritto d'asilo necessita di un approccio interdisciplinare. Approccio indispensabile per l'esame delle domande di protezione internazionale che si fondano sulla valutazione della credibilità individuale e sulle informazioni di carattere geopolitico, tanto che queste ultime possono essere sufficienti per il riconoscimento del diritto al rilascio di un permesso di soggiorno per protezione sussidiaria (art. 14, lettera c d.lgs. n. 25 del 2008) ma non limitato a questo ambito interdisciplinare. Le scienze sociologiche, necessarie per i segni rivelatori del fenomeno della tratta femminile e della riduzione in schiavitù di lavoratrici e lavoratori migranti, le scienze psicologiche e mediche per mezzo delle quali sono state messe a punto le tecniche di conduzione dei colloqui personali, in particolare per le persecuzioni di genere o per orientamento sessuale; la conoscenza delle conseguenze dei disturbi post traumatici da stress ed il riconoscimento dei segni di tortura fanno parte del bagaglio continuativo del giudice della protezione internazionale.

Consegue da questa premessa che il profilo comparatistico, non limitato alla conoscenza dei sistemi giuridici ma esteso all'interazione con le altre competenze specialistiche e con i modelli culturali e le stratificazioni di costumi, provenienti dai paesi coinvolti dall'esame delle domande, risulta indispensabile per l'indagine e l'approfondimento che questo incontro di studi si prefigge. La protezione internazionale si muove all'interno della tutela costituzionale e convenzionale multilivello ma con costanti incursioni e confronto delle incessanti modifiche legislative interne. Ciò rende più complesso il compito di provvedere ad una efficace armonizzazione con il quadro delle fonti sovraordinate ed una costante integrazione con i campi interdisciplinari sopra sommariamente illustrati, in continua evoluzione ed ampliamento come attestato dall'incidenza che i cambiamenti climatici determinano sui flussi migratori e l'esigenza, largamente avvertita dalla giurisprudenza di far confluire gli spostamenti dovuti a questa causa all'interno della protezione internazionale o nazionale, tenuto conto della vulnerabilità e della grave violazione dei diritti umani (primo tra tutti la dignità personale) cui alcune popolazioni sono esposte a causa di essi.

2. *Temi d'indagine*

Oggetto della riflessione che segue sarà, di conseguenza, la valutazione dell'apporto della giurisprudenza italiana sull'attuazione dei diritti dei cittadini stranieri, sia che possano accedere al sistema eurounitario di protezione internazionale, sia che chiedano il riconoscimento di altri diritti soggettivi di pari rango (il diritto all'unità familiare, alla vita privata, nella dimensione socio lavorativa etc.; il diritto alla salute), garantiti dal nostro ordinamento costituzionale, convenzionale ed interno. Questa categoria parallela di diritti compone la cd. protezione nazionale che, nel tempo ha cambiato denominazione così da passare dall'originaria e più coerente denominazione di protezione umanitaria a quella di protezione speciale, al fine di circoscriverne quanto meno sul piano simbolico, l'ambito di applicazione.

Quando si affronta il tema del ruolo della giurisprudenza è necessario porne in luce il limite principale, costituito dal carattere atomistico, frammentario ed esclusivamente individuale degli interventi diretti. Nello stesso tempo, tuttavia, è opportuno evidenziare che la funzione della giurisprudenza in senso più generale è anche quella di concorrere a creare un sistema di diritti che per l'ancoraggio a fonti costituzionali, convenzionali ed unionali, possano fronteggiare se non sottrarsi alle insidie dei mutamenti legislativi interni determinati dalle contingenze dovuto all'inseguimento del consenso.

3. *La persona migrante al centro dei diritti umani*

Parto da una definizione che ha un ruolo chiave nelle presenti riflessioni: "il migrante persona umana: reale concetto normativo". La prima parte dell'enunciazione contiene tutta l'elaborazione convenzionale della tutela dei diritti umani ed ha trovato costante riconoscimento nella giurisprudenza della Corte costituzionale.

Si richiama al riguardo il principio espresso nella recente pronuncia n. 34 del 2022 che esplicita in modo esemplare la collocazione costituzionale dei diritti dei cittadini stranieri. Precisa la Corte che è compito della Repubblica, in attuazione dei principi costituzionali di cui agli artt. 2, 3 e 38, primo comma, Cost., garantire, apprestando le necessarie misure, il diritto di ogni individuo alla sopravvivenza dignitosa e al minimo vitale. Ove si versi in tema di provvidenza destinata a far fronte al "sostentamento" della persona, qualsiasi discrimine tra cittadini e stranieri regolarmente soggiornanti nel territorio dello Stato, fondato su requisiti diversi dalle condizioni soggettive, finirebbe per risultare in contrasto con il principio sancito dall'art. 14 CEDU. La sentenza si colloca nel solco di un orientamento costante (Corte cost. 187 del 2010; 329 del 2011; 222 del 2013, n. 50 del 2019), caratterizzato da interventi volti a rimuovere ostacoli discriminatori al godimento di diritti rivolti alla conservazione di un livello di dignità personale compatibile con il quadro dei diritti fondamentali della persona garantiti nella prima parte della Costituzione, dalla CEDU e dalla Carta dei diritti fondamentali dell'UE.

4. Le modifiche legislative

L'importanza del collocamento del diritto dei migranti nel quadro sinottico della tutela multilivello dei diritti umani ha costituito il punto di partenza dell'elaborazione giurisprudenziale anche della Corte di legittimità già in fase di definizione della giurisdizione, come attestato dai precedenti delle S.U. civili in tema di respingimento alla frontiera, e di protezione umanitaria (S.U. 1390 del 2022; 5059 del 2017; 19393 del 2009, *leading case*). In relazione al respingimento occorrerà verificare la compatibilità costituzionale della espressa previsione contenuta nel d.lgs. 20 del 2023 che, aggiungendo il c. 1 bis all'art. 10 d.lgs. n. 286 del 1998, attribuisce al giudice amministrativo la competenza giurisdizionale su una situazione giuridica soggettiva, quella del migrante soggetto a respingimento, per diritto vivente, collocata all'interno dei diritti umani ed assoggettata, conseguentemente, alla giurisdizione del giudice ordinario. La norma stabilisce, per il solo respingimento immediato, il ricorso al TAR nella cui circoscrizione ha sede l'ufficio di frontiera che ha disposto il respingimento.

Non sarà agevole neanche il coordinamento tra questa nuova disposizione normativa ed i commi 2 e 2bis dell'art. 10 che conserva al giudice ordinario la competenza giurisdizionale per il respingimento differito, ovvero quando il cittadino straniero è entrato nel territorio dello Stato sottraendosi ai controlli di frontiera è fermato all'ingresso o subito dopo o quando è stato temporaneamente ammesso per necessità di pubblico soccorso. L'organo giudiziario competente, in questa ipotesi è il giudice di pace.

Il giudice amministrativo, fuori dall'ambito dei permessi per motivi di lavoro, è privo di giurisdizione in ordine al riconoscimento dei diritti dei cittadini stranieri richiedenti un titolo di soggiorno proprio per la peculiare natura giuridica e qualità dei predetti diritti.

Pur non trattandosi di diritti assoluti, l'ingerenza statale non può che avere carattere strettamente vincolato ed essere strettamente ancorata alle condizioni che la legge fissa per l'accesso ed il soggiorno nonché per definire i limiti all'esercizio del diritto.

Modificare la giurisdizione per il controllo giudiziale sul respingimento segna un arretramento nella qualificazione della situazione giuridica soggettiva del migrante all'ingresso, ancorché non regolare, che, tuttavia, si scontra frontalmente con gli orientamenti consolidati di Corte costituzionale e di legittimità. Spostare la giurisdizione su un diritto perfetto al giudice amministrativo senza ridefinire materie e perimetro dell'esercizio di giurisdizione (di legittimità od esclusiva) non è operazione priva di problemi di tenuta costituzionale.

È opportuno evidenziare come il sistema dei diritti fondamentali dei cittadini stranieri si articola su due diversi piani, tangenti e paralleli nello stesso tempo. Lo status di rifugiato e la protezione sussidiaria, misure tipizzate di provenienza euro-unitaria, e la protezione nazionale che trova la sua legittimazione nell'art. 10 c. 3 e nelle convenzioni internazionali sui diritti umani. La domanda di protezione internazionale proposta davanti alla Commissione territoriale, deve essere scrutinata ex art. 32, c. 3 del d.lgs. n. 25 del 2008 anche in relazione alle vulnerabilità tutelate dal nostro quadro di protezione nazionale, quando non ricorrano i requisiti per le misure maggiori, sia per ostacoli di carattere soggettivo, sia perché rientrano nell'ambito applicativo dell'art. 19 d.lgs. n. 286 del 1998 o siano da tutelare in virtù degli obblighi costituzionali ed internazionali assunti dallo Stato italiano (art. 5, c. 6 d.lgs. n. 286 del 1998). Può, tuttavia, essere formulata domanda esclusivamente rivolta al riconoscimento del diritto alla protezione nazionale, trattandosi, come già accennato, di una forma di tutela parallela a quella di provenienza unionale.

Proprio per la maggiore elasticità applicativa, la protezione nazionale è stata sottoposta a continui stress test legislativi, condizionati da contingenze politiche e non dai profondi mutamenti delle migrazioni medio tempore intervenuti. Nel dettaglio, la previsione espressa della protezione umanitaria, così come prevista nella formulazione originaria del d.lgs. n. 286 del 1998 è stata, nel 2018 (d.lgs. n. 113 del 2018), interamente abrogata unitamente alla espressa previsione del rispetto degli obblighi (di carattere umanitario) costituzionali ed internazionali assunti dal nostro Stato. Nel 2020, su forte richiamo del Capo dello Stato, è stata ripristinata la parte dell'art. 5, c. 6, del T.U. del 1998, che impone il rispetto degli obblighi costituzionali ed internazionali, anche perché non cancellabile con l'eliminazione di una disposizione interna, e sono state ampliate le ipotesi di *non refoulement*, in precedenza contenute nell'art. 19, inserendo all'interno del catalogo dei diritti umani anche la violazione dell'art. 8 della CEDU che sancisce il diritto alla vita privata e familiare.

Tale cambiamento normativo ha restituito vigore all'orientamento giurisprudenziale, della giurisprudenza di merito e di legittimità, che aveva riconosciuto, quale condizione di riconoscimento della protezione umanitaria, la conquista di una stabilità lavorativa e sociale o l'esistenza di legami familiari significativi, osservando che la perdita di questi traguardi, messa in comparazione con la situazione del paese di origine, evidenziasse la grave violazione di diritti umani in caso di rientro. Di conseguenza, l'innovazione legislativa era stata già anticipata dalla giurisprudenza della Corte di Cassazione (Cass. 4455 del 2018), la quale aveva recepito in larga parte dalla giurisprudenza di merito la possibilità di fare entrare nel novero delle misure umanitarie anche quelle situazioni soggettive sostenute da una integrazione effettiva. Questa elaborazione giurisprudenziale ha concorso a determinare una sorta di fisarmonica legislativa, avendo il legislatore nel 2018 (d.lgs. 113 del 2018) eliminato tale previsione per la constatazione empirica dell'aumento del numero di permessi umanitari. Il legislatore del 2020 (d.lgs. n. 130 del 2020), tuttavia, mutata la maggioranza politica di governo, ha reintrodotto, potenziandoli, con il riferimento espresso all'art. 8 CEDU, i permessi in oggetto, ancorché con diversa denominazione (protezione speciale), ed infine, mutata ancora una volta la fisionomia politica della maggioranza di governo li ha nuovamente soppressi con il d.lgs. n. 20 nel 2023, creando, tra gli effetti entropici, all'interprete spinosi problemi applicativi di diritto intertemporale (risolti dalle S.U. con le pronunce n. 29459 del 2019 e 24413 del 2021).

Parimenti importante risulta il valore simbolico del linguaggio utilizzato dal legislatore, dal 2018 in poi. Scomparso l'attributo "umanitario", la protezione nazionale si caratterizza per la sua "specialità", come se l'applicazione del principio di *non refoulement* e il rispetto per le convenzioni internazionali sui diritti umani costituissero una deroga al diritto statuale alla protezione dell'interesse pubblico, *lato sensu*, riconducibile alla salvaguardia dei confini del territorio. Le migrazioni, fenomeno strutturale, sono politicamente trattate come emergenze da fronteggiare con statuti normativi "speciali". Rimane, sottratto alle modifiche legislative, l'obbligo sovraordinato di rispettare gli obblighi costituzionali ed internazionali volti alla tutela dei diritti umani che lascia all'interprete la possibilità di verificare l'esistenza di condizioni di vulnerabilità qualificate, provenienti dal sistema costituzionale e convenzionale. In conclusione, sotto questo versante l'impegno della giurisprudenza cresce.

5. Il climate change *nel sistema dei diritti umani*

Il legislatore, preoccupato del contenimento dei permessi di soggiorno per ragioni *lato sensu* umanitarie, ha trattato molto superficialmente il problema del *climate change*, avendo a riguardo introdotto solamente la disposizione di cui all'art. 29 del d.lgs. n. 25 del 2008, la quale prevede la possibilità per il richiedente protezione nazionale di reclamare un permesso ove vi sia una situazione di contingente ed eccezionale calamità che non consente un rientro in condizioni di sicurezza. Nel dettaglio tale permesso ha una durata semestrale e non è convertibile in un permesso di lavoro.

La riduzione dei mutamenti climatici a situazione "di contingente ed eccezionale calamità" fornisce la misura dell'incomprensione radicale del problema.

La giurisprudenza ha, tuttavia, riconosciuto la diversa natura del pericolo di grave violazione dei diritti umani connesso ai mutamenti climatici ed al suo carattere strutturale, tale da non consentire un allontanamento temporaneo. Con la pronuncia n. 5022 del 2021 ha affermato che ai fini del riconoscimento, o del diniego, della protezione umanitaria prevista dall'art. 19, commi 1 e 1.1, del d.lgs. n. 286 del 1998, il concetto di "nucleo ineliminabile costitutivo dello statuto della dignità personale", costituisce il limite minimo essenziale al di sotto del quale non è rispettato il diritto individuale alla vita e all'esistenza dignitosa. Questo limite va apprezzato non solo con specifico riferimento all'esistenza di una situazione di conflitto armato, ma anche con riguardo a qualsiasi contesto che sia, in concreto, idoneo ad esporre i diritti fondamentali alla vita, alla libertà e all'autodeterminazione dell'individuo al rischio di azzeramento o riduzione al di sotto della predetta soglia minima, ivi espressamente inclusi – qualora se ne ravvisi in concreto l'esistenza in una determinata area geografica – i casi del disastro ambientale, definito dall'art. 452-quater c.p., del cambiamento climatico e dell'insostenibile sfruttamento delle risorse naturali.

6. Il ruolo della giurisprudenza

Il confronto tra legislazione interna ed elaborazione giurisprudenziale è particolarmente stimolante nel quadro attuale del sistema di protezione dei diritti umani dei cittadini stranieri. Il legislatore sottopone il sistema a continue modifiche del quadro interno; la giurisprudenza si muove prevalentemente nel quadro del sistema di tutela multilivello dei diritti fondamentali della persona, pur nel rispetto del diritto positivo, in una costante opera d'integrazione tra i due piani. Ove l'integrazione non sia compatibile con il quadro restrittivo della normazione interna si renderà necessaria la risposta del giudice delle legge e nel quadro delle fonti euro-unitarie della Corte di giustizia (da ultimo la rimessione alla Corte di giustizia della norma che impone per escludere il trattenimento, conseguente all'ingresso alla frontiera di mare, una garanzia finanziaria ritenuta un rimedio non effettivo per le caratteristiche e l'onerosità con le quali è stata introdotta: S.U. ordinanza interlocutoria n. 5318 del 2024).

7. Un esempio virtuoso: la kafala

L'impegno della giurisprudenza si esprime, tuttavia, anche nel diverso ma contiguo ambito del riconoscimento di istituti e relazioni qualificate proprie dei modelli familiari e solidaristici provenienti dai paesi stranieri con i quali maggiore e di più lunga durata è la circolazione transfrontaliera. Il Marocco è uno dei paesi a più alta vocazione migratoria verso l'Italia ed a più alta stabilizzazione nel nostro paese.

È necessario, di conseguenza, sia pure del tutto sommariamente, esaminare l'interconnessione tra il diritto italiano ed il diritto marocchino ed in particolare in relazione agli istituti di diritto marocchino che hanno ad oggetto relazioni giuridicamente qualificate e produttive di effetti, di frequenti visitati dalla giurisprudenza di merito e di legittimità come la *kafala*. La giurisprudenza si è trovata a verificare la compatibilità dell'istituto all'interno dell'ampio dibattito che si è sviluppato negli ultimi 15 anni sulle esigenze, determinate dalle spinte della società civile, di allargamento dei modelli di genitorialità sociale e solidale e la sperimentazione di altre forme di affidamento dei minori in chiave di cura, accudimento ed educazione.

Al riguardo, la Corte europea dei diritti dell'uomo ha più volte affermato la rigidità dei modelli di filiazione interni, in quanto fondati sulla dicotomia netta filiazione biologica/adozione legittimante con marginali spazi a forme diverse di relazioni giuridicamente qualificate. È stata, di conseguenza, la giurisprudenza a riuscire ad adeguare il quadro normativo alla ben più ampia gamma di relazioni con i minori che, pur se non centrate sulla genitorialità biologica, si realizzano per la stessa serietà ed intensità di impegno accuditivo ed educativo. La conoscenza e la riflessione sulla compatibilità delle varie forme di *kafala* (pubblicistica, convenzionale) proprie dell'ordinamento marocchino, e non solo, ha contribuito al più complessivo dibattito sulla pluralità dei modelli genitoriali che chiedono riconoscimento giuridico. Ad oggi la giurisprudenza italiana ha recepito l'istituto della *kafala* sia nella versione pubblicistica (S.U. 21108 del 2013; 6204 del 2014) che in quella negoziale, purché con annessa certificazione del tribunale notarile (Cass. 1843 del 2015; 25310 del 2020).

Il riconoscimento della rilevanza dell'istituto in funzione del preminente interesse del minore ha avuto luogo all'interno di procedimenti rivolti ad ottenere da parte di cittadini stranieri, titolari di stabile permesso di soggiorno, o cittadini italiani o dell'Unione Europea, il visto per il ricongiungimento familiare. La Corte di Cassazione ha sottolineato come lo specifico "contenitore" (richiesta di titolo di soggiorno per minore, in funzione dell'attuazione del diritto all'unità familiare, sancito dagli artt. 29 e ss. del d.lgs. n.286 del 1998) abbia facilitato la valutazione di compatibilità, non trattandosi di giudizi rivolti in via principale al riconoscimento diretto di provvedimento straniero giurisdizionale od amministrativo costitutivo di uno *status filiationis*, così da escludere il confronto con il limite costituito per questi giudizi dal rispetto dell'ordine pubblico internazionale. Infine, è stato sottolineato che si tratta di istituto diverso sia dallo *status filiationis* che dalla genitorialità adottiva, essendo ispirato esclusivamente da finalità solidaristiche senza imprimere un preciso rapporto di parentela giuridicamente qualificato, ma esclusivamente un vincolo di responsabilità, composto di mantenimento, educazione ed accudimento verso il minore.

Il rilievo preminente dell'interesse del minore ha condotto la giurisprudenza di legittimità a ritenere che anche l'adozione consuetudinaria, istituto proveniente dall'ordinamento del Ghana, possa essere requisito utile per il minore al fine di ottenere il visto per il ricongiungimento familiare, essendo rilavante "l'attività di cura materiale e affettiva del minore, secondo la disciplina vigente nel Paese di origine, senza che sia necessario individuare, nel legame tra il richiedente e il bambino, un vincolo di filiazione compatibile con i principi dell'ordinamento italiano" (Cass. 6909 del 2022).

L'orientamento più recente che evidenzia l'incremento delle interconnessioni tra ordinamenti riguarda una pronuncia della Cassazione penale. Nella sentenza n. 22734 del 2021, è stata stabilita l'insussistenza del reato di favoreggiamento dell'immigrazione clandestina da parte di una cittadina straniera che, con il certificato di *kafala*, aveva portato in Italia una minore.

La riflessione sul rapporto fecondo tra istituti ed ordinamenti diversi, ancorché culturalmente non vicini, grazie alla *kafala*, è iniziata quasi venti anni or sono. Nella sentenza n. 12169 del 2005 la Corte di legittimità ha stabilito che può essere richiesto il ricongiungimento familiare ex art. 29, c. 1, lett. b), del d.lgs. n. 286 del 1998, per i figli minori "a carico", da parte del genitore (la madre) che per l'ordinamento dello Stato di origine non ha la rappresentanza legale dal momento che il nostro regime giuridico prevede esclusivamente che il genitore che chieda il ricongiungimento sia quello che provvede al sostentamento, e non che sia titolare della responsabilità genitoriale, esclusiva o concorrente, sul figlio minore; offra sufficienti garanzie in ordine alla convivenza con il minore nel territorio italiano ed abbia la disponibilità di un reddito adeguato. La fattispecie aveva ad oggetto la richiesta formulata da una cittadina del Regno del Marocco, ripudiata dal marito, il quale, con l'atto di ripudio, ed in conformità della *Moudawana*, cioè del codice dello stato delle persone vigente, aveva escluso la moglie dalla tutela del minore, riservandola a se stesso, pur non opponendosi al rimpatrio ed essendosi disinteressato della cura del minore.

Bibliografia

Benvenuti, M. (2010). Andata e ritorno per il diritto di asilo costituzionale. *Diritto, immigrazione e cittadinanza*, 2, pp. 36-58.

Bonetti, P. (2008). Il diritto d'asilo in Italia dopo l'attuazione della direttiva comunitaria sulle qualifiche e sugli «status» di rifugiato e di protezione sussidiaria. *Diritto, immigrazione e cittadinanza*, 1, pp. 13-53.

Cilardo, A. (2011). Il minore nel diritto islamico. Il nuovo istituto della *kafala*. in A. Cilardo (a cura di), *La tutela dei minori di cultura islamica nell'area mediterranea. Aspetti sociali, giuridici e medici*, ESI, Napoli, pp. 219-264.

Clerici, R. (2009). La compatibilità del diritto di famiglia mussulmano con l'ordine pubblico internazionale. *Famiglia e diritto*, pp. 197-211.

Corsi, C. (2021). Il decreto legge n. 130/2020 tra continuità e cambiamento. Cenni introduttivi sui profili dell'immigrazione e dell'asilo. *Forum di Quaderni costituzionali*, 1, pp. 67-73.

Di Masi, M. (2015). La Cassazione apre alla *kafalah* negoziale per garantire in concreto *interest of the child. La Nuova Giurisprudenza civile commentata*, 7-8, I, pp. 707-724.

Favilli, C. (2019). Il Re è morto, lunga vita al Re! Brevi note sull'abrogazione del permesso di soggiorno per motivi umanitari. *Rivista di diritto internazionale*, 1, pp. 164-171.

Marella, M.R. (2011). Critical family law. *American University Journal of Gender Social Policy and Law,* 19(2), pp. 721-754.

Morozzo della Rocca, P. (2018). La protezione umanitaria una e trina. *Questione giustizia*. http://www.questionegiustizia.it/rivista/articolo/protezione-umanitaria-una-e-trina_537.php.

Morozzo della Rocca, P. (2011). Rassegna critica della giurisprudenza in materia di coesione familiare con il minore affidato mediante "kafalah". *Gli stranieri*, pp. 15-32.

Morozzo della Rocca, P. (2013). Uscio aperto, con porte socchiuse, per l'affidamento del minore mediante *kafalah* al cittadino italiano o europeo. *Corriere Giuridico*, 12, pp. 1497-1503.

Morozzo della Rocca, P. (2023). La protezione umanitaria in Italia a seguito della mutilazione della protezione speciale. *Diritti Umani e diritto internazionale*, pp. 545-568.

Résumé

L'étude du système européen et national du droit d'asile exige une approche interdisciplinaire, qui est indispensable pour examiner les demandes de protection internationale reposant sur l'évaluation de la crédibilité individuelle et sur les informations à caractère géopolitique: les sciences sociologiques pour révéler phénomènes tels quels la traite des femmes ou la réduction en esclavage des travailleurs migrants; les sciences psychologiques pour conduire les entretiens personnels et comprendre des situations telles quel les persécutions fondées sur le genre ou sur l'orientation sexuelle, les troubles post-traumatiques liées au stress et la reconnaissance des signes de torture. Tout cela fait partie du bagage du juge de la protection internationale.

Il s'ensuit qu'une perspective comparée apparaît très importante pour examiner et approfondir la question de la protection internationale, qui est appelée à prendre en considération plusieurs aspects impliqués dans le phénomène migratoire, mais aussi de nouveaux facteurs qui l'influencent, y compris le changement climatique.

La jurisprudence de la Cour de Cassation marocaine en matière de migrations

Abdelhafiz Mechmachi
(Cour de Cassation du Maroc - Chambre Civile)

Sommaire : 1. Les objectifs de la législation relative à l'immigration. – 2. Le cadre référentiel de la législation relative à l'immigration. – 3. Des aspects de la protection juridique des immigrants. – 3.1. La Constitution marocaine – 3.2. En droit marocain du travail. – 3.3. La loi n° 02.03 relative à l'entrée et au séjour des étrangers au Royaume du Maroc et à l'émigration et l'immigration irrégulières. – 4. En droit péna.l – 4.1. L'incrimination de discrimination. – 4.2. L'incrimination de la traite des êtres humains.

La migration est un phénomène social et historique dont l'existence est liée à l'existence de l'homme. Durant son périple, le migrant peut se délester de ses fardeaux, mais il ne pourra se passer de certains éléments essentiels constituant son identité nationale, religieuse et ethnique etc. ce qui peut constituer des incompréhensions, des rejets et des difficultés de coexistence dans les sociétés d'accueil. Cette situation est à l'origine de différentes législations migratoires régissant la situation de la personne immigrée et de politiques pour faciliter le processus d'assimilation de l'immigré ou de l'expatrié et de son intégration dans les structures sociales et économiques du pays d'accueil. Toutefois, les effets de la politique d'intégration restent très limités, compte tenu de sa philosophie qui repose sur une approche qui cherche à dépouiller l'immigré des éléments de son identité originelle et à opérer une assimilation intégrale.

Le Maroc, du fait de sa situation géographique, a toujours été un espace dynamique, en tant que pays d'origine, de transit et ces dernières années d'accueil, en devenant une destination d'immigration principalement d'Afrique subsaharienne, après que l'Europe ait perdu ses attraits et changé ses perspectives en termes de protection sociale et sa transformation en un espace fermé, notamment après le repli des économies de nombreux pays, à la suite de la pandémie de Covid 19.

L'évolution de la physionomie de l'immigration au Maroc devait s'accompagner d'un cadre légal cherchant à créer un équilibre entre les contraintes de la gestion des flux migratoires, la garantie de l'État de droit, le maintien de la sécurité sociétale et l'impératif de préserver les droits des immigrés et des réfugiés tels qu'ils sont internationalement reconnus. À cet égard, Sa Majesté le Roi a souligné : « Compte tenu des conditions auxquelles sont confrontés certains de ces pays, un certain nombre de leurs citoyens immigrent au Maroc, légalement ou illégalement, car celui-ci était un lieu de transit vers l'Europe, avant qu'il ne devienne une destination de résidence. Face à l'augmentation notable du nombre d'immigrés, qu'ils viennent d'Afrique ou d'Europe, nous avons appelé le gouvernement à formuler une nouvelle politique globale en matière d'immigration et d'asile, selon une approche humanitaire qui respecte les obligations internationales de notre pays et prend en compte les droits des immigrés ».

Aussi l'approche légale du phénomène migratoire repose-t-elle sur le respect par le Royaume du Maroc de ses obligations internationales conformément à la ratification de nombreux instruments internationaux relatifs aux droits de l'homme en général, et aux droits des migrants et des réfugiés en particulier et sur l'adoption d'une législation interne qui donne aux pouvoirs publics les moyens juridiques nécessaires à la garantie de l'ordre public et la gestion des questions d'immigration avec sagesse et professionnalisme, tout en renforçant les capacités des responsables chargés de l'application de la loi en matière de protection des droits et de la dignité des migrants, tout en faisant preuve de la fermeté et de la vigilance nécessaires à l'encontre des réseaux de trafic d'êtres humains, des organisations terroristes et des bandes criminelles qui exploitent la situation des migrants, en vue de l'enrichissement illicite et de l'accomplissement de leurs objectifs de déstabilisation et d'atteinte à la sécurité et à l'ordre.

1. Les objectifs de la législation relative à l'immigration

Avant d'aborder l'approche légale marocaine relative à l'immigration, il est important de s'arrêter sur les principales finalités recherchées par l'État marocain à l'origine de la promulgation et de la révision de l'arsenal juridique qui a un lien direct et indirect avec la situation des immigrés, qu'ils soient réguliers ou réguliers ou en conflit avec la loi.

La plupart de ces finalités s'inspirent des règles stipulées dans la charia islamique et des principes universels consacrés par les conventions internationales relatives aux droits de l'homme en général et aux droits des migrants et des réfugiés en particulier. L'on cite parmi ces finalités :

- l'égalité et la prévention de toutes les formes de discrimination à l'égard des immigrés ;

- la garantie de la dignité humaine et l'interdiction de la traite des êtres humains parmi les migrants ;
- la facilitation du droit d'accès à la justice et à une réparation effective ;
- la protection du migrant contre les persécutions en cas d'exécution d'une mesure d'expulsion ou d'éloignement ;
- la garantie du retour volontaire et sûr de l'immigré dans son pays s'il en exprime le désir ;
- l'intégration de l'immigré dans son environnement socio-économique du pays d'accueil et sa considération comme un acteur de développement.

2. Le cadre référentiel de la législation relative à l'immigration

Le processus d'élaboration et de promulgation des lois régissant le phénomène de l'immigration, bien que d'un point de vue formel soit soumis à la même procédure que celle suivie pour l'élaboration d'autres textes de loi, néanmoins, d'un point de vue fondamental, il nécessite de concilier l'impératif de répondre à l'intérêt national et à la protection de la souveraineté de l'État sur son territoire et l'exigence d'harmonie avec les législations internationales, étant donné que le phénomène de l'immigration est un phénomène transfrontalier, dans lequel interagit le politique, le social et juridique. C'est pourquoi les travaux préparatoires des lois régissant l'immigration évoquent souvent l'ensemble de ces dimensions.

3. Des aspects de la protection juridique des immigrants

Dans ce qui suit, l'on tentera de passer en revue les aspects les plus importants de la protection juridique des immigrés et d'identifier les caractéristiques les plus importantes dans l'arsenal législatif marocain.

3.1. La Constitution marocaine

Depuis la Constitution de 2011, le Maroc a veillé à harmoniser sa législation avec les traités internationaux en matière de droits de l'homme, qui interdit toute discrimination dans la reconnaissance et l'exercice des droits entre citoyens et étrangers, ou une violation du principe d'égalité ou de traitement égal, que ce soit dans le domaine de l'exercice de l'autorité publique, ou au niveau des relations privées. Le préambule de la Constitution a expressément confirmé cette approche et a prévenu toute dérive dans l'exercice de l'autorité qui porterait atteinte aux droits des migrants et des réfugiés, ou exploiterait leurs conditions sociales et économiques, en interdisant toute forme de discrimination fondée sur le sexe, la couleur, les croyances, la culture, l'appartenance sociale ou régionale, la langue, le handicap ou toute situation personnelle.

Le préambule de la constitution a également consacré la primauté des traités internationaux, tels que ratifiés par le Maroc, et dans le cadre des dispositions de la constitution, des lois du Royaume et de son identité nationale, immédiatement après leur publication, sur la législation nationale et s'efforçant à l'harmonisation de la législation avec ce qu'exige une telle ratification.

De même, l'art. 30 de la Constitution dispose que les étrangers bénéficient des libertés fondamentales reconnues aux citoyennes et citoyens marocains, conformément à la loi. Les étrangers résidant au Maroc peuvent participer aux élections locales, conformément à la loi ou en application d'accords internationaux ou de pratiques de réciprocité. La loi détermine les conditions d'extradition vers l'étranger des personnes poursuivies ou condamnées, ainsi que les conditions d'octroi de l'asile.

3.2. En droit marocain du travail

Le Maroc est le deuxième pays à avoir ratifié la Convention internationale pour la protection des droits de tous les travailleurs migrants et des membres de leur famille, adoptée par l'Assemblée Générale des Nations Unies le (18 décembre 1990), conformément au décret royal n° 1.93.317. publié le 2 août 2011, qui a été signé et publié au Journal officiel du 23 janvier 2012, n° 6015.

Le Royaume du Maroc a également ratifié les instruments fondamentaux de l'Organisation Internationale du Travail relatifs à la migration, notamment la Convention n° 97 concernant les travailleurs migrants, promulguée le 10 Ramadan 1435 (8 juillet 2014), Dahir n° 1.14.119, publiée au Journal officiel n° 627 du 7 et 28 juillet 2014 et la Convention n° 143 sur les migrations dans des situations abusives et la promotion de l'égalité de chances et de traitement pour les travailleurs migrants, appelée Convention sur les travailleurs migrants (Dispositions complémentaires). Le Royaume a également conclu 11 accords dans le domaine du travail et trois accords de règlement.

L'emploi des immigrés est soumis aux dispositions du Code du travail de 2004, qui consacre dans le chapitre V du livre IV les dispositions relatives à l'emploi des travailleurs étrangers (articles 516 à 521), ainsi que les dispositions de la loi n° 19.12 relatives aux conditions d'emploi et de travail des travailleurs domestiques qui renvoient au troisième alinéa de l'art. 3 (chapitres cinquième et sixième du livre IV) de la loi n° 65.99 relative au Code du travail, qui concerne l'emploi des étrangers ouvriers.

Conformément aux dispositions des accords ratifiés par le Maroc, prévoyant la protection des droits des travailleurs migrants et assurant leur égalité de droits avec les travailleurs nationaux, le Code du travail stipule dans son préambule que ses dispositions sont applicables sur l'ensemble du territoire national sans discrimination entre les salariés fondée sur la race, la couleur, le sexe, le handicap, la situation conjugale, la religion, l'opinion politique, l'appartenance syndicale, l'origine nationale ou sociale.

De même, le deuxième alinéa de l'art. 9 énonce qu'est interdite toute discrimination entre salariés fondée sur la race, la couleur, le sexe, le handicap, l'état civil, la croyance, l'opinion politique, l'affiliation syndicale, l'origine nationale ou l'origine sociale ayant pour effet de violer ou de dénaturer le principe de l'égalité des chances ou de traitement sur un pied d'égalité en matière d'emploi ou d'exercice d'une profession, notamment en ce qui concerne l'embauchage, la conduite et la répartition du travail, la formation professionnelle, l'avancement, le salaire, l'octroi des avantages sociaux, les mesures disciplinaires et le licenciement.

La justice marocaine a eu l'occasion d'appliquer ces dispositions en consacrant l'approche fondée sur les droits de l'homme, conformément aux choix du Royaume du Maroc pour traiter la question migratoire.

Parmi la jurisprudence pionnière dans ce contexte, l'on cite quelques décisions rendues par la Cour de Cassation, qui a considéré que : « les contrats de travail présentés par le requérant sont conformes aux dispositions de l'art. 516 du Code du travail, car ils comportent l'autorisation délivrée par l'autorité gouvernementale en charge de l'emploi sous forme du visa et que le délai d'un an de validité du visa n'a aucune incidence sur la nature du contrat de travail, qu'il soit à durée déterminée ou indéterminée, car l'on se réfère dans ce cas aux artt. 16 et 17 du Code du travail qui précisent les cas de contrats de travail à durée déterminée, sans faire de distinction entre les contrats de travail des salariés nationaux et ceux des étrangers, conformément à l'art. 9 du Code de travail et aux dispositions de la Convention n° 111 de l'Organisation Internationale du Travail, relative à la discrimination en matière d'emploi et de profession qui interdit la discrimination fondée sur l'origine nationale sur les lieux de travail et encourage l'égalité de traitement, un principe devenu constitutionnel en vertu de la nouvelle constitution marocaine. Et que le requérant a continué à travailler pour la dame de 1998 jusqu'à 2014, et renouvelle le contrat de travail chaque année, que le contrat de travail conclu entre les deux parties est à durée indéterminée, et que lorsque le tribunal en a statué autrement, il a mal appliqué la loi et a donné à sa décision une motivation incomplète équivalente à son absence, ce qui l'expose à la cassation ».

Dans un autre arrêt : « Ce qui ressort des pièces du dossier, est qu'il s'agit d'une salariée étrangère et donc soumise aux dispositions des chapitres cinq et six du Code du travail, qui réglemente l'emploi des travailleurs étrangers au Maroc, et que la requérante a fourni une copie de dix-huit contrats de travail qui lient les deux parties à l'affaire de manière continue et ininterrompue, et que tous ces contrats indiquent qu'ils sont pour une durée déterminée d'une année et qu'ils sont assortis d'un visa du ministère de l'Emploi pour chaque année, le travail de la requérante était donc continu et il ne peut en aucun cas être considéré comme limité dans le temps car la spécification du visa pour une durée d'un an n'a aucun effet sur la nature du contrat et parce que les dispositions de l'art. 16 du code de travail précisent les cas de conclusion de contrat de travail à durée déterminée et n'y incluent pas le travail d'un employé étranger. Le principe de base des contrats est qu'ils sont à durée indéterminée, l'exception étant également les contrats à durée déterminée. L'article 17 du Code du travail considère que le contrat conclu pour une durée maximum d'une année devient un contrat à durée indéterminée lorsqu'il est maintenu au- delà de sa durée. Ainsi, le contrat conclu entre les deux parties est qualifié de durée indéterminée ».

Dans d'autres arrêts, la Cour de Cassation a permis à l'étranger de cumuler les privilèges qui lui sont accordés aussi bien au titre d'accords multilatéraux et des accords bilatéraux pourvu que le cumul soit possible et qu'il n'aboutisse pas à des résultats contradictoires. A ce titre, l'on cite l'arrêt selon lequel : « Contrairement à ce que soutient le requérant, selon l'art. 520 du Code du travail, les dispositions des accords internationaux multilatéraux ou bilatéraux publiés conformément à la loi, relatives à l'emploi des travailleurs marocains à l'étranger, ou à l'emploi des travailleurs étrangers au Maroc sont pris en compte, le cas échéant. Les pièces du dossier indiquent que le défendeur au pourvoi est un salarié étranger, de nationalité algérienne, et qu'il a été en relation avec la requérante en vertu de contrats de travail pour étrangers, de 2007 jusqu'au mois d'avril 2013, et donc l'accord conclu entre le Royaume du Maroc et la République Algérienne le 15/03/1963, qui stipule la soumission du contrat de travail des ressortissants des deux pays relatif au travail effectué, du protocole qui y est annexé en date du 01 /15/1969, ainsi que l'arrêté royal du 14/04/1969 l'approuvant, resteront valables et exécutoires en l'absence de preuve de son annulation ou de sa suspension, conformément aux dispositions de l'art. 520 du Code du travail. Le tribunal dont la décision a fait l'objet de recours, lorsqu'il a fondé sa décision sur le présent accord tel qu'applicable conformément à l'art. 520 du Code du travail, a fondé sa décision sur des bases solides et ne viole aucune exigence légale, et que le moyen évoqué ne saurait être retenu ».

3.3. La loi n° 02.03 relative à l'entrée et au séjour des étrangers au Royaume du Maroc et à l'émigration et l'immigration irrégulières

Quiconque suit les questions de la migration et des migrants constate que ces derniers peuvent être exposés, lors de leur transit ou de leur séjour dans les pays d'accueil, à un certain nombre de risques résultant principalement de la prise de décisions administratives affectant leur statut, que ce soit avant ou après leur entrée sur le territoire national et parmi ces décisions figurent : le refus de l'entrée sur le territoire national ; la reconduite aux frontière ; l'expulsion du territoire marocain ; le refus de remise des titres de séjour, etc., d'où l'adoption de la loi n° 02-03 en vue de réglementer l'entrée et le séjour des étrangers au Maroc, d'établir un ensemble de principes qui régissent l'action de l'administration et éviter qu'elle ne soit arbitraire ou qu'elle prenne des décisions dépourvues de légitimité.

Compte tenu des effets des décisions administratives sur la situation de l'immigré ou de l'étranger en général, et de leur impact sur sa stabilité psychologique et familiale, notamment. pour ceux accompagnés de membres de leur famille, le législateur a autorisé le juge administratif à intervenir en référé pour garantir la protection nécessaire aux étrangers, sans entraver l'action de l'administration visant à garantir l'ordre public et à maintenir la sécurité et la tranquillité publiques

En examinant les décisions judiciaires rendues par la justice administrative, l'on constate l'approche des droits de l'homme dont elle est imprégnée ainsi que la grande flexibilité dans l'interprétation de la loi au profit de l'immigré.

A) S'agissant des décisions de refus d'entrée sur le territoire national :

L'article 4 stipule que l'autorité compétente chargée du contrôle des postes frontières peut refuser l'entrée sur le territoire marocain à toute personne si elle ne prouve pas qu'elle dispose des moyens de subsistance, ou ne justifie pas des raisons de sa présence au Maroc ou des garanties de son retour dans son pays. Il est également possible de refuser l'entrée sur le territoire marocain à toute personne qui constitue une menace à l'ordre public, ou si elle y est interdite d'entrée ou si elle en a été expulsée, sachant que le refus d'entrée sur le territoire marocain n'entraîne pas la privation de liberté du migrant retenu, qui a le droit de recourir à l'assistance d'un interprète ou de demander la désignation d'un avocat de son choix et d'en informer le consulat de son pays et il a également le droit à des soins de santé. La décision de l'administration de refuser l'entrée sur le territoire marocain peut faire l'objet d'un recours devant le président du tribunal administratif en tant que juge des référés. La justice administrative a rendu nombreux arrêts en la matière, dont :

- L'ordonnance de référé rendue par le Président du Tribunal Administratif de Casablanca le 10/03/2015, n° 94, dossier n° 152/7101/2015 qui souligne qu' « Il est évident que le fils de l'intéressée (de nationalité syrienne) se trouve dans une situation régulière sur le territoire national et exerce une importante activité commerciale, c'est pourquoi nous avons décidé, compte tenu de l'âge avancé de la plaignante, qui a soixante-dix ans, et en tenant compte de la situation générale de son pays, et par souci de justice, d'équité et de bonne administration de la justice, de lui permettre d'entrer sur le territoire national et de résider avec son fils, en attendant le règlement de sa situation, et l'obtention d'une carte de séjour auprès de l'autorité administrative, dans un délai de quinze jours conformément aux dispositions de l'art. 38 de la loi n° 03-02 relative à l'entrée et au séjour des étrangers au Royaume du Maroc et à l'immigration irrégulière. ».
- L'ordonnance du Président du Tribunal Administratif de Casablanca le 08/08/2014, n° 469, dossier n° 499/7101/2014, qui souligne « Vu le refus de la direction, et vu qu'après avoir étudié toutes les données du dossier, il nous est apparu clairement, tel que prouvé par les pièces du dossier que le plaignant est de nationalité libyenne, marié à une marocaine depuis le 02/07/2007, et a eu des enfants avec elle, il est promoteur immobilier au Maroc avec son

siège dans la ville de Kénitra. Il pratique ses investissements en toute légalité, étant donné qu'il est inscrit au registre du commerce, à la Caisse Nationale de Sécurité Sociale sous le n° 4009602, dispose d'un numéro d'identification fiscale sous le n° 29155484, et dispose d'un registre du commerce et d'un compte bancaire ouvert auprès de la Banque Commerciale et de la Banque Wafa, comme il ressort de ce qui précède. L'intéressé se trouve dans une situation régulière sur le territoire national, et que la non obtention d'un visa pour retourner près de sa famille au Maroc et s'enquérir de ses investissements est avant tout dû à l'état de troubles sécuritaires dans son pays, la Libye, situation connue de tous à travers les médias nationaux et internationaux. Considérant qu' aussi longtemps que tel est le cas, et par soucis de justice, d'équité et de bonne administration de la justice de permettre à l'intéressé d'entrer sur le territoire national pour régulariser sa situation et obtenir une carte de séjour auprès de l'autorité administrative compétente de la ville de Kénitra, pour une durée de huit jours conformément aux dispositions de l'art. 38 de la loi n° 03-02 relative à l'entrée et au séjour des étrangers au Royaume du Maroc et à l'immigration irrégulière ».

B) S'agissant de la reconduite aux frontières :

L'article 21 de la loi 02-03 confère à l'administration le pouvoir de prendre la décision de conduite aux frontières en vertu d'une décision motivée dans les cas suivants :

- si l'étranger ne peut justifier être entré régulièrement sur le territoire marocain, à moins que sa situation n'ait été régularisée postérieurement à son entrée ;
- si l'étranger s'est maintenu sur le territoire marocain au-delà de la durée de validité de son visa ou, s'il n'est pas soumis à l'obligation du visa, à l'expiration d'un délai de trois mois à compter de son entrée au territoire marocain, sans être titulaire d'une carte d'immatriculation régulièrement délivrée ;
- si l'étranger, auquel la délivrance ou le renouvellement d'un titre de séjour a été refusé ou a été retiré, s'est maintenu sur le territoire marocain au-delà du délai de 15 jours, à compter de la date de notification du refus ou du retrait ;
- si l'étranger n'a pas demandé le renouvellement de son titre de séjour et s'est maintenu sur le territoire marocain au-delà du délai de 15 jours, suivant l'expiration du titre du séjour ;
- si l'étranger a fait l'objet d'une condamnation par jugement définitif pour contrefaçon, falsification, établissement sous un autre

nom que le sien ou défaut de titre de séjour ;
- si le récépissé de la demande de carte d'immatriculation qui avait été délivré à l'étranger lui a été retiré ;
- si l'étranger a fait l'objet d'un retrait de sa carte d'immatriculation ou de résidence, ou d'un refus de délivrance ou de renouvellement de l'une de ces deux cartes, dans les cas où ce retrait ou ce refus ont été prononcés, en application des dispositions législatives et réglementaires en vigueur, en raison d'une menace à l'ordre public.

L'étranger, qui fait l'objet d'une décision de reconduite à la frontière, peut, dans les quarante-huit heures suivant la notification, demander l'annulation de cette décision au président du Tribunal administratif, en sa qualité de juge des référés et le président du Tribunal administratif ou son délégué statue dans un délai de quatre jours francs, à compter de la saisine. C'est ce que la Cour de Cassation a confirmé dans l'un de ses arrêts, où elle a déclaré que « La décision d'expulser l'étranger du territoire national et de le reconduire à la frontière peut faire l'objet d'un recours devant le président du Tribunal administratif en sa qualité de juge des référés, et ce recours doit être exercé par l'intéressé dans les délais de 48 heures suivant sa notification. Le recours contre la décision déterminant le pays vers lequel l'étranger sera refoulé est sans effet suspensif si l'intéressé n'a pas fait appel de la décision d'éloignement ou de la décision de reconduite à la frontière prononcée à son encontre. Ainsi, la décision contestée déclarant que le juge des référés du Tribunal Administratif n'est pas compétent pour statuer sur la demande d'annulation de la décision d'expulser l'étranger et de le reconduire à la frontière, considérant que la loi n° 03.02 relative au l'entrée et au séjour des étrangers au Maroc et l'immigration irrégulière n'a précisé ni le délai pour exercer le recours contre la décision susvisée, ni l'autorité judiciaire compétente. En se faisant, la décision aurait violé les dispositions des articles 23 et 28 de la loi 02-03 susmentionnée et des articles 2 et 3 du Code de procédure civile ».

Le rôle du président du Tribunal administratif ne se limite pas au contrôle de la formalité de la décision administrative, mais s'étend au contrôle des motifs de la décision, puisque le législateur a imposé la motivation de la décision de la conduite aux frontières et la clarification des raisons de cette décision. C'est ce qu'a déclaré le président du Tribunal administratif de Marrakech, estimant que la décision en question était fondée sur les dispositions de l'art. 21 de la loi n° 02-03 relative aux cas de conduite à la frontière du fait de de séjour irrégulier sur le territoire marocain, et elle s'appuyait également sur une correspondance du préfet de police... selon laquelle... il s'agit d'un citoyen français d'origine libanaise... et qu'il est connu pour avoir des comportements inhabituels ou de mauvaises habitudes, ou avoir tendance à la déviance, et c'est une expression générale qui ne fait pas référence à des faits concrets et précis qui confirment le sens voulu, et que cela constitue une lacune dans la motivation et équivaut à l'absence de motivation, outre la loi n° 03-01, qui oblige l'administration de motiver ses décisions sous peine d'illégalité, l'art. 21 de la loi n° 02-03 appliquée dans cette affaire prévoit que l'administration peut ordonner que des personnes soient conduites à la frontière selon une décision motivée... Dans ce cas, les défenses du requérant sont considérées comme sérieuses et justifient la suspension temporaire de l'exécution de la décision d'expulsion jusqu'à ce que le tribunal statue sur le recours en annulation. ».

Dans le même sillage, le Tribunal Administratif de Rabat a conclu en annulant la décision du Directeur de la sûreté nationale d'expulser une étrangère au motif de son implication dans des affaires de mauvaises mœurs et de trafic de drogue, étant donné que l'administration n'a pas été en mesure de les prouver concrètement et a considéré que : « Toute décision administrative doit être fondée sur un motif qui la justifie, et ce motif est la situation juridique ou factuelle qui justifie l'intervention de l'administration pour prononcer la sanction, et le contrôle judiciaire s'étend à la validité des faits qui constituent le fondement du motif et à la qualification juridique de ces faits ».

C) S'agissant des titres de séjour :

La loi n° 02-03 a défini dans son article 5 ce qu'on entend par titre de séjour, et les a limités à la carte de séjour et à la carte d'immatriculation. L'article 19 a conféré à l'administration le droit de refuser d'accorder ou de délivrer des titres de séjour ou de les renouveler, si la présence de l'étranger constitue une menace pour l'ordre public, ou si une décision judiciaire a été rendue contre lui pour l'expulser du territoire national, ou dans le cas où l'étranger ne présente pas de visa de séjour pour une durée supérieure à trois mois, afin de lui accorder une carte d'immatriculation. En contrepartie, et en vue d'un équilibre entre l'administration et l'étranger, le législateur a accordé, conformément à l'art. 20 de la même loi, à l'étranger dont la demande d'obtention ou de renouvellement d'un titre de séjour a été refusée ou qui s'est vu retirer ce titre, peut formuler un recours devant le président du Tribunal administratif en sa qualité de juge des référés dans le délai de quinze (15) jours suivant la date de notification de la décision du refus ou du retrait.

En plusieurs occasions, la justice marocaine a été saisie par des recours contre le refus de délivrance des titres de séjour ou d'autorisation de rentrer sur le territoire national.

À titre d'exemple, le président du Tribunal administratif de Casablanca a émis une ordonnance accordant l'autorisation de séjour temporaire pour une période de deux mois afin que l'intéressée puisse régler sa situation juridique devant les autorités locales et de sûreté, motivant son ordonnance comme suit: « Après avoir étudié toutes les données du dossier et examiné les défenses de l'administration... il ressort de la reconnaissance par l'administration précitée dans sa réponse qu'elle avait eu l'intention d'expulser la requérante vers son pays à bord d'un avion de la Royal Air Maroc, mais le commandant de bord a refusé, étant donné que l'intéressée était enceinte et sur le point d'accoucher, la décision de l'expulser vers son pays avait donc été prise et ce qui empêchait son exécution était la santé de la requérante et après l'accouchement, son nouveau-né avait des droits dont la satisfaction incombent aux autorités marocaines pour prendre soin de lui et prendre toutes les mesures pour le protéger, lui et sa mère... Attendu que, compte tenu de toutes ces circonstances, et dans un souci de bonne administration de la justice, et compte tenu des droits de l'enfant de la requérante né sur le sol marocain, nous avons décidé d'accorder un délai à la requérante pour résider sur le sol marocain - notamment puisque le directeur de la Clinique d'accueil des migrants de Casablanca, la Fondation Caritas, avait parrainé temporairement la requérante et sa fille après leur sortie de l'hôpital... Attendu que de ce qui précède, la requérante et son nouveau-né doivent être autorisés à résider sur le territoire national pendant deux mois jusqu'à ce qu'elle puisse régler sa situation juridique auprès des autorités locales et de sûreté ».

4. En droit pénal

4.1. L'incrimination de discrimination

Dans le cadre des dispositions constitutionnelles visant à harmoniser les législations nationales avec les accords internationaux, et en appliquant les normes du Pacte international relatif aux droits civils et politiques, et conformément au rapport de la Conférence mondiale contre le racisme et la discrimination tenue à Durban en 2001 et des observations finales du Comité pour l'élimination de la discrimination raciale lors de l'examen des quatorzième et seizième rapports périodiques du Maroc (CERD/C/62/CO/5), les rédacteurs du Code pénal ont apporté les garanties juridiques pour la jouissance des droits personnels et l'exercice des libertés individuelles et collectives, sans discrimination entre les citoyens marocains et les étrangers, sauf si la nature de certains actes dans lesquels la nationalité est un élément constitutif de l'infraction ou de sa qualification.

En 2023, le législateur marocain a incriminé la discrimination aussi bien contre les personnes physiques que morales en considérant, en vertu de l'art. 431-1, comme discrimination toute distinction opérée entre les personnes physiques à raison de l'origine nationale ou sociale, de la couleur, du sexe, de la situation de famille, de l'état de santé, du handicap, de l'opinion politique, de l'appartenance syndicale, de l'appartenance ou de la non appartenance, vraie ou supposée, à une ethnie, une nation, une race ou une religion déterminée. De même est considérée comme discrimination toute distinction opérée entre les personnes morales à raison de l'origine, du sexe, de la situation de famille, de l'état de santé, du handicap, des opinions politiques, des activités syndicales, de l'appartenance ou de la non-appartenance, vraie ou supposée, à une ethnie, une nation, une race ou une religion déterminée des membres ou de certains membres de ces personnes morales.

Les sanctions encourues pour discrimination, définie à l'art. 431-1, sont l'emprisonnement d'un mois à deux ans et une amende de mille deux cent à cinquante mille dirhams, lorsqu'elle consiste à refuser la fourniture d'un bien ou d'un service ; à entraver l'exercice normal d'une activité économique quelconque; à refuser d'embaucher, à sanctionner ou à licencier une personne ; à subordonner la fourniture d'un bien ou d'un service ou l'offre d'un emploi à une condition fondée sur l'un des éléments visés à l'art. 431-1.

De même les actes de discriminations commises par des personnes morales sont punies d'une amende de mille deux cents à cinquante mille dirhams, sans préjudice des peines applicables à ses dirigeants, conformément à l'art. 431-3.

4.2. L'incrimination de la traite des êtres humains

L'un des risques auxquels les migrants sont exposés par certains réseaux du crime organisé est celui d'exploiter leurs conditions sociales et économiques, ou les conditions politiques et sécuritaires de leur pays, afin de les introduire clandestinement dans des conditions inhumaine et dangereuse portant atteinte à leur santé physique et morale, à leur sécurité financière et leur droit à la vie.

Le législateur marocain a adopté la loi n° 27.14 relative à la lutte contre la traite des êtres humains, définie en vertu de l'art. 438-1 comme le fait de recruter une personne, de l'entraîner, de la transporter, de la transférer, de l'héberger, de l'accueillir ou le fait de servir d'intermédiaire à cet effet, par la menace de recours à la force, le recours à la force ou à d'autres formes de contrainte, d'enlèvement, de fraude, de tromperie ou d'abus d'autorité, de fonction ou de pouvoir ou l'exploitation d'une situation de vulnérabilité, de besoin ou de précarité, ou par le fait de donner ou de percevoir des sommes d'argent ou d'avantages pour obtenir le consentement d'une personne ayant autorité sur une autre personne aux fins d'exploitation.

De même, l'art. 438-9 de ladite loi considère comme victime de la traite des êtres humains toute personne physique, qu'elle soit marocaine ou étrangère, qui subit un préjudice matériel ou moral avéré résultant directement de la traite des êtres humains.

En vue de garantir le droit de la victime à des voies de recours, les autorités judiciaires compétentes peuvent également prononcer une ordonnance en vue d'autoriser la victime étrangère de rester sur le territoire du Royaume jusqu'à la fin du procès, selon les dispositions de l'art. 82-5-1 du Code de procédure pénale.

Bibliographie

Accord de règlement entre le Royaume du Maroc et la République Algérienne Démocratique et Populaire ratifié par décret royal n° 1.69.114 du 26 Muharram 1389 (14 avril 1969) publié au Journal Officiel n° 2945 du 27 Muharram 1389 (15 avril 1969).

Arrêt de la Cour de Cassation n° 446 du 19/03/2019, dossier n° 1131/5/1/2017 Accord de règlement entre le Maroc et l'Algérie.

Arrêt de la Cour de Cassation n° 697 du 24/07/2018, dossier n° 1/5/196/2017.

Arrêt de la Cour de Cassation n° 746/2010, dossier n° 742/4/1/2010.

Arrêt de la Cour de Cassation n° 164 du 02/08/2022, dossier n° 2135/5/1/2020.

Décision du Tribunal administratif de Marrakech, ordonnance n° 09 rendue le 02-04-2008, dossier n° 10-01-08, non publiée.

Décision du Tribunal administratif de Rabat, arrêt n° 242 du 22/03/2001, dossier N° 06/2000, Affaire Thiaud Marion contre le Directeur de la sûreté nationale.

Extrait du discours adressé par Sa Majesté le Roi à la Nation à l'occasion du 38ème anniversaire de la Marche Verte. Rabat, le 6 novembre 2013.

Ordonnance du Président du Tribunal administratif n° 238 rendue le 03/04/2017, dossier n° 907/7101/2017.

Abstract

Per la sua posizione geografica, il Marocco è sempre stato uno spazio dinamico, sia come paese d'origine, sia come paese di transito, e, negli ultimi anni, sia come paese di accoglienza, in quanto destinazione privilegiata di migranti provenienti dall'Africa subsahariana, anche in virtù di cambiamenti verificatisi in seno all'Europa. Quest'ultima, infatti, sembra aver perduto la sua attrattiva, trasformandosi in uno spazio chiuso, soprattutto dopo la crisi economica di molti paesi seguita alla pandemia di Covid-19.

L'evoluzione della fisionomia dell'immigrazione in Marocco sembra doversi necessariamente accompagnare alla creazione di un quadro giuridico volto a creare un equilibrio tra le obbligazioni derivanti dalla gestione dei flussi migratori, le garanzie dello stato di diritto, il mantenimento della sicurezza sociale e l'imperativo di preservare i diritti dei migranti e dei rifugiati riconosciuti dal diritto internazionale. Pertanto, l'approccio giuridico del Regno del Marocco al fenomeno migratorio deve fondarsi, non solo, sul rispetto degli obblighi assunti a livello internazionale attraverso numerosi strumenti i quali sanciscono, nell'ambito della tutela dei diritti dell'uomo, i diritti dei migranti e dei rifugiati, ma anche sull'adozione di una legislazione interna che dia ai poteri pubblici i mezzi giuridici necessari per garantire, con saggezza e professionalità, l'ordine pubblico e la gestione delle questioni migratorie. Ciò implica rafforzare tanto i poteri di coloro che sono chiamati a proteggere i diritti e la dignità dei migranti, quanto quelli delle autorità tenute a vigilare per scongiurare fenomeni come la creazione di reti per la tratta di esseri umani, di organizzazioni terroristiche e di bande criminali; tutte accomunate dall'obiettivo di sfruttare la situazione dei migranti per un proprio illecito arricchimento.

Le migrazioni nella giurisprudenza della Corte di giustizia dell'Unione Europea

Patrizia De Pasquale
(Università di Napoli "Federico II")

Sommario: 1. Premessa. – 2. La tutela giurisdizionale effettiva dell'immigrato. – 3. La sentenza *Országos*. – 4. Il ricorso contro le decisioni di trasferimento del migrante. – 5. Tutela giurisdizionale effettiva e competenza del giudice. – 6. Conclusioni.

1. Premessa

Il tema è molto ambizioso. Difatti, la giurisprudenza della Corte di giustizia ha abbracciato tutti i profili relativi all'immigrazione e all'asilo, contribuendo a disegnare un quadro organico volto a tutelare i diritti fondamentali di coloro che cercano protezione, ma altresì a vietare respingimenti arbitrari, a garantire un esame individuale e imparziale delle richieste d'asilo e a stabilire standard per l'accoglienza e la protezione dei rifugiati. Nella sua copiosa giurisprudenza, la Corte ha sempre applicato taluni principi propri dell'ordinamento dell'Unione che sono divenuti 'cardini' anche di questo settore così delicato, quali quello di uguaglianza di trattamento, di *non refoulement* e di libera circolazione, assicurando la tutela dei migranti e dei richiedenti asilo (Favilli, 2018; Nascimbene, 2020).

Invero, lo studio del sistema di tutela dei diritti dei migranti risulta essere un terreno vasto e insidioso, soprattutto a causa dei numerosi ostacoli posti dagli Stati membri, guidati non di rado da spinte sovraniste e da egoismi nazionali. Proprio l'ampiezza della tematica spinge a orientare il presente contributo verso uno specifico e consolidato orientamento giurisprudenziale, ovvero, al ruolo che, nel contesto della politica di immigrazione e di asilo dell'Unione, gioca il principio della tutela giurisdizionale effettiva (Spitaleri, 2023).

2. La tutela giurisdizionale effettiva dell'immigrato

Occorre rammentare che il principio della tutela giurisdizionale effettiva è stato riaffermato nella sua dimensione di diritto fondamentale della persona dall'art. 47 della Carta e nella sua dimensione di obbligo degli Stati membri dall'art. 19, par. 1, secondo comma, TUE (Fumagalli, 2014; Tesauro, 2014); e, come noto, sancisce il diritto a un ricorso effettivo dinanzi a un giudice (*rectius,* il diritto al giudice). È altrettanto noto che tale principio comporta una limitazione dell'autonomia processuale degli Stati membri, qualora questi sono chiamati ad applicare il diritto dell'Unione, imponendo che essi offrano adeguate ed effettive tutele giurisdizionali per i diritti che i singoli godono in forza della normativa dell'Unione[1].

L'ampia portata del principio in esame con riguardo all'accesso alle giurisdizioni trova manifestazione costante in materia di immigrazione e asilo ove è stato costantemente utilizzato dalla Corte di giustizia per assicurare la tutela dei diritti processuali dei migranti.

In tale ambito, esso è stato richiamato sia in virtù di condizioni, per così dire, soggettive sia in considerazione di specificità oggettive della normativa dettata dall'Unione in materia di immigrazione e di asilo.

Per quanto riguarda il primo profilo, va segnalata la vulnerabilità dei soggetti considerati che complica il loro accesso alla tutela giurisdizionale dei diritti di cui sono o dichiarano di essere titolari. Non di rado, invero, essi non conoscono la lingua utilizzata dalle autorità del paese ove approdano, destinato a trattare la loro domanda di asilo e, dunque, necessitano di traduzioni e dell'assistenza di un interprete. Inoltre, sempre o quasi sempre, i migranti non dispongono delle risorse necessarie a pagarsi un avvocato e, quindi, lo Stato deve farsi carico delle spese di una rappresentanza legale. In taluni casi, poi, lo straniero si trova al di fuori del territorio dove ha sede l'organo giurisdizionale competente a pronunciarsi sui ricorsi che intende esperire[2].

Sotto il secondo profilo, invece, rileva il "contenuto minimo" che contraddistingue le regole concernenti i mezzi di ricorso, presenti nella legislazione dell'Unione Europea che, talvolta, accordano agli Stati membri pure il potere di introdurre deroghe e, talaltra, sono formulate in modo poco chiaro.

Si tratta di disposizioni (appunto) minime che interessano trasversalmente tutte le direttive cd. di prima generazione, ma anche quelle di seconda generazione, ancorché queste ultime contengano disposizioni di maggiore dettaglio. In generale, comunque, tutte si limitano a prevedere l'obbligo di adottare un atto scritto e motivato; nonché il diritto a mezzi di ricorso effettivi e all'assistenza e/o alla rappresentanza legale gratuita, e, infine, la necessità di convalida in sede giudiziaria dei provvedimenti di trattenimento con alcune indicazioni minimali sulle modalità di procedimento.

3. *La sentenza* Országos

In un contesto siffatto, dove la "debolezza" dei soggetti destinatari di tutela si rispecchia nel contenuto delle norme che dovrebbero garantire un elevato livello di tutela, l'applicazione del principio in esame, interpretato in modo appropriato, ha già permesso (e permetterà ancora) di superare talune ambiguità, di riempire diverse lacune presenti nella legislazione derivata e di essere utilizzato come fondamento normativo della competenza del giudice.

Con riguardo alla capacità dell'art. 47 CDFUE di "riempire le lacune", esso è stato richiamato per affermare, anche in questa materia, che il diritto a un ricorso effettivo implica che esso debba svolgersi dinanzi a un giudice e non davanti ad altra istanza nazionale.

In quest'ottica, l'art. 47 CDFUE è venuto in rilievo ai fini di una corretta interpretazione dell'art. 13 della direttiva rimpatri (*sui mezzi di ricorso effettivo, assistenza e/o rappresentanza legale)*, che letteralmente sembra ritenere sufficiente che il ricorso avverso le decisioni di rimpatrio sia proposto dinanzi all'organo amministrativo. Nondimeno, nel caso *Országos* (14 maggio 2020, C-924/19 PPU e C-925/19 PPU, punto 147), relativo al sistema giurisdizionale ungherese, chiamata a pronunciarsi dal Tribunale amministrativo e del lavoro di Szeged, la Corte dell'Unione ha chiarito che l'articolo 13 della direttiva 2008/115, letto in combinato disposto con l'articolo 47 della Carta, deve essere interpretato nel senso che si oppone a una legislazione di uno Stato membro che consente a un'autorità amministrativa di modificare il Paese di destinazione indicato in una decisione di rimpatrio precedente. E ha aggiunto che è altresì vietato dalla normativa dell'Unione imporre al cittadino del Paese terzo interessato di impugnare tale modifica solo attraverso un ricorso presentato davanti a un'autorità amministrativa, senza garantire una successiva revisione giurisdizionale della decisione di quest'ultima.

La Corte ha pure ritenuto che il giudice nazionale investito di un ricorso diretto a contestare la legittimità, rispetto al diritto dell'Unione, della decisione di rimpatrio consistente in una modifica del Paese di destinazione, è tenuto a dichiararsi competente a conoscere di tale ricorso in virtù del principio del primato del diritto dell'Unione e del diritto a una tutela giurisdizionale effettiva, di cui all'art. 47 della Carta (Barbou Des Places, 2021).

In estrema sintesi, la Corte ha giudicato incompatibile con il diritto dell'Unione una regolamentazione nazionale in base alla quale la modificazione, da parte di un'autorità amministrativa, del Paese di destinazione verso cui indirizzare il cittadino di uno Stato terzo possa essere contestata solo di fronte all'autorità amministrativa senza garantire il controllo da parte dell'autorità giudiziaria. Cosicché, la competenza dell'autorità amministrativa non è esclusa, ma deve essere disciplinata necessariamente la possibilità per gli interessati di impugnare la decisione dinanzi all'autorità giurisdizionale.

La sentenza *Országos* è venuta in rilievo anche nell'ambito della discussa pronuncia del giudice Apostolico della Sezione immigrazione del Tribunale di Catania. Infatti, come ben noto, sulla base degli artt. 8 e 9 della direttiva 2013/33/UE (direttiva accoglienza), nonché alla luce della loro interpretazione fornita dalla Corte di giustizia, il Tribunale ha disapplicato il decreto Cutro (d.lgs. 10 marzo 2023, n. 20) e non ha convalidato il provvedimento di trattenimento del richiedente protezione, stabilendo che la "cauzione" di 5.000 euro imposta al richiedente quale misura alternativa al trattenimento andasse considerata un ostacolo amministrativo in contrasto con la direttiva 2013/33/UE.

In effetti, il giudice dell'Unione aveva ribadito nella sentenza *Országos* che gli artt. 8 e 9 di tale direttiva devono essere interpretati – *alla luce degli artt. 6 e 47 della Carta* – nel senso che ostano a che un richiedente protezione internazionale sia trattenuto per il solo fatto che non può provvedere alle proprie necessità e a che il trattenimento abbia luogo senza la previa adozione di una decisione motivata e senza che siano state esaminate la necessità e la proporzionalità di una siffatta misura.

Vale la pena segnalare che la Corte di Cassazione, chiamata ad esaminare i ricorsi contro le ordinanze del Tribunale di Catania, presentati dall'Avvocatura dello Stato per conto del Ministero dell'Interno, ha sollevato questione pregiudiziale, chiedendo alla Corte di giustizia se sia compatibile con la legislazione europea "una normativa di diritto interno che contempli quale misura alternativa al trattenimento del richiedente (il quale non abbia consegnato il passaporto o altro documento equipollente), la prestazione di una garanzia finanziaria il cui ammontare è stabilito in misura fissa anziché in misura variabile, senza consentire alcun adattamento dell'importo alla situazione individuale del richiedente, né la possibilità di costituire la garanzia stessa mediante l'intervento di terzi, sia pure nell'ambito di forme di solidarietà familiare, così imponendo modalità suscettibili di ostacolare la fruizione della misura alternativa da parte di chi non disponga di risorse adeguate, nonché precludendo la adozione di una decisione motivata che esamini e valuti caso per caso la ragionevolezza e la proporzionalità di una siffatta misura in relazione alla situazione del richiedente medesimo" (SS.UU. civili, ordd. nn. 3562 e 3563 dell'8 febbraio 2024; causa C-104/24 e C-105/24).

Spetterà, quindi, al giudice dell'Unione offrire la soluzione che inevitabilmente avrà ricadute sulla portata del principio qui in esame.

4. Il ricorso contro le decisioni di trasferimento del migrante

Con riguardo, invece, alla capacità dell'art. 47 della Carta di "integrare talune disposizioni", ampliandone la portata, la Corte di giustizia ha avuto modo di pronunciarsi sull'art. 23 del regolamento Dublino. La disposizione riconosce, come noto, al richiedente protezione internazionale il "diritto a un ricorso effettivo avverso una decisione di trasferimento, o a una revisione della medesima, in fatto e in diritto, dinanzi a un organo giurisdizionale". Secondo una interpretazione letterale, la disposizione sembra limitare la possibilità di proporre un ricorso giurisdizionale, in forza dell'art. 27, par. 1, del regolamento in questione, soltanto all'ipotesi in cui lo Stato membro richiedente adotti una decisione di trasferimento e non anche in quella in cui lo Stato membro richiesto rifiuti la presa in carico dell'interessato (den Heijer, 2017; Caggiano, 2019).

Purtuttavia, con la sentenza *Staatssecretaris* (1 agosto 2022, C-19/21), sulla base dell'assunto che "l'articolo 47 della Carta dispone, al primo comma, che ogni persona i cui diritti e le cui libertà garantiti dal diritto dell'Unione siano stati violati ha diritto a un ricorso effettivo, alle condizioni previste da tale articolo", la Corte ha riconosciuto che a tale diritto corrisponde l'obbligo degli Stati membri, ai sensi dell'art. 19, par. 1, secondo comma, TUE, di stabilire i rimedi giurisdizionali necessari per assicurare una tutela giurisdizionale effettiva nei settori disciplinati dal diritto dell'Unione. Inoltre, ha riconosciuto che, al pari di una decisione di trasferimento, una decisione di rifiuto di presa in carico può pregiudicare i diritti dei migranti; nella fattispecie, il diritto di un minore non accompagnato di essere ricongiunto con un parente che può occuparsi di lui, ai fini dell'esame della sua domanda di protezione internazionale. Di talché, tanto nel caso di decisione di trasferimento quanto nell'ipotesi di decisione di rifiuto di presa in carico, all'interessato (il minore nel caso di specie) deve essere consentito di proporre un ricorso al fine di dedurre la violazione del diritto, conformemente all'art. 47 della Carta.

Invero, se l'interpretazione delle decisioni adottate dalle istituzioni dell'Unione Europea alla luce della Carta e dei principi generali non è una novità nella prassi giuridica della Corte di giustizia, è pur vero che tale approccio assume particolare rilevanza nei settori dell'immigrazione e dell'asilo, considerando la natura minimale delle garanzie procedurali previste dalle direttive e dai regolamenti che regolano tali ambiti. Infatti, in virtù di un'attività ermeneutica consolidata che garantisce che tutti gli atti derivati siano interpretati in linea con le fonti primarie anche tale disciplina è destinata ad assumere una portata più precisa e una valenza più generale.

5. *Tutela giurisdizionale effettiva e competenza del giudice*

Infine, il principio della tutela giurisdizionale effettiva ha assunto la funzione di fondamento normativo della competenza del giudice. Più precisamente, numerosi spunti di riflessione sono offerti dal filone giurisprudenziale che, in assenza di un'indicazione *ex ante* del giudice competente, lo individua *ex post*, grazie all'art. 47 della Carta, attribuendogli in tal modo rilievo costituzionale. Si tratta, all'evidenza, di un orientamento significativo, dal momento che introduce una deviazione dal principio classico della precostituzione per legge del giudice competente.

Al riguardo, nel già citato caso *Országos*, la Corte ha fatto derivare dall'effetto diretto dell'art. 47 della Carta - "sufficiente di per sé" e non bisognoso di precisazioni dettate da disposizioni del diritto dell'Unione o del diritto nazionale per conferire ai singoli un diritto invocabile in quanto tale - un preciso obbligo in capo al giudice del rinvio. Esso, infatti, in ipotesi di trattenimento dei ricorrenti, è tenuto a dichiararsi competente ad esaminare la regolarità di un siffatto trattenimento disapplicando, se necessario, qualsiasi disposizione nazionale che gli vieterebbe di procedere in tal senso.

Così, l'art. 47 della Carta diventa la base giuridica su cui si fonda la competenza dell'organo giudiziario nazionale di esaminare il provvedimento amministrativo di trattenimento, anche se tale scrutinio non è contemplato o persino proibito dalla legislazione nazionale. Ne consegue che il giudice nazionale investito di un ricorso diretto a contestare la legittimità, rispetto al diritto dell'Unione, della decisione di rimpatrio consistente in una modifica del Paese di destinazione, deve dichiararsi competente a pronunciarsi, ai sensi di suddetta disposizione.

In questo importante filone giurisprudenziale si ascrive altresì il caso *Torubarov,* (29 luglio 2019, C-556/17). Con tale sentenza, la Corte ha accordato al giudice nazionale, investito di un ricorso di un richiedente protezione internazionale, il potere di riformare la decisione dell'organo amministrativo o quasi giurisdizionale (nella fattispecie l'Ufficio per l'immigrazione), non conforme ad una sua precedente sentenza e a sostituire alla stessa la propria decisione, disapplicando, se necessario, la normativa nazionale che gli vieterebbe di procedere in tal senso. In dettaglio, la Corte ha osservato che una legislazione nazionale che consente all'autorità amministrativa di non tener conto di una decisione di un'autorità giurisdizionale, anzi che consente di discostarsi da essa, di fatto, priva il richiedente protezione internazionale di un ricorso effettivo, ai sensi dell'art. 46, par. 3, della direttiva 2013/32/UE, e non tiene conto del contenuto essenziale del diritto a un ricorso effettivo sancito dall'art. 47 della Carta (Coutron, 2020).

Invero, già nel caso *Alheto* (25 luglio 2018, C-585/16), la Corte aveva sì riconosciuto che gli Stati membri hanno ampia discrezionalità nel disciplinare le conseguenze dell'annullamento di una decisione amministrativa, potendo attribuire al giudice competenza per riformare la decisione dell'autorità accertante e sostituirla con una nuova decisione, ma aveva poi precisato che, "in ossequio all'articolo 47 della Carta, l'autorità accertante è tenuta ad assicurare talune garanzie minime, ovvero a adottare una nuova decisione amministrativa conforme alla valutazione contenuta nella sentenza che ha disposto l'annullamento".

Più di recente, nel caso *MD* (27 aprile 2023, C-528/21), la Corte ha sottolineato che il diritto a un ricorso effettivo, sancito all'art. 47 della Carta e concretizzato all'art. 13 della direttiva 2008/115, sarebbe illusorio se l'ordinamento giuridico di uno Stato membro consentisse che una decisione giudiziaria definitiva e obbligatoria resti inoperante a danno di una parte. E ha stabilito che risulta incompatibile con tali disposizioni una prassi nazionale in forza della quale le autorità amministrative di uno Stato membro rifiutino di applicare una decisione giudiziaria definitiva che dispone la sospensione dell'esecuzione di una decisione di divieto d'ingresso, con la motivazione che quest'ultima decisione è già stata oggetto di una segnalazione nello Schengen Information System (SIS).

Va però notato che, a differenza dei casi *Országos* e *Torubarov*, con tale pronuncia la Corte non si spinge a indicare al giudice quale rimedio seguire nel caso di mancata esecuzione della misura cautelare.

In ogni caso, qualora un'autorità amministrativa non adempia a una sentenza e qualora nell'ordinamento nazionale non esista alcun mezzo per correggere questa violazione, è il diritto dell'Unione a permettere, anzi ad obbligare il giudice nazionale a emendare il provvedimento amministrativo e a sostituirlo con una sua decisione. La violazione del nucleo essenziale del diritto a una tutela giurisdizionale effettiva legittima questa soluzione eccezionale, anche quando non è prevista o addirittura vietata dalla legislazione nazionale.

6. Conclusioni

Dalle brevi note che precedono risulta chiaro che il principio della tutela giurisdizionale effettiva riveste una fondamentale importanza nel sistema giuridico dell'Unione nel suo complesso, ma ha assunto una specifica rilevanza nei settori dell'immigrazione e dell'asilo, in ragione della situazione particolare in cui versano alcune categorie di stranieri e delle garanzie processuali "minime" previste dagli atti derivati.

Laddove la normativa nazionale è tanto limitativa da compromettere il nucleo essenziale del diritto alla tutela giurisdizionale effettiva, la corretta applicazione dell'art. 47 della Carta ha portato a soluzioni perfino di rilevanza costituzionale, che proteggono i diritti individuali anche a discapito della suddivisione delle competenze tra i poteri dello Stato stabilita dai legislatori nazionali.

Più in generale, va osservato che la temperatura intorno all'argomento di cui ci stiamo occupando non si è mai raffreddata, dal momento che un diritto non può essere veramente ritenuto se non è adeguatamente tutelato; e, nello spazio di libertà, sicurezza e giustizia l'Unione Europea (Titolo V del TFUE), la tutela deve essere riconosciuta alla persona in quanto tale a prescindere dal suo *status*. Pure va riconosciuto che la giurisprudenza della Corte di giustizia ha svolto un ruolo cruciale nel definire un equilibrio tra la gestione dei flussi migratori e la tutela dei diritti umani, nel rispetto dei valori fondamentali dell'Unione Europea (Circolo, 2023, p. 267 ss.).

Bibliografia

Adinolfi, A. (2008). L'applicazione delle norme comunitarie da parte dei giudici nazionali. *Il diritto dell'Unione europea*, 3, pp. 617-642.

Amadeo, S. & Spitaleri, F. (2022). *Il diritto dell'immigrazione e dell'asilo dell'Unione Europea*. Giappichelli, spec. pp. 29, 41, 170, 210, 287, 341 e 410.

Amadeo, S. (2009). L'effettività del diritto comunitario sostanziale nel processo interno: verso un approccio di sistema?. In F. Spitaleri (a cura di), *L'incidenza del diritto comunitario e della CEDU sugli atti nazionali definitivi*. Giuffré, p. 123.

Barbou Des Places, S. (2021). Quand violation du droit de l'immigration et crise de l'État de droit se rejoignent dans le prétoire de la Cour. *Revue trimestrielle de droit européen*, 1, pp. 199-204.

Bornemann, J., Arévalo C. & Klarmann, T. (2022). Family Reunification Directive 2003/86/EC. In D. Thym & K. Hailbronner (eds.), *EU Immigration and Asylum Law. Article-by-Article Commentary*. C.H. Beck/Hart/Nomos, pp. 432- 436.

Caggiano, G. (2019). Il richiedente la protezione internazionale davanti al giudice tra tutela giurisdizionale effettiva e autonomia processuale degli Stati membri dell'Unione europea. *Studi sull'integrazione europea*, 3, pp. 579-592.

Coutron, L. (2020). À propos du droit à l'exécution des décisions des juridictions nationales : une construction à parfaire. *Revue trimestrielle de droit européen*, 2, pp. 269-330.

Circolo, A. (2023). *Il valore dello Stato di diritto nell'Unione europea. Violazioni sistemiche e soluzioni di tutela*. Editoriale Scientifica, spec. pp. 267-273.

Cortese, B. (2018). *L'ordinamento dell'Unione Europea, tra autocostituzione, collaborazione e autonomia*. Giappichelli.

den Heijer, M. (2017). Remedies in the Dublin Regulation: *Ghezelbash and Karim*. *Common Market Law Review*, 3, pp. 859-872.

Di Federico, G. (2017). *L'identità nazionale degli Stati membri nel diritto dell'Unione europea: natura e portata dell'art. 4, par. 2, TUE*. Editoriale Scientifica.

Favilli, C. (2018). L'Unione che protegge e l'Unione che respinge. Progressi, contraddizioni e paradossi del sistema europeo di asilo. *Questione giustizia*, 2, pp. 28-43.

Fumagalli, L. (2014). Art. 19 TUE. In F. Pocar & M.C. Baruffi (a cura di), *Commentario breve ai Trattati dell'Unione Europea*. CEDAM, pp. 89- 90.

Nascimbene, B. (2020). La dimensione interna ed esterna della politica di immigrazione e asilo. Principi e valori. *Studi sull'integrazione europea*, 2, pp. 267-280, spec. pp. 269-270.

Tesauro, G. (2014). *Art. 19 TUE*. In A. Tizzano (a cura di), *Trattati dell'Unione Europea* (2ª ed.). Giuffré, pp. 196-199.

Altre fonti

Di Pascale, A. (2021). L'immigrazione "legale" nel nuovo Patto sulla migrazione e l'asilo. In AA.VV., *Quaderni AISDUE 2/2021*. Editoriale Scientifica, pp. 77-100.

Hruschka, C. & Maiani, F. (2022). Dublin III Regulation (EU) No 604/2013. In D. Thym & K. Hailbronner (eds.), *EU Immigration and Asylum Law. Article-by-Article Commentary*. C.H. Beck/Hart/Nomos, pp. 1639-1723.

Lutz, F., Mananashvili & S., Moraru, M. (2022). Return Directive 2008/115/EC. In D. Thym & K. Hailbronner (eds.). *EU Immigration and Asylum Law. Article-by-Article Commentary,* C.H. Beck/Hart/Nomos, pp. 692- 770.

Marinai, S. (2022). La Corte di giustizia e la durata massima delle misure volte a reintrodurre i controlli alle frontiere interne. In AA.VV., *Quaderni AISDUE 2/2022*. Editoriale scientifica, pp. 33-54.

Meloni, A. (2022). Visa Code Regulation (EC) No 810/2009. In D. Thym & K. Hailbronner (eds.), *EU Immigration and Asylum Law. Article-by-Article Commentary*. C.H. Beck/Hart/Nomos, pp. 84-156.

Pistoia, E. (2020). Rafforzamento della politica dei rimpatri e uso più esteso della detenzione. *Diritto pubblico*, 1, pp. 117-139.

Progin-Theuerkauf, S. & Epiney, A. (2022). Schengen Borders Code Regulation (EU) 2016/399. In D. Thym & K. Hailbronner (eds.). *EU Immigration and Asylum Law. Article-by-Article Commentary,* C.H. Beck/Hart/Nomos, pp. 216-258.

Tsourdi, L. (2022). Asylum Reception Conditions Directive 2013/33/EU. In D. Thym & K. Hailbronner (eds.). *EU Immigration and Asylum Law. Article-by-Article Commentary,* C.H. Beck/Hart/Nomos, p. 1540 ss., spec. pp. 1576-1632.

Vedsted-Hansen, J. (2022). Asylum Procedures Directive 2013/32/UE. In D. Thym & K. Hailbronner (eds.). *EU Immigration and Asylum Law. Article-by-Article Commentary,* C.H. Beck/Hart/Nomos, pp. 1429 -1529.

Résumé

Cette contribution se propose d'examiner une orientation jurisprudentielle spécifique et bien établie, à savoir le rôle que joue le principe de protection juridictionnelle effective dans le contexte de la politique d'immigration et d'asile de l'Union. Dans cette perspective, les principaux arrêts visant à reconnaître et à protéger les droits procéduraux des migrants seront examinés.

L'article traite de la mesure dans laquelle la jurisprudence de la Cour de Justice de l'Union Européenne (CJUE) constitue une garantie efficace du principe du droit des migrants à une protection juridictionnelle, inscrit principalement à l'art. 47 de la Charte des droits fondamentaux et à l'Article 19(1) du TUE dans le droit de l'Union Européenne. En effet, ce principe a été constamment développé par la CJUE afin de garantir un niveau de protection adéquat pour les migrants et les demandeurs d'asile. L'analyse se concentre sur les affaires les plus pertinentes dans lesquelles la CJUE a interprété le droit de l'Union pour renforcer la protection juridique des migrants dans des situations où le droit national était ambigu ou insuffisamment protecteur. Par exemple, l'affaire très importante *Országos* fait référence à la création d'un précédent concernant le droit au contrôle juridictionnel des décisions administratives concernant les migrants, afin d'éviter le contournement de la surveillance judiciaire. Il a également été développé que l'art. 47 de la Charte a été interprété par la CJUE comme exigeant que les migrants aient un accès suffisant aux recours juridiques, malgré les éventuelles difficultés et complexités découlant du refus d'asile ou d'autres mesures de protection et de détention. En effet, le rôle de la Cour a été déterminant pour définir les limites de la compétence juridictionnelle et pour permettre aux juridictions nationales de substituer leurs décisions à celles de l'administration lorsque le droit de l'Union l'exige. Cela est particulièrement visible dans le domaine de l'immigration et de l'asile, où la jurisprudence de la CJUE a largement contribué à la construction d'un cadre solide pour la protection des étrangers au sein de l'UE, en accordant une attention particulière au droit à une protection juridictionnelle effective comme un élément indispensable de l'État de droit au sein de l'Union.

Note

[1] La Corte ha affermato e ribadito innumerevoli volte che: le modalità procedurali dei ricorsi intesi a garantire la tutela dei diritti spettanti ai singoli, in forza del diritto dell'Unione, "non devono essere meno favorevoli di quelle che riguardano ricorsi analoghi di natura interna [principio di equivalenza], né devono rendere praticamente impossibile o eccessivamente difficile l'esercizio dei diritti conferiti dall'ordinamento giuridico dell'Unione [principio di effettività]": Corte Giust. 16 dicembre 1976, 33/76, *Rewe-Zentralfinanz e Rewe-Zentral*, punto 5; 14 dicembre 1995, C-312/93, *Peterbroeck*, punto 12; 15 gennaio 2013, C-416/10, *Križan et al.*, punto 85; 22 settembre 2022, C-335/21, *Vicente* (Action en paiement d'honoraires d'avocat), punto 54.

[2] Ad esempio, nella sentenza del 29 luglio 2019, C-680/17 (*Vethanayagam et al.*), la Corte ha affermato che, qualora esista un accordo bilaterale di rappresentanza in forza del quale le autorità consolari dello Stato membro rappresentante sono autorizzate ad adottare le decisioni di rifiuto di visto, spetta alle autorità competenti di tale Stato membro decidere sui ricorsi proposti contro una decisione di rifiuto di visto.

I diritti dei migranti nella giurisprudenza della Corte europea dei diritti dell'uomo

Guido Raimondi
(già Presidente della Corte europea dei diritti dell'uomo)

Sommario: 1. Il dibattito sulle migrazioni. – 2. Uno sguardo alla giurisprudenza della Corte europea dei diritti dell'uomo in tema di asilo e migrazioni. – 3. Una valutazione di questa giurisprudenza.

1. Il dibattito sulle migrazioni

Il tema delle migrazioni è ovviamente di bruciante attualità, e non si può dire che il livello di tensione che esso determina nel dibattito politico nazionale, in quello europeo e più in generale nell'ambito delle relazioni internazionali, sia in diminuzione.

Il dibattito sul fenomeno migratorio si svolge dunque in un clima piuttosto emozionale, alimentato da notizie tragiche sulla sorte di non pochi di coloro che tentano di raggiungere le coste europee con mezzi precari, affidandosi a soggetti criminali, dalle misure in qualche modo drastiche adottate dalle autorità nazionali e dalle reazioni conseguenti, in Italia e all'estero.

La prima considerazione che mi sembra opportuno fare è quindi quella sulla necessità per il giurista di non farsi trascinare dalle emozioni, e di mantenere uno sguardo per quanto possibile sereno su questa realtà così difficile. Questo però non vuol dire che nella prospettiva di un'analisi giuridica la dimensione umana di questa realtà debba essere trascurata. Al contrario, penso che gli aspetti umani debbano essere proprio il punto di partenza del ragionamento del giurista in questa materia.

La seconda considerazione che mi pare utile porre a premessa del mio intervento è quella sull'importanza, nel discorso che si fa sulle migrazioni, del diritto internazionale, in particolare del diritto internazionale dei diritti umani e, ancora più in particolare, della Convenzione europea dei diritti dell'uomo, nella cui prospettiva vorrei focalizzare il mio intervento.

Poco più di un anno fa è apparso sul *Corriere della Sera* un articolo di Sabino Cassese (2022) piuttosto scettico sulle possibilità del diritto internazionale. Addirittura, si parla in questo contributo di fallimento del diritto internazionale (Cassese, 2022). Certamente queste pessimistiche considerazioni, così autorevolmente espresse, sono state originate dalla constatazione della difficoltà, per non dire dell'impossibilità, per le istituzioni che la Comunità internazionale si è data per l'applicazione del diritto internazionale, di agire efficacemente nel quadro della crisi determinata dall'invasione dell'Ucraina, compresa l'impotenza delle tre Corti che avrebbero competenza nella materia, cioè la Corte internazionale di giustizia, la Corte penale internazionale e la Corte europea dei diritti dell'uomo. Non c'è bisogno di dire che, alla luce delle tragiche notizie che quotidianamente ci raggiungono dal Medio Oriente in questi giorni le prese di posizione scettiche sulle possibilità del diritto internazionale di venire in aiuto all'umanità si siano moltiplicate.

Credo per la verità che il diritto internazionale abbia un grande ruolo da svolgere al servizio di quello che è il suo fine ultimo, cioè la pace, e che in particolare questo sia vero nel contesto del tema di cui ci occupiamo oggi. Corollario di ciò è che quanto più le corti nazionali, specie quelle supreme e costituzionali, saranno aperte all'applicazione del diritto internazionale, tanto meglio i diritti individuali saranno protetti. E non credo che il Prof. Cassese, al di là del pessimismo espresso, con buone ragioni, sulle possibilità del diritto internazionale nella crisi ucraina, sia in disaccordo su questo.

Dico subito che questi due elementi, la dimensione umana e l'apertura al diritto internazionale, in particolare al diritto internazionale dei diritti umani, sono ormai presenti in modo sistematico nella giurisprudenza della nostra Corte costituzionale. Mi permetto di dire che questi aspetti sono diventati, se possibile, ancora più visibili negli ultimi anni. Si tratta di un elemento fondamentale, anche dal punto di vista della Convenzione europea dei diritti dell'uomo, le cui prospettive di corretta applicazione sarebbero scarse o nulle senza la collaborazione delle corti nazionali, specie di quelle costituzionali.

Le citazioni delle decisioni di Strasburgo da parte della Corte costituzionale non sono episodiche, ma riflettono un approccio sistematico di confronto permanente del giudice delle leggi con la giurisprudenza di Strasburgo, approccio che riflette la volontà di applicare al meglio la Convenzione nell'ordinamento italiano.

Louis Henkin, uno dei più autorevoli studiosi americani di diritto costituzionale e di diritto internazionale, osserva che forse il contributo più significativo apportato dagli Stati Uniti all'idea dei diritti consiste nel "controllo giurisdizionale", cioè nel potere riconosciuto ai tribunali di rendere effettiva la supremazia dei diritti costituzionali controllandone l'osservanza da parte di tutti i settori del governo, e di garantire al singolo validi mezzi di tutela in caso di violazioni di tali diritti (Henkin, 2023, p. 65 ss.). L'apertura della Corte costituzionale verso la dimensione sovranazionale della tutela dei diritti umani rassicura circa l'idoneità del sistema italiano a proteggere adeguatamente questi diritti.

2. Uno sguardo alla giurisprudenza della Corte europea dei diritti dell'uomo in tema di asilo e migrazioni

Naturalmente vorrei dire qualcosa sulla giurisprudenza della Corte europea dei diritti dell'uomo in tema di asilo e migrazioni.

Si tratta di una giurisprudenza molto ricca ed estesa e sarebbe evidentemente vano da parte ogni tentativo da parte mia di offrirne un panorama completo nel tempo di questo intervento. Cercherò quindi di dare un'idea dei suoi tratti fondamentali.

Come si sa, anche se i ricorsi in tema di migrazioni che raggiungono la Corte di Strasburgo sono moltissimi, tanto che – in modo non sempre rispettoso – si parla di una Corte europea delle migrazioni, il testo della Convenzione del 1950 è silente su questi argomenti. Solo il Protocollo n. 4, aperto alla firma nel 1963, ha introdotto nel sistema il tema del divieto delle espulsioni collettive di stranieri e quello della libertà di movimento degli stranieri legalmente residenti.

Come dicevo, nonostante questo quasi assoluto silenzio, moltissimi migranti e richiedenti asilo si sono rivolti alla Corte di Strasburgo, e prima ancora alla Commissione europea dei diritti dell'uomo, sollevando temi relativi al loro ingresso in Europa, alla loro volontà, se residenti in un Paese europeo, di non esserne espulsi per essere rinviati nei Paesi di origine, e alla loro eguaglianza di trattamento con i membri delle comunità che li ospitano.

Per dare risposta a queste domande di protezione, i giudici di Strasburgo hanno fatto ricorso a diversi articoli della Convenzione, come l'articolo 2, che protegge il diritto alla vita, l'articolo 3, che vieta la tortura e le altre pene o trattamenti disumani o degradanti, l'articolo 8, che protegge la vita privata e familiare, l'articolo 9 in materia di libertà di religione, l'articolo 13, che impone agli Stati di offrire un rimedio effettivo a chi lamenti una violazione della Convenzione, l'articolo 14 in tema di divieto di discriminazione e ovviamente il divieto di espulsioni collettive di cui al Protocollo n. 4.

In questo modo la Corte di Strasburgo ha potuto occuparsi delle diverse vicende che interessano i migranti e i richiedenti asilo: il loro trattamento al momento del loro ingresso in Europa, la protezione del loro diritto al cosiddetto *non-refoulement*, la tutela del loro diritto alla vita familiare quale ostacolo alla esecuzione di provvedimenti di estradizione o di espulsione, o anche la condizione dei migranti permanentemente residenti quanto al rispetto in generale dei loro diritti civili, politici, sociali e culturali.

3. Una valutazione di questa giurisprudenza

Quale valutazione si può dare di tale giurisprudenza essenzialmente pretoria?

Innanzitutto, credo che lo sviluppo di questo *corpus* giurisprudenziale esprima la fedeltà della Corte di Strasburgo al fondamentale principio ispiratore della Dichiarazione universale dei diritti dell'uomo del 1948, della quale la Convenzione europea è dichiaratamente figlia, cioè l'universalità dei diritti umani. I diritti umani sono tendenzialmente universali, perché tutti traggono origine dalla dignità umana, concetto non privo di ambiguità e praticamente impossibile da definire, lo si deve riconoscere, ma del quale non è possibile fare a meno. Non bisogna mai dimenticare che un patrimonio – minimo quanto si vuole – di diritti spetta in ogni caso a qualunque essere umano, indipendentemente dalla sua nazionalità, o anche assenza di nazionalità, e dal suo comportamento.

Qui entra in gioco un'altra considerazione, cioè quella, presente in tutti i settori della giurisprudenza di Strasburgo, del collegamento tra la Convenzione europea dei diritti dell'uomo ed il diritto internazionale inteso in senso ampio. La Corte non si stanca di ripetere che la Convenzione non è un atto isolato e non va interpretata nel vuoto, quindi gli altri strumenti convenzionali pertinenti, e anche le norme consuetudinarie, sono da tenere presenti nell'interpretazione della Convenzione.

È vero che normalmente i doveri degli Stati nei confronti dei migranti e dei richiedenti asilo sono delimitati dagli impegni convenzionali che essi hanno assunto, ma esiste un nucleo irriducibile di doveri, che corrisponde ai diritti minimi che gli Stati sono obbligati a rispettare, in ogni circostanza, tempo e luogo, indipendentemente dalle convenzioni che essi abbiano sottoscritto, che hanno un ambito generale, giacché si tratta di regole di diritto internazionale consuetudinario, ugualmente applicabili agli immigrati irregolari. Mi riferisco a ciò che la Corte internazionale di giustizia ha chiamato nel caso dello Stretto di Corfù, nel 1949, "considerazioni elementari dell'umanità" (CIJ, *Cour internationale de Justice*, *Recueil*, 1949, p. 22). Non c'è unanimità nel definire cosa si debba intendere per questo *standard* minimo, ma con una certa approssimazione si può ritenere che esso sia costituito da diritti inviolabili, inerenti alla dignità della persona: diritto alla vita, all'integrità fisica e morale, incluso il diritto a non essere sottoposto a schiavitù o servitù, il diritto a un processo imparziale, alla legalità e alla non retroattività del diritto penale, alla capacità giuridica, al diritto di creare una famiglia e alla libertà di pensiero, coscienza e religione. Si tratta di una tela di fondo che la Corte tiene ben presente quando si occupa di migranti e di richiedenti asilo.

Sul piano del diritto pattizio un esempio importante è costituito dalla Convenzione delle Nazioni Unite sui diritti del fanciullo del 1989, ai cui principi la giurisprudenza della Corte di Strasburgo attinge largamente quando si tratta di questioni relative a migranti minori.

Detto questo, e la cosa non stupisce, data l'importanza che la questione migratoria ha assunto nel dibattito politico europeo, ci sono valutazioni contrapposte sull'azione giurisprudenziale della Corte europea dei diritti dell'uomo in questa materia.

Da una parte, essenzialmente da parte dei governi degli Stati contraenti convenuti nelle procedure della Corte, si tende a dire che la giurisprudenza della Corte europea è eccessivamente generosa nei confronti dei migranti e dei richiedenti asilo. Dall'altra parte, in particolare da quel settore della dottrina più sollecita della protezione dei migranti e dei richiedenti asilo, non mancano le critiche su quello che viene considerato un atteggiamento eccessivamente rispettoso della sovranità statale e deferente rispetto alle esigenze degli Stati contraenti.

Un esempio del primo tipo è dato dalla reazione del Governo danese in seguito alla sentenza pronunciata dalla Corte europea nel caso *Biao* (CEDU, *Biao c. Danimarca* [GC], 24 maggio 2016). In questo caso la Corte aveva trovato una violazione dell'art. 14 (divieto di discriminazione) combinato con l'art. 8 della Convenzione (protezione della vita privata e familiare). Si trattava di un caso di riunificazione familiare. Il signor Biao è un cittadino danese di origine togolese sposato con una cittadina ghanese. La coppia ha un figlio pure cittadino danese. Il permesso di soggiorno richiesto per la signora Biao a titolo di riunificazione familiare venne negato sulla base della legislazione danese che riservava il diritto di richiedere la riunificazione familiare ai cittadini danesi per nascita, mentre per quelli che avevano acquisito la cittadinanza danese occorreva l'ulteriore requisito della residenza in Danimarca per almeno 28 anni. La Corte ha ritenuto che vi fosse una discriminazione indiretta su base etnica.

Le autorità danesi hanno reagito a questa decisione in un modo che si potrebbe definire "vigoroso". Certo dell'ingiustizia di questa sentenza, il governo danese, in vista dell'inizio della propria presidenza del Consiglio d'Europa, nel mese di novembre 2017, lanciò un'azione diplomatica volta a ridefinire i poteri della Corte europea in tema di soggiorno degli stranieri. L'azione non ebbe successo, a causa dell'opposizione, anch'essa vigorosa, di diversi Stati contraenti, in primo luogo la Germania, ma anche dell'Italia, che dopo qualche tentennamento si allineò poi alla maggioranza, ma ci mostra il segno dell'insofferenza di alcuni Stati contraenti di fronte a quello che viene ritenuto "attivismo" della Corte in tema di migrazioni, un attivismo considerato lesivo di prerogative sovrane che vengono percepite come essenziali.

Sul versante opposto si riconosce come la giurisprudenza della Corte europea abbia consentito una tutela notevole dei migranti e dei richiedenti asilo, come ad esempio nel caso *Soering* (CEDU, *Soering c. Regno Unito*, 7 luglio 1989), nel quale la Corte ha fissato, pur non avendo competenze dirette in tema di asilo e di applicazione della Convenzione di Ginevra del 1951 sui rifugiati, il fondamentale principio del *non-refoulement*, in quello M.*S.S.* (CEDU*, M.S.S. c. Belgio e Grecia* [GC], 21 gennaio 2011), che ha messo in crisi il sistema di Dublino per la gestione della protezione internazionale in Europa, o nel caso *Hirsi Jamaa* (CEDU, *Hirsi Jamaa c. Italia* [GC], 23 febbraio 2012), che ha esteso la responsabilità degli Stati per il *non-refoulement* e per il divieto di espulsioni collettive alle intercettazioni di migranti clandestini in alto mare, o anche *Khlaifia* (CEDU, *Khlaifia c. Italia* [GC], 15 dicembre 2016) sulla gestione dell'accoglienza e la tutela giurisdizionale della libertà personale dei migranti, che pure ha escluso la violazione dell'art. 3 della Convenzione e quella del Protocollo n. 4.

Se vogliamo dare uno sguardo alla giurisprudenza più recente, citerei in particolare due importanti sentenze, l'una, in un caso greco, relativa ai salvataggi in mare e ai doveri dello Stato costiero e l'altra, in un caso italiano, in materia di accoglienza dei migranti. A proposito del diritto alla vita, protetto dall'art. 2 della Convenzione, e del salvataggio delle persone in mare, mi sembra interessante menzionare la sentenza *Safi* (CEDU, *Safi c. Grecia*, 7 luglio 2022) relativamente alla responsabilità dello Stato per la morte di migranti in mare. In questa decisione la Corte ha sottolineato che i guardacoste greci avevano un'obbligazione di mezzi e non di risultato quanto al salvataggio di persone che si erano venute a trovare in una situazione di pericolo in mare. Tuttavia, nella fattispecie la Corte ha rilevato delle omissioni e dei ritardi concreti da parte delle autorità nazionali nell'organizzazione e nella conduzione dell'operazione di salvataggio, il che integrava una violazione sostanziale dell'art. 2, cui era da aggiungere una violazione procedurale della stessa disposizione a causa delle insufficienze dell'inchiesta condotta dalle autorità greche. Inoltre, in questo caso è stata anche affermata la violazione dell'art. 3 della Convenzione, che vieta la tortura e gli altri trattamenti o pene disumani e degradanti, per le perquisizioni personali cui i naufraghi erano stati sottoposti dopo essere stati costretti a spogliarsi tutti insieme davanti ad almeno tredici persone. Con questa sentenza la Corte conferma la sua grande attenzione verso il fenomeno migratorio e gli obblighi degli Stati contraenti, specie quelli soggetti a massicci arrivi dal mare, in particolare con riguardo allo *status libertatis* dei migranti irregolari.

A questo proposito, una recente sentenza della 1ª Sezione della CEDU, del 30 marzo 2023, *J.A. et al. c. Italia*, ha constatato la violazione dell'art. 3 CEDU in relazione alle condizioni di detenzione dei ricorrenti, migranti clandestini tunisini salvati in mare e condotti all'-*hotspot* di Lampedusa, dell'art. 5, parr. 1 (f), 2 e 4 CEDU in relazione alla loro detenzione, considerata arbitraria, in difetto di una base legale chiara ed accessibile e in mancanza di una decisione motivata, del difetto di informazione dei ricorrenti sulle ragioni della loro privazione di libertà, e dell'impossibilità di contestare la legalità della detenzione a causa della mancanza di informazioni sufficienti, e infine dell'art. 4 del Protocollo n. 4 alla CEDU sul divieto di espulsioni collettive essendo stati i ricorrenti espulsi verso la Tunisia senza appropriata considerazione delle situazioni individuali dei ricorrenti al momento dell'adozione dei provvedimenti di rifiuto di ingresso nel territorio nazionale e di espulsione.

Con riguardo alla detenzione dei migranti irregolari, un tema che sappiamo essere oggi al centro dell'attenzione in Italia in seguito dell'approvazione del decreto legge n. 124 del 19 settembre 2023, che porta a 18 mesi il tempo massimo di trattenimento dei migranti irregolari nei CPR, cioè i Centri per il rimpatrio, vorrei accennare ad un aspetto di particolare delicatezza, quello della detenzione dei migranti irregolari minori, *accompagnati* e *non accompagnati*, questione sulla quale la giurisprudenza della Corte di Strasburgo si è soffermata in molte decisioni, riconosciute come positive anche da quella parte della dottrina che accusa la Corte di eccessiva timidezza nella tutela dei migranti.

Per quanto attiene ai migranti minori *accompagnati*, la sentenza di riferimento è *Popov* (CEDU, *Popov c. Francia*, 19 gennaio 2012). In questa decisione la Corte ha affermato che la situazione di estrema vulnerabilità del bambino è decisiva e predomina su quella dello *status* di straniero soggiornante illegalmente. I fanciulli hanno esigenze specifiche a causa in particolare della loro età e della loro dipendenza, ma anche del loro *status* di richiedenti asilo. La Corte ricorda che la Convenzione delle Nazioni Unite sui diritti del fanciullo del 1989 incoraggia gli Stati a adottare misure adeguate affinché un bambino che richiede lo *status* di rifugiato benefici di protezione e assistenza umanitaria sia da solo che accompagnato dai suoi genitori (par. 91). Soggiungendo che una misura di confinamento deve essere proporzionata allo scopo perseguito dalla autorità, ovvero la rimozione. Quando si tratta di famiglie, le autorità devono, nella valutazione della proporzionalità, tener conto dell'interesse superiore del bambino.

Al proposito, nota la Corte, esiste attualmente un ampio consenso – anche a livello giuridico internazionale – attorno all'idea che in tutte le decisioni riguardanti i fanciulli, il loro interesse superiore deve avere la precedenza. La tutela dell'interesse superiore del minore implica da un lato il mantenimento, per quanto possibile, dell'unità familiare, dall'altro il dovere di considerare alternative alla detenzione dei minori, da utilizzare solo come ultima risorsa (parr. 140-141). In questo caso, che riguardava il trattenimento in attesa di espulsione di una famiglia con due fanciulli del Kazakhistan, la Corte ha affermato la violazione da parte della Francia dell'art. 3 della Convenzione europea, che vieta la tortura e le altre pene o trattamenti disumani o degradanti, a causa delle condizioni di detenzione dei fanciulli. La Corte ha osservato in particolare che se, nel centro di detenzione c'erano solo letti per adulti in ferro, pericolosi per i fanciulli. Inoltre, per loro non era prevista alcuna attività né vi era un'area giochi ed era pericolosa anche la chiusura automatica delle porte delle camere da letto. La Corte ha inoltre osservato che il Commissario per i diritti umani del Consiglio d'Europa e il Comitato europeo per la prevenzione della tortura e delle pene o trattamenti inumani o degradanti (CPT) avevano evidenziato che lo stress, l'insicurezza e l'ambiente ostile rappresentato dai centri di detenzione dei migranti irregolari comportano conseguenze dannose sui minori, in contraddizione con i principi stabiliti dalle norme internazionali per la protezione dei fanciulli, secondo le quali le autorità devono fare tutto per limitare il più possibile la durata della detenzione dei minori. Un periodo di trattenimento di quindici giorni come quello di questo caso, senza essere di per sé eccessivo, può sembrare infinitamente lungo ai fanciulli che vivono in un ambiente inadatto alla loro età, in una situazione di particolare vulnerabilità, accentuata dal confinamento, che avrebbe potuto solo portare ad una situazione di ansia e gravi ripercussioni psichiche.

Questa è una giurisprudenza oramai consolidata, che è stata ribadita anche di recente, come nelle sentenze *N.B. et al.* (CEDU, *N.B. et al. c. Francia*, 31 marzo 2022) e *H.M. et al.* (CEDU, *H.M. et al. c. Ungheria*, 2 giugno 2022).

Questi stessi principi – cioè quelli della fondamentale importanza dello *status* dei minori e della assoluta necessità di tener conto delle loro esigenze specifiche – sono stati affermati, a maggior ragione, nei casi di minori *non accompagnati*. Il caso di riferimento è *Mubilanzila Mayeka e Kaniki Mitunga* (CEDU, *Mubilanzila Mayeka e Kaniki Mitunga c. Belgio*, 12 ottobre 2006), nel quale si erano verificati la detenzione per quasi due mesi in un centro di detenzione e transito per adulti, gestito dall'Ufficio Stranieri belga e situato nei pressi dell'aeroporto di Bruxelles, di una bambina congolese di cinque anni che avrebbe dovuto raggiungere la madre, che aveva ottenuto lo *status* di rifugiato in Canada, e il conseguente respingimento della minore verso il suo Paese d'origine. Detti principi sono stati ribaditi anche più di recente, come nella sentenza pronunciata nel caso *Moustahi* (CEDU, *Moustahi c. Francia*, 25 giugno 2020).

Anche alla luce di queste decisioni, si riconosce, dunque, che la giurisprudenza della Corte europea dei diritti dell'uomo provvede ad una tutela dei migranti di una certa efficacia. Tuttavia, questa dottrina, che riconosce l'importanza della giurisprudenza della Corte di Strasburgo nella protezione dei diritti fondamentali dei migranti, ha uno sguardo critico sulla giurisprudenza, e tende a dire che la Corte europea dei diritti dell'uomo affronta i casi in materia di migrazione e di asilo con un pregiudizio favorevole al rispetto della sovranità statale, quindi con un'attitudine di base non particolarmente benevola verso i migranti, e una tendenza a limitare i loro diritti, riconoscendo agli Stati un margine di apprezzamento che, nella prospettiva di questa dottrina, è decisamente troppo ampio (Dembour, 2021, p. 39). In un'ottica comparativa, si tende anche a dire che, invece, è immune da questo vizio la giurisprudenza della Corte interamericana dei diritti umani, la quale sarebbe contraddistinta da un approccio assolutamente *pro homine* (Dembour, 2021, pp. 36-38).

Diversi esempi vengono citati a testimonianza di questo atteggiamento considerato come troppo restrittivo dei diritti dei migranti.

Uno di questi è il caso *Maaouia* (CEDU, *Maaouia c. Francia*, 5 ottobre 2000) con il quale la Corte di Strasburgo ha escluso dalla tutela del giusto processo di cui all'art. 6 della Convenzione i procedimenti in materia di immigrazione.

Ancora, si sottolinea come, in qualche modo bizzarramente, quando la Corte affronta questioni legate al perdurante diritto degli stranieri di soggiornare in uno Stato contraente, per esempio in caso di espulsione, essa inizia il suo ragionamento non a partire dal diritto del ricorrente per poi controllare se questo diritto sia stato limitato o soppresso in modo conforme alla Convenzione, ma enuncia in primo luogo il principio secondo cui gli Stati, secondo il diritto internazionale, e nei limiti dei loro obblighi pattizi, hanno il diritto di controllare l'ingresso ed il soggiorno degli stranieri nei loro territori (Ad es. CEDU, *Üner c. Paesi Bassi* [GC], 18 ottobre 2006, par. 54). Vero è che questo principio viene affermato costantemente a partire dal primo caso nel quale la Corte ebbe ad occuparsi di riunificazione familiare, cioè *Abdulaziz, Cabales e Balkandali* (CEDU, *Abdulaziz, Cabales e Balkandali c. Regno Unito*, 28 maggio 1985, par. 67), ma in quel contesto il principio venne citato come una considerazione tra le altre, per contestualizzare il particolare ambito, quello migratorio, nel quale la Corte era chiamata ad affrontare la violazione della vita privata e familiare che era stata denunciata con quei ricorsi, mentre nella giurisprudenza successiva, come nel caso *Üner*, il principio del potere degli Stati di controllare l'ingresso degli stranieri sul loro territorio viene posto a base del ragionamento, il che tende a fare dei migranti, nel contesto convenzionale, una sorta di figli di un dio minore, in contrasto con l'universalismo dei diritti umani, su cui pure la giurisprudenza della Corte europea insiste. Ovviamente sentenze recenti, come *N.D. e N.T.* (CEDU, *N.D. e N.T. c. Spagna* [GC], 13 febbraio 2020), che si è basata su di una nozione restrittiva di respingimento, sono sembrate indice di una eccessiva sensibilità della giurisprudenza della Corte europea per le ragioni degli Stati.

Dov'è la verità? Il discorso sarebbe lungo. Per ora mi limito a dire che a mio sommesso giudizio è bene che la Corte continui nella sua riflessione permanente sulla tutela dei migranti e dei richiedenti asilo senza mai perdere di vista la sua missione, che è quella, nei limiti del mandato che ad essa è stato affidato, di tutelare la dignità umana.

Bibliografia

Cassese, S. (2022, 1° novembre). Diritto e guerra: l'ordine mondiale in crisi. *Corriere della Sera.* https://www.corriere.it/opinioni/22_novembre_01/diritto-guerra-l-ordine-mondiale-crisi-fa45ee62-5a11-11ed-b1b9-61dd73ac3c0d.shtml.

Dembour, M.B. (2021). The Migrant Case Law of the European Court of Human Rights: Critique and Way Forward. In B. Çali, L. Bianku & I. Motoc (eds.). *Migration and the European Convention on Human Rights*, Oxford University Press, pp. 19-40.

Henkin, L. (2023). *Diritti dell'uomo.* Istituto della Enciclopedia Italiana, Treccani Libri.

Résumé

La question des migrations occupe une place centrale dans le débat actuel. Pour les juristes, il est crucial d'éviter une approche émotionnelle tout en prenant en compte la dimension humaine du phénomène dans le cadre d'une analyse juridique rigoureuse. Le droit international joue un rôle fondamental, et il est essentiel de l'intégrer correctement dans le système national. En Italie, cela implique une attention particulière à la jurisprudence des cours nationales, notamment celle de la Cour constitutionnelle.

Concernant la jurisprudence de la Cour européenne des droits de l'homme sur les migrations, il est important de noter que cette jurisprudence est essentiellement développée à travers les décisions de la Cour, en raison du silence presque total des textes conventionnels sur cette question. En s'appuyant sur diverses normes conventionnelles, la Cour de Strasbourg a pu traiter une grande variété de situations concernant les migrants et les demandeurs d'asile. Cela inclut le traitement des migrants lors de leur entrée en Europe, la protection de leur droit au non-refoulement, ainsi que la sauvegarde de leur droit à la vie familiale, qui peut poser des obstacles à l'exécution de mesures telles que l'extradition ou l'expulsion. La Cour traite également de la situation des migrants résidant de manière permanente, en veillant au respect de leurs droits civils, politiques, sociaux et culturels. La protection des mineurs migrants, qu'ils soient accompagnés ou non, constitue également un aspect important de cette jurisprudence. Cette approche reflète l'idée de l'universalité des droits de l'homme, visant à garantir la dignité humaine de chacun.

Cependant, cette jurisprudence est l'objet de diverses critiques. La Cour continue de réfléchir à ces questions et sera sans aucun doute sollicitée à nouveau à court, moyen et long terme pour faire face aux défis et aux évolutions dans le domaine des migrations.

QUARTA PARTE.
Culture giuridiche e identità in dialogo: migrazioni e diritti umani

QUATRIÈME SECTION.
Cultures juridiques et identités en dialogue : migrations et droits humains

L'impact de l'immigration marocaine dans l'Union Européenne sur le champ d'application du Code de la famille

Jamila Ouhida
(Université de Rabat « Mohammed V »)

Sommaire : 1. Introduction. – 2. L'application étroite du code marocain aux ressortissants Marocains en Europe. – 3. Vers une stabilité des liens familiaux des Marocains en Europe. – 4. Conclusion.

1. Introduction

L'immigration marocaine vers l'Europe est plus ancienne ; elle remonte aux années 1930 ; elle a pris de l'importance depuis les années 1960-70 et elle a beaucoup évolué au cours des dernières décennies (Haut-Commissariat au Plan, Royaume du Maroc, 2020). Les Marocains se sont d'abord dirigés vers les pays d'immigration traditionnels d'Europe occidentale (France, Belgique, Pays-Bas, Allemagne) puis vers les nouveaux pays d'immigration, notamment du bassin méditerranéen (Italie et Espagne). Les Marocains constituent aujourd'hui l'un des principaux groupes d'immigrés en Europe (Belbah & Veglia, 2003, pp. 18-31) qui est devenue, depuis les années 1980, l'une des premières terres d'immigration du monde (Wihtol de Wender, 2009, pp. 43-95). Ils sont effectivement de plus en plus nombreux à s'installer à l'étranger (Fondation Hassan II, 2003).

La circulation transnationale des Marocains vers les pays européens a, non seulement, eu des répercussions sur le plan économique et social, mais a également mené à une multiplication des relations de droit international privé, situation qui a provoqué, à son tour, une multiplication de litiges, voire un choc des différents ordres juridiques notamment en matière personnelle et familiale.

Le statut personnel est le domaine par excellence des conflits de cultures et de civilisations (Deprez, 1988, pp 9-372 ; Gannagé, 2011, pp. 223-490 ; Mercier, 1972), qui pose, inévitablement, la question de la recherche d'un équilibre entre l'application de la loi étrangère et le respect de l'ordre public du for, notamment lorsqu'elle met en cause une institution relevant du droit musulman et non reconnue par les droits européens. En fait, l'accueil réservé aux institutions de droit musulman en Europe dévoile, au-delà de la technique juridique, un double conflit de valeurs (Najm, 2010, pp. 209-229).

Cette question s'est fortement soulevée en raison de l'évolution qu'a subi, récemment, le droit international privé en Europe sous l'influence des droits fondamentaux. En effet, depuis la fin du XXe siècle, les pays Européens ont accordé une large marge aux droits fondamentaux qui concourent désormais le droit international privé dans sa sphère exclusive, celui des relations internationales privées, ce qui a abouti à la naissance d'un droit international privé européen de la famille[1], fondé sur des objectifs politiques et des bases juridiques propres à l'Union (Rass-Masson, 2018/2019, pp. 217-231).

Pour mieux illustrer la question, il est important d'exposer, en premier lieu, les limites de l'application du Code de la famille en Europe et de présenter, ensecond lieu, les pistes proposées pour parvenir à une stabilité des relations familiales des Marocains résidant dans l'Union Européen.

2. L'application étroite du code marocain aux ressortissants Marocains en Europe

Depuis la fin du siècle dernier, les pays de l'Union Européenne ont eu tendance à adopter des critères de rattachements impliquant l'application de la loi du for au statut personnel des Marocains résidant sur leurs territoires, notamment le critère de la résidence habituelle. De plus, l'ordre public l'ordre public international en droit de la famille se trouve, actuellement, sous l'influence constante des systèmes européens et la Convention européenne des droits de l'homme, ce qui a pu faire réfléchir à l'émergence d'un système de l'ordre public européen (Luye, 2021, 39).

Ainsi, toutes formes de discriminations à l'égard des femmes marocaines immigrées, fondées sur le sexe et la religion, sont exclues par les autorités judiciaires et administratives européennes comme : l'interdiction religieuse pour une femme musulmane d'épouser un non musulman, la polygamie, la répudiation et toutes les règles relatives à la succession fondées sur le sexe et la religion. Même approche est optée envers les institutions juridiques liées à l'enfant, telles que la filiation illégitime, la *kafala*, la tutelle des mineurs et ex. Les difficultés, donc, liées à l'application du Code de la famille touchent particulièrement les femmes et les enfants de l'immigration.

Quant à la répudiation, par ex, et après que ce mode de la dissolution du mariage prononcée au Maroc[2] a été plus ou moins toléré pendant un temps dans plusieurs pays européens notamment la France[3], et malgré les réformes entreprises par le code de la famille à cet égard, qui ont eu pour objectif la protection de la femme et de l'enfant, l'ordre juridique français (Poisson-Petit, 2005, p 209-229), semble aujourd'hui s'est mené vers un rejet constamment réaffirmé de la répudiation (Koumdadji, 2011, p. 37), puisque, depuis la promulgation du code de la famille, les répudiations sont de plus en plus difficilement admises et que leurs reconnaissance fait l'objet d'un contrôle rigoureux. Le rejet de la répudiation se fonde, actuellement, sur l'ordre public substantiel s'appuyant sur le principe de l'égalité des droits et devoirs des époux (Hammje, 1997 ; Kahn, 2001 ; Begdache, 2002 ; Niboyet, 2004 ; Foblets & Loukili, 2006, pp. 521-553) énoncé à l'art. 5 du Protocole n. 7 du 22 novembre 1984 additionnel à la Convention européenne des droits de l'homme (CEDH) et repris par la Cour de Cassation de façon systématique dans tous les arrêts depuis 2004 (Sarehane, 2006, pp. 47-59).

Les liens familiaux liés à l'enfant ne sont pas à l'abri des difficultés qui surgissent au niveau des relations Maroc-UE. Contrairement aux droits européens qui consacrent l'égalité entre les enfants au niveau de leur filiation, le code de la famille, fidèle au droit musulman traditionnel, ne reconnaît que la filiation naturelle entre la mère et son enfant, il ne reconnaît pas la filiation naturelle paternelle. L'établissement de cette filiation est prohibé. Il en va de même de la filiation adoptive (art. 149 du code de la famille).

Ainsi, les tribunaux européens excluent toutes les règles consacrant la discrimination entre enfants en matière de filiation, en raison de leur violation à la politique législative basée sur les dispositions des conventions internationales et européennes relatives aux droits de l'homme et de l'enfant fondées sur le principe d'égalité entre enfants légitimes, naturels et adoptifs quel que soit leur statut.

D'autres difficultés surgissent au niveau de l'exercice de la garde et de visite au niveau international qui sont souvent violés à la suite d'agressions ou d'abus de pouvoir, ce qui entraîne des déplacements transfrontaliers illégaux ou la détention d'enfants à l'étranger, voire la suppression générale et définitive du droit de visite.

Les conventions bilatérales et collectives conclues à cet égard (comme la convention maroco-française relative au statut des personnes, à la famille et à la coopération judiciaire de 1981, de la Convention maroco-espagnole sur la coopération judiciaire, la reconnaissance et l'exécution des décisions judiciaires en matière de garde, de visite et de retour des enfants de 1997, de la Convention de La Haye de 1980 sur les aspects civils de l'enlèvement international d'enfants et de la Convention de La Haye concernant la compétence, la loi applicable, la reconnaissance et l'exécution, la coopération dans le domaine de la responsabilité parentale et les procédures de protection des enfants du 19 octobre 1996), comportent Certes, certaines lacunes et ne sont pas toujours respectées par les pays concernés, mais elles ont néanmoins contribué à résoudre un certain nombre de conflits soulevés notamment lors de l'exercice du droit de garde ou de visite au niveau international.

Quant à la *kafala*, reconnue par le droit international[4], elle demeure inconnue dans l'ordre juridique européen reconnaissant uniquement la filiation (légitime, naturelle et adoptive). Des problèmes, donc, se posent lors de l'internationalisation de la *kafala* menant des enfants marocains à être recueillis par des familles européennes, même par des familles marocaines résidants en Europe, ce qui met en relief la question de la reconnaissance de cette mesure et de ses effets par l'ordre juridique européen (Ouhida, 2023, pp. 413-441).

La *kafala*, donc, n'est pas accueillie en Europe. De plus, elle n'est pas assimilable à l'adoption, non seulement plénière mais également simple dans la mesure où elle ne crée pas de lien de filiation entre deux personnes. Plus souvent, la *kafala* s'assimile à d'autres institutions de protection de l'enfant telle la tutelle, la délégation de l'autorité parentale, *special guardianship* (tutelle spéciale) et l'adoption de facto (adoption de fait).

Toutefois, la position des pays européens concernant l'adoption d'un enfant makfoul n'est pas pareille. En France, contrairement à la position de la jurisprudence qui se caractérisait, à une certaine époque, par la tolérance et l'ouverture à la *kafala*. Une loi a été promulgué interdit l'adoption d'un enfant makfoul dès que sa loi nationale l'interdit[5]. Telle approche a été confirmée par la jurisprudence française[6] et la Cour européenne des droits de l'homme[7].

En fait, le principe de l'intérêt supérieur de l'enfant, affirmé par les conventions internationales qui est censé être respecté, tant au niveau de l'élaboration des lois qu'au niveau de la pratique jurisprudentielle et administrative, n'est pas pris en considération presque dans toutes les questions relatives à la *kafala*.

3. Vers une stabilité des liens familiaux des Marocains en Europe

Les problèmes de statut personnel rencontrés par les Marocains résidant en Europe appellent, sans doute, à surmonter la situation. Certaines solutions ont été proposées à cet égard, comme l'adoption des conventions internationales bilatérales et multilatérales, le critère de domicile et de la résidence habituelle et le critère de l'autonomie de la volonté. Cependant ces propositions restent critiquables pour leurs inefficacités à réguler les liens familiaux transfrontaliers.

Une révision, donc, fondamentale du Code de la famille demeure la solution idéale pour surmonter les problèmes de statut personnel des Marocains à l'étranger. Certes, les réformes introduites par le Code de la famille en 2004 ont, contribué à l'amélioration du statut juridique des femmes et des enfants de l'immigration. Mais, ces réformes n'étaient pas assez ambitieuses par rapport à leurs attentes. D'autres inégalités entre l'homme et la femme n'ont pas été résolues, en plus de l'absence d'une protection effective des droits de l'enfant. Les femmes de l'immigration et leurs enfants, se heurtent, également, à un grand nombre d'obstacles dans la mise en œuvre effective de leurs droits familiaux.

Aller au-delà des dispositions discriminatoires par une réforme globale et radicale visant l'égalité et l'équité contribuera, certainement, à résoudre bon nombre de problèmes et difficultés rencontrés par les Marocains résidant à l'étranger. Une telle réforme doit prendre en compte un certain nombre de changements et d'évolutions dont le Maroc a été témoin, au cours des dernières décennies pour mieux répondre aux exigences juridiques internationales et internes. En effet, des conventions internationales des droits de l'hommes ont été signés et ratifiées par le Maroc notamment la convention sur l'élimination de toutes les formes de discrimination à l'égard des femmes, et son protocole facultatif, outre le protocole facultatif se rapportant au pacte international relatif aux droits civils et politiques.

Beaucoup des domaines ont été touchés au Maroc par une vague de nouveautés, comme en témoigne la constitution de 2011, qui pose un principe d'égalité sociétale entre l'homme et la femme et interdit toute forme de discrimination à l'égard des femmes et des enfants. Signalons que la constitution accorde la primauté aux conventions internationales ratifiées sur le droit interne.

D'autres textes juridiques ont fait l'objet d'amendements et de réformes, y compris ceux liés au domaine familial, comme : la loi sur l'état civil, la loi sur la *kafala*, le code de la nationalité marocaine, le droit de procédure civile, etc.

4. Conclusion

Le Code de la famille a apporté des réformes considérables, notamment en matière de mariage et de divorce, qui ont eu des répercussions positives sur la famille marocaine, non seulement dans le pays d'origine, mais aussi dans les pays de la diaspora comme les pays européens.

Cependant, l'insuffisance des avancées apportées par le code de la famille, leur inadéquation à la réalité ainsi que l'état de leur application ont contribué à l'instabilité des liens familiaux y compris ceux liés aux Marocains de l'étranger, puisqu'ils sont confrontés à des cas boiteux en raison de la différence fondamentale entre la loi du pays d'origine et la loi du pays de résidence.

Pour surmonter cette situation, des mesures audacieuses doivent être prises par les pays concernés. D'une part, par le pays d'origine qui doit aller au-delà des normes familiales classiques en vigueur et opter, ainsi, pour l'égalité et la justice dans les relations familiales dans le cadre de la réforme attendue du Code de la famille, tout au moins à le faire coexister avec le référentiel universaliste. Une telle orientation nécessite, sans doute, de se référer à la charia et non au Fiqh qui demeure un œuvre des juristes classiques musulmans qui est critiquée comme incertaine et non confirmée. D'autre part, par les pays d'accueils qui doivent accueillir le Code de la famille avec un esprit de tolérance et d'ouverture, aussi bien qu'au niveau de son application qu'au niveau de l'exéquatur des jugements marocains.

Bibliographie

Begdache, R-H. (2002). *Le droit international privé français et la répudiation islamique*. LGDJ.

Belbah, M. & Veglia, P. (2003). Pour une histoire des Marocains en France. *Hommes & Migrations*, 1242, pp. 18-31.

Deprez, J. (1988), *Droit international privé et conflit de civilisations: Aspects méthodologiques, Les relations entre systèmes d'Europe occidentale et systèmes islamiques en matière de statut personnel*, Recueils des Cours de l'Académie de Droit International de La Haye, Tome 211.

Foblets, M-C. & Loukili, M. (2006), Mariage et divorce dans le nouveau code marocain de la famille : quelles implications pour les Marocains en Europe?, *Revue critique de droit international privé*, 3, pp. 521-543.

Gannagé, L. (2011), *Les méthodes du droit international privé à l'épreuve des conflits de cultures*, Recueils des Cours de l'Académie de Droit International de La Haye, Tome 357.

Hammje, P. (1997), Droit fondamentaux et ordre public. *Revue critique de droit international privé*, pp. 1-35.

Kahn, Ph. (2001), L'égalité de l'homme et de la femme : application en DIP dans la jurisprudence récente de la Cour de Cassation française, de la modernité par le droit. In *Mélanges en l'honneur de Mohammed Charfi*, Centre de Publication Universitaire, Tunis, pp. 341-350.

Luye, T. (2021), La dénationalisation de l'ordre public international en droit de la famille – étude de droit international privé à la lumière des droits fondamentaux, *Revue des droits et des libertés fondamentaux*. https://revuedlf.com/droit-international/la-denationalisation-de-lordre-public-international-en-droit-de-la-famille-etude-de-droit-international-prive-a-la-lumiere-des-droits-fondamentaux/.

Koumdadji, A. (2011), Répudiations, droit coranique, droits marocain et algérien, droit français du divorce et du « pacs ». *L'Année canonique*, pp. 357-371.

Mercier, P. (1972), *Conflit de civilisations et droit international privé, polygamie et répudiation*, Genève.

Najm, M-C. (2010-1), Le sort des répudiations musulmanes dans l'ordre juridique français. *Droit et idéologie, Droit et cultures*, 1, pp. 209-229.

Niboyet, M-L. (2004), L'avenir du nouveau revirement de la Cour de Cassation sur la reconnaissance des répudiations musulmanes, *Gazette du Palais,* 3-4 sept., pp. 27 ss.

Ouhida, J. (2023), La kafala des enfants abandonnés et sa réception dans l'ordre juridique européen. In A.L. Aguado (ed.), *Protection de menores en situaciones transfronterizas : Analisis multidisciplinar desde las perspectivas de género, de los derechos humanos y de la infancia*, Tirant Lo Blanch, Valencia, pp. 413-442.

Poisson-Petit, J. (2005), Morales sexuelles familiales et traditions juridiques. In Krynen J. (dir.), *Droit saisi par la Moral*, Presses de l'Université Toulouse Capitole, Toulouse, pp. 139-171.

Rass-Masson, L. (2018/2019), The Foundations of European Private International Family Law. *Yearbook of Private International Law*, Vol. 20, pp. 521-536.

Gannagé, P. (1992), La pénétration de l'autonomie de la volonté dans les droits internationaux privés de la famille, *Revue critique de droit international privé*, pp. 425 ss.

Sarehane, F. (2006), La répudiation, quels obstacles pour les Marocains résidant en France ? (Exercice au Maroc et reconnaissance en France). *Revue internationale de droit comparé*, 58(1), pp. 47-59.

Wihtol de Wender, C. (2009), L'Europe, un continent d'immigration malgré lui. *Revue Études*, 410(3), pp. 317-328.

Autres sources

Bruxelles II, Règlement n° 2201/2003 du Conseil du 27 novembre 2003 relatif à la compétence, la reconnaissance et l'exécution des décisions en matière matrimoniale et en matière de responsabilité parentale abrogeant le règlement (CE) n° 1347/2000. *Journal officiel* n° L 338 du 23/12/2003.

Convention internationale sur les droits de l'enfant adoptée le 20 novembre 1989, et appliquée en septembre 1990 (ratifiée par le Royaume du Maroc en vertu du Décret Royal n° 1.93.363, publié le 21 novembre 1996), *Journal officiel* n° 4440 le jeudi 19 décembre, 1996 p. 2847.

Convention de La Haye du 19 octobre 1996 relative à la compétence, la loi applicable, la reconnaissance, l'exécution et la coopération en matière de responsabilité parentale et des mesures de protection des enfants (entrée en vigueur au Maroc le 2 décembre 2002).

Convention de la Haye sur la loi applicable aux régimes matrimoniaux (1978) et Convention de la Haye sur la loi applicable aux successions à cause de mort (premier aout 1989).

Fondation Hassan II (2003). *Marocains de l'extérieur (pour les Marocains résidant à l'étranger)*, IOM-OIM, Rabat.

Haut-Commissariat au Plan (2020). *La migration internationale au Maroc, Résultats de l'Enquête Nationale sur la Migration Internationale 2018-2019*, Royaume du Maroc.

Loi relative à l'adoption internationale n° 2001-11 du 6 février 2001, *Journal Officiel* du 8 février 2001.

Allemagne - Loi du 25 juillet 1986, RCDIP 1987.

Espagne - Loi du 15 octobre 1990, RCDIP 1990.

Abstract

Qual è l'impatto della migrazione marocchina sull'Unione Europea relativamente alle norme di diritto di famiglia? La riforma del diritto di famiglia in Marocco (2004) ha apportato notevoli modifiche in materia di matrimonio e divorzio, con ripercussioni che vanno oltre il paese di origine, interessando anche paesi di emigrazione come i paesi europei. Tuttavia, l'insufficienza degli interventi normativi, la loro inadeguatezza a rispondere ad una realtà che cambia velocemente e lo stato della loro applicazione, hanno contribuito a creare legami familiari instabili, compresi quelli che concernono i marocchini residenti all'estero, in virtù delle differenze intercorrenti tra il diritto dei paesi di origine e quello del paese di residenza.

Superare questa situazione esige misure audaci che richiedono al paese di origine di andare oltre le norme di famiglia in vigore, optando piuttosto per l'eguaglianza e la giustizia delle relazioni familiari nel quadro di una riforma che abbia come riferimento la *sharia* e non il *fiqh*, ritenuto incerto. Allo stesso tempo, il superamento dell'attuale stato di cose impone ai paesi di accoglienza di aprirsi con tolleranza alla legge marocchina della famiglia, tanto a livello di applicazione delle relative norme quanto sul piano della delibazione dei provvedimenti dei giudici marocchini.

Notes

[1] À travers un certain nombre de directives émises par l'Union européenne en matière familiale : le Règlement Bruxelles II, n° 2201/2003 du Conseil du 27 novembre 2003 relatif à la compétence, la reconnaissance et l'exécution des décisions en matière matrimoniale et en matière de responsabilité parentale abrogeant le règlement (CE) n° 1347/2000. Journal officiel n° L 338 du 23/12/2003 pp. 1-29.

[2] Contrairement aux répudiations prononcées sur le territoire européen.

[3] Civ. 1e 3 nov. 1983, Rohbi, R.1984. 325, 1e, sp., note I. Fadlallah, J.1984. 329, note Ph. Kahn, J. Civ. 1e, 6 janv. 1987.

[4] La Convention internationale sur les droits de l'enfant adoptée le 20 novembre 1989, et appliquée en septembre 1990 (ratifiée par le Royaume du Maroc en vertu du décret royal n. 1.93.363 publié le 21 novembre 1996 publié au Journal officiel n. 4440 le jeudi19 décembre, 1996 p. 2847). La Convention de La Haye du 19 octobre 1996 relative à la compétence, la loi applicable, la reconnaissance, l'exécution et la coopération en matière de responsabilité parentale et des mesures de protection des enfants (entrée en vigueur au Maroc le 2 décembre 2002). Les deux conventions sont ratifiées par l'ensemble des États membres de l'Union européen, en tant que mesure différente de l'adoption.

[5] Loi n. 2001-11 du 6 février 2001 relative à l'adoption internationale, Journal Officiel du 8 février 2001, p. 2136.

[6] Arrêt de la Cour de Cassation du 10 octobre 2006. Arrêt de la Cour de Cassation du 9 juillet 2008. Arrêt de la Cour de Cassation du 25 février 2009.

[7] CEDH, 4 oct. 2012, Harroud c. France, req. n. 43631/09 : Dalloz Actualité, 17 oct. 2012, obs. Kedir ; RCDIP 2012, ici, note S. Corneloup ; Lettre Actualités Droits-Libertés du CREDOF, 8 oct. 2012, obs. N. Hervieu.

La tutela internazionale dei diritti dei marittimi migranti

Ida Caracciolo
(Tribunale Internazionale del Diritto del Mare -
Università della Campania "L. Vanvitelli")

Sommario: 1. Introduzione. – 2. Personale marittimo e condizione di migrante. – 3. Standard internazionali di trattamento e protezione dei diritti dei marittimi indipendentemente dallo status di nazionalità. – 4. Rilievo della condizione di migrante nella protezione internazionale dei diritti dei marittimi. – 5. Conclusioni.

1. Introduzione

Sul lavoro marittimo si basa il commercio mondiale e quasi due milioni sono i marittimi impiegati a bordo di circa 74.000 navi. Essi non sono necessariamente addetti alla navigazione delle navi e al trasporto di merci o passeggeri, in quanto la categoria include anche chi lavora sulle navi da crociera nella cura o intrattenimento dei viaggiatori. Un numero ristretto di marittimi è imbarcato su navi da diporto non impegnate in servizi commerciali.

Il lavoro a bordo delle navi presenta peculiarità che tendono a favorire lo sfruttamento della gente di mare e la violazione dei suoi diritti, come è emerso durante la pandemia da Covid-19 con riferimento al mancato sbarco e rimpatrio di molti marittimi, costretti a rimanere per lunghi periodi a bordo delle navi.

Il lavoro dei marittimi è complesso, delicato ed impegnativo considerato che si svolge a bordo delle navi che presentano caratteristiche tecniche e di sicurezza uniche. L'isolamento derivante dal lavorare a bordo di una nave per un lungo periodo di tempo ha, tra l'altro, conseguenze, come ampiamente dimostrato dalla letteratura scientifica, sulla salute fisica e psichica dei lavoratori[1]. Spesso, infine, si aggiungono rischi derivanti da eventi umani esterni; si pensi alla pirateria al largo delle coste della Somalia agli inizi di questo secolo o più recentemente agli attacchi degli houthi yemeniti sulle navi in navigazione nel mar Rosso.

Dal punto di vista giuridico, occorre tenere conto della temporaneità del rapporto di lavoro marittimo e della sottoposizione del marittimo all'autorità del comandante della nave che costituisce un *unicum* rispetto a tutti gli altri rapporti di lavoro. Il lavoratore marittimo è vincolato da un contratto di lavoro con un armatore ma è poi sottoposto nella sua quotidiana vita di bordo ai poteri del comandante. Le esigenze della sicurezza della navigazione sia in rapporto all'equipaggio, al carico, ai passeggeri ma anche ad altre navi sono giuridicamente garantite e dunque hanno un impatto sulle attività lavorative a bordo.

Occorre poi considerare che il lavoro marittimo si svolge nel tempo su navi di bandiere diverse con la conseguente applicazione di norme diverse a seconda della legislazione dello Stato della bandiera. In assenza di una disciplina uniforme di origine internazionale, è infatti la legge della bandiera che di base disciplina il contratto di lavoro marittimo e tutti gli aspetti collegati allo status della gente di mare.

La condizione di vulnerabilità oggettiva in cui si trovano i marittimi è aggravata dal fatto che nella stragrande maggioranza dei casi questi non hanno la nazionalità dello Stato di bandiera della nave. Se le più grandi flotte mercantili in termini di tonnellaggio lordo sono, tra le altre, quelle di Panama, Liberia, Isole Marshall, Singapore, Cina, Malta, Grecia e Giappone[2], gli Stati maggiori fornitori di marinai e ufficiali per le navi mercantili sono le Filippine, la Federazione Russa, l'Indonesia, la Cina e l'India[3]. Solo per dare un'idea, i marittimi filippini costituiscono circa il 25% della gente di mare a livello mondiale[4], mentre quelli russi il 10,5% e quelli ucraini il 4%[5].

Alla luce di tali dati, appare evidente che, nella maggior parte dei casi, i marittimi sono stranieri rispetto allo Stato di bandiera della nave. A ciò si aggiunga che tali lavoratori sono solitamente anche stranieri rispetto agli Stati dei porti dove le navi attraccano con il rischio di possibili ulteriori limiti alla libertà di imbarco, sbarco e circolazione.

In questo contesto, il presente lavoro intende appurare se i marittimi stranieri possano essere qualificati quali lavoratori migranti e se gli standard uniformi definiti dagli accordi internazionali relativi al lavoro marittimo tengano conto della condizione speciale del marittimo straniero. Si intende anche accertare se forme di tutela integrativa dei diritti di questa categoria così singolare di lavoratori possano essere fornite dalle norme convenzionali sui diritti dell'uomo e sullo status dei lavoratori migranti.

2. Personale marittimo e condizione di migrante

Dalla lettura degli accordi rilevanti nella materia non emerge un quadro normativo chiaro circa la qualificazione del marittimo straniero quale lavoratore migrante.

L'art. II, par. 1, lett. f, della Convenzione sul lavoro marittimo del 2006 (MLC 2006)[6] individua i lavoratori marittimi nelle persone "employées ou engagées ou travaillant à quelque titre que ce soit à bord d'un navire auquel la présente convention s'applique". Si tratta di una definizione molto ampia poiché per lo status di marittimo non rileva alcun titolo giuridico ma solo la circostanza fattuale che il lavoratore svolga la sua attività a bordo di un mezzo nautico. Presumibilmente la Convenzione può trovare applicazione anche in assenza di un titolo giuridico, ossia nel caso di lavoratori non contrattualizzati. Ciò d'altronde permette loro di godere delle forme di tutela predisposte dalla Convenzione. In secondo luogo, indifferente è il tipo di attività svolta a bordo; si può trattare di un'attività collegata alla conduzione della nave o al trasporto del carico o alla cura dell'equipaggio o dei passeggeri.

Da quanto sopra, risulta che la MLC 2006 non conosce la categoria dei lavoratori marittimi stranieri o migranti essendo irrilevante lo *status civitatis* del marittimo. L'unico elemento specifico di rilievo per l'individuazione della gente di mare consiste nella circostanza che l'attività lavorativa sia espletata a bordo di navi (con l'esclusione conseguentemente delle attività a terra collegate al trasporto via mare di merci o passeggeri) alle quali si applichi la Convenzione. Questa, nello specifico, trova applicazione alle navi indicate nell'art. II, par. 4, ossia a "tous les navires appartenant à des entités publiques ou privées normalement affectés à des activités commerciales, à l'exception des navires affectés à la pêche ou à une activité analogue et des navires de construction traditionnelle tels que les boutres et les jonques. La présente convention ne s'applique ni aux navires de guerre ni aux navires de guerre auxiliaires". Come si può evincere dalla norma, la proprietà della nave è irrilevante mentre, invece, è rilevante il suo utilizzo per attività "normalmente" commerciali. Il termine "normalmente" aggiunge un margine di flessibilità in quanto non è richiesto un uso commerciale esclusivo.

La Convenzione OIL sulla migrazione per ragioni di impiego (riveduta) del 1949 (n. 97)[7] e la Convenzione OIL sui lavoratori migranti (disposizioni supplementari) del 1975 (n. 143)[8] non sono applicabili alla gente di mare. L'art. 11, par. 2, lett. c, della prima e l'art. 11, par. 2, lett. c, della seconda ne escludono espressamente l'applicazione alla gente di mare. D'altronde, la stessa definizione di lavoratore migrante in esse contenuta (art. 11, par. 1 di entrambe le Convenzioni), ossia colui che emigra da uno Stato all'altro allo scopo di occupare un impiego, non si attaglia al lavoratore marittimo, incentrandosi sul concetto di trasferimento da uno Stato all'altro a fini di lavoro.

Diversamente, la Convenzione internazionale sulla protezione dei diritti di tutti i lavoratori migranti e dei componenti delle loro famiglie del 1990 (Convenzione migranti 1990)[9] riconosce espressamente la categoria dei marittimi migranti, che sono quei lavoratori migranti "employés à bord d'un navire immatriculé dans un État dont ils ne sont pas ressortissants" (art. 2, par. 1, lett. c). La definizione di lavoratore migrante contenuta in questo accordo è molto ampia e generica. Infatti, ai sensi dell'art. 2, par. 1, i lavoratori migranti sono quelle persone che "vont exercer, exercent ou ont exercé une activité rémunérée dans un État dont elles ne sont pas ressortissantes". Tale definizione non si basa sullo spostamento da uno Stato all'altro per lo svolgimento di un'attività lavorativa ma sull'assenza del legame di cittadinanza tra lavoratore e Stato in cui lavorerà, lavora o ha lavorato. L'espressione "dans un État" è sufficientemente generica da ricomprendere le attività lavorative espletate sia nel territorio dello Stato in senso stretto sia nell'ambito della giurisdizione dello Stato, ad esempio, navi, aeromobili, piattaforme *off-shore*.

Dunque, per la Convenzione migranti 1990 il marittimo straniero è un lavoratore migrante quando lavora a bordo di una nave avente una bandiera diversa da quella del suo Stato di cittadinanza. Non sono però lavoratori migranti, ai sensi dell'art. 3, lett. f, i marittimi "qui n'ont pas été autorisés à résider ou à exercer une activité rémunérée dans l'État d'emploi". In altri termini, solo i marittimi che svolgono attività a bordo in quanto autorizzati a tale attività dallo Stato della bandiera sono lavoratori migranti. Al riguardo, vale la pena di accennare che non necessariamente la legislazione interna richiede il possesso di un visto di lavoro per i marittimi imbarcati sulle navi di bandiera. Di contro, non mancano Stati la cui legislazione prevede il visto di lavoro subordinato per i marittimi stranieri che si imbarcano nei loro porti per lavorare su navi di bandiera straniera[10].

3. Standard internazionali di trattamento e protezione dei diritti dei marittimi indipendentemente dallo status di nazionalità

Il regime uniforme del lavoro marittimo, definito essenzialmente dalla MLC 2006[11], trova la sua giustificazione nella specificità del lavoro a bordo delle navi; specificità rispetto alla quale poco aggiunge lo status di straniero o di migrante o meno del marittimo straniero. Si pensi, ad esempio, ai periodi di riposo che si svolgono per tutti i lavoratori a bordo della nave. Si pensi anche alla triangolazione di rapporti tra personale marittimo, Stato della bandiera e Stato di imbarco (o sbarco). I marittimi si trovano a lavorare nel corso del tempo sotto la giurisdizione di Stati di bandiera diversi e solitamente i loro imbarchi e sbarchi avvengono in Stati che non sono quello di cittadinanza. In questo contesto, l'obiettivo della Convenzione è dichiaratamente quello di istaurare una disciplina uniforme cui gli Stati parte sono tenuti ad adeguarsi annullando così le differenze di trattamento discendenti dal diritto interno. Regole eguali per tutti gli Stati, volte a fissare standard minimi di trattamento, tutelano il lavoratore marittimo e tendono anche ad eliminare fenomeni di *dumping* sociale e di concorrenza sleale tra imprese di trasporto marittimo. In sintesi, scopo della MLC 2006 non è quello di eliminare le differenze tra una categoria e l'altra di marittimi, tipicamente tra quelli aventi la stessa nazionalità dello Stato della bandiera e quelli stranieri o migranti, ma di predisporre un regime economico e sociale per la gente di mare che tenga conto delle specificità del lavoro marittimo e sia nel contempo in grado di tutelare la dignità umana e i diritti di questi lavoratori che svolgono la loro opera in condizioni particolarmente disagiate.

Non è questa la sede per analizzare il regime internazionale del lavoro marittimo di cui alla MLC 2006, tuttavia vale la pena di menzionarne alcuni tratti distintivi.

Dal punto di vista dei contenuti, la Convenzione è tipicamente, come è stato osservato in dottrina, un *bill of rights* dei marittimi (Chang & Khan, 2024, p. 4) e quindi contiene un'elencazione dei diritti minimali che devono essere garantiti ai marittimi, ossia, tra gli altri, la libertà di associazione e il riconoscimento del diritto alla contrattazione collettiva; l'eliminazione di tutte le forme di lavoro forzato o obbligatorio; l'abolizione del lavoro minorile; l'eliminazione delle discriminazioni in materia di impiego e occupazione; il diritto a un luogo di lavoro sicuro; il diritto a condizioni di lavoro e di vita dignitose a bordo delle navi; il diritto alla tutela della salute, all'assistenza medica, alle misure di welfare e ad altre forme di protezione sociale (artt. III e IV della Convenzione).

A questa elencazione segue una definizione chiara e sufficientemente completa delle condizioni di lavoro che devono essere garantite alla gente di mare da parte degli Stati contraenti. In particolare, vengono definiti i requisiti minimi per i marittimi che lavorano a bordo di una nave (ad esempio, età minima per navigare, istruzione e formazione) (titolo 1); le condizioni di impiego (ad esempio, contratto di lavoro, orari di lavoro, ferie, rimpatrio) (titolo 2); alloggi decenti e strutture per il tempo libero (titolo 3); e tutela della salute, assistenza medica, benessere e sicurezza sociale (titolo 4).

Sugli Stati della bandiera grava l'obbligo non solo di dare pieno effetto alle disposizioni della Convenzione (art. I), ma anche di far rispettare le leggi e le altre misure adottate al fine di adempiere agli obblighi previsti dalla Convenzione (art. V, par. 1). In altri termini, per gli Stati contraenti vi è sia l'obbligo diretto di attuare le norme vincolanti (non tutte però lo sono) sancite dalla Convenzione sia l'obbligo indiretto di garantire il loro rispetto da parte degli operatori interni, *in primis* armatori e agenzie di reclutamento e collocamento della gente di mare[12]. Al riguardo, la Convenzione introduce e disciplina due strumenti innovativi: il certificato di lavoro marittimo e la dichiarazione di conformità del lavoro marittimo che devono essere presenti a bordo delle navi degli Stati contraenti. Il primo certifica che le condizioni di lavoro e di vita dei marittimi a bordo sono state sottoposte a controllo e sono conformi alle leggi e alle altre misure normative attuative della Convenzione. La seconda, che integra il certificato di lavoro marittimo, enuncia le prescrizioni nazionali che riguardano l'applicazione della Convenzione con riferimento alle condizioni di lavoro e di vita dei marittimi e le misure adottate dall'armatore per garantire il rispetto di queste prescrizioni a bordo della nave (reg. 5.1.3). Essa va, per la prima parte, redatta dalle autorità ispettive competenti e, per la seconda parte, dall'armatore e tenuta costantemente aggiornata. Nessuna flessibilità è ammessa circa i dati che devono essere indicati in queste due certificazioni dato che il loro contenuto è determinato dalla Convenzione.

Un'altra importante caratteristica della MLC 2006 è che essa predispone un meccanismo stringente di controlli per la verifica del rispetto da parte dello Stato della bandiera degli obblighi, diretti ed indiretti, che su di lui gravano (Kountouri & Papanikolaou, 2019, p. 148). In effetti, il problema di molti trattati di diritto marittimo è la loro scarsa effettività. Frequentemente accade che al recepimento delle norme internazionali materiali non faccia seguito la predisposizione di meccanismi di controllo e sanzionatori in caso di mancato rispetto di queste norme da parte degli operatori. Il fenomeno delle bandiere di comodo evidentemente acuisce il fenomeno.

La MLC 2006, che si pone sulla scia dell'art. 94 della UNCLOS che impone agli Stati parte di esercitare giurisdizione effettiva e controllo sulle navi di bandiera negli ambiti amministrativo, tecnico e sociale, prevede un meccanismo di controllo "binario", con responsabilità di controllo sul rispetto degli standard uniformi di trattamento dei marittimi in capo sia allo Stato della bandiera sia allo Stato del porto.

Nello specifico, lo Stato della bandiera deve istituire un sistema efficace di ispezioni sul rispetto delle condizioni e degli standard di lavoro e di vita dei marittimi per tutte le navi di bandiera (reg. 5.1.1), che devono essere in linea con i requisiti richiesti dalla Convenzione e rispetto ai quali linee guida dettagliate sono state sviluppate dall'OIL. Le ispezioni sono di regola periodiche (reg. 5.1.4); tuttavia, carenze e gravi violazioni dei requisiti stabiliti dalla Convenzione, possono essere comunicate anche con la procedura di reclamo che si caratterizza per la sua riservatezza in modo da non esporre a ritorsioni il lavoratore che l'ha attivata (reg. 5.1.5). I reclami sono valutati dagli ispettori dello Stato della bandiera che, se riscontrano una grave violazione delle condizioni e degli standard previsti dalla Convenzione (ad esempio, il mancato pagamento dei salari o un pericolo importante per la sicurezza o la salute dei marittimi) può vietare alla nave di lasciare il porto finché il problema non venga risolto. Nei casi che non comportano una grave violazione, l'ispettore può ordinare di eliminare la violazione entro un determinato termine o può fornire consigli al riguardo. Il rapporto ispettivo deve essere inviato alle autorità competenti dello Stato di bandiera, una sua copia è consegnata al comandante e un'altra è affissa a bordo. Inoltre, lo Stato di bandiera deve tenere un registro delle ispezioni sulle condizioni dei marittimi a bordo e deve pubblicare relazioni annuali sulle attività di ispezione (disp. A5.1.4 e linea guida B5.1.4). Si tratta dunque di un sistema di controlli alquanto capillare, attivabile anche dal personale marittimo e caratterizzato da un elevato standard di pubblicità.

Ai controlli effettuati dallo Stato della bandiera si aggiungono quelli dello Stato del porto. Questo ruolo "suppletivo" dello Stato del porto non è nuovo nel contesto della navigazione marittima, considerato che esso è contemplato già nella UNCLOS con riferimento alla tutela dell'ambiente marino. Nel caso del lavoro marittimo, la MLC 2006 prevede controlli di routine e controlli più dettagliati da parte dello Stato del porto in presenza di determinate circostanze, tra cui la presentazione di un reclamo su specifiche condizioni di lavoro e di vita a bordo da parte di un marittimo, di un sindacato o di qualsiasi persona interessata alla sicurezza e alla salute dei marittimi e della nave (reg. 5.2.1 e disp. A5.2.1). Se le condizioni a bordo risultano pericolose per la sicurezza, la salute o l'incolumità dei marittimi o se si è verificata una violazione grave o ripetuta della Convenzione, la nave può essere trattenuta fino a quando i problemi non vengano risolti. Lo Stato della bandiera, le organizzazioni dei marittimi e degli armatori presenti nel porto devono essere informate.

Dai dati presentati dalle organizzazioni internazionali e dalle autorità competenti emerge che il ruolo di controllo dello Stato del porto si è progressivamente rafforzato (Payoyo, 2019, pp. 471-472) affiancandosi a quello dello Stato della bandiera grazie ad una rete di *memorandum of understanding* regionali in materia cui partecipa la stragrande maggioranza degli Stati contraenti della MLC 2006. Rimangono però differenze tra i sistemi regionali nell'espletamento dei controlli e rimane la questione dei controlli sugli Stati non parte della Convenzione.

4. Rilievo della condizione di migrante nella protezione internazionale dei diritti dei marittimi

La MLC 2006 detta un regime *ad hoc* per la tutela dei marittimi che include non solo un decalogo dei loro diritti ma anche standard comuni sul loro trattamento sul piano economico e sociale. Il regime definito dalla Convenzione non deve essere applicato in isolamento in quanto, relativamente ai diritti dei marittimi, è in sinergia con l'intero sistema internazionale di tutela dei diritti umani, *in primis* con il Patto ONU sui diritti economici, sociali e culturali del 1966. È questa la *ratio* della recente risoluzione dell'11 luglio 2024, la prima nel suo genere, adottata dal Consiglio dei diritti umani delle Nazioni Unite, con la quale il Consiglio chiede agli Stati e agli operatori del settore marittimo di promuovere e proteggere con efficacia il godimento dei diritti umani da parte dei marittimi[13].

Con specifico riguardo ai marittimi stranieri o migranti, la MLC 2006 è anche rafforzata ed integrata dalla Convenzione migranti 1990, ovviamente riguardo agli Stati che sono contraenti di entrambi gli accordi. In particolare, si può ritenere che vi sia complementarità tra la MLC, con i suoi standard internazionali in materia di lavoro marittimo, e la Convenzione migranti, con la sua elencazione analitica dei diritti dei lavoratori migranti e delle loro famiglie. In altri termini questi due accordi non devono essere considerati mutualmente esclusivi ma tra di loro complementari per una tutela globale del marittimo migrante (Cholewinski, 2017, p. 152).

In effetti, la Convenzione migranti 1990 contiene un decalogo di diritti più ampio di quello individuato dalla MLC 2006. Innanzitutto, dei diritti contemplati nella Convenzione migranti 1990 godono non solo i marittimi migranti ma anche le loro famiglie (art. 4). In secondo luogo, l'obbligo di garantire i diritti enumerati nella Convenzione migranti 1990 non grava soltanto sullo Stato della bandiera ma anche sullo Stato di transito, inteso come lo Stato attraverso il quale la persona interessata passa durante un viaggio verso lo Stato di occupazione o dallo Stato di occupazione allo Stato di origine o di residenza abituale (art. 6, lett. c). È questo un aspetto importante se si considera che lo Stato di imbarco e di sbarco possono incidere profondamente sui diritti del marittimo straniero o migrante come si è drammaticamente evidenziato durante il Covid.

In terzo luogo, occorre considerare che il decalogo dei diritti di cui alla Convenzione migranti 1990 non è limitato ai diritti economici e sociali ma include anche diversi diritti fondamentali civili e politici: si pensi al diritto alla vita (art. 9), alla proibizione della tortura e di pene e trattamenti crudeli, inumani o degradanti (art. 10), al diritto alla libertà di pensiero, di coscienza e di religione (art. 12) e al diritto alla libertà personale e alle garanzie del giusto processo (artt. 19-20), tutti rilevanti riguardo ai marittimi[14].

Il divieto di discriminazione tra lavoratore nazionale e lavoratore migrante, così come il diritto del lavoratore migrante a godere di un trattamento non meno favorevole di quello che si applica ai cittadini dello Stato di impiego per quanto riguarda la retribuzione, le condizioni di lavoro e la sicurezza sociale sono egualmente significativi nel contesto del lavoro marittimo (artt. 7 e 25).

Infine, occorre sottolineare che questa complementarità tra la MLC 2006 e la Convenzione migranti 1990 non è "a senso unico". In particolare, non essendo ancora operativo il meccanismo dei reclami individuali previsto dalla Convenzione del 1990[15] i diritti contemplati da quest'ultima e coincidenti con quelli inseriti anche nella MLC potrebbero essere tutelati attraverso i reclami individuali che i marittimi possono proporre a bordo e nei porti ai sensi delle reg. 5.1.5 e 5.2.2 nel caso di presunte violazione delle condizioni per il lavoro marittimo fissate dalla MLC, inclusi i diritti dei marittimi. In questa prospettiva un marittimo migrante potrebbe utilizzare tali reclami per ottenere la tutela di alcuni dei diritti indicati nella Convenzione migranti 1990.

5. Conclusioni

Come si è visto, il lavoro marittimo presenta delle caratteristiche specifiche tali che la distinzione tra personale marittimo avente la nazionalità della nave e personale marittimo straniero o migrante tende a perdere di interesse. In effetti, il rischio di violazioni dei diritti della gente di mare riguarda sia i marittimi nazionali sia i marittimi stranieri in eguale misura. L'obiettivo degli strumenti internazionali applicabili, *in primis* la MLC 2006, è stato conseguentemente quello di affrontare la regolamentazione del lavoro marittimo alla luce delle sue specificità piuttosto che alla luce della circostanza che la gran parte dei lavoratori marittimi imbarcati non sono cittadini dello Stato della bandiera. Gli standard di tutela stabiliti dalla Convenzione e i meccanismi di garanzia sono assolutamente adeguati rispetto all'obiettivo di proteggere la dignità e i diritti dei marittimi, inclusi quelli migranti.

Tuttavia, ancora molti rischi possono interessare i marittimi, soprattutto quelli stranieri. Si pensi, ad esempio, al fenomeno, sfortunatamente in crescita negli ultimi anni, dell'abbandono dei marittimi, ossia quella situazione in cui l'equipaggio a bordo di una nave non riceve lo stipendio per un certo periodo di tempo o l'armatore non ne paga il rimpatrio[16]. È dunque auspicabile che i meccanismi di tutela dei marittimi possano continuare ad essere migliorati anche nell'ottica di assicurare maggiore stabilità e sicurezza economica alla gente di mare.

Bibliografia

Chang, Y-C. & Khan, M. (2023). The Maritime Labour Convention 2006 in human rights context: An appraisal. *Marine Policy*, 154, pp. 1-8.

Cholewinski, R. (2017). Working together to protect migrant workers: ILO, the UN Convention and its Committee 151. In Desmond A. (ed.), *Shining new light on the UN Migrant Workers Convention*, pp. 151-175.

Kountouri, A. & Papanikolaou, A. (2019). The implementation of international conventions in national law: a case study on the maritime labour convention. *Marine Policy*, 99, pp. 148-156.

Magliocco Nicastro, G. (2012). *La tutela del lavoro marittimo. La Convenzione OIL sul lavoro marittimo 2006*. Aracne.

McConnel, M., Devlin, D. & Doumbia-Henry, C. (2011). *The Maritime Labour Convention 2006. A Legal Primer to an Emerging International Regime*. Nijhoff.

Mensah, J.E. (2018). Extraterritorial application of national and international laws to seafarers and their working conditions. *The Journal of Maritime Law and Commerce*, 49, pp. 69-89.

Payoyo, P.B. (2019). Seafarers' Human Rights: Compliance and Enforcement. In *The Future of Ocean Governance and Capacity Development. Essays in Honor of Elisabeth Mann Borgese (1918-2002)*. Brill, Nijhoff, pp. 468-472.

Résumé

Le travail des marins est complexe et exigeant en se déroulant à bord de navires, c'est-à-dire dans un contexte unique et particulier en termes de caractéristiques techniques et de sécurité. Ce travail est accompli par une grande majorité des marins qui n'ont pas la nationalité de l'État du pavillon du navire sur lequel ils travaillent.

Dans ce contexte, un double problème se pose : d'une part, de protéger le travail maritime compte tenu de ses spécificités et, d'autre part, des protéger les marins étrangers en raison de leur position de faiblesse inhérente. A cet égard, le droit international, par le biais de divers accords multilatéraux, joue un rôle central dans la mise en place d'un régime uniforme du travail maritime et de la protection des droits humains des gens de mer.

Cet article vise à présenter les éléments de base du régime de protection des marins migrants. Partant du constat de la difficile coexistence entre le statut de marin et celui de migrant, il va souligner que les normes uniformes définies par les accords internationaux pertinents ne prennent en compte que les spécificités du travail maritime et non le statut individuel du marin. Toutefois, il va également montrer que le régime international du travail maritime est partiellement complété et renforcé par le système international des droits de l'homme et des droits des travailleurs migrants.

En particulier, le régime uniforme de travail maritime, essentiellement défini par la Convention du travail maritime de 2006, telle qu'amendée, qui établit un régime ad hoc pour la protection des gens de mer qui comprend non seulement un décalogue de leurs droits mais aussi des normes communes sur leur traitement en termes économiques et sociaux. Cette Convention insiste sur la spécificité du travail à bord des navires sans tenir en compte de la qualification du marin en tant qu'étranger ou migrant. Cela sur la base de la constatation que les gens de mer ont besoin d'un régime spécial en raison des particularités du travail en mer et de la triangulation des relations entre les gens de mer, l'État du pavillon et l'État d'embarquement (ou de débarquement).

Cependant, le régime défini par la Convention du travail maritime ne doit pas être appliqué isolément car, en ce qui concerne les droits des gens de mer, il est en synergie avec l'ensemble du système international de protection des droits de l'homme, principalement avec le Pacte de l'ONU de 1966 relatif aux droits économiques, sociaux et culturels.

En ce qui concerne spécifiquement les marins migrants, la Convention de 2006 est renforcée et complétée par la Convention internationale sur la protection des droits de tous les travailleurs migrants et des membres de leur famille de 1990, pour les États qui sont parties aux deux accords. En particulier, on peut considérer qu'il existe une complémentarité entre la Convention de 2006, avec ses normes internationales qui règlementent le travail maritime, et la Convention de 1990, avec son énumération analytique des droits des travailleurs migrants et de leurs familles. En d'autres termes, ces deux accords ne doivent pas être considérés comme mutuellement exclusifs, mais comme complémentaires et cette complémentarité favorise une protection complète des marins migrants.

Note

[1] Si pensi che una nave su otto in circolazione non fornisce servizi internet all'equipaggio (https://www.shippingitaly.it/2024/04/23/labbandono-dei-marittimi-allattenzione-dellimo-e-dellics/).

[2] Statista, Deadweight tonnage of world merchant fleet by country of beneficial ownership as of January 1, 2022. https://www.statista.com/statistics/263889/dwt-of-merchant-fleets-worldwide-by-country-of-domicile/#:~:text=Main%20countries%20based%20on%20dwt%20of%20their%20merchant%20fleet%202022&text=As%20of%20January%202022%2C%20Panama,in%20the%20world%20in%202020.

[3] International Chamber of Fishing, Shipping and World Trade: Global Supply and Demand for Seafarers. https://www.ics-shipping.org/shipping-fact/shipping-and-world-trade-global-supply-and-demand-for-seafarers/.

[4] Galanakis, K. (2023). *The Filipino market supply of seafarers and cadets and their contribution to the global merchant fleet.* https://safety4sea.com/the-filipino-market-supply-of-seafarers-and-cadets-and-their-contribution-to-the-global-merchant-fleet/#:~:text=The%20Philippines%20has%20long%20been,to%20various%20international%20shipping%20companie.

[5] International Chamber of Shipping (2022), Russian and Ukrainian seafarers make up 14.5% of global shipping workforce, according to ICS. ttps://www.ics-shipping.org/press-release/russian-and-ukrainian-seafarers-make-up-14-5-of-global-shipping-workforce-according-to-ics/.

[6] La Convenzione è stata adottata dall'Organizzazione internazionale del lavoro (OIL) il 23 febbraio del 2006, è entrata in vigore il 13 agosto 2013 ed è stata successivamente emendata nel 2014, 2016, 2018 e 2022. Essa ha avuto molto successo, essendo stata ratificata da 107 Stati che rappresentano quasi il 97% della stazza lorda mondiale.

[7] Adottata il 1° luglio 1949 ed entrata in vigore il 22 gennaio 1952.

[8] Adottata il 24 giugno 1975 ed entrata in vigore il 9 dicembre 1978. Nella traduzione non ufficiale in lingua italiana, essa è nota come Convenzione sulle migrazioni in condizioni abusive e sulla promozione della parità di opportunità e di trattamento dei lavoratori migranti.

[9] Adottata dall'Assemblea generale delle NU il 18 dicembre 1990 ed entrata in vigore il 1° luglio 2003.

[10] È questo, per esempio, il caso dell'Italia in base all'art. 27, co. 1-septies del d.lgs. n. 286/1998 come modificato dall'art. 13-ter del d. l. 21 marzo 2022, n. 21, convertito con legge n. 51/2022.

[11] Un altro accordo rilevante per la tutela dei diritti economici e sociali della gente di mare è la Convenzione sui documenti di identità della gente di mare del 2003 (n. 185) come emendata (adottata dall'OIL il 3 giugno 2003, entrata in vigore il 9 febbraio 2005 ed emendata nel 2016). Sotto l'egida della Organizzazione marittima internazionale (OMI) è stata adottata la Convenzione internazionale sugli standard di addestramento, certificazione e tenuta della guardia per la gente di mare del 1978, poi successivamente modificata. Infine, la collaborazione tra OIT e OMI ha portato all'adozione di diverse linee guida sulla gente di mare; ad esempio, le Linee guida sul trattamento equo della gente di

mare nel caso di incidente in mare (Risoluzione OMI, LEG.3(91), 27 aprile 2006); le Linee guida sulla responsabilità dei proprietari di navi per quanto riguarda le richieste di risarcimento per lesioni personali o morte dei marittimi (Risoluzione IMO A.931(22), 29 novembre 2001); le Linee guida per la fornitura di garanzie finanziarie in caso di abbandono dei marittimi (Risoluzione IMO A.930(22), 29 novembre 2001). Infine, un gruppo di lavoro tripartito congiunto OIT/OMI ha adottato nel dicembre 2022 le Linee guida per le autorità dello Stato di approdo e dello Stato di bandiera sulla gestione dei marittimi abbandonati (TWGSHE/2022/7). Il gruppo di lavoro dovrebbe affrontare nel prossimo futuro i temi delle intimidazioni e molestie nel settore marittimo, comprese le aggressioni e le molestie sessuali, e dell'equo trattamento dei marittimi detenuti sospettati di aver commesso reati in mare.

[12] La Convenzione comprende tre parti distinte ma collegate: gli articoli, le regole e il codice. Gli articoli e le regole stabiliscono i diritti e i principi fondamentali e gli obblighi assunti dagli Stati contraenti. Il codice definisce invece le modalità di applicazione di articoli e regole e contiene sia norme obbligatorie sia linee guida (Nota esplicativa sulle regole e il codice della Convenzione e articolo VI).

[13] Risoluzione 56/18, par. 3.

[14] Si pensi all'elaborazione, attualmente in corso, di linee guida da parte dell'OMI, sulla detenzione dei marittimi sospettati di aver commesso un crimine (*Comité juridique*, LEG 111/WP.4, 25 avril 2024).

[15] Non è stato infatti ancora raggiunto il numero minimo di dieci dichiarazioni richiesto dall'art. 77 della Convenzione.

[16] Nel 2023 risulta siano stati abbandonati 142 equipaggi mentre si parla di 31 equipaggi quest'anno (https://www.shippingitaly.it/2024/04/23/labbandono-dei-marittimi-allattenzione-dellimo-e-dellics/).

La situation juridique des migrants marocains dans l'Union Européenne

Abdelmounaime El Gueddari
(Université de Rabat « Mohammed V »)

Sommaire : 1. Introduction. – 2. L'accord d'association, base légale de la coopération sociale. – 2.1 La consécration du principe de non-discrimination. – 3. L'exclusion du droit à la libre circulation. – 4. Le Traité sur l'Union Européenne, cadre de régulation des migrations marocaines. – 4.1 La libre circulation des migrants marocains par extension du droit communautaire. – 4.2 La construction d'une politique d'immigration communautaire, cadre unilatéral du statut des migrants marocains.

1. Introduction

Dans la première génération des accords conclus entre la CEE et le Maroc (accord dit d'association) signé le 31 mars 1969, la question migratoire reste absente des domaines de la coopération. Il s'agit plutôt de dispositions limitées au domaine commercial, garantissant le libre accès au marché communautaire de la quasi-totalité des produits industriels exportés par le Maroc, et instaurant un régime privilégié pour certaines exportations agricoles.

La fin de 1974 marque le début des négociations relatives à la main-d'œuvre commencèrent qui vont aboutir au début de 1976 à la rédaction des rares articles du volet "coopération dans le domaine de la main-d'œuvre" de l'accord de coopération signé le 26 avril 1976.

Dans le nouvel accord de coopération avec le Maroc, la Communauté a effectivement modifié sa conception initialement mercantile, pour étendre le domaine de la l'accord à la coopération économique technique financière, et aux échanges commerciaux. L'insertion des dispositions relatives aux travailleurs traduit la volonté de prendre en considération l'importante communauté marocaine qui réside et travaille déjà dans les États de la Communauté.

Les négociations relatives au renouvellement de l'accord de coopération de 1976, ont abouti le 26 février 1996 à la signature d'une nouvelle génération d'accords de coopération (accord dit euro-méditerranéen d'association).

Dans le nouvel accord d'association, le domaine de la coopération sociale et culturelle (titre VI) repose à la fois sur des dispositions relatives aux travailleurs (chapitre 1), sur un dialogue dans le domaine social (chapitre 2), sur des actions de coopération en matière sociale (chapitre 3) ainsi que sur la coopération culturelle (chapitre 4). L'architecture générale du titre VI de l'accord signé avec le Maroc reprend alors l'essentiel du volet main-d'œuvre de l'accord de coopération de 1976 tout en insérant quelques ajustements rendus nécessaires et par les récents développements jurisprudentiels et par la volonté de maîtriser l'immigration illégale.

Eu égard à la jurisprudence de la Cour de Justice de l'Union Européenne se pose d'ailleurs la question de la portée des dispositions sociales de l'accord signé avec le Maroc. La solution retenue ici confirme définitivement la consécration du principe fondamental de non-discrimination dans le domaine des conditions de travail et de rémunération ainsi que dans celui des prestations sociales.

La situation juridique des migrants marocains est certes régie par voie conventionnelle mais eu égard aux développements de la construction européenne elle se trouve également encadrée par l'émergence d'une politique d'immigration communautaire.

2. L'accord d'association, base légale de la coopération sociale

L'accord d'association conclu le 26 février 1996 entre l'Union Européenne et le Maroc fournit aujourd'hui une nouvelle assise juridique à la présence sur le territoire des États membres de l'Union Européenne d'une importante communauté marocaine (JOCE, 1996). La lecture des dispositions relative à la coopération sociale et culturelle (titre VI) consacre le principe de non-discrimination au profit des travailleurs marocains légalement installés dans l'Union Européenne. La lutte contre l'immigration illégale est conçue dans une approche globale qui vise à agir sur les causes profondes de l'émigration.

2.1. La consécration du principe de non-discrimination

Le principe de non-discrimination demeure le maître mot du statut juridique réservé aux travailleurs migrants marocains.

En d'autres termes, l'égalité de traitement s'étend à l'ensemble des prestations sociales figurants dans la réglementation communautaire pertinente. Ceci couvre les branches de sécurité sociale relative aux prestations de maladie et de maternité, d'invalidité, de vieillesse, de survivants, d'accident de travail et de maladie professionnelle, de chômage ainsi qu'aux prestations familiales et aux allocations de décès.

Dans l'affaire *Kziber* (CJCE, 1991, p. 199), le juge communautaire a été invité à répondre à la question suivante « un État membre peut-il refuser, en raison de leur nationalité, le bénéfice d'un avantage social... aux enfants à charge d'un travailleur ressortissant d'un État tiers (Maroc) avec lequel la Communauté économique européenne a conclu un accord de coopération, lequel contient, dans le domaine de la sécurité sociale, une clause d'égalité de traitement en faveur des travailleurs migrants de ce pays occupés dans la Communauté, ainsi qu'aux membres de leur famille résidant avec eux ? ».

La Cour va directement chercher si l'accord CEE/Maroc remplit les conditions requises pour déterminer l'effet direct. « Une disposition d'un accord conclu par la Communauté avec des pays tiers doit être considérée comme étant d'application directe lorsque, eu égard à ses termes ainsi qu'a l'objet et à la nature de l'accord, elle comporte une obligation claire et précise, qui n'est subordonnée, dans son exécution ou dans ses effets, à l'intervention d'aucun acte ultérieur » (CJCE, 1991, p. 226).

L'accord conclu avec le Maroc consacre dans des termes clairs, précis et inconditionnels, l'interdiction de discriminer, en raison de la nationalité, les travailleurs de nationalité marocaine et les membres de leur famille résidant avec eux dans le domaine de la sécurité sociale. Loin de revêtir un caractère purement programmatique, l'accord avec le Maroc établit alors dans le domaine de la sécurité sociale, un principe susceptible de régir la situation juridique des particuliers.

Devant apprécier en second lieu l'objet et la nature de l'accord. La Cour observe que ce dernier « vise essentiellement à favoriser le développement économique du Maroc et qu'il se borne à établir une coopération entre les parties sans viser à une association ou à une future adhésion du Maroc aux Communautés ». Cette circonstance précise le juge, « n'est pas de nature à empêcher l'applicabilité directe de certaines de ses dispositions » (CJCE, 1991, p. 228).

La reconnaissance de l'effet de l'accord est dans ce sens salutaire, non seulement parce qu'elle confirme la fonction de la Cour européenne en matière d'interprétation, celle bien entendu d'assurer une application uniforme des dispositions des accords externes, mais aussi surtout parce que la solution consacre définitivement un point fondamental : la capacité désormais reconnue au droit communautaire de produire un effet direct dans le cadre de l'accord conclu avec le Maroc.

Dans son arrêt, la Cour va d'ailleurs confirmer que « l'intéressé, qui remplit toutes les conditions prévues par une législation nationale en vue de bénéficier des allocations de chômage de jeunes demandeurs d'emploi, ne saurait se voir refuser le bénéfice de ces prestations, motif pris de sa nationalité ».

L'accord de coopération en tant qu'il prévoit la simple absence de discrimination fondée sur la nationalité dans le domaine de la sécurité sociale, doit donc être lu et compris à la lumière de ce principe. Ce dernier signifie, comme l'a relevé d'ailleurs la Cour dans son arrêt Hallouzi-Choho, que les personnes concernées par les dispositions de cet accord « doivent être traitées comme si elles étaient des ressortissants des États membres concernés » (CJCE, 1996). Une jurisprudence désormais constante qui confirme cette règle.

Ce rapprochement avec la législation communautaire confirme alors que, une fois légalement établis sur les États de la Communauté, les migrants marocains ont les mêmes droits que ceux accordés aux travailleurs communautaires. La nationalité, définitivement, ne joue plus dans des domaines ou les États membres ont limité souverainement leurs compétences. L'acquis de cette jurisprudence a eu d'ailleurs un effet d'irradiation pour tous les accords externes conclus par l'Union Européenne et qui contiennent des dispositions similaires.

Pour des considérations humaines, l'accord d'association vise avant toute chose la protection des droits des travailleurs migrants déjà bien établis dans les États membres de la Communauté européenne. L'accord n'a pas pour objectif le droit à la libre circulation, il vise plutôt une approche globale d'association pour le développement.

3. L'exclusion du droit à la libre circulation

La situation juridique des migrants marocains qui travaillent légalement dans l'Union Européenne doit donc être lue à la lumière de la finalité de l'aide au développement de l'accord conclu avec le Maroc. Par une coopération économique, industrielle commerciale et financière, l'Union vise avant toute chose à contribuer à la croissance et partant le développement des pays d'origine ; cette approche qui guide l'esprit même des dispositions sociales de l'accord d'association est censée agir sur la pression migratoire externe.

À replacer dans le contexte d'une politique communautaire d'aide au développement, les mesures sociales de l'accord avec le Maroc restent incontestablement conformément à la finalité de ce dernier. D'ailleurs, le préambule de l'accord d'association affirme que l'objectif est « d'apporter au Maroc un soutien significatif à ses efforts de réforme et d'ajustement au plan économique, ainsi que de développement social ».

Les perspectives d'évolution des relations euro-marocaines en matière migratoire confirment ce constat. En effet, le préambule de de la déclaration conjointe établissant un partenariat de mobilité entre le Maroc et l'Union Européenne (UE, 2013) souligne que « la gestion des flux migratoires ne peut se faire à travers des mesures de contrôle seulement mais nécessitent une action concertée sur les causes profondes de la migration, notamment à travers la mise en place de développement dans les pays d'origine ».

Les objectifs de cette coopération ont été définies par les deux partenaires : gestion de la circulation des personnes, lutte contre l'immigration irrégulière et protection des réfugiés, autant dire que la volonté des signataires est d'aborder la migration « selon une approche globale et équilibrée, dans l'intérêt mutuel ».

Une coopération est ainsi prévue dans un grand nombre de secteurs de la vie économique et sociale. Le groupe de travail 'Affaires sociales et migrations' assure ici le suivi du partenariat. D'ailleurs, Le processus de Rabat qui instaure un dialogue euro-africain sur la migration et le développement consacre l'importance d'une approche globale qui prend en considération le lien de connexité entre les migrations et le développement (UE, 2018).

Certes, l'aide attendu par l'Union est un facteur non négligeable pour le progrès économique du Maroc, et constitue dès lors un moyen de l'arrêt de l'émigration, mais le développement lui, ne peut être qu'endogène. Le résultat dépendra des pays en développement eux-mêmes qui, doivent établir des programmes de développement économiques et sociaux à même de préserver leur population dans sa région d'origine.

4. Le Traité sur l'Union Européenne, cadre de régulation des migrations marocaines

Le Traité sur l'Union Européenne fournit une assise légale à la politique d'immigration et renforce les droits de la communauté marocaine déjà acquis par voie conventionnelle.

4.1. La libre circulation des migrants marocains par extension du droit communautaire

La situation juridique des migrants marocains fait l'objet d'un accord global fondé sur les règles classiques du droit international. En d'autres termes, le Traité sur l'Union Européenne ne régit pas en tant que tel le statut des migrations internationales. Aucune référence à ces derniers n'y figure d'ailleurs. Leur activité économique ne semble pas attirer l'attention du législateur communautaire, alors même qu'ils forment une réalité certaine sur le marché de l'emploi des États membres.

Pour autant, une lecture attentive des règles communautaires dévoile que leur contenu n'est pas dépourvu de prolongements sur la situation juridique des migrants indépendamment de toute condition relative à la nationalité, ou du moins pour certaines catégories parmi eux. Les deux libertés fondamentales du Traité, celle de la libre circulation des personnes tout d'abord et celle de la libre circulation des services par la suite se trouvent au cœur des extensions communautaires.

L'incidence de la première découle notamment des mesures adoptées pour son application, alors que l'effectivité de la deuxième nécessite même la libre circulation des travailleurs marocains, et globalement les ressortissants d'États tiers.

En premier lieu, il est tout à fait loisible de remarquer que dans le cadre des mesures de mise en application de la libre circulation des travailleurs, le principe de la préférence communautaire tel qu'il ressort du règlement 492/2011 (UE, 2011), a eu certes une incidence négative sur le recrutement des travailleurs ressortissants d'États tiers, il n'exclut cependant pas par normativité relative, la possibilité du recours à ces derniers, permettant ainsi leur entrée éventuelle sur les marchés nationaux du travail. La logique économique des besoins du marché travail impose ici la solution retenue.

Il convient de remarquer en second lieu que le règlement 492/2011 confère aux membres de la famille d'un travailleur communautaire, quelle que soit leur nationalité, le droit au regroupement familial. Outre des considérations humaines, l'effet utile de la libre circulation des travailleurs impose nécessairement cette solution. Celle-ci exige alors la circulation ponctuelle, et partant l'accès à l'emploi des membres de la famille du travailleur indépendamment de toute condition relative à la nationalité. Dans le prolongement de cette remarque d'ailleurs la circulation ponctuelle a été reconnue aux travailleurs ressortissants d'États tiers qui effectuent une prestation de services communautaire. L'effectivité de la libre prestation de services requiert selon une jurisprudence constante de la Cour de Justice de l'Union Européenne que le prestataire de service puisse se déplacer librement avec l'ensemble de son personnel quelle que soit sa nationalité.

Ces droits ainsi reconnus, encore faut-il préciser leur nature dérivée. Plus précisément, ces droits ne peuvent exister que dans le cadre d'un lien familial avec un ressortissant communautaire (regroupement familial) ou encore dans le cadre de l'exercice de la libre prestation de services (déplacement pour le compte d'un prestataire de services). En ce sens, le droit communautaire ne reconnait de droits propres que pour les bénéficiaires directs du Traité de l'Union Européenne, à savoir les personnes et les prestataires ayant la nationalité d'un État membre de la Communauté.

La réglementation sur la libre circulation tout en s'appliquant sur les travailleurs ressortissants d'États membres, n'a pas pour autant totalement exclu la réglementation relative aux membres de leur famille. Le regroupement familial est érigé en un droit qui doit faciliter et stimuler la libre circulation du travailleur migrant communautaire. Il est vrai que « l'intégration des travailleurs dans le milieu du pays d'accueil ne peut pas dépendre seulement des mesures prises à l'égard du travailleur lui-même ; elle implique également que des mesures soient prises à l'égard des personnes avec lesquelles il entretient des rapports étroits ». Des dispositions pertinentes de la réglementation en ce domaine, prévoient une panoplie de mesures qui permettent aux membres de la famille « quelque que soit leur nationalité » d'un travailleur migrant, de s'installer avec ce dernier, et d'exercer dans le pays d'accueil une activité salarié.

Par le biais du regroupement familial, certains ressortissants marocains sont donc intégrés dans l'ordre juridique communautaire et pour reprendre l'expression de Lanfranchi leur qualité de membre de la famille d'un travailleur communautaire « les transforme en sujets de droit communautaire » (Lanfranchi, 1994). Ils peuvent de la sorte bénéficier de la libre circulation en vertu du regroupement familial.

Dans toutes les affaires soumises d'ailleurs devant le juge communautaire, La Cour de Justice des Communautés européennes n'a pas manqué de donner plein effet aux règles qui régissent le regroupement familial : La reconnaissance du droit de séjourner avec le travailleur communautaire ainsi que le libre accès au travail sur le territoire de l'État d'accueil, est désormais consacrée pour les membres de la famille d'un travailleur communautaire, « quelle que soit leur nationalité ». Dans son arrêt *Queen* (CJCE, 1992), la Cour affirme que les droits de circulation et d'établissement reconnus au ressortissant communautaire, « ne peuvent pas produire leurs pleins effets si ce ressortissant peut être détourné de les exercer par les obstacles mis, dans son pays d'origine, à l'entrée et au séjour de son conjoint. C'est pourquoi le conjoint d'un ressortissant communautaire ayant fait usage de ces droits doit, lorsque ce dernier revient dans son pays d'origine, disposer au moins des mêmes droits d'entrée et de séjour que ceux que lui reconnaîtrait le droit communautaire si son époux ou son épouse choisissait d'entrer et de séjourner dans un autre État membre ».

Cependant, cette consécration jurisprudentielle du droit de s'installer avec un travailleur communautaire ne s'accompagne pas par un droit d'entrée absolu et effectif, indépendamment de toute condition relative à la nationalité. Cette interprétation, n'est pas à confondre avec le droit souverain des États dans le domaine des conditions d'entrée et de séjour sur leur territoire des ressortissants des États tiers. D'ailleurs, l'interprétation de l'accord conclu entre le Maroc et l'Union Européenne a été claire sur ce sujet. Dans l'affaire *Nour Eddine El Yassini* (CJCE, 1999) relative au refus de la prorogation de son permis de séjour au Royaume-Uni, la Cour a estimé que « l'article 40, premier alinéa, de l'accord de coopération … doit être interprété en ce sens qu'il ne fait pas, en principe, obstacle à ce que l'État membre d'accueil refuse de proroger le titre de séjour d'un ressortissant marocain, qu'il a autorisé à entrer sur son territoire ».

Indépendamment du principe de libre circulation des travailleurs, l'application du principe de libre prestation des services conduit également à l'extension du champ d'application du droit communautaire aux ressortissants marocains. Au titre du principe de non-discrimination et en dehors d'accès au marché national d'emploi, le prestataire de services établi dans un autre État membre ou la prestation est fournie, doit pouvoir se déplacer librement avec son personnel, quelle que soit sa nationalité.

Dans l'affaire *Vander Elst* (CJCE, 1994) entreprise de démolition spécialisée établie en Belgique, a exécuté des travaux de démolition et de récupération de matériaux sur un chantier en France, à Reims. À cet effet, elle a donc envoyé sur place une équipe de huit personnes, dont quatre belges et quatre marocains. Pour ces derniers, elle avait obtenu préalablement des autorités consulaires françaises un visa de court séjour, valable pour un mois. La question se posait alors de savoir si l'entreprise belge pouvait envoyer son personnel de nationalité marocaine sans solliciter une autorisation de travail des autorités françaises.

Le juge estime dans le cas d'espèce que « les travailleurs employés par une entreprise établie dans un État membre et qui sont envoyés temporairement dans un autre État membre en vue d'y effectuer une prestation de services ne prétendent aucunement accéder au marché de l'emploi de ce second État, dès lors qu'ils retournent dans leur pays d'origine ou de résidence après l'accomplissement de leur mission ».

4.2. La construction d'une politique d'immigration communautaire, cadre unilatéral du statut des migrants marocains

Le Traité sur l'Union Européenne jette les bases d'une nouvelle politique d'immigration communautaire et ne laissent aucun doute sur l'objectif poursuivi. Ce dernier vise à la fois la maîtrise de toute nouvelle migration de travail et l'intégration des travailleurs migrants légalement installés dans les États de la Communauté. Le premier objectif renvoie à l'adoption de mesures restrictives à l'entrée, le séjour et les normes relatives aux visas et titres de séjour de longue durée, y compris aux fins du regroupement familial (art. 63bis par.2 b et c du Traité sur le fonctionnement du l'Union Européenne) et prône à cet effet la lutte contre l'immigration clandestine et le rapatriement des personnes (art. 63bis par. 3 du TFUE).

En revanche, le deuxième objectif renvoie dans l'ensemble à l'adoption de mesures définissant les droits des ressortissants des pays tiers régulièrement établis dans un État membre de séjourner dans les autres États membres et des conditions dans lesquelles ils peuvent le faire. Ces mesures sont susceptibles d'intégrer davantage dans l'ordre juridique communautaire, la Communauté marocaine immigrée légalement installée sur le territoire des États membres.

Le titre V du Traité sur l'Union Européenne intitulé « L'espace de liberté, de sécurité et de justice », rattache clairement la politique d'immigration à la réalisation de la libre circulation des personnes : L'Union « assure l'absence de contrôles des personnes aux frontières intérieures et développe une politique commune en matière d'asile, d'immigration et de contrôles des frontières extérieures », art. 61 par. 2. Cette dernière exige des actions allant des politiques relatives aux contrôles aux frontières, à l'asile et à l'intégration (chapitre 2). Cette démarche n'est pas dépourvue ici de considérations politiques : la volonté est d'inscrire la question migratoire dans le cadre des préoccupations sécuritaires des États.

La communautarisation de la politique d'immigration doit donc être lue à la lumière d'un objectif fondamental, celui de « maintenir et de développer l'Union en tant qu'espace de liberté, de sécurité et de justice au sein duquel est assurée la libre circulation des personnes » (art. 3 alinéa 2 du Traité sur l'Union Européenne).

Les principes de la politique d'immigration à construire reflètent l'image d'une Europe forteresse, repliée sur elle-même et adhérant désormais à une conception restrictive d'accès au marché de l'emploi. Pour autant, cette conception n'est pas immuable. L'émergence de nouveaux pays d'immigration, conjuguée à un déséquilibre démographique et économique entre l'Europe et les pays en voie de développement, renforce indéniablement la pression migratoire extérieure et favorise éventuellement la possibilité pour les États .membres de recourir à une main d'œuvre prête à émigrer.

Aujourd'hui le Pacte européen sur la migration et l'asile (Union Européenne, 2024) tente d'harmoniser l'application de la politique migratoire et d'asile dans les États membres. Le Pacte prévoit de faciliter l'immigration légale depuis les pays tiers. Il est ainsi prévu le renforcement des droits des résidents de longue durée de se déplacer et de travailler dans d'autres États membres. Le pacte prévoit de réviser la directive « permis unique » ainsi que la directive « carte bleue européenne » destinée à favoriser l'accueil des ressortissants de pays tiers hautement qualifiés.

Bibliographie

Accord euro-méditerranéen établissant une association entre les Communautés européennes et leurs États membres d'une part, et le Royaume du Maroc d'autre part, entré en vigueur le 1er mars 2000, JOCE n° L 70 du 18 mars 2000, p. 1.

CEE, Règlement n° 1408/71 du Conseil du 14 juin 1971 relatif à l'application des régimes de sécurité sociale aux travailleurs salariés et à leur famille qui se déplacent à l'intérieur de la Communauté. Version consolidée JOCE n° L 28 du 30 janvier 1997, p. 1.

CEE, Directive n° 90/364 relative au droit de séjour, JOCE n° L 180 du 13 juillet 1990, pp. 26-27 ; Directive n° 90/365 relative au droit de séjour des travailleurs salariés et non-salariés ayant cessé leur activité professionnelle, JOCE, pp. 28-30 ; Directive n° 90/366 du 28 juin 1990 relative au droit de séjour des étudiants, JOCE, pp. 30-32.

CJCE, aff. C-18/90. *Office national de l'emploi c. État Belge*, arrêt du 31 janvier 1991. Rec. 1991, p. 199.

CJCE, aff. C 370/90, *The Queen c. Immigration Appeal Tribunal et Surinder Singh*, arrêt du 7 juillet 1992, Rec. 1992, p. 4291.

CJCE, aff. C- 43/93, *R. Vander Elst c. Office des migrations internationales*, arrêt du 9 août 1994, Rec. 1994, p. 3825.

CJCE, aff. C-58/93, *Zoubir Yousfi c. État belge*, arrêt du 20 avril 1994, Rec. 1994, p. I. 1353. CJCE, aff. C- 103/94, *Zoulika Krid c. Caisse nationale d'assurance vieillesse des travailleurs salariés* (CNAVTS), arrêt du 5 avril 1995, Rec. 1995, p. I.719.

CJCE, aff. 126/95, *A. Hallouzi-Choho c. Bestuur van de sociale Verzkeringsbank*, arrêt du 3 octobre 1996, Rec. 1996, p. 4832.

CJCE, aff. C -416/96, *Nour Eddine El Yassini c. Secretary of State for Home Department*, arrêt du 2 mars 1999.

Déclaration conjointe établissant un partenariat de mobilité entre le Royaume du Maroc et l'Union Européenne et ses États membres, Bruxelles, le 7 juin 2013.

La déclaration engage les neufs États membres participants : Allemagne, Belgique, Espagne, France, Italie, Pays-Bas, Portugal, Suède et le Royaume-Uni, octobre 2018, rabat-process.org.

Directive carte bleue européenne du 20 octobre 2021, transposée dans les États membres le 18 novembre 2023.

Règlement (UE) n° 492/2011 du Parlement européenne et du Conseil du 5 avril 2011 relatif à la libre circulation des travailleurs à l'intérieur de l'Union. Voir également la Directive (UE) n° 2014/54/ du Parlement européen et du Conseil du 16 avril 2014 relative à des mesures facilitant l'exercice des droits conférés aux travailleurs dans le contexte de la libre circulation des travailleurs.

Lanfranchi, M.P. (1994). *Droit communautaire et travailleurs migrants des États tiers –entrée et circulation dans la Communauté européenne*. Economica.

Loi française du 26 janvier 2024 « pour contrôler l'immigration, améliorer l'intégration », *Journal officiel* du 27 janvier 2024.

Pacte européen sur la migration et l'asile, Parlement européen et Conseil de l'Union Européenne, accord du 8 février 2024.

Abstract

Nella prima fase di accordi tra la Comunità Economica Europea e il Marocco, la questione migratoria non era contemplata. Il focus era costituito dai rapporti commerciali. L'obiettivo era garantire alla quasi totalità dei prodotti industriali esportati dal Marocco il libero accesso al mercato comunitario, nonché instaurare un regime privilegiato per le esportazioni agricole.

Bisognerà attendere il 1976 per assistere alla nascita di una cooperazione nel settore della manodopera, prendendo così in considerazione la crescente comunità marocchina residente, per motivi di lavoro, nei paesi europei.

Più tardi, e più precisamente nella seconda metà degli anni Novanta del secolo scorso si assiste, invece, all'inaugurazione di una nuova generazione di accordi di cooperazione tra la Comunità Europea e il Marocco. La cooperazione sociale e culturale viene costruita su disposizioni a tutela dei lavoratori, su un dialogo nel settore sociale nonché sulla programmazione di azioni di collaborazione in materia sociale e culturale.

La nuova impostazione viene resa necessaria tanto dagli sviluppi giurisprudenziali quanto dalla volontà di combattere il fenomeno dell'immigrazione illegale. Se infatti, da un lato, la giurisprudenza della Corte di giustizia delle Comunità Europee consacra il principio di non-discriminazione per quanto attiene le condizioni di lavoro, la remunerazione e le protezioni sociali, dall'altro, non si può negare che la situazione giuridica dei migranti marocchini va pensata nel quadro emergenziale di una politica comunitaria dell'immigrazione.

Gli obblighi di integrazione nella società d'accoglienza tra tutela del diritto alla diversità culturale e pulsioni assimilazioniste

Maria Chiara Locchi
(Università di Perugia)

Sommario: 1. L'integrazione dei migranti nella società d'accoglienza: alcuni elementi di contesto. – 2. Il carattere controverso di contratti e test di integrazione.

1. L'integrazione dei migranti nella società d'accoglienza: alcuni elementi di contesto

Uno dei concetti chiave delle politiche e delle legislazioni adottate in Europa in materia di immigrazione è indubbiamente quello di "integrazione" dei migranti, nella sua specifica declinazione di integrazione come "obbligo" a cui lo straniero deve adempiere nei confronti dello Stato di accoglienza.

Il ricorso al concetto di integrazione nell'ambito del diritto dell'immigrazione si dimostra particolarmente complesso, sollevando molteplici profili problematici la cui comprensione richiede di chiarire alcuni elementi di contesto.

Un primo elemento attiene al riparto di competenze nella definizione delle politiche di integrazione della popolazione migrante in Europa, che tradizionalmente rappresenta un ambito lasciato alla sovranità degli Stati nazionali, in assenza, dunque, di una disciplina giuridica europea vincolante per tutti i paesi membri dell'UE. Da un lato, quindi, sono registrabili differenze rilevanti nelle strategie di integrazione implementate nei vari Stati europei, anche sulla base della diversa configurazione, nei singoli ordinamenti nazionali, di fattori quali il tessuto socio-economico, l'idea di "nazione" e di appartenenza nazionale, la concezione del rapporto tra sfera religiosa e sfera pubblica. Dall'altro lato, negli ultimi anni l'Unione Europea ha in realtà elaborato un "quadro comune per l'integrazione dei cittadini di paesi terzi", costituito da una serie di importanti documenti istituzionali e strumenti operativi di *soft law*[1]. Pur in assenza di una normativa comune giuridicamente vincolante, gli Stati europei hanno progressivamente orientato le proprie politiche e le proprie legislazioni verso alcuni paradigmi e dispositivi comuni, condividendo strategie e orientamenti politici alla luce di quello che è stato definito un "isomorfismo discorsivo" in tema di integrazione dei migranti (Kostakopoulou, 2010, p. 938).

Un secondo elemento fa riferimento alla riconducibilità dei paesi europei, competenti ad elaborare le proprie politiche di integrazione della popolazione migrante, alla classe degli "Stati democratico-pluralistici costituzionali". Tale qualificazione, ascrivibile alla dottrina costituzional-comparatistica, implica che la discrezionalità del decisore politico nazionale, legittimata attraverso il circuito democratico-rappresentativo, deve necessariamente essere esercitata entro i confini segnati da principi, diritti e libertà fondamentali di fonte costituzionale, europea e internazionale. Si tratta in particolare, con riferimento al tema di cui qui ci si occupa: del principio pluralistico, così centrale da definire la stessa forma di Stato; del principio di uguaglianza e connesso divieto di discriminazioni; del diritto al libero sviluppo della personalità; del principio di laicità (per quanto differentemente configurato nei diversi paesi europei); della libertà religiosa; della libertà di espressione; del diritto all'unità familiare; del principio di proporzionalità. La questione dell'integrazione dei migranti chiama in causa anche un altro diritto fondamentale, quello alla diversità culturale, la cui fisionomia richiederebbe uno specifico approfondimento, che non è possibile in questa sede, in relazione alla complessità della categoria dei "diritti culturali" (Parolari, 2016, p. 109 e s.). Basti qui ricordare come, a fronte delle molte critiche mosse in dottrina rispetto alla sua stessa configurabilità, un diritto all'identità culturale – inteso nella sua dimensione "negativa" di diritto a veder rispettati gli elementi costitutivi (linguistici, valoriali, tradizionali, ecc.) di detta identità senza interventi di stampo assimilatorio da parte dello Stato o del gruppo maggioritario – abbia trovato un certo grado di riconoscimento nel diritto internazionale[2]. Nelle costituzioni nazionali, al contrario, tale diritto è raramente sancito in forma esplicita, anche se parte della dottrina e della giurisprudenza ritengono di poterlo ricavare in via interpretativa da altri diritti e libertà fondamentali, sulla scorta dell'idea della "trasversalità" dei diritti culturali (Cavalcanti, 2023, p 38).

Un terzo e ultimo elemento è connesso all'estrema variabilità dei modelli e delle strategie di integrazione nel più ampio contesto della normativa sull'immigrazione, seppur definiti entro i confini già richiamati (la cui vaghezza semantica e complessità assiologica lasciano, d'altra parte, ampi spazi di discrezionalità a parlamenti e governi). Ciò che si osserva, infatti, è che le politiche sull'integrazione dei migranti nei paesi europei hanno oscillato fortemente tra diversi, e anche opposti, orientamenti – condizionate dagli obiettivi e dagli approcci che le autorità statali decidono di adottare nella gestione dei molteplici fenomeni sociali e politici che, non sempre in modo lineare, sono ricollegati alla questione migratoria. Il riferimento, in particolare, è alla svolta securitaria seguita in Europa, e più in generale nei paesi occidentali, in seguito agli attacchi terroristici di New York (2001), Madrid (2004) e Londra (2005), con il superamento delle politiche multiculturaliste e differenzialiste che si erano andate consolidando nel corso degli anni '80 e '90 del Novecento. L'impronta restrittiva rispetto ai diritti religiosi e culturali di stranieri e membri di gruppi minoritari, soprattutto di fede islamica, ha inizialmente segnato il discorso pubblico e, successivamente, le stesse politiche e legislazioni in tema di accoglienza dei migranti e di integrazione: l'orientamento di tendenziale riconoscimento e apertura rispetto alle differenze culturali – che pure si concretizzava in modelli e strumenti di gestione del pluralismo culturale e religioso anche molto diversi nei vari paesi europei – ha lasciato il posto a una concezione della "coesione sociale" subordinata all'obbligo di "integrazione" ai valori, ai principi e alle pratiche della comunità nazionale (Guild & al., 2009).

2. Il carattere controverso di contratti e test di integrazione

Sul piano giuridico l'idea dell'integrazione nella società d'accoglienza come condizione necessaria per l'accesso, da parte degli stranieri migranti, a una più stabile protezione giuridica e alla piena appartenenza si è tradotta nella previsione legislativa, largamente diffusa nei paesi europei, dei cosiddetti "contratti (o accordi) di integrazione" tra lo straniero migrante e lo Stato.

Con questa espressione, che non esaurisce in realtà le denominazioni utilizzate per identificare istituti sostanzialmente assimilabili sul piano della funzione esercitata[3], si fa riferimento all'accordo tra straniero migrante e Stato di accoglienza, in base al quale il primo si impegna ad acquisire determinate competenze linguistiche e civiche (relative, queste ultime, alla familiarità con la storia, le istituzioni e i valori del paese di accoglienza) che risultano condizionanti per la concessione, da parte del secondo, di titoli di ingresso e soggiorno nonché della cittadinanza.

In alcuni paesi europei (Austria, Danimarca, Olanda, Regno Unito) è necessario, in determinate circostanze, stipulare un contratto (o superare un test) di integrazione in vista dell'ottenimento dello stesso visto di ingresso. In relazione al rilascio o al rinnovo del permesso di soggiorno, soprattutto se permanente, sono molti i paesi europei a imporre la verifica del requisito dell'integrazione, seppur in termini sufficientemente variabili da incidere in modo decisivo sul carattere più o meno selettivo di contratti o test (Strick & al., 2010). Anche ai fini dell'acquisto della cittadinanza nazionale tramite naturalizzazione il requisito del superamento di un test, linguistico e civico (o, in alternativa, la produzione di idonea certificazione), integra una previsione largamente diffusa[4].

Il *civic turn* delle politiche di integrazione in Europa a cui si è fatto riferimento – incentrato sull'utilizzo di contratti e test di integrazione come strumenti di contenimento delle migrazioni, o meglio di selezione dei migranti considerati "desiderabili" – presenta più di un aspetto controverso.

Un primo, serio, problema è rappresentato dalla tensione che l'uso selettivo del concetto di integrazione nella *governance* delle migrazioni produce rispetto ad alcuni principi e diritti fondamentali.

Esiste un filone dottrinale ormai corposo che ha segnalato i diversi profili di incompatibilità dei test di integrazione, e in particolare delle varianti più restrittive di detti test, rispetto al diritto all'unità familiare o al divieto di trattamenti giuridici peggiorativi sulla base dell'origine nazionale e razziale (con riferimento, in particolare, alle esenzioni legislativamente previste a favore di stranieri provenienti da paesi occidentali o comunque considerati culturalmente "vicini")[5]. Le stesse corti, tanto nazionali quanto sovranazionali, si sono pronunciate sulla legittimità di questi strumenti, arrivando in alcuni casi a decisioni di segno negativo.

A livello sovranazionale, la Corte di giustizia dell'Unione Europea, ad esempio, pur riconoscendo i test di integrazione pre-ingresso olandesi in via di principio conformi alla direttiva 2003/86/CE sul ricongiungimento familiare, ha tuttavia specificato che la loro legittimità è condizionata al rispetto del principio di proporzionalità, alla considerazione di eventuali circostanze speciali dello straniero (ad es. situazioni di vulnerabilità) nonché all'osservanza del divieto di prevedere costi elevati per sostenere il test[6]. I giudici di Lussemburgo si sono altresì espressi riguardo alla compatibilità dei test di integrazione pre-ingresso tedeschi (che sono stati abrogati dal legislatore soltanto nel 2022) e danesi rispetto al diritto al ricongiungimento familiare, così come sancito nell'Accordo di associazione tra l'Unione Europea e la Turchia: pur arrivando a dichiarare i test illegittimi in quanto consistenti in una "nuova restrizione" lesiva delle previsioni dell'Accordo, tuttavia, non è stata affrontata la questione della natura discriminatoria dei test pre-ingresso *in sé*[7].

Sul piano nazionale, si segnalano alcune sentenze interessanti adottate nel 2023 dalla Corte costituzionale belga, con le quali sono stati censurati alcuni profili escludenti della concezione restrittiva dell'integrazione nell'ambito delle politiche sociali e della cittadinanza. Con una prima decisione, emessa il 23 marzo (*arrêt* n. 53/2023), i giudici si sono occupati della legittimità del requisito della conoscenza linguistica (in particolare: francese, olandese o tedesca in ragione del territorio di residenza) nell'ambito dell'acquisto della cittadinanza per naturalizzazione. Pur nel contesto di un'argomentazione che considera legittima la scelta, tutta politica, di concepire il riconoscimento della cittadinanza in funzione premiale dell'avvenuta integrazione (anche linguistica), la Corte belga ha ritenuto incostituzionale, in quanto discriminatoria, l'equiparazione di *tutti* gli analfabeti alle persone alfabetizzate: in alcuni casi, infatti, l'assenza delle competenze linguistiche richieste nella produzione scritta, pur in presenza della capacità di esprimersi oralmente, va intesa come la conseguenza di lacune strutturali e non indica di per sé la mancata volontà dello straniero di integrarsi o di compiere uno sforzo ragionevole per apprendere una delle lingue nazionali. Nel luglio dello stesso anno i giudici costituzionali hanno dichiarato illegittime alcune disposizioni di due decreti adottati dalla Regione fiamminga: in particolare, con l'*arrêt* n. 112 è stata considerata incostituzionale, in quanto lesiva del principio di ragionevolezza, la necessità di dimostrare l'integrazione civica come requisito per accedere all'assistenza sociale; successivamente (*arrêt* n. 115), è stata bocciata, in quanto discriminatoria sulla base della nazionalità, la previsione secondo la quale gli stranieri tenuti a frequentare un corso di lingua olandese nell'ambito del percorso di integrazione non potessero accedere, in caso di difficoltà economiche, al regime di esenzione o rimborso del costo del corso stesso, a differenza di coloro che decidono di seguire il corso volontariamente.

Un secondo aspetto problematico che si vuole evidenziare – su un terreno più propriamente teorico ma in grado di condizionare l'elaborazione di strumenti legislativi, quali contratti e test, che producono effetti giuridici molto rilevanti – riguarda il significato stesso di integrazione: cosa significa, esattamente, "integrazione" e quali sono gli "indici" che consentono di valutarne il successo?

Come è noto il termine "integrazione" risulta particolarmente ambiguo e sfuggente, non essendo possibile identificare una nozione univoca della stessa né a livello dottrinale né all'interno dei documenti di istituzioni internazionali e nazionali. L'attenzione, infatti, è quasi esclusivamente posta sugli strumenti operativi con cui promuovere l'integrazione, senza affrontare in modo chiaro gli aspetti più controversi, quali ad esempio: quali sono gli elementi identificativi dell' "oggetto" nel quale è chiesto ai migranti di integrarsi, ovvero la "società ospitante"? a cosa devono rinunciare gli stranieri migranti al fine di risultare efficacemente "integrati"?

Ai sensi dei già richiamati Principi fondamentali comuni, adottati dal Consiglio dell'UE nel 2004, l'integrazione è spesso presentata come un processo biunivoco di reciproco adattamento in vista di una fusione che contempla il rispetto delle diversità, marcando dunque un'alternativa rispetto al differente modello dell' "assimilazione", negativamente qualificato dal Glossario dell'Organizzazione Internazionale delle Migrazioni (IOM, 2019, p. 12) quale approccio considerato non più desiderabile alla luce della sua "*one-sidedness and failure to incorporate important relevant policy areas such as social cohesion, transnationalism, diversity and tolerance*". D'altra parte, il confine tra questi due concetti sembra poroso, come dimostra il caso francese: il "contratto di integrazione repubblicana" previsto in Francia per accedere ai permessi di soggiorno di lungo periodo, pur richiamando il concetto di "integrazione", è sostenuto da un discorso pubblico e da un sostrato culturale incentrato piuttosto sul (teoricamente) diverso paradigma dell'assimilazione (Hachimi-Alaoui & Pélabay, 2020).

Tale ambivalenza concettuale si traduce nella difficoltà di identificare indici affidabili alla luce dei quali accertare l'avvenuta integrazione. La conoscenza della lingua, ad esempio, è un requisito molto diffuso e sembrerebbe l'indicatore meno problematico: conoscere, più o meno bene, la lingua dello Stato di accoglienza è infatti considerato funzionale alla costruzione della stessa "comunità politica statale" nonché un efficace indicatore dell' "attacco sociale" dello straniero migrante (Strazzari 2020, p. 275). D'altra parte, si deve registrare che il livello delle competenze linguistiche richieste da contratti e test di integrazione è aumentato nel tempo e i metodi di valutazione dei migranti generalmente utilizzati suscitano più d'una perplessità (Piller, 2001, p. 272-273)[8]. Ambiguità ancora maggiori emergono dalla componente "civica" di contratti e test di integrazione: l'analisi dei contenuti della formazione erogata e delle domande somministrate sotto forma di test allo scopo di verificare l' "integrazione civica" degli stranieri migranti, infatti, attesta un frequente scivolamento dall'accertamento, in ottica descrittiva, della conoscenza di nozioni di base sulla storia, le istituzioni e i principi costituzionali del paese ospitante all'accertamento, in ottica prescrittiva, dell'adesione personale ai valori e gli stili di vita della maggioranza della popolazione del paese ospitante (Bauböck & Joppke, 2010).

Un terzo e ultimo nodo problematico coinvolge il livello, strutturale, delle condizioni di convivenza tra diversi negli Stati costituzionali democratico-pluralistici. Il tema dell'integrazione degli stranieri migranti – del suo perimetro semantico, della valenza (promozionale o selettiva) che può assumere se utilizzata come strumento di *governance* delle migrazioni, degli indici di integrazione che è ragionevole valorizzare nelle politiche e nelle legislazioni dei paesi di accoglienza – si rivela, in effetti, un interessante caso di studio della più ampia riflessione sulla funzione "costitutiva di unità" delle costituzioni democratiche contemporanee (Ridola, 2009, p. XII), tutt'ora costellata di interrogativi aperti. In che misura i valori e i principi del costituzionalismo democratico-pluralistico riescono a costruire la "casa comune", per usare un'espressione cara alla cultura costituzionale italiana (La Pira, 1979)? Quei valori, principi e diritti costituzionali possono costituire le fondamenta di questa "casa comune" a patto di essere costantemente reinterpretati e ricontestualizzati alla luce delle trasformazioni della società: tuttavia, chi potrebbe, e dovrebbe, partecipare a questi processi di "iterazione democratica" (Benhabib, 2006)? È immaginabile che una democrazia pluralistica compiuta tenga fuori da tali processi coloro che, cittadini nazionali o stranieri stabilmente residenti, sono portatori di identità culturali e religiose minoritarie?

Bibliografia

Bauböck, R. & Joppke, C. (eds.). (2010). *How Liberal Are Citizenship Tests?*. EUI Working Papers 2010/41, Robert Schuman Centre for Advanced Studies.

Benhabib, S. (2006). *I diritti degli altri. Stranieri, residenti, cittadini*. Raffaello Cortina Editore.

Cavalcanti, M.F. (2023). *Giurisdizioni alternative e* legal pluralism*: le minoranze islamiche negli ordinamenti costituzionali occidentali*. Editoriale Scientifica.

Kostakopoulou, D. (2010). The anatomy of civic integration. *The Modern Law Review*, 73(6), pp. 933-958.

Guild, E., Groenendijk, K. & Carrera, S. (eds.). (2009). *Illiberal Liberal States. Immigration, Citizenship and Integration in the EU*. Ashgate.

Hachimi-Alaoui, M. & Pélabay, J. (2019). Contrats d'intégration et « valeurs de la République » : un « tournant civique » à la française ?. *Revue européenne des migrations internationales*, 4.

IOM. (2019). *Glossary on Migration.*

La Pira, G. (1979). *La casa comune. Una costituzione per l'uomo*, a cura di U. De Siervo. Cultura Nuova Editrice.

Parolari, P. (2016). *Culture, diritto, diritti. Diversità culturale e diritti fondamentali negli stati costituzionali di diritto*. Giappichelli.

Ridola, P. (2008). Prefazione. In F. Bilancia, F.M. Di Sciullo & F. Rimoli (a cura di), *Paura dell'Altro. Identità occidentale e cittadinanza*. Carocci.

Strazzari, D. (2020). *Federalismo e immigrazione. Un'indagine comparata.* Università degli Studi di Trento.

Strick T., Böcker, A., Luiten, M. & van Oers, R. (2010). *The INTEC Project: Draft Synthesis Report. Integration and Nauralisation tests: the new way to European Citizenship*. Centre for Migration Law, Radboud University Nijmegen.

Résumé

La contribution porte sur l'un des concepts clés des politiques et des législations adoptées en Europe en matière d'immigration, à savoir le concept d' « intégration » et, en particulier, l'idée de l'intégration comme « obligation » que l'étranger migrant doit remplir à l'égard de l'État d'accueil. Cette utilisation restrictive de l'intégration s'est concrétisée, entre autres, par la diffusion des soi-disant « contrats (ou tests) d'intégration » entre l'étranger migrant et l'État, selon lesquels l'étranger s'engage à acquérir certaines connaissances et compétences linguistiques et civiques en vue de l'octroi, par les autorités compétentes : dans certains cas, d'un visa d'entrée ; plus souvent, du permis de séjour ; enfin, de la citoyenneté par naturalisation. Les profils problématiques sont multiples et, par conséquent, les contrats et tests d'intégration suscite de nombreuses réflexions. Un premier aspect concerne la tension par rapport aux principes et droits fondamentaux reconnus par les constitutions et les textes européens et internationaux (ex. le principe d'égalité et de non-discrimination ; la liberté religieuse et d'expression ; le droit à l'unité familiale ; le principe de proportionnalité). Un deuxième aspect relève de l'ambiguïté de la notion même d' « intégration », avec le risque de glissement vers une approche sélective traversée par des pulsions assimilationnistes. Un troisième et dernier aspect touche à la complexité des processus d'interprétation évolutive et d' « itération démocratique » nécessaires pour permettre à la Constitution démocratique et pluraliste d'être réellement une « maison commune » inclusive des diversités sociales, culturelles et religieuses.

Note

[1] Tra i primi, è necessario menzionare: i Principi fondamentali comuni, adottati dal Consiglio UE con atto n. 14615/04 il 19 nov. 2004, e ulteriormente specificati nell'Agenda comune per l'integrazione 2005-2010 (COM(2005) 389 definitivo); il Piano d'azione sull'integrazione dei cittadini dei paesi terzi del 2016; il Piano d'azione sull'integrazione e inclusione 2021-2027, COM(2020) 758 final. Tra i

secondi, riveste particolare importanza lo *European website on Integration*, un'iniziativa della Commissione Europea che si propone di fornire informazioni aggiornate e buone pratiche sull'integrazione dei migranti per decisori politici e operatori del settore, https://migrant-integration.ec.europa.eu/home_en.

[2] Cfr. art. 27 della Convenzione Internazionale sui Diritti civili e politici del 1966, art. 5 della Dichiarazione universale sulla diversità culturale del 2001, artt. 8 e 29 della Convenzione sui diritti del fanciullo del 1989. Nell'ambito dell'Unione Europea cfr. gli artt. 149 e 151 TCE e l'art. 22 della Carta dei Diritti fondamentali dell'Unione Europea.

[3] L'idea evocata dal ricorso al termine "contratto" (o "accordo", come accade in Italia con riferimento all' "accordo di integrazione" ex art. 4bis T.U. 286/98) è evidentemente quella della bilateralità, che tuttavia risulta più formale che sostanziale, considerando che lo straniero non è libero di aderire o meno al contratto stesso, non può negoziare termini e condizioni e non è, in definitiva, riconosciuto propriamente come "parte" contrattuale nel suo rapporto con lo Stato. In diversi paesi l'obbligo di integrazione non assume la forma contrattuale ma si sostanzia nella frequenza di un corso o programma di informazione/formazione, all'esito del quale è generalmente previsto il necessario accertamento dell'avvenuta integrazione dello straniero mediante un "test" o altra forma di verifica (ad es. della frequenza al corso).

[4] Fanno eccezione, quanto al requisito linguistico, pochissimi paesi (es. Cipro, Irlanda, Serbia, Svezia), mentre sono più numerosi gli Stati che non richiedono la dimostrazione di un'integrazione civica in vista dell'acquisto della cittadinanza per naturalizzazione (es., tra gli altri, l'Italia, la Finlandia, l'Irlanda e la Svezia).

[5] L'attuale normativa olandese, che risulta una delle più restrittive in Europa, prevede l'obbligo di superare un esame di integrazione civica all'estero (*Basisexamen inburgering buitenland*), relativo alla conoscenza di base della lingua e della società olandesi, per tutti gli stranieri di età compresa tra i 18 e i 65 anni che intendono entrare in Olanda e soggiornare per più di 90 giorni. Sono esentati, oltre gli stranieri comunitari, i cittadini di Canada, Nuova Zelanda, Australia, Giappone, Monaco, Città del Vaticano, Stati Uniti, Corea del Sud, Svizzera.

[6] Sentenza del 9 luglio 2015, C-153/14, *K. e A.*

[7] Cfr., rispettivamente, le sentenze del 10 luglio 2014, C-138/13, *Naime Dogan v Bundesrepublik Deutschland*, e del 10 luglio 2019, C 89/18, *A. v. Udlæn. Min.*

[8] Si tratta spesso di metodi unilaterali, con i migranti considerati come soggetti passivi nel processo di verifica; gli incaricati di svolgere le prove, inoltre, sono spesso madrelingua senza competenze specifiche nell'esame di parlanti la lingua nazionale come lingua seconda.

La tutela sanitaria del migrante in detenzione provvisoria nell'azione dell'OMS: limiti attuali e prospettive future

Francesco Gaudiosi
(Università della Campania "L. Vanvitelli")

Sommario: 1. Cenni introduttivi sul nesso tra dinamiche sanitarie e detenzione provvisoria del migrante irregolare. – 2. La questione della salute del migrante in DMI. – 3. L'OMS e la tutela sanitaria del migrante in DMI. – 4. L'OMS e la tutela del migrante in DMI nella preparazione, prevenzione e risposta a future pandemie. – 5. Conclusioni.

1. Cenni introduttivi sul nesso tra dinamiche sanitarie e detenzione provvisoria del migrante irregolare

L'Organizzazione internazionale per le migrazioni (OIM) stima che nel 2020 il 3.6% della popolazione mondiale è stata interessata da processi di mobilità internazionale, per un totale di 281 milioni di individui a livello globale (OIM, 2024). Circa il 20% dei flussi di migranti internazionali è rappresentato da migrazioni irregolari (Spencer, Triandafyllidou, 2022), vale a dire quel processo di mobilità umana "[...] *that takes place outside the laws, regulations, or international agreements governing the entry into or exit from the State of origin, transit or destination*" (OIM, 2019, p. 116). Tale circostanza comporta l'attuazione di procedure amministrative che differiscono in base alle singole legislazioni statali, seppur generalmente ascrivibili alla nozione di detenzione del migrante irregolare (DMI). La DMI è da intendersi quale misura detentiva, di carattere provvisorio, comminata dall'autorità amministrativa ovvero giudiziaria dello Stato di registrazione del migrante (Celoria, 2021, pp. 43-53).

Obiettivo del lavoro è di analizzare la tutela sanitaria del migrante nel contesto della DMI attraverso l'azione della Organizzazione mondiale della sanità (OMS) sul tema. A tale proposito, il lavoro esamina le principali iniziative dell'OMS in rapporto al tema in oggetto attraverso l'elaborazione di documenti non giuridicamente vincolanti che hanno tuttavia concentrato l'attenzione della Comunità internazionale su una grave lacuna sanitaria nei diversi contesti di detenzione del migrante irregolare. In particolare, lo scritto esamina i limiti e le principali direttrici dell'azione dell'OMS nella creazione di standard di trattamento universali per la tutela sanitaria del migrante in DMI.

2. *La questione della salute del migrante in DMI*

Al fine di inquadrare giuridicamente il tema della detenzione provvisoria del migrante in condizione di irregolarità, occorre anzitutto chiarire che essa consiste nella restrizione della libertà personale del migrante irregolare (Colavecchio, 2015, p. 163) secondo previsioni normative statali volte a controllare le migrazioni irregolari a tutela dell'ordine pubblico nel territorio nazionale (Bernardini, 2022, p. 77). Si tratta di una prassi statale particolarmente diffusa a livello internazionale, seppur notevolmente disomogenea in ragione delle diverse condizioni di detenzione a cui può essere sottoposto il migrante irregolare. Talune condizioni di detenzione possono avere un impatto importante sulla salute del migrante, in ragione del possibile rischio di diffusione di malattie contagiose come influenza, tubercolosi e COVID-19 legate al sovraffollamento delle strutture detentive, del rischio di infezioni e malattie correlate all'igiene a causa delle precarie condizioni igieniche e della mancanza di acqua pulita e, ancora, dell'accesso limitato all'assistenza sanitaria, con conseguente ritardo nella diagnosi e nel trattamento delle malattie (Sutradhar & Zaman, 2021; Van Hout, 2023). Studi scientifici dimostrano infatti che la presenza di acque reflue in prossimità dei centri di detenzione dei migranti irregolari accentua il rischio di trasmissione di pericolosi agenti patogeni animali verso gli esseri umani, come è il caso della diffusione di un rotavirus all'interno di un campo di detenzione dei migranti in Giordania (Nimri & Hijazi, 1996). Per quanto riguarda il sovraffollamento delle strutture detentive, la letteratura medica ha dimostrato che fattori ambientali quali la scarsa ventilazione, la presenza di muffe e l'affollamento delle strutture detentive in cui vengono trattenuti i migranti sono fattori direttamente correlati all'incidenza di malattie del tratto respiratorio, come dimostrato da alcune rilevazioni sanitarie nel campo profughi di al-Amar'ri in Cisgiordania (Al-Khatib & al., 2003).

Con riferimento all'Italia, sia enti internazionali (come l'UNICEF o la *Task Force* delle Nazioni Unite sui minori privati della libertà) sia il Garante nazionale per i diritti delle persone detenute o private della libertà personale, sia ancora organizzazioni non governative attraverso rapporti concernenti la visita a taluni Centri di permanenza per i rimpatri (CPR), hanno denunciato le precarie condizioni igienico-sanitarie dei luoghi di detenzione e la fornitura di cure mediche non adeguate, né in misura alla prevenzione da eventuali malattie né tantomeno per quanto concerne l'accesso ai trattamenti sanitari di base

(BMJ, 2024). Analogamente, nei centri di detenzione per i migranti irregolari negli Stati Uniti sono state registrate numerose carenze nell'assistenza sanitaria, tra cui ritardi nel trattamento delle condizioni mediche gravi, mancanza di accesso a cure mediche di base, segnalazioni di scarsa igiene e sovraffollamento delle strutture detentive (Tejkl & al., 2023). Inoltre, sono stati documentati casi di sterilizzazione forzata e altre violazioni dei diritti umani nel trattamento dei migranti detenuti (Ghandakly & Fabi, 2021). Per quanto concerne l'Australia, è stato riportato che i migranti nei centri di detenzione (tra i quali, il *Baxter Immigration Detention Facility*, il *Perth Immigration Detention Centre* e il *Villawood Immigration Detention Centre*) hanno riportato gravi problemi di salute, inclusi suicidi, casi di autolesionismo e gravi malattie mentali non trattate (Green & Eagar, 2010, p. 67).

3. L'OMS e la tutela sanitaria del migrante in DMI

L'interesse dell'OMS sul tema della tutela sanitaria del migrante è risalente al 2008 quando, attraverso la Risoluzione 61.17 dell'Assemblea mondiale della sanità sulla salute dei migranti, si affronta il tema in virtù dei numerosi rischi sanitari a cui può essere soggetto il migrante e del problema dell'accesso alle cure per i soggetti migranti durante l'intero processo migratorio. A tal proposito, la Risoluzione in parola sollecita la raccolta di informazioni riguardanti le principali necessità sanitarie che la popolazione dei migranti irregolari solleva a livello medico, sia nei Paesi di transito che in quelli di destinazione del migrante[1]. L'elemento sotteso alla dichiarazione è quello di rafforzare un approccio cooperativo, sia a livello interstatale "*to promote bilateral and multilateral cooperation on migrants' health among countries involved in the whole migratory process*"[2], sia tra le diverse organizzazioni internazionali, "*to promote migrants' health on the international health agenda*"[3].

A questa Risoluzione ha fatto seguito, nel 2017, la Risoluzione 70.15 dell'Assemblea mondiale della sanità che, riprendendo il contenuto della Dichiarazione dell'Assemblea generale delle Nazioni Unite del 19 settembre 2016 (cd. *New York Declaration for Refugees and Migrants*) invita gli Stati Membri dell'OMS a rafforzare la cooperazione internazionale sul tema della tutela sanitaria dei rifugiati e dei migranti alla luce dei punti 11 e 68 della Dichiarazione di New York (pt. 2, par. 3) e di considerare, in particolar modo per quanto concerne gli Stati industrializzati, la possibilità di fornire l'assistenza sanitaria necessaria attraverso adeguati strumenti di cooperazione bilaterale e multilaterale con i Paesi che ospitano e ricevono grandi popolazioni di rifugiati e migranti[4].

È tuttavia solo negli ultimi anni che, anche a seguito della diffusione del COVID-19 a livello globale e degli inevitabili impatti sia sulla popolazione dei migranti che su quella delle persone private della libertà personale, l'OMS si è focalizzato sul tema della tutela sanitaria del migrante in DMI. In particolare, due sono i documenti, prevalentemente di carattere tecnico e non giuridicamente vincolanti, adottati dall'OMS. Il 4 aprile 2022, l'Ufficio regionale dell'OMS ha pubblicato una guida di implementazione per gli Stati intitolata *Addressing the health challenges in immigration detention, and alternatives to detention*, in cui l'Organizzazione descrive i rischi sanitari per i soggetti migranti sottoposti a misure di detenzione nei diversi Stati europei (OMS, 2022, pp. 1-6). In aggiunta, il documento rileva i danni alla salute dei migranti nei luoghi di detenzione, derivanti perlopiù dalla diffusione di malattie infettive e dai precari standard igienico-sanitari. Il documento sollecita l'azione degli Stati europei al miglioramento delle condizioni di detenzione del migrante anche attraverso un adeguato accesso ai trattamenti sanitari di base e l'individuazione di alternative alla detenzione.

Nel *technical brief* licenziato il 1° marzo 2023 dall'OMS, intitolato *Addressing the needs of refugees and migrants: an inclusive approach to Universal Health Coverage*, viene riconosciuta la vulnerabilità dei migranti sotto molteplici profili. In primo luogo, per quanto concerne il percorso migratorio, attraverso l'esposizione a gravi patologie che possono influire sulla salute del migrante e della collettività in cui la persona migrante viene provvisoriamente detenuta. In secondo luogo, il documento dell'OMS registra le difficoltà legate all'assistenza sanitaria "primaria", ossia l'accesso ai trattamenti sanitari di base, in particolar modo attraverso farmaci e vaccini efficaci e di qualità messi a disposizione dallo Stato di registrazione del migrante (OMS, 2023). Cinque sono le direttrici che possono essere individuate nel documento tecnico, attraverso cui l'OMS sollecita l'azione degli Stati membri sul tema *de quo*: la promozione nell'accesso ai trattamenti sanitari di base ai rifugiati e ai migranti, compresi i servizi di prevenzione, diagnosi e trattamento delle malattie; l'elaborazione di misure normative a livello nazionale volte ad affrontare le esigenze sanitarie specifiche dei rifugiati e dei migranti, inclusi coloro in situazioni di vulnerabilità come le donne incinte, i bambini non accompagnati e le persone con disabilità; l'integrazione della salute dei rifugiati e dei migranti nei sistemi sanitari nazionali, attraverso l'inclusione di informazioni sulla salute dei migranti nei registri sanitari; la collaborazione con le organizzazioni internazionali e le organizzazioni non governative e, infine, la raccolta di dati sulle esigenze sanitarie dei rifugiati e dei migranti per la pianificazione e la fornitura dei servizi sanitari.

In aggiunta, come è evidente dal *nomen* del documento, l'obiettivo del *technical brief* è quello di inquadrare il tema della tutela sanitaria del migrante nell'ambito di un obiettivo sanitario ben più ampio, ossia la copertura sanitaria universale. Difatti, la *ratio* della copertura sanitaria universale è quella di coprire il processo di tutela sanitaria dell'individuo dall'accesso ai servizi sanitari di base fino alla prevenzione, al trattamento, alla riabilitazione e alle cure palliative (Marchetti & al., 2020).

4. L'OMS e la tutela del migrante in DMI nella preparazione, prevenzione e risposta a future pandemie

Nell'ambito dell'OMS è in fase di negoziato dal 2021 uno strumento giuridico internazionale tra gli Stati membri della Organizzazione intitolato WHO CA+, per la preparazione, la prevenzione e la risposta a future pandemie internazionali, ai sensi dell'art. 19 della Costituzione dell'OMS, che attribuisce all'Organizzazione la competenza di adottare accordi o convenzioni in materia sanitaria. A seguito di tale mandato, l'*Intergovernmental Negotiating Body* (INB) ha concordato, nella seconda sessione negoziale, l'intenzione che lo strumento in fase di negoziato contenga sia obblighi internazionali vincolanti, sia misure non giuridicamente vincolanti. Pur non essendo la tutela sanitaria dei singoli, compresi i migranti nelle circostanze di DMI, oggetto del WHO CA+, essa viene in rilievo in virtù degli obblighi di cooperazione internazionali e delle misure di implementazione nazionali per il contrasto alle pandemie. L'azione sanitaria statale dovrà, qualora l'accordo venisse adottato ed entrasse in vigore, necessariamente concentrarsi verso le comunità umane che pongono maggiori criticità sul piano sanitario, come è il caso dei migranti irregolari. Anzitutto, il migrante irregolare è persona in condizioni di vulnerabilità, come appare condivisibile, visto che l'art. 1, lett. i, della più recente bozza del testo di ottobre 2023 definisce tale categoria giuridica come quegli "[...] *individuals, groups or communities with a disproportionate increased risk of infection, severity, disease or mortality in the context of a pandemic, including vulnerability due to discrimi-*

nation on the basis of race, colour, sex, language, religion, political or other opinion, national or social origin, property, birth or other status" [5]. Più dettagliamente, detta categoria richiede agli Stati di agire tenendo conto del principio di equità e dunque di garantire, *ex* art. 3, par. 3 "[...] *the unhindered, fair, equitable and timely access to safe, effective, quality and affordable pandemic-related products and services, information, pandemic-related technologies and social protection*" [6].

Al principio di equità il WHO CA+ affianca, all'art. 3, par. 8, quello di *accountability*, da intendersi nel contesto qui considerato come responsabilizzazione dello Stato nel rafforzamento e nel mantenimento delle capacità del proprio sistema sanitario nazionale di fornire misure sanitarie e sociali adeguate, "[...] *by adopting and implementing legislative, executive, administrative and other measures for fair, equitable, effective and timely pandemic prevention, preparedness and response*" [7]. A tal proposito, l'art. 3, par. 8, conclude indicando che gli Stati "[...] *are accountable to provide specific measures to protect persons in vulnerable situations*"[8]. Il combinato di equità e di *accountability* che gli Stati devono riconoscere nei confronti delle persone in condizioni di vulnerabilità implica dunque la programmazione, sul piano nazionale, di protocolli sanitari volti a considerare la protezione sociale a cui fa riferimento l'art. 3, par. 3, nonché le *specific measures* menzionate nell'art. 3, par. 8. In entrambi i casi, il WHO CA+ non definisce il concetto di protezione sociale né tantomeno descrive l'insieme di misure specifiche che, specie nel contesto sanitario riguardante la prevenzione e la risposta a future pandemie, gli Stati devono adottare nei confronti delle persone in situazioni di vulnerabilità. Nel contesto della tutela sanitaria del migrante in DMI, la protezione sociale attraverso misure specifiche sembrerebbe implicare l'accesso ai trattamenti sanitari di base, coerentemente con quanto previsto dalla *ratio* della copertura sanitaria universale, proprio al fine di sviluppare strumenti di risposta preventiva alle pandemie, in particolar modo nei contesti sociali maggiormente a rischio di contrarre malattie infettive di natura endemica.

5. Conclusioni

Nello Stato di registrazione che commina misure di DMI, il migrante irregolare incontra numerosi ostacoli sanitari riguardanti, prevalentemente, l'adeguata prevenzione da eventuali malattie che possono svilupparsi nei luoghi di detenzione e l'accesso ai trattamenti sanitari di base. All'azione di coordinamento e di regolamentazione delle migrazioni internazionali da parte dell'Organizzazione internazionale per le migrazioni è andata affiancandosi negli ultimi anni quella, altrettanto rilevante, dell'Organizzazione mondiale della sanità, che si è soffermata, prima, sulla delicata questione della tutela sanitaria del migrante *lato sensu*, poi, sugli impatti sanitari legati alla detenzione provvisoria del migrante irregolare.

L'azione dell'OMS si è concentrata sulla mitigazione delle ripercussioni negative di questa misura detentiva sulla salute delle persone migranti. In particolare, l'operato dell'OMS è andato focalizzandosi su due ambiti principali.

In primo luogo, l'Organizzazione ha a più riprese ribadito l'opportunità, per gli Stati che utilizzano la pratica della DMI, di sperimentare forme alternative alla detenzione, attraverso misure di privazione della libertà personale meno lesive alla salute umana della persona migrante. In secondo luogo, l'OMS ha sollecitato l'adozione di standard sanitari, a livello nazionale, volti ad affrontare le vulnerabilità e i bisogni specifici del migrante in DMI, in particolar modo attraverso l'accesso ai trattamenti sanitari di base, nell'ottica della copertura sanitaria universale.

Tale azione, seppur evidentemente ancora limitata a livello internazionale anche in ragione della natura non giuridicamente vincolante dei documenti dell'OMS precedentemente menzionati, può presentare, *de iure condendo*, un primo, seppur rilevante, tentativo per garantire un graduale processo di riforma delle legislazioni statali, attraverso l'elaborazione di strumenti normativi volti a garantire, con maggior efficacia, l'accesso alle cure e ai trattamenti sanitari primari nei confronti del migrante irregolare sottoposto a misure di detenzione provvisoria.

Bibliografia

Al-Khatib, I., Ju'ba A., Kamal, N., Hamed, N., Hmeidan, N. & Massad, S. (2003). Impact of housing conditions on the health of the people at al-Ama'ri refugee camp in the West Bank of Palestine. *International Journal of Environmental Health Research*, 13(4), pp. 315-26.

Assemblea generale delle Nazioni Unite (2022). *Progress Declaration of the International Migration Review Forum,* A/RES/76/266. https://migrationnetwork.un.org/system/files/resources_files/Final-%20IMRF%20Progress%20Declaration-%20English.pdf.

Bernardini, L. (2022). La detenzione degli stranieri tra "restrizione" e "privazione" di libertà: la CEDU alla ricerca di Godot. *Diritto, Immigrazione e Cittadinanza*, 1, pp. 75-95.

BMJ (2024), Doctors should not declare anyone fit to be held in immigration detention centres. *Opinion*. BMJ, 384. https://www.bmj.com/content/384/bmj.q531.

Braam, D.H. (2022). *Applying the One Health approach to mitigate zoonotic disease risk in forced migration*. EUI School of Trasnational Governance, Policy Brief. https://doi.org/10.2870/829580.

Celoria, E. (2021). La normalizzazione della detenzione amministrativa alle frontiere esterne dell'Unione nel Nuovo Patto sulla migrazione e l'asilo. *Freedom, Security & Justice: European Legal Studies*, 2, pp. 43-70.

Colavecchio, G. (2015), Detenzione in assenza di reato: il trattenimento amministrativo degli stranieri. *Democrazia e Sicurezza*, 4, pp. 161-203.

European Parliamentary Research Service, EPRS (2023). *Detention of migrants. A measure of last resort. Briefing, Bruxelles*. https://www.europarl.europa.eu/RegData/etudes/BRIE/2023/753926/EPRS_BRI(2023)753926_EN.pdf.

FAO, UNEP, WHO, WOAH (2022). *Global Plan of Action on One Health. Towards a more comprehensive One Health, approach to global health threats at the human-animal-environment interface*. Roma. https://doi.org/10.4060/cc2289en.

Ghandakly, E.C. & Fabi, R. (2021). Sterilization in US Immigration and Customs Enforcement's (ICE's) Detention: Ethical Failures and Systemic Injustice. *American Journal of Public Health*, 111(5), pp. 832-834.

Green, J.P. & Eagar, K. (2010). The health of people in Australian immigration detention centres. *The Medical Journal of Australia*, 192(2), pp. 65-70.

Marchetti, G., Simonelli, M. & Declich, S. (in collaborazione con Dente, M.G., Ferrelli, R. & Tosti, M.E.) (2020). *La copertura sanitaria universale nel mondo. Istruzioni per l'uso: una logica di confronto*. Roma, Istituto Superiore di Sanità. https://www.epicentro.iss.it/globale/pdf/copertura-sanitaria-mondo.pdf.

Nimri, L.F. & Hijazi, S. (1996). Rotavirus-associated diarrhoea in children in a refugee camp in Jordan. *Journal of Diarrhoeal Diseases Research*, 14(1), pp. 1-4.

One Health High-Level Expert Panel, OHHLEP (2023). *The One Health Definitionand Principles Developedby OHHLEP*. https://cdn.who.int/media/docs/default-source/one-health/ohhlep/one-health-definition-and-principles-translations.pdf?sfvrsn=d85839dd_6&download=true.

Organizzazione internazionale per le migrazioni (2019). *Glossary on Migration*. https://publications.iom.int/system/files/pdf/iml_34_glossary.pdf.

Organizzazione internazionale per le migrazioni (2024). *Global Appeal 2024*. https://www.iom.int/sites/g/files/tmzbdl486/files/appeals/iom-global-appeal-2024_final.pdf.

Organizzazione mondiale della sanità, Ufficio regionale per l'Europa (2022). *Addressing the health challenges in immigration detention, and alternatives to detention. A country implementation Guide*. Copenaghen. https://iris.who.int/handle/10665/353569.

Organizzazione mondiale della sanità (2023). *Addressing the needs of refugees and migrants: an inclusive approach to Universal Health Coverage*. Techical

Brief, Ginevra. https://cdn.who.int/media/docs/default-source/universal-health-coverage/who-uhl-technical-brief-refugees-migrant-health.pdf.
Spencer, S. & Triandafyllidou, A. (2022). Irregular Migration. In Scholten P. (ed.), *Introduction to Migration Studies*, Springer, pp. 191-204.
Sutradhar, I. & Zaman, M.H. (2021). One Health approaches to improve refugee health. *The Lancet Global Health*, 9(12), pp. 1646-1647.
Tejkl, L., Tellez, D., McLaughlin, D., Savold, J., Vasquez, C., Abrahim, O. & Spiegel, P. (2023). Evaluation of the US detention standards to protect the health and dignity of migrants: a systematic review of national health standards. *BMJ Open 2023*, 13, pp. 1-7.
Van Hout, M.C. (2023). Environmental Health Rights and Concepts of Vulnerability of Immigration Detainees in Europe Before and Beyond COVID-19. *Journal of Human Rights Practice*, 15(2), pp. 621–645.

Résumé

L'article est une analyse critique du rôle joué par l'Organisation mondiale de la santé (OMS) en matière de protection de la santé des migrants en situation irrégulière pendant la détention provisoire. D'une part, il souligne les limites actuelles de l'action de l'OMS, d'autre part, il envisage des perspectives d'amélioration future. Il commence par un aperçu des défis sanitaires auxquels sont confrontés les migrants en situation irrégulière en détention, caractérisés par la surpopulation, de mauvaises conditions sanitaires et un accès limité aux soins de santé. Ces conditions sont très dangereuses pour leur santé, entraînant un risque élevé de propagation des maladies infectieuses ; il est donc impératif de mettre en place des mesures de protection adéquates.

Cependant, l'article souligne les limites de l'influence de l'OMS : ses directives et résolutions ne sont pas juridiquement contraignantes, et par conséquent, leur efficacité est limitée. Bien que l'OMS prône l'intégration d'alternatives à la détention et la protection de la santé des migrants dans les stratégies nationales de santé publique, l'impact réel de ces recommandations est restreint par l'absence de mécanismes d'application.

L'article examine également les négociations actuelles de l'OMS concernant un nouveau cadre juridique visant à renforcer la préparation aux pandémies, et à améliorer la protection sanitaire des populations vulnérables, y compris les migrants en détention. En favorisant les principes d'équité et de responsabilité, cette initiative pourrait contribuer à élever les normes de santé pour les migrants détenus et à concrétiser plus largement la couverture sanitaire universelle.

L'article estime que, bien que les efforts de l'OMS aient été pertinents et aient permis d'accroître les connaissances et l'intérêt pour les problèmes de santé auxquels sont confrontés les migrants détenus, de grandes lacunes subsistent en matière d'application effective et contraignante. Les progrès futurs pourraient nécessiter le développement d'instruments juridiques internationaux garantissant une protection sanitaire complète pour les migrants, contribuant ainsi à la santé publique en général.

Note

[1] Assemblea mondiale della sanità, *Health of migrants*, WHA61.17 del 24 maggio 2008, pt. 1, par. 5: *"[...] to gather, document and share information and best practices for meeting migrants' health needs in countries of origin or return, transit and destination*".

[2] *Ivi*, pt. 1, par. 8.

[3] *Ivi*, pt. 2, par. 1.

[4] Assemblea mondiale della sanità, *Promoting the health of refugees and migrants*, WHA70.15 del 31 maggio 2017, pt. 2, par. 4.

[5] OMS, *Proposal for negotiating text of the WHO Pandemic Agreement*, A/INB/7/3, Provisional agenda item 2, 30 ottobre 2023, art. 1, lett. i.

[6] *Ivi*, art. 3, par. 3.

[7] *Ivi*, art. 3, par. 8.

[8] *Ibidem*.

La questione delle mutilazioni genitali femminili in Italia: riflessioni a margine del primo rapporto del Gruppo di esperti sulla lotta contro la violenza nei confronti delle donne e la violenza domestica

Annachiara Rotondo
(Università di Napoli "Federico II")

1. Introduzione

Dopo circa cinque anni di lavori preparatori, il parlamento italiano ha varato la legge 7/2006 recante le disposizioni concernenti la prevenzione e il divieto delle pratiche di mutilazione genitale femminile – nota come legge Consolo – con l'obiettivo di combattere la diffusione di un fenomeno, amplificatosi a seguito dell'aumento delle migrazioni dal continente africano, in palese contrasto con i valori fondanti del nostro ordinamento. Con la successiva entrata in vigore della Convenzione del Consiglio d'Europa sulla prevenzione e la lotta contro la violenza nei confronti delle donne e la violenza domestica (Convenzione di Istanbul), il legislatore avrebbe dovuto operare un adeguamento della normativa ai nuovi – e più elevati – *standard* internazionali tuttavia, nonostante le sollecitazioni pervenute nel 2020 dall'organismo di esperti indipendenti preposto al monitoraggio dell'attuazione della Convenzione (*Group of Experts on Action against Violence against Women and Domestic Violence*, d'ora in avanti qualificato come GREVIO, 2022), il dettato legislativo è rimasto invariato.

Il presente contributo, dopo un breve *excursus* sulle pratiche di mutilazione degli organi genitali femminili e sulla loro diffusione in Italia, intende esaminare dapprima le tappe fondamentali del percorso internazionale che ha portato il nostro Paese all'adozione della legge

Consolo per poi soffermarsi sulla disciplina introdotta dalla Convenzione di Istanbul e, quindi, sulle considerazioni effettuate dal GREVIO in merito alla (in)adeguatezza della detta legge.

2. La mutilazione degli organi genitali femminili in Italia a seguito dei movimenti migratori

La mutilazione degli organi genitali femminili (MGF) è un'antica pratica tradizionale ampiamente diffusa nel Continente africano e in alcuni Paesi del Medioriente e dell'America latina[1]. Secondo l'Organizzazione mondiale della sanità essa annovera tutte le procedure di rimozione totale o parziale dei genitali femminili esterni effettuate per ragioni non mediche (WHO, 2008, p.1) alle quali possono ricollegarsi seri disturbi sulla sfera somatica (infezioni, ascessi, fistole, decesso), psico-sessuale (disturbi da stress post traumatico, sindrome di tipo ansioso depressiva, frigidità) e sociale delle vittime (problemi di identità sessuale in rapporto alle donne occidentali non mutilate) nonché un significativo incremento della mortalità neonatale per i nati da partorienti mutilate (WHO, 2016, p.1 ss.; Barbieri & Luzzago, 2011, pp. 21-22; Okagbuea & al., 2020; Ghosh & al., 2023). Tanto ha portato l'Assemblea generale delle Nazioni Unite a dichiarare l'assoluta incompatibilità di questa pratica, qualunque sia la sua finalità o funzione sociale[2], con il godimento dei diritti umani.

Le motivazioni sottese alla sopravvivenza di questo rito ancestrale sono da ricondursi ad un coacervo di usanze e convinzioni talmente radicate, nelle comunità che lo perpetuano, da essere percepite alla stregua di una *consuetudo supra legem* (Bellucci, 2015, p. 116); il che spiega il motivo per il quale la MGF, da tempo debellata nel mondo occidentale, sia tornata in auge in Europa a causa delle migrazioni nonostante politiche e legislazioni nazionali per niente indulgenti.

Secondo studi recenti sono infatti circa 600mila le donne mutilate nel nostro continente (End FMG European Network, 2023, p. 7), di cui più di 80mila solo in Italia[3]. Una delle ultime indagini ha rivelato che l'incidenza del fenomeno all'interno delle comunità straniere stanziate sul territorio italiano varia significativamente in base alla nazionalità e all'età: si stima che le percentuali più alte riguardino le maliane, le somale, le sudanesi e le burkinabé e che la pratica sia più diffusa tra le donne adulte che non tra le minorenni (Farina & al., 2020). Occorre tuttavia precisare che, sebbene nel corso degli anni il rischio che le minorenni possano imbattersi in questa pratica sia progressivamente diminuito (27% nel 2011 e 24% nel 2016), l'aumento complessivo della popolazione di ragazze straniere emigrate da Paesi avvezzi alle mutilazioni ha determinato un incremento in termini assoluti del numero di vittime al di sotto dei diciotto anni (EIGE, 2018).

3. Il ripudio internazionale delle pratiche di mutilazione degli organi genitali femminili

Nella seconda metà del ventesimo secolo, grazie all'impegno profuso dalle organizzazioni non governative e dai movimenti femminili di matrice africana, la questione delle MGF è stata portata all'attenzione delle Nazioni Unite quale grave forma di violazione dei diritti umani delle donne e delle bambine. Da allora, nel tentativo di ripudiare questa pratica tradizionale, sono stati adottati numerosi atti di *soft law* – in particolare in seno all'Assemblea generale e ai *Treaty Bodies* – nonché alcuni importanti accordi internazionali[4].

Quanto agli strumenti vincolanti, centrale è la Convenzione del 1979 sull'eliminazione di tutte le forme di discriminazione nei confronti delle donne (CEDAW) ratificata dall'Italia, per quanto non tempestivamente, con la legge n. 132 del 14 marzo 1985. L'articolo 5 della CEDAW impone in capo agli Stati contrenti l'obbligo di adottare tutte le misure necessarie per modificare i modelli socioculturali di comportamento degli uomini e delle donne al fine di conseguire l'eliminazione dei pregiudizi e delle pratiche consuetudinarie basati sull'idea dell'inferiorità o della superiorità dell'uno o dell'altro sesso e sull'esistenza di stereotipi di genere. Occorre altresì richiamare, trattandosi di una procedura spesso eseguita nei confronti di minori, la Convenzione internazionale del 1989 sui diritti del fanciullo (CRC) – introdotta senza riserve nell'ordinamento giuridico italiano mediante ordine di esecuzione con la legge n. 176 del 27 maggio 1991 – che vincola le parti a tutelare i minori da ogni forma di violenza o brutalità psicofisica (art. 19) e ad abolire le pratiche tradizionali pregiudizievoli per la salute degli stessi (art. 24, par. 3).

Sebbene entrambe le Convenzioni manchino di riferimenti espliciti alle MGF l'inclusione di queste ultime nel novero delle pratiche tradizionali pregiudizievoli si evince chiaramente dagli strumenti interpretativi licenziati dai rispettivi comitati e, da ultimo, dalla *Joint General Recommendation* del 2019 in cui si legge che gli Stati sono tenuti a combattere le MGF in quanto *harmful practices* intervenendo sul triplice fronte della prevenzione, del contrasto e della tutela, peraltro con un margine di discrezionalità piuttosto esiguo in relazione alle misure da adottare (CEDAW, CRC, 2019, parr. 40-55).

Alle parti è specificatamente richiesto di diffondere la conoscenza dei diritti umani e promuovere l'*empowerment* femminile in tutti i comparti sensibili della società al fine di eradicare i costrutti socio-culturali sottesi all'esecuzione delle MGF (CEDAW, CRC, 2019, par. 56-81), purtuttavia preservando l'identità culturale delle comunità straniere mediante la ricerca di pratiche alternative non violente e non lesive dei diritti umani che consentano comunque di onorare i valori tradizionali (CEDAW, CRC, 2019, par. 59). Gli Stati sono inoltre chiamati ad incriminare le pratiche tradizionali pregiudizievoli, ad abrogare eventuali norme che ne consentano o ne favoriscano l'esecuzione, a definire un apparato sanzionatorio adeguato (CEDAW, CRC, 2019, parr. 40-55) e ad imporre in capo ai professionisti e alle istituzioni, operanti con donne e minori, l'obbligo di segnalare i casi sia effettivi sia presunti di MGF (CEDAW, CRC, 2019, par. 55-j). Tra gli altri obblighi discendenti dalle norme succitate si annovera anche quello di garantire alle vittime effettive e potenziali, indipendentemente dalla cittadinanza e dallo *status* giuridico, l'accesso immediato a servizi di assistenza legale, sanitaria e psicologica nonché a sistemi di protezione che consentano il reinserimento consapevole e sicuro in società (CEDAW, CRC, 2019, parr. 82-87).

4. L'adozione della legge 7/2006 recante le disposizioni concernenti la prevenzione e il divieto delle pratiche di mutilazione genitale femminile nel solco della Dichiarazione e del Programma di azione di Pechino del 1995

La questione delle MGF è stata espressamente affrontata in Italia diversi anni dopo la ratifica dei succitati accordi, solo a seguito della Quarta Conferenza mondiale sui diritti della donna del 1995 (CEDAW, 2004, p. 62) in occasione della quale gli Stati ebbero a definire accuratamente, per quanto all'interno di documenti non vincolanti, le azioni da intraprendere per la *debellatio* delle pratiche di MGF[5]. È, infatti, proprio sulla scia della Dichiarazione e del Programma di azione di Pechino che, nel 2006, il parlamento italiano ha varato la legge Consolo con l'obiettivo precipuo di combattere sul territorio nazionale la diffusione delle suddette pratiche esacerbate dall'aumento dei flussi migratori dal continente africano[6].

Entrata in vigore all'esito di un *iter* legislativo sostanzialmente privo di criticità, tale legge stabilisce le misure necessarie per prevenire, contrastare e reprimere le pratiche di mutilazione genitale femminile quali violazioni dei diritti fondamentali all'integrità della persona e alla salute delle donne e delle bambine ponendosi formalmente, ai sensi dell'articolo1, quale strumento attuativo non già della CEDAW o della CRC ma degli articoli 2, 3 e 32 della Costituzione nonché della Dichiarazione e del Programma di azione di Pechino che raccomanda agli Stati di proibire le pratiche di MGF (232 h) e di adottare norme interne, anche di carattere penale, per punire qualsiasi forma di violenza nei confronti delle donne (124 c).

Nel dettaglio la legge 7/2006 introduce alcune misure di carattere preventivo ed assistenziale nonché altre di stampo prettamente repressivo. Le prime pongono i presupposti – economici e giuridici – per la realizzazione di campagne informative rivolte agli immigrati per diffondere la conoscenza, da un canto, dei diritti fondamentali delle donne, dall'altro, del divieto vigente in Italia di praticare la MGF; per la promozione di iniziative di sensibilizzazione, di appositi programmi di aggiornamento per gli insegnanti delle scuole dell'obbligo e di meccanismi di monitoraggio dei casi di MGF presso le strutture sanitarie e i servizi sociali; per l'organizzazione di corsi di informazione per le donne mutilate in stato di gravidanza nonché per l'adozione di linee guida destinate alle figure professionali del settore sanitario (artt.2-4). Occorre altresì menzionare l'istituzione di un numero verde presso il Ministero dell'interno preposto alla ricezione di eventuali segnalazioni su casi di MGF e alla condivisione di informazioni sulla presenza di organizzazioni di volontariato e strutture sanitarie in grado di offrire assistenza alle vittime (art.5).

Le misure di stampo repressivo, disciplinate dall'articolo 6, ineriscono all'introduzione, mediante l'articolo 583 *bis* c.p., dei reati di mutilazione degli organi genitali femminili in assenza di esigenze terapeutiche e di lesione degli organi genitali femminili al fine di menomare le funzioni sessuali, cui si ricollega un quadro sanzionatorio decisamente severo volto a punire non solo gli esecutori materiali dei suddetti reati (art.6) ma anche tutti i soggetti coinvolti, tra cui gli enti nelle cui strutture tali reati sono commessi (art.8). È, inoltre, importante segnalare la clausola di extraterritorialità introdotta dal comma 4 del suddetto articolo, evidentemente al fine di colpire il fenomeno delle cosiddette *cross-border practices*[7], che ne estende l'applicazione anche quando i reati da esso contemplati vengono commessi «all'estero da cittadino italiano o da straniero residente in Italia, ovvero in danno di cittadino italiano o di straniero residente in Italia».

Il contenuto della legge Consolo mostra chiaramente che, nel recepire le indicazioni del Programma di azione di Pechino, il legislatore abbia puntato sul rafforzamento delle misure repressive senza valorizzare quelle di carattere preventivo avendo, da un canto, novellato il codice penale e, dall'altro, unicamente posto le basi per iniziative future ed eventuali che tuttavia, come sottolineato di recente dalla Commissione parlamentare di inchiesta sul femminicidio e sulla violenza di genere, non hanno mai trovato piena e compiuta attuazione a causa di un taglio progressivo della spesa destinata alle politiche di informazione e prevenzione e di una carenza strutturale nella *governance* di queste politiche a causa della mancanza di coordinamento tra Governo, regioni ed enti locali[8].

5. La Convenzione di Istanbul del 2011 e le pratiche di mutilazione degli organi genitali femminili

La ratifica della Convenzione di Istanbul, primo strumento internazionale giuridicamente vincolante volto alla creazione di un quadro normativo completo per tutelare le donne contro qualsiasi forma di violenza, ha portato l'Italia ad assumere ulteriori e più gravosi impegni nel contrasto alle pratiche di MGF.

Unitamente ad una serie di obblighi essenzialmente riproduttivi di quanto già sancito dalla CEDAW e dalla CRC, la Convenzione del Consiglio d'Europa impone alle parti contraenti, nell'ottica di una tutela rafforzata, di garantire che in nessun caso motivazioni culturali, religiose, legate alla tradizione o all'onore individuale possano essere utilmente addotte come giustificazione per il compimento di tali pratiche (art. 42) ampliando, all'articolo 38, il novero delle condotte che gli Stati sono obbligati a vietare mediante l'introduzione di norme di diritto penale includendovi l'atto di costringere una donna a subire la mutilazione dei propri organi genitali, di fornirle i mezzi a tale fine e nel caso di una minore anche di istigarla alla mutilazione[9]. Con l'ulteriore precisazione che, ai sensi dell'articolo 41, i succitati reati devono essere incriminati anche a titolo di favoreggiamento, complicità e tentativo.

Occorre poi sottolineare che l'articolo 44 esclude l'applicazione del principio della doppia incriminazione per i reati di cui all'articolo 38, consentendo agli Stati contraenti di esercitare la propria giurisdizione penale – in base al principio della nazionalità o della residenza abituale – anche quando la mutilazione sia stata effettuata all'estero in uno Stato nel quale la detta pratica non sia penalmente perseguita[10]. Lo stesso articolo, inoltre, svincola l'esercizio della giurisdizione dalla condizione che il procedimento penale possa essere avviato unicamente a seguito della denuncia della vittima del reato, o di un'azione intentata dallo Stato del *locus commissi delicti*.

Infine, l'articolo 60 impone alle parti di adoperarsi per includere la violenza di genere tra le forme di persecuzione previste dall'articolo 1 della Convenzione di Ginevra del 1951 ai fini del conferimento dello *status* di rifugiato e, l'articolo 61, ad adottare le misure necessarie a garantire che le donne vittime di violenza e bisognose di protezione, indipendentemente dal loro *status* o dal loro luogo di residenza, non siano espulse verso uno Stato dove la loro vita potrebbe essere in pericolo o dove potrebbero essere esposte al rischio di tortura o di pene o trattamenti inumani o degradanti.

Nel quadro normativo appena tracciato la questione delle MGF è affrontata, per la prima volta a livello internazionale, in maniera sistematica. La protezione delle vittime, effettive e potenziali, è obiettivo preminente di uno strumento giuridico che guarda oltre i confini nazionali e mira all'armonizzazione delle legislazioni degli Stati contraenti attraverso la previsione di obblighi specifici: si pensi, ad esempio, all'articolo 38 che avendo circostanziato scrupolosamente le fattispecie di reato enucleandole dalla più ampia categoria delle *harmful pratcices* elide, quasi del tutto, la discrezionalità statale in ordine alla qualificazione delle condotte da incriminare nell'ordinamento interno.

6. La censura del Gruppo di esperti sulla lotta contro la violenza nei confronti delle donne e la violenza domestica

A seguito della procedura di adattamento alla Convenzione di Istanbul, avvenuta mediante ordine di esecuzione contenuto nella legge di autorizzazione alla ratifica n. 77 del 27 giugno 2013, il Legislatore ha adottato alcuni provvedimenti volti a modificare le norme preesistenti incompatibili e ad introdurre le nuove fattispecie di reato indicate nella Convenzione[11]. Tuttavia, nessun intervento ha interessato specificamente la disciplina in materia di MGF.

Tale inazione è stata oggetto di critiche puntuali da parte del GREVIO che si sono appuntate nello specifico sulla legge Consolo. In particolare, il gruppo di esperti ha censurato l'assenza delle condotte contemplate dalle lettere b e c dell'articolo 38 della Convenzione di Istanbul dal novero di quelle incriminate dall'articolo 583 *bis* c.p. (GREVIO, 2020, par. 195), invitando le autorità nazionali ad introdurre nella legislazione penale ulteriori disposizioni finalizzate a sanzionare anche l'atto di costringere una donna a subire la mutilazione dei propri organi genitali, di fornirle i mezzi a tale fine e di istigare una minore alla mutilazione (GREVIO, 2020, par. 197).

L'organo ha poi sollecitato le autorità a ripristinare il funzionamento del numero verde istituito ai sensi dell'articolo 5 della legge 7/2006, da tempo inattivo ma formalmente in funzione e destinatario di finanziamenti statali (GREVIO, 2020, par. 153), richiedendo che tale numero diventi fruibile in tutte le principali lingue e sia affidato alla gestione di personale specializzato in grado di fornire supporto adeguato a chi vi si rivolge, nel rispetto della riservatezza e dell'anonimato (GREVIO, 2020, par. 154).

Ulteriori critiche di carattere più generale sono state poi avanzate in merito all'attuazione delle misure preventive e di quelle di carattere assistenziale; in particolare, il gruppo di esperti ha constato che le campagne di sensibilizzazione sulla violenza di genere difettano del coinvolgimento delle organizzazioni territoriali e specialistiche (GREVIO, 2020, par. 90) e non sono sufficientemente incentrate sul tema specifico delle pratiche dannose perpetrate contro donne e bambine (GREVIO, 2020, par. 91) richiedendo alle autorità nazionali di predisporre iniziative mirate, sia a livello nazionale che locale, con la compartecipazione di tutti i soggetti rilevanti (GREVIO, 2020, par. 92). L'organo ha poi ammonito lo Stato per la mancanza di strumenti di *risk assessment* e *risk management* (GREVIO, 2020, par. 231) sollecitandone l'adozione nell'ambito di un quadro coordinato di sicurezza e di sostegno per la pianificazione e la realizzazione delle misure di prevenzione e protezione (GREVIO, 2020, par. 233).

Il GREVIO ha poi osservato la sussistenza di disuguaglianze strutturali nell'accesso ai servizi sanitari da parte delle vittime di MGF (GREVIO, 2020, parr. 134 e 135) raccomandando allo Stato di adoperarsi per garantire che tali servizi siano uniformemente distribuiti su tutto il territorio nazionale, dispongano delle risorse necessarie, si avvalgano di personale qualificato e siano adeguati a rispondere alle esigenze specifiche delle vittime di MGF (GREVIO, 2020, par. 141). Sempre sul fronte dell'assistenza sanitaria è stata poi criticata la riluttanza degli operatori sanitari a denunciare i casi di MGF o di potenziale MGF (GREVIO, 2020, par. 165) [12] – per quanto le Linee guida adottate dal Ministero della salute nel 2007 forniscano indicazioni di segno opposto[13] – da superare, secondo il GREVIO, attraverso l'instaurazione di un dialogo costruttivo con questi ultimi per aumentare i tassi di denuncia (GREVIO, 2020, par. 167).

Un problema strutturale nei tassi di denuncia è stato poi riscontrato anche con riferimento ai casi di MGF portati in giudizio: uno solo dall'entrata in vigore della legge 7/2006 conclusosi, peraltro, con un'assoluzione (GREVIO, 2020, par. 221). Secondo il GREVIO le forze dell'ordine e il sistema giudiziario dovrebbero fornire risposte maggiormente efficaci ed affidabili per garantire che i procedimenti giudiziari portino a comminare sanzioni commisurate al reato commesso al fine di incentivare le donne a denunciare le violenze subite (GREVIO, 2020, par. 222).

Da ultimo il gruppo di esperti si è soffermato sull'inadeguatezza del sistema di raccolta dei dati, specialmente quelli inerenti alle richieste di asilo, richiedendo di istituire in capo agli enti istituzionali l'obbligo di raccogliere dati disaggregati per genere e di introdurre un sistema di raccolta dati che consenta di registrare le iscrizioni e l'esito delle richieste d'asilo presentate sulla base delle persecuzioni legate al genere (GREVIO, 2020, par. 77, e).

Appare quindi evidente che il processo intrapreso dall'Italia in ordine all'attuazione degli obblighi dettati dalla Convenzione di Istanbul in materia di prevenzione e contrasto delle pratiche di MGF è tutt'altro che compiuto e tanto evidentemente contribuisce ad aggravare la situazione, già estremamente critica, di propagazione incontrollata dei casi di MGF sul territorio nazionale. L'adeguamento agli *standard* convenzionali, data la complessità del fenomeno, non può che avvenire mediante l'adozione di un approccio olistico e integrato del quale la legge Consolo non può che rappresentare solo un encomiabile punto di partenza avendo posto le fondamenta per un approccio globale a questa pratica dannosa (GREVIO, 2020, par. 5). Tale approccio richiede, oltre che un adeguamento della legislazione penale alle fattispecie delittuose disciplinate dall'articolo 38, l'attuazione di misure preventive e protettive nonché di politiche globali e coordinate in tutto il territorio nazionale in mancanza delle quali le sole misure sanzionatorie risultano, come si è detto in precedenza, del tutto inefficaci (GREVIO, 2020, par. 20).

Bibliografia

Abbondante, F. (2015). Multiculturalismo e dimensione di genere: una difficile convivenza tra differenza e uguaglianza. In F. Abbondante & S. Prisco (a cura di). *Diritto e pluralismo culturale. I mille volti della convivenza*, p. 22 ss.

Brunelli, G. (2007). Prevenzione e divieto delle mutilazioni genitali femminili: genealogia (e limiti) di una legge. *Quaderni costituzionali*, 3, p. 567 ss.

Basile, F. (2006). La nuova incriminazione delle pratiche di mutilazione degli organi genitali femminili: legge 9 gennaio 2006, *Diritto penale e processo*, 12(7), p. 685.

Barbieri, C. & Luzzago, A. (2011). Il fenomeno delle mutilazioni genitali femminili fra cultura, sessualità e distruttività. *Rassegna Italiana di Criminologia*, V(1), pp. 21-22.

Bellucci, L. (2015). Migration, Discrimination and the Law. *Diritto & Questioni Pubbliche*, p. 116.

Biaggioni, E. & Pirrone, M. (a cura di), (2018). *L'attuazione della Convenzione di Istanbul in Italia*. Rapporto delle associazioni di donne, p. 43.

COE (2011*). Explanatory Report to the Council of Europe Convention on preventing and combating violence against women and domestic violence*, pp. 199-201.

Commissione parlamentare di inchiesta sul femminicidio, nonché su ogni forma di violenza di genere (2021). *Relazione sulle mutilazioni genitali femminili*, p. 14. https://www.pariopportunita.gov.it/media/2341/doc-xxii-bis-n-6-relazione-sulle-mutilazioni-genitali-femminili22-approvata-dalla-commissione-nella-seduta-del-27-ottobre-2021.pdf.

CEDAW (2011). *Concluding observations of the Committee on the Elimination of Discrimination against Women*. Republic of Italy. CEDAW/C/ITA/CO/6, parr. 53 e 62.

CEDAW, CRC (2014). *Joint general recommendation No. 31 of the Committee on the Elimination of Discrimination against Women/general comment No. 18 of the Committee on the Rights of the Child on harmful practices*, CEDAW/C/GC/31-CRC/C/GC/18.

De Vido, S. (2015), Culturally motivated crimes against women in a multicultural Europe. The case of criminalization of FGM in the 2011 CoE Istanbul Convention. In L. Zagato & M. Vecco (a cura di). *Citizens of Europe. Culture e diritti*. Edizioni Ca' Foscari - Digital Publishing, p. 101.

EIGE (2018). *Female genital mutilation: How many girls are at risk in Italy?*. https://eige.europa.eu/publications-resources/publications/female-genital-mutilation-how-many-girls-are-risk-italy.

EIGE (2022). *Data Collection on Female Genital Mutilation in the EU*. https://eige.europa.eu/publications-resources/publications?ts=FGM&a=All&tpc=All&y=&tl=All.

End FMG, European Network Female Genital Mutilation in Europe (2023). *Exploring young African diaspora women's views, experiences, and activism on FGM*, p. 7. https://www.endfgm.eu/female-genital-mutilation/fgm-in-europe/.

Farina, P., Ortensi, L. & Pettinato, T. (2020). *Le mutilazioni genitali femminili in Italia: un aggiornamento*. https://www.neodemos.info/2020/07/03/le-mutilazioni-genitali-femminili-in-italia-un-aggiornamento/.

Ghosh, A., Flowe, H. & Rockey, J. (2023). Estimating excess mortality due to female genital mutilation. *Scientific Reports*, 13(1), Article 13328. https://doi.org/10.1038/s41598-023-38276-6.

GREVIO (2020). *Baseline Evaluation Report on legislative and other measures giving effect to the provisions of the Council of Europe Convention on Preventing and Combating Violence against Women and Domestic Violence (Istanbul Convention) ITALY*, p. 64.

Llamas, J. (2017). Female Circumcision: The History, the Current Prevalence and the Approach to a Patient. *University of Virginia Medical School Working Paper*, p. 2 ss.

Ministero della salute (2007). *Linee guida destinate alle figure professionali sanitarie nonché ad altre figure professionali che operano con le comunità di immigrati provenienti da paesi dove sono effettuate le pratiche di mutilazione genitale femminile per realizzare una attività di prevenzione, assistenza e riabilitazione delle donne e delle bambine già sottoposte a tali pratiche.* https://www.salute.gov.it/imgs/C_17_pubblicazioni_769_allegato.pdf.

Okagbuea, H.I., Ogochukwu, A., Samusenkov, V.O., Erondu, E.C. & Grace, A. (2020). Female life expectancy, maternal mortality, fertility and birth rates of female genital mutilation high prevalence countries. *Scientific African*, Vol. 10.

OnuItalia.com (2023). *Mutilazioni Genitali Femminili: Onu, nel 2023 oltre 4 milioni di ragazze a rischio.* https://onuitalia.com/2023/02/06/mutilazioni-7.

Ortensi, L.E., Farina, P. & Leye, E. (2018). Female genital mutilation/cutting in Italy: an enhanced estimation for first generation migrant women based on 2016 survey data. *BMC Public Health*, 18, p. 129.

WHO (2008). *Eliminating Female genital mutilation. An interagency statement*, p. 4. https://www.un.org/womenwatch/daw/csw/csw52/statements_missions/Interagency_Statement_on_Eliminating_FGM.pdf.

WHO (2016). *Guidelines On the Management of Health Complications from Female Genital Mutilation*, p. 1 ss. https://iris.who.int/bitstream/handle/10665/206437/?sequence=1.

Zambrano, V. (2023). Le vittime di mutilazioni genitali femminili tra riconoscimento dello status di rifugiato e (discutibile) giurisprudenza europea sui rimpatri. *Freedom, Security & Justice: European Legal Studies*, 2, pp. 123, 124.

Résumé

L'article présente un aperçu général du problème de la mutilation génitale féminine (MGF) en Italie, en tenant compte des cadres juridiques et internationaux qui interdisent cette pratique. Il contextualise la MGF comme une pratique culturelle profondément enracinée dans certaines régions d'Afrique, du Moyen-Orient et d'Amérique latine, qui, en raison de l'augmentation des migrations, a suscité l'attention de l'Europe. Cette pratique implique l'ablation partielle ou totale des organes génitaux externes féminins pour des raisons non médicales, et elle constitue un grave risque pour la santé ; cet acte est considéré au niveau international comme une violation des droits de l'homme.

L'article identifie les mesures législatives adoptées par l'Italie pour combattre la MGF, en mettant particulièrement l'accent sur la « loi Consolo » de 2006, la loi 7/2006. Ce cadre juridique donne effet à la Déclaration et au Programme d'action de Pékin de 1995 en créant des mesures préventives et punitives, y compris des campagnes éducatives et des sanctions légales pour toute personne qui pratique ou facilite la MGF. Cela inclut également l'application extraterritoriale de la loi afin de prévenir les pratiques dites « transfrontalières », où la MGF pourrait être effectuée à l'étranger.

Le cadre juridique italien est ensuite analysé à la lumière des normes internationales, et plus spécifiquement de la Convention d'Istanbul de 2011, ratifiée par l'Italie. Cette dernière, étant le tout premier instrument international juridiquement contraignant pour combattre la violence à l'égard des femmes, appelle à la mise en œuvre de mesures strictes de la part des États signataires pour protéger les femmes de toutes formes de violence, y compris les MGF. L'article couvre les diverses obligations découlant de la Convention d'Istanbul, parmi lesquelles la criminalisation de la MGF, l'interdiction des justifications fondées sur la culture ou la tradition, la protection des victimes et la possibilité d'accorder l'asile aux femmes risquant d'être soumises aux MGF.

La déduction ultime de l'article est que, pour que l'Italie parvienne enfin à éradiquer la MGF, il est nécessaire de renforcer la mise en œuvre des cadres juridiques aux niveaux national et international. L'article souligne qu'il faut davantage de coordination entre les agences gouvernementales, un financement adéquat pour les programmes de prévention et de soutien, et une sensibilisation accrue du public pour lutter contre cette pratique profondément enracinée. Un point important est souligné dans cette discussion : bien que des progrès significatifs aient été réalisés, beaucoup reste à faire pour garantir une protection complète des droits des femmes et des filles contre de telles violences.

Note

[1] "The exact origin of female genital mutilation (FGM) remains unclear. Some scholars have proposed Ancient Egypt (present-day Sudan and Egypt) as its site of origin, noting the discovery of circumcised mummies from fifth century BC. Other scholars theorize that the practice spread across the routes of the slave trade, extending from the western shore of the Red Sea to the southern, western African regions, or spread from the Middle to Africa via Arab traders. The practice was also implemented on female slaves in Ancient Rome, deterring recipients from coitus and subsequent pregnancy" (Llamas, 2017, p. 2 ss.).

[2] A seconda del contesto culturale, la mutilazione genitale può costituire un rito di passaggio nella transizione verso l'età adulta, una condizione di eleggibilità ai fini del matrimonio e persino uno strumento di integrazione o di coesione sociale. Sul punto cfr. *ex multis* Abbondante, 2015, p. 22 ss.

[3] "[...] secondo le stime più recenti, le donne tra i 15 e i 49 anni sottoposte a MGF presenti sul territorio nazionale sono circa 87.6001", OnuItalia.com (2023). Mutilazioni Genitali Femminili: Onu, nel 2023 oltre 4 milioni di ragazze a rischio, 6 febbraio 2023. https://onuitalia.com/2023/02/06/mutilazioni-7/.

[4] Cfr. Assemblea generale, Intensifying global efforts for the elimination of female genital mutilation, Risoluzione 73/149 del 17 dicembre 2018. Si veda pure, Assemblea generale, Practices affecting the health of women and girls, risoluzione 53/117 del 9 dicembre 1998; Assemblea generale, Traditional or customary practices affecting the health of women and girls, risoluzione 56/128 del 30 gennaio 2002; Assemblea generale, Intensifying global efforts for the elimination of female genital mutilations, Risoluzione 67/146 del 20 dicembre 2012; Assemblea generale, Intensifying global efforts for the elimination of

female genital mutilation, risoluzione 73/149 del 17 dicembre 2018; Comitato CEDAW, General Recommendation No. 14: Female circumcision, A/45/38, 1990; Human Rights Committee, General Comment No. 28: Article 3 (The equality of rights between men and women), CCPR/C/21/Rev.1/Add.10, 29 marzo 2000; Special Rapporteur on Violence against Women, Its Causes and Consequences, Report Cultural Practices in the Family that Are Violent Towards Women, E/CN.4/2002/83, 31 gennaio 2002; Committee Against Torture, General Comment No. 2: Implementation of Article 2 by States Parties, CAT/C/GC/2, 24 gennaio 2008; Commission on Status of Women, Ending Female Genital Mutilation, E/CN.6/2008/L.2/Rev.1, 11 marzo 2008; Comitato ONU per i diritti umani, parere del 21 maggio 2010, comunicazione n. 1465/2006, CCPR/C/98/D/1465/2006, Kaba v. Canada; Comitato CEDAW, parere del 15 agosto 2013, Comunicazione n. 33/2011, CEDAW/C/55/D/33/2011, M.N.N. v. Denmark; Comitato contro la tortura, Parere del 15 dicembre 2015, comunicazione n. 613/2014, CAT/C/56/D/613/2014, F.B. v. The Netherlands (cit. da Zambrano, 2023, nota 7, p. 123).

[5] Cfr, in particolare: *Beijing Declaration and Platform for Action, Fourth World Conference on Women*, 15 september 1995, A/CONF.177/20 (1995) and A/CONF.177/20/Add.1 (1995), paras. 107(a), 124(i), 232(h), 276 (a,b,d), 277(d), 283(d).

[6] Sul punto cfr. XIV Legislatura, Disegni di legge e relazioni – documenti, N. 414, 9/7/2001, p. 2.

[7] Tale espressione si riferisce alla prassi di condurre le donne al di fuori dal territorio di uno Stato che vieta le mutilazioni genitali per recarsi in Stati vicini dove, non essendoci una legislazione nazionale che le bandisca, possono esservi sottoposte (Zambrano, *cit.*, p. 125).

[8] Sulle lacune in materia di prevenzione e assistenza cfr.: Commissione parlamentare di inchiesta sul femminicidio, 2021, p. 20 ss.

[9] Per un'analisi dettagliata delle condotte indicate dall'articolo 38 si veda: COE (2011), pp. 199-201.

[10] "Hence, this provision may prevent families to go back to their home countries for the only purpose to force their girls undergo FGM" (De Vido, 2015, p. 101).

[11] Tra cui, ad esempio, il decreto legge 14 agosto 2013 convertito in legge n. 119 del 15 ottobre 2013 recante disposizioni urgenti in materia di sicurezza e per il contrasto della violenza di genere o la legge n. 69 del 19 luglio 2019 recante modifiche al codice penale, al codice di procedura penale e altre disposizioni in materia di tutela delle vittime di violenza domestica e di genere.

[12] Per un'analisi delle motivazioni sottese alla resistenza del personale sanitario a denunciare i casi di MGF si veda: Biaggioni & Pirrone, 2018, p 43.

[13] Ministero della salute, 2007, Linee guida destinate alle figure professionali sanitarie nonché ad altre figure professionali che operano con le comunità di immigrati provenienti da paesi dove sono effettuate le pratiche di mutilazione genitale femminile per realizzare una attività di prevenzione, assistenza e riabilitazione delle donne e delle bambine già sottoposte a tali pratiche. https://www.salute.gov.it/imgs/C_17_pubblicazioni_769_allegato.pdf.

Structures éditoriales du groupe L'Harmattan

L'Harmattan Italie
Via degli Artisti, 15
10124 Torino
harmattan.italia@gmail.com

L'Harmattan Hongrie
Kossuth l. u. 14-16.
1053 Budapest
harmattan@harmattan.hu

L'Harmattan Sénégal
10 VDN en face Mermoz
BP 45034 Dakar-Fann
senharmattan@gmail.com

L'Harmattan Cameroun
TSINGA/FECAFOOT
BP 11486 Yaoundé
inkoukam@gmail.com

L'Harmattan Burkina Faso
Achille Somé
tengnule@hotmail.fr

L'Harmattan Guinée
Almamya, rue KA 028 OKB Agency
BP 3470 Conakry
harmattanguinee@yahoo.fr

L'Harmattan RDC
185, avenue Nyangwe Commune
de Lingwala – Kinshasa
matangilamusadila@yahoo.fr

L'Harmattan Congo
67, boulevard Denis-Sassou-N'Guesso
BP 2874 Brazzaville
harmattan.congo@yahoo.fr

L'Harmattan Mali
ACI 2000 - Immeuble Mgr Jean Marie Cissé
Bureau 10
BP 145 Bamako-Mali
mali@harmattan.fr

L'Harmattan Togo
Djidjole – Lomé
Maison Amela
face EPP BATOME
ddamela@aol.com

L'Harmattan Côte d'Ivoire
Résidence Karl – Cité des Arts
Abidjan-Cocody
03 BP 1588 Abidjan
espace_harmattan.ci@hotmail.fr

Nos librairies en France

Librairie internationale
16, rue des Écoles
75005 Paris
librairie.internationale@harmattan.fr
01 40 46 79 11
www.librairieharmattan.com

Librairie des savoirs
21, rue des Écoles
75005 Paris
librairie.sh@harmattan.fr
01 46 34 13 71
www.librairieharmattansh.com

Librairie Le Lucernaire
53, rue Notre-Dame-des-Champs
75006 Paris
librairie@lucernaire.fr
01 42 22 67 13

www.ingramcontent.com/pod-product-compliance
Lightning Source LLC
LaVergne TN
LVHW011453061026
849535LV00004BA/1076